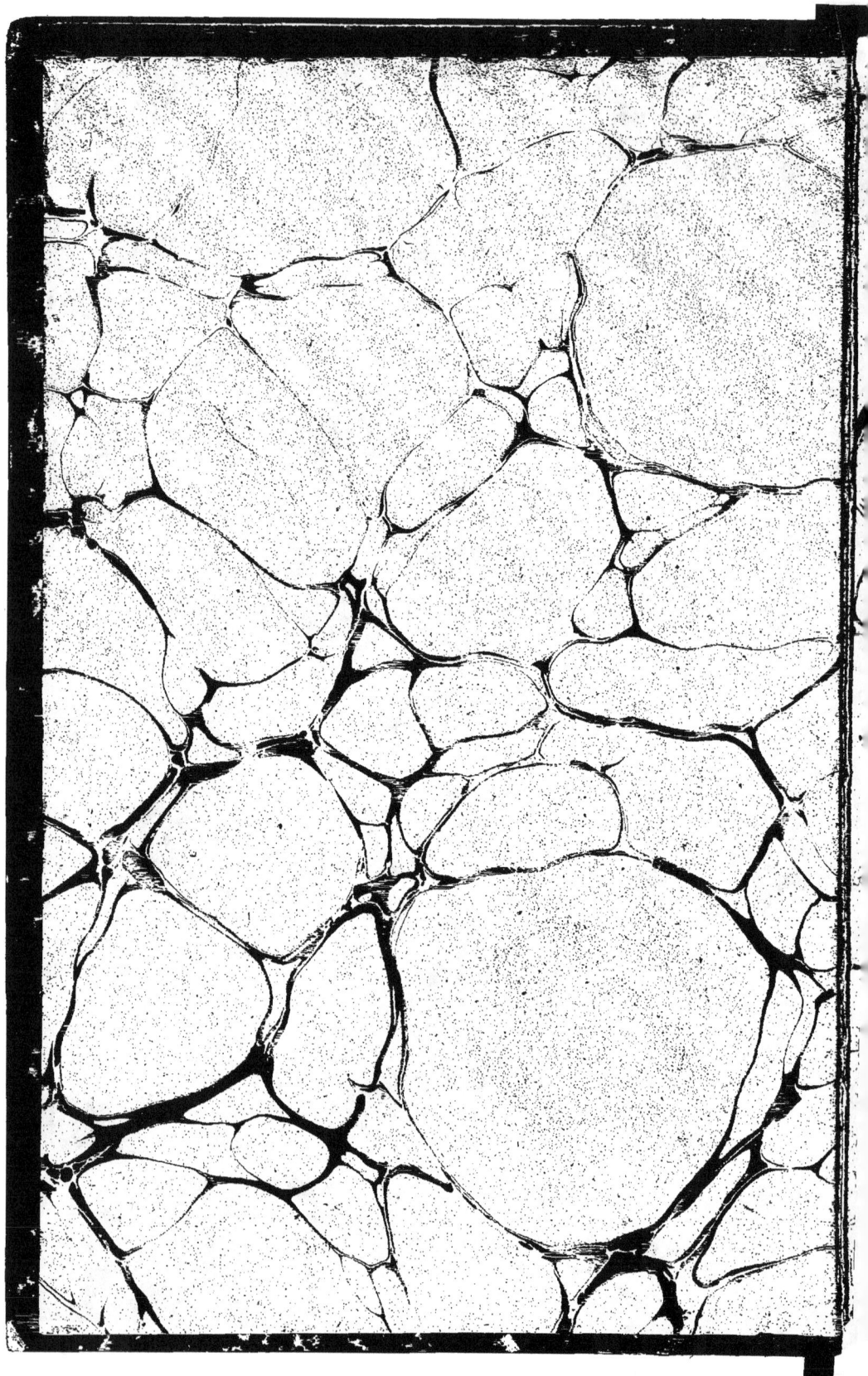

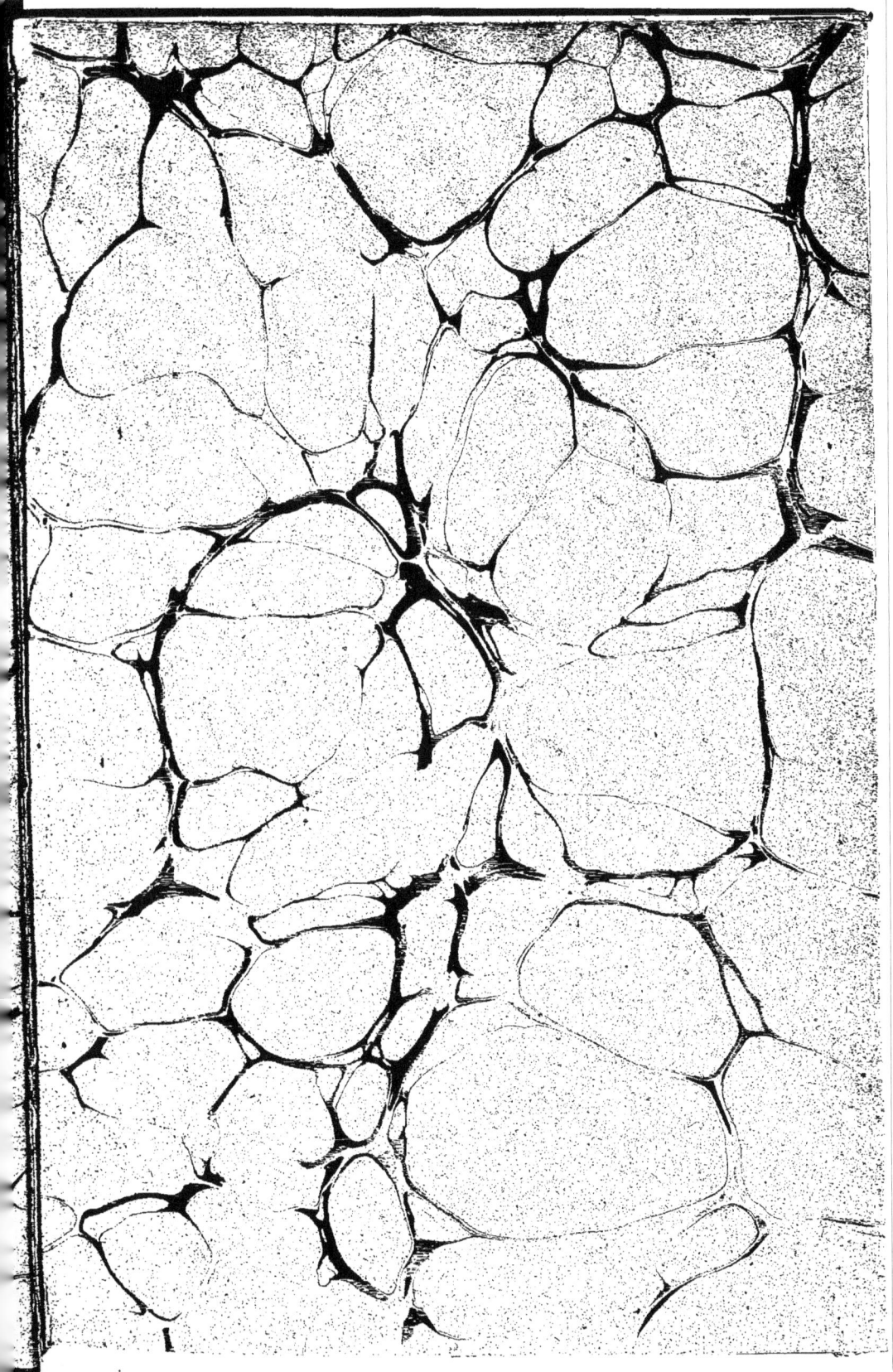

Les Droits et les Devoirs

DES

SYNDICATS AGRICOLES

PAR

Joseph GAIRAL

Docteur en Droit

Membre du Comité du Contentieux de « l'Union du Sud-Est »

———— ✻ ————

PARIS

A. PÉDONE, Libraire-Éditeur

13, rue Soufflot, 13

——

LYON

Auguste Cote, Libraire-Éditeur. — A. EFFANTIN, successeur

8, Place Bellecour, 8

——

1900

Les Droits et les Devoirs

DES

SYNDICATS AGRICOLES

Les Droits et les Devoirs

DES

SYNDICATS AGRICOLES

PAR

Joseph GAIRAL

Docteur en Droit

Avocat près la Cour d'Appel de Lyon

———————— ⊞ ————————

PARIS

A. PEDONE, Libraire-Éditeur
13, rue Soufflot, 13

LYON

Auguste Cote, Libraire-Éditeur. — A. EFFANTIN, successeur
8, Place Bellecour, 8

1900

AVANT-PROPOS

La loi qui a rendu libres, en France, les associations professionnelles, est incontestablement une des plus importantes et des plus utiles qui aient été portées sous le régime actuel. Elle a eu des effets remarquables et inespérés, particulièrement au profit des classes rurales, en dotant nos campagnes de *syndicats agricoles*.

La rapide multiplication de ces syndicats, leur esprit de sage initiative, leurs résultats économiques et en même temps l'heureuse influence sociale qu'ils commencent à exercer en rapprochant les uns des autres les propriétaires et les cultivateurs, voilà des faits d'une importance déjà considérable pour le présent, mais qui sont aussi, et surtout, pleins de promesses pour l'avenir.

A quelles règles sont soumis, chez nous, la création et le fonctionnement des syndicats agricoles ? En quoi consistent leurs attributions et jusqu'où peut s'étendre légitimement le domaine de leur activité ? En d'autres termes, quelle est *la condition légale* des syndicats agricoles dans le droit français ? Tel est le sujet de ce travail.

Nous nous proposons donc d'étudier les syndicats professionnels agricoles, non pas au point de vue économique et social, mais uniquement sous le rapport juridique.

Ce qui fait tout ensemble l'intérêt particulier et la difficulté des questions que nous aurons à nous poser, c'est leur nouveauté même. C'est aussi, jusqu'à un certain point, le laconisme de la loi qui, après avoir affranchi très nettement les associations professionnelles de la servitude de l'autorisation administrative, leur donne, d'une manière générale, les moyens de vivre et de se développer.

Mais de ce laconisme il ne faut pas trop se plaindre, parce que, s'il a l'inconvénient de laisser parfois l'interprète aux prises avec des hésitations qui l'obligent à remonter laborieusement jusqu'aux sources, la brièveté et la simplicité du texte a, par contre, de grands avantages. Obligé de se former en quelque sorte une conscience d'après les travaux préparatoires de la loi et les théories rationnelles, l'interprète arrive à se pénétrer mieux des intentions du législateur, et du principe libéral, dégagé des dispositions réglementaires, il tire, au fur et à mesure des besoins, des conséquences implicitement autorisées, mais qu'on n'avait pu prévoir et dont l'éclosion eût été entravée par une réglementation trop précise.

Nous aurons à nous mettre en garde, d'une part, contre les timidités d'une interprétation restrictive, qui a dû paraître la plus prudente au lendemain de la loi, mais qui comprimerait mal à propos l'essor des associations, et, d'autre part, contre la tendance inverse qui peut porter un syndicat à s'exagérer sa propre capacité pour se soustraire à certaines exigences légales, sous prétexte que la loi de 1884 doit se suffire à elle-même dans toutes les voies où le groupement syndical juge bon de porter son activité.

En somme, la loi ouvre aux associations professionnelles, et spécialement aux syndicats agricoles, un vaste champ dont il faut reconnaître les limites en s'inspirant de l'esprit qui a évidemment présidé à cette importante réforme, et qui est celui d'une large et sage liberté.

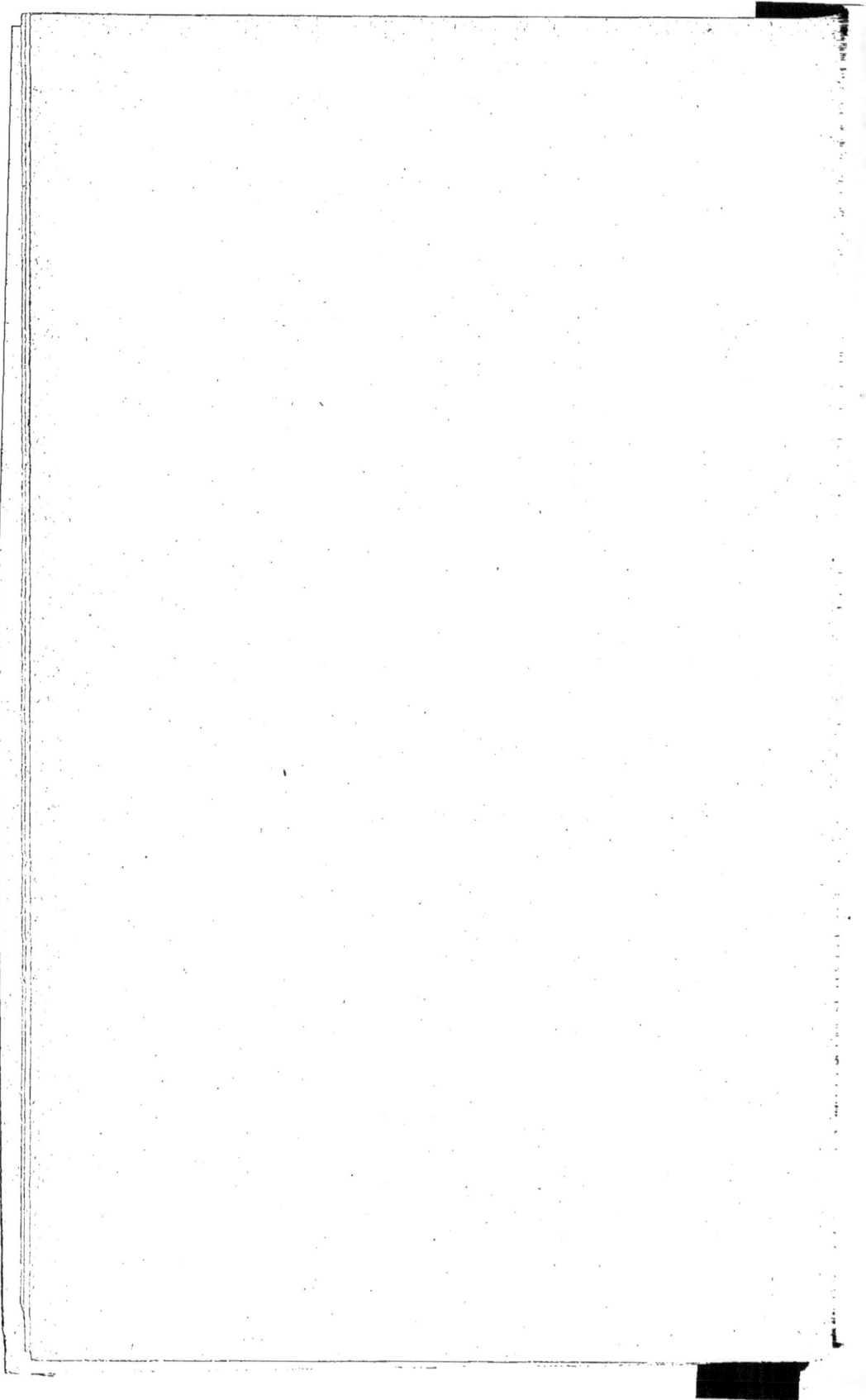

INTRODUCTION

Les syndicats agricoles, tels que nous les voyons fonctionner aujourd'hui, réalisent une forme très perfectionnée de l'association en matière d'agriculture, bien que la loi à laquelle ils doivent leur existence soit de date encore bien récente. Aussi se demande-t-on, tout naturellement, si, dans les siècles passés, des institutions, aujourd'hui disparues, n'ont pas rendu des services analogues à ceux que rend aujourd'hui aux populations rurales la loi du 21 mars 1884 sur les associations professionnelles.

La devise bien française : « L'union pour la vie! », adoptée par certains syndicats agricoles, tout au contraire de la formule anglo-saxonne : « La lutte pour la vie! », ne tire pas sa raison d'être de besoins nouveaux et particuliers à notre temps. A toutes les époques, les hommes, et surtout, parmi eux, les petits et les faibles, ont compris la nécessité de se grouper pour la défense de leurs intérêts professionnels.

Toute puissance est faible à moins que d'être unie.

Bien que l'histoire ait gardé, des associations entre artisans, un souvenir plus vivace et plus précis que des associations entre agriculteurs, il n'en faut pas conclure que ces dernières, pour avoir eu moins d'éclat, n'aient pas joué un rôle d'égale importance.

C'est qu'en effet, « le principe d'association est inhérent à la nature de l'homme. Si, emporté par un sentiment d'égoïste indépendance, il s'éloigne de ses semblables et veut créer par sa propre force, il est bientôt vaincu par son impuissance et vient rechercher l'aide et le soutien que d'abord il a négligé » (1). Quoi d'étonnant, dès lors, que les habitants des campagnes, comme ceux des cités, aient cherché dans l'association le moyen de faire collectivement, ce que chacun d'eux, en particulier, n'aurait pu mener à bonne fin qu'au prix de mille difficultés ?

Sans vouloir remonter jusqu'à la loi des Douze Tables, qui déjà consacrait l'existence de corporations, constatons du moins, en passant, que Rome avait ses collèges d'artisans comme la Grèce avait ses hétairies ; mais on ne rencontre pas, dans ces temps reculés, des associations d'agriculteurs. Plus tard les travaux des champs étaient dévolus exclusivement aux esclaves, et le régime de la grande propriété romaine ne comportait guère l'association.

MOYEN-AGE

Sur notre sol, pendant la période franque, nous rencontrons l'association agricole sous la forme d'une exploitation commune des terres. Les pâturages, les eaux, les bois restaient dans l'indivision ; une certaine étendue de champs faisait seule l'objet d'une répartition entre les familles. « Jusqu'à quand les clans de la Gaule conservèrent-

(1) Pedro DUPORT. — *Essai historique sur l'esprit d'association au Moyen-Age*, p. 5.

ils ces usages, et comment en vinrent-ils à l'appropriation individuelle du sol ? C'est ce que nous ne pouvons déterminer bien exactement. Mais on doit affirmer que ce sont les progrès de la culture qui ont porté la principale atteinte au système communal, car il était inévitable que ce travail agricole créât une propriété foncière privée » (1).

Pendant tout le Moyen-Age, l'association fut largement pratiquée parmi les paysans. C'était une époque, d'ailleurs, où l'association revêtait les aspects les plus variés et poursuivait des buts très différents : « Le besoin d'émancipation donne naissance aux communes et aux bourgeoisies; le besoin de l'indépendance politique, aux associations du baronnage contre la royauté et le clergé ; le besoin de sécurité dans les moyens de travail, aux corporations marchandes et ouvrières; le sentiment religieux, aux ordres monastiques et aux congrégations. En un mot, l'esprit humain procédait alors par voie d'association. On s'associait pour tout, pour les grandes choses et pour les petites, pour résister aux brigands qui désolaient les campagnes, et pour se livrer à ses plaisirs » (2).

Parmi les paysans, l'association prit diverses formes. Il faut citer les « communautés d'habitants », les « communautés serviles », les « communautés ou sociétés taisibles d'hommes libres », enfin certaines sociétés d'amélioration agricole.

I. — Les Communautés d'habitants.

Les communautés d'habitants, origine des communes rurales modernes, étaient, au fond, des associations de cul-

---

DE LA CHAVANNE. — *Histoire des classes agricoles en France*, p. 19.

(2) TROPLONG. — *Contrat de Société*, préface, p. I.

tivateurs, formant une unité élémentaire dans la hiérarchie sociale, avec une organisation propre, des chefs, un patrimoine.

Les communes françaises, comme on sait, n'ont pas toutes la même origine. A côté de la *commune jurée* que les habitants des villes parvenaient à fonder sur la base d'une convention ou à la faveur d'une charte octroyée, il y avait, pour la population des campagnes, des groupements de formation plus simple, des *communautés d'habitants* constituées, d'ordinaire, depuis un temps indéterminé et immémorial, par l'accord tacite de toutes les familles d'un même lieu, associations primitives, naturelles et nécessaires, qui existaient en quelque sorte *jure proprio* et sans concession de personne. Ces corps moraux possédaient certains biens pour tous leurs membres, faisaient usage des ressources communes dans l'intérêt général, pour l'entretien de l'église paroissiale, par exemple, de la maison « commune » et des chemins, soutenaient en justice les droits de la collectivité, et défendaient les contribuables contre l'établissement d'impôts nouveaux (1).

Par ce seul fait que des agglomérations rurales étaient arrivées à pourvoir en commun à certains services publics, elles avaient droit à agir et à posséder corporativement, en tant que personnes civiles, et elles furent reconnues comme telles par les seigneurs, par l'autorité ecclésiastique et, plus tard, par le pouvoir royal (2).

Il serait injuste d'oublier, à notre époque, les profits que les classes agricoles de l'ancien régime ont retirés de la propriété communale, « sorte de réservoir permanent, où la petite propriété puise des forces, sans que la grande en

---

(1) V. BEAUMANOIR. — *Cout. de Beauvoisis* (éd. Beugnot), I, p. 317, 365.

(2) V. BABEAU.—*Le village sous l'ancien régime*, L.I, ch. 1; L.V., ch. 14

souffre » (1). L'interposition entre les habitants et la propriété collective, d'une personne morale, la « communauté », qui possédait des biens *ut universitas*, permit, comme on l'a remarqué, « d'opposer une digue juridique aux convoitises de tel ou tel particulier qui eût voulu provoquer une répartition générale » (2).

L'association dont nous venons de parler avait un objet limité à certains biens seulement, origine de nos « communaux », d'une part, et, d'autre part, de notre « domaine public communal » , mais laissant subsister, pour le surplus, la propriété individuelle, les patrimoines distincts de chaque famille.

Tout autre était le caractère des associations dont il va être question, et qui composaient de véritables *sociétés universelles* de biens.

II. — Les Communautés serviles.

On a donné ce nom aux associations entre serfs d'un même seigneur, usitées dans certaines contrées comme le Nivernais, associations qui avaient l'avantage de corriger pour les classes sociales les moins bien traitées, certaines conséquences très dures du servage, en assurant aux membres de ces associations la jouissance indéfinie de biens qui, sans elles, seraient revenus aux seigneurs, à la mort des premiers exploitants.

Cette forme générale de l'association tournait à l'avantage du seigneur aussi bien que du serf; chacun y trouvait son compte : le serf, parce que, de cette jouissance en com-

---

(1) Babeau. — *La vie rurale dans l'ancienne France*, p. 116.
(2) Paul Viollet. — *Hist. du Dr. français*, p. 473.

mun de la terre, résultaient pour lui la sécurité et la permanence de la possession, à l'encontre du droit de retour seigneurial, une propriété *sui generis* ; le seigneur, parce que ses domaines ne risquaient plus d'être négligés et abandonnés, et qu'il recouvrait plus facilement les redevances dont la terre de mainmorte était grevée.

L'association a, dès lors, cet immense avantage de servir à faire des serfs de véritables propriétaires, à charge de redevances, sans doute. mais avec la capacité de transmettre. La communauté servile joue ainsi un rôle important au point de vue social : « C'est le fondement des successions entre les mainmortables ; elle les fait préférer au seigneur même » (1). On voit, à cette époque, dans la collaboration de tous les membres d'une famille, une cause de prospérité pour les campagnes. « Parce que la vraie et certaine ruine de ces maisons de village est quand elles se partagent et se séparent, par les anciennes lois de ce pays, tant ès ménages et familles de gens serfs, qu'ès ménages dont les héritages sont tenus en bourdelages, a été constitué, pour les retenir en *communauté*, que ceux qui ne seraient en la communauté ne succèderaient aux autres, et on ne leur succèderait pas » (2).

Comme on le voit, par la citation qui précède, une même application de la communauté. dans le but d'écarter le droit de réversion au profit du seigneur, était pratiquée dans certaines coutumes (3) pour une tenure roturière, mais non servile, le *bordelage*, sorte d'emphytéose féodale, usitée en divers pays.

---

(1) DUNOD. — *Des mainmortes*, p. 76.
(2) GUY-COQUILLE. — *Questions sur les Coutumes.*
(3) Dans le Bourbonnais et le Nivernais.

III. — Les Communautés taisibles de personnes libres.

A la suite des associations serviles, dont la raison d'être disparut naturellement avec le servage, il faut mentionner des associations de même genre appelées, elles aussi « communautés taisibles », parce qu'elles se formaient tacitement, mais qui, n'ayant pas eu le servage pour point de départ et se justifiant par d'autres causes, ont continué, tout en décroissant, de subsister jusqu'à la Révolution ; quelques-unes encore au-delà, sous l'empire même du code civil.

« Dès le moment où l'histoire parvient à jeter quelque lumière sur les profondeurs de cette civilisation féodale où les classes inférieures vivaient dans le servage de la glèbe, on aperçoit les familles agricoles de main-morte organisées en sociétés tacites héréditaires. L'association de tous les membres de la famille sous un même toit, sur un même domaine, dans le but de mettre en commun leur travail et leurs profits, est le fait général, caractéristique qu'on trouve depuis le midi de la France jusqu'aux extrémités opposées. C'est dans la vie commune, c'est dans l'union de leurs bras et de leur économie que les agriculteurs appartenant à la même famille vont puiser les éléments d'une existence civile indépendante. Tous, vieux ou enfants, hommes ou femmes, mariés ou célibataires, restent de père en fils dans ces sociétés patriarcales, et ont part au pain, au sel et à la caisse commune, ceux-ci pour les services rendus, ceux-là pour les services qu'ils rendront un jour, les autres pour les services qu'ils rendent actuellement à la communauté. Le pain est l'emblème de ces sociétés rustiques, voilà pourquoi les membres en sont appelés *compani*, c'est-à-dire *mangeant leur pain ensemblement*, ainsi que l'enseigne Pasquier ; et leur réunion porte souvent le nom de compagnie dans les textes des coutumes. Aussi, quand ils conçoivent le triste dessein de se séparer, le plus vieux d'entre eux, conformément à la formule de dissolution consacrée, prend un couteau et partage le grand pain en divers chanteaux » (1).

C'étaient des sociétés qui se formaient surtout entre agriculteurs, pour l'exploitation à profit commun de tous les biens apportés ou acquis par les membres, biens qui devenaient la propriété de tous. Il suffisait, au moins dans certaines coutumes, d'avoir une habitation commune et de vivre *à commun pot, sel et dépense*, pendant un an et un jour pour être réputé en société ou communauté. Primitivement l'association comprenait de plein droit tous les biens; plus tard elle était présumée, jusqu'à preuve contraire, s'appliquer seulement aux meubles et aux acquêts (2).

A la différence des communautés serviles, ces associations de personnes libres n'étaient pas perpétuelles, et la retraite, comme la mort d'un associé, suffisaient généralement pour amener le partage. D'où le proverbe : « un parti, tout est parti ». Ce fut une des causes de décadence de l'institution, surtout à une époque où le paysan, plus riche, était à même de cultiver sans le secours de « compains » ou de « parsonniers ».

Toute propriété collective, s'étendant au delà du cercle de la famille, et exploitée directement par des associés sous l'autorité d'un gérant, a beaucoup de chances d'être d'un revenu moins fructueux que la propriété possédée et cultivée individuellement. En pareil cas « avec beaucoup de bras, il se fait très peu d'ouvrage ».

---

(1) TROPLONG — *Loc. cit.*, p. XXXV, et s.
(2) V. Henri BEAUNE. — *Droit coutumier français. Les Contrats*, p. 575 et s.

Néanmoins, si le système de la communauté est à délaisser à mesure que les agriculteurs arrivent à une aisance qui leur permet de se rendre indépendants, un pareil régime demeure la grande ressource des populations pauvres, chez lesquelles le travail en commun est d'autant plus productif qu'il est plus immédiatement nécessaire pour l'existence même des travailleurs.

IV. — Les Sociétés d'Amélioration agricole

Le Moyen-Age a connu aussi des associations de propriétaires ruraux, formées pour l'exécution et l'entretien de travaux d'un intérêt collectif, par exemple, dans le Roussillon et la Provence, pour l'arrosage; dans le Nord, pour l'endiguement contre la mer et la canalisation des eaux douces (1). Dans les Pyrénées, les communautés d'« arrosants » remontaient à l'époque des Visigoths.

C'est l'origine de nos « associations syndicales », qui tiennent le milieu entre la société civile d'intérêt purement privé et l'établissement d'intérêt général ou national, et que nous aurons plus loin à distinguer des « syndicats ».

EPOQUE MONARCHIQUE

A mesure que les institutions féodales fléchirent, que le servage tendit à disparaître, et que la richesse nationale s'accrut et rendit par là moins nécessaire, pour les travailleurs des champs, la vie en communauté, forcément les habitudes d'association se modifièrent.

---

(1) V. *Exposé des motifs* de la loi du 21 juin 1865.

Dans la société universelle de biens, on considéra plutôt le côté désavantageux : « De biens communs on ne fait pas monceau », disait-on, et les familles rurales se portaient de préférence du côté de la propriété partagée et des profits directement personnels.

La *communauté d'habitants*, sans doute, ne pouvait se dissoudre. Les progrès de la centralisation en firent de plus en plus une unité administrative, réunissant les éléments de la commune moderne. Mais les biens communaux, sous l'empire des mœurs nouvelles, furent trop souvent partagés ou même aliénés, et l'autorité royale dut intervenir pour sauvegarder, par son contrôle, l'intérêt des habitants pauvres, auxquels surtout profitait l'usage du patrimoine commun.

La *communauté servile* s'éteignit avec le servage ou, du moins, se transforma, là où les mœurs étaient favorables au régime de la vie commune, en société ordinaire que la volonté d'un seul pouvait forcer à liquider.

A son tour, *la communauté taisible,* ou société tacite, qui n'avait plus la même utilité, par suite de changements survenus dans l'état social et la richesse publique, fut elle-même entamée de divers côtés. L'ordonnance de Moulins de 1566, en imposant l'écriture pour la preuve des obligations excédant la valeur de 100 livres, porta aux sociétés taisibles un premier coup. Certaines coutumes cependant maintinrent la dispense de l'écriture pour ces communautés qui, du reste, devinrent moins nombreuses, surtout entre personnes de familles différentes. L'institution alla donc en déclinant et l'opinion publique finit par lui être contraire, ce qui explique comment le code civil s'est montré peu favorable à la société *tacite*, en exigeant l'*acte écrit* pour les sociétés portant sur une valeur de plus de 150 francs (art. 1834).

Sous le règne de Louis XVI, moins de trois cents ans après la rédaction des coutumes, les communautés taisibles étaient en voie de disparition complète; et même l'Assemblée provinciale du Berry, tenue en 1783, demanda, à la suite d'un rapport critiquant les communautés au point de vue des résultats économiques, la suppression de ce qui restait de cette institution.

Quant aux *associations en vue de travaux d'amélioration agricole,* disons simplement qu'elles eurent toujours leur place à côté des mesures plus générales prises par le pouvoir central. C'est ainsi que les communautés de propriétaires unis pour le dessèchement et l'utilisation des marais, conformément aux édits de 1599 et de 1607, sont venus se joindre, à l'époque monarchique, aux communautés déjà pratiquées depuis des siècles pour les travaux d'endiguement et d'irrigation.

Pour désigner les administrateurs de la plupart des associations dont nous avons parlé, on se servait d'un terme qui est encore d'un usage très fréquent aujourd'hui : le mot « syndic » (1) désignait, en effet, dans notre ancien droit, le mandataire ou représentant élu des collectivités trop nombreuses pour fonctionner par l'action directe de tous leurs membres (2).

Si, pour les communautés taisibles, le chef portait le nom énergique de « maître », il y avait simplement des « syndics » pour les villes et communautés d'habitants, les universités, le clergé des diocèses, les corps de métiers et enfin les

---

(1) Ce mot était emprunté au droit romain, où on appelait *syndicus* celui qui, dans une association, était préposé à la gestion des affaires communes (Loi 1, § 1, Dig., 3. 4). V. Domat. — *Lois civiles,* L. II, T. III, S. 1.

(2) V. Guyot. — *Répertoire,* v° Syndic.

associations de propriétaires formées en vue de travaux de de défense ou d'amélioration.

Les syndics agissaient pour le compte de l'association et la représentaient en justice.

Ajoutons qu'au XVIIIe siècle, l'expression « chambre syndicale » était usitée relativement à la corporation des libraires de Paris.

Jusqu'ici nous n'avons rencontré, dans l'ancien régime, aucune institution analogue au syndicat agricole de la loi de 1884, c'est-à-dire une association entre personnes ayant des intérêts semblables d'un caractère agricole, et groupées pour défendre ces intérêts, mais sans mettre pour cela en commun aucune partie de leurs patrimoines respectifs.

Dans les derniers temps de l'ancien régime, cependant, on avait inauguré une forme d'association agricole, qui se rapprochait davantage de nos syndicats actuels : nous voulons parler des « Sociétés d'agriculture ».

L'honneur en revient aux Etats de Bretagne, assemblés en 1757, qui prirent l'initiative de fonder à Rennes une « Société d'agriculture, des arts et du commerce », ayant pour but le développement économique de la province (1).

L'exemple de la Bretagne fut suivi. Les travaux des champs et l'économie rurale étaient alors au nombre des objets qui avaient les faveurs des publicistes, et, la mode aidant, on vit surgir un grand nombre de sociétés d'agriculture créées avec l'approbation du roi. « Ces sortes d'académies, qui se recrutaient elles-mêmes, après avoir été instituées par arrêté rendu en conseil du roi, se livraient, dans les différentes provinces, à des études économiques

---

(1) V. Léon SAY. — *Nouv. Dict. d'économ pol.*, v^o *Syndicats agricoles.*

dont les résultats étaient centralisés à Paris, car la « Société d'agriculture » de la capitale avait été mise en correspondance avec ces diverses sociétés locales et placée hiérarchiquement à leur tête, le jour où elle avait reçu du gouvernement le titre de « Société royale d'agriculture ». Elle exerçait ainsi, à l'égard des sociétés semblables de Tours, de Lyon, de Limoges, d'Orléans, d'Auvergne, de Rouen, de Soissons, de Montauban, de Caen, de Hainault, de Provence, de Poitiers, les fonctions d'un *conseil supérieur* de l'agriculture, auquel manquait sans doute l'élection directe par les principaux intéressés, mais qui, du moins, se recrutant lui-même, ne constituait pas une émanation du gouvernement » (1).

LA RÉVOLUTION

Sous l'ancien régime, les gens adonnés à l'agriculture n'avaient pas été amenés à se constituer en corporations, à l'exemple des gens de métiers. On avait bien vu des sociétés formées pour posséder et cultiver des terres à profit commun, mais non des associations ayant pour but unique de défendre les intérêts généraux de la profession. En un mot, l'agriculture ne jouissait pas d'une organisation analogue à celle qui avait fait si longtemps la force des professions industrielles, c'est-à-dire l'institution des communautés d'arts et métiers ou des corporations, institution qui n'était point suppléée, du reste, par les sociétés, en quelque sorte académiques, d'agriculture, lesquelles n'étaient aucunement une émanation de la profession.

---

(1) A. GAIRAL.— *Les Chambres d'agriculture* (*Réforme Sociale*, 1890 t. II p. 699).

Ce n'était pas non plus la Révolution qui devait ouvrir la voie à une représentation vraiment professionnelle des intérêts agricoles.

En effet, le système des corporations, déjà ébranlé sous le dernier règne de l'ancienne monarchie, était détruit radicalement, au lieu d'être simplement réformé sur la base de la liberté, par la législation nouvelle, et nul ne songeait alors à établir en faveur de l'agriculture, qui n'avait jamais eu d'institution de ce genre, une dérogation à la loi de proscription des corps de métiers.

Nous n'avons pas à discuter ici les mérites et les défauts du système des corporations sous l'ancien régime. Il nous suffira de dire que ce système eut, à son origine, de très grands avantages pour notre industrie à laquelle il fournit le secours d'une direction salutaire; mais cette direction se changea en entraves et en oppression, lorsqu'elle ne fut plus en harmonie (et elle ne pouvait plus l'être à un certain moment) avec les développements de l'industrie dont elle comprima l'essor, et elle dut disparaître bientôt devant un principe nouveau, celui de la liberté du travail.

Un auteur qui a étudié spécialement l'histoire de nos anciennes corporations, M. Hubert-Valleroux, nous semble avoir donné l'exacte explication de ce fait : « La corporation, dit-il, avec ses règles strictes et précises, convenait à ces petites sociétés du Moyen-Age qui ne s'étendaient qu'aux murs de la ville et à sa banlieue ; les besoins des hommes étaient alors simples et peu nombreux. Lorsqu'on travaillait pour le dehors, c'était d'ordinaire un seul genre de produit que l'on fabriquait, et ce qui faisait sa réputation était l'assurance d'une production toujours la même et faite suivant des règles connues. Les règles du corps d'état servaient donc les intérêts des artisans et des consommateurs...

« Il en était autrement, au XVIIIe siècle ; les besoins et

les goûts des consommateurs étaient tout autres ; la corporation n'avait plus ni le même caractère ni la même utilité ;
elle ne rendait plus les mêmes services » (1).

Les agriculteurs n'étaient, à la vérité, que fort peu intéressés dans la question des corporations d'alors, puisqu'ils
n'avaient pas pratiqué l'association sous cette forme, et que les
artisans eux-mêmes ne jouaient qu'un rôle très effacé dans les
campagnes. Veut-on savoir cependant quelle était, en 1789,
l'opinion des classes rurales sur le maintien ou la suppression des corps de métiers ? On peut dire qu'elles se montraient favorables à la suppression de ceux-ci, à en juger
par les vœux des cahiers rédigés dans les circonscriptions
agricoles, alors que les cahiers du tiers-état, dans les villes,
où dominaient les partisans des corporations, s'étaient gardés de les attaquer (2).

Ce qui touchait, du reste, de beaucoup plus près les
campagnes, c'était l'affranchissement des terres et la liberté
des cultures, principes que la nouvelle législation consacrait, dans le décret des 28 septembre et 6 octobre 1791,
désigné sous le nom de *Code rural.* Cette loi ne pouvait être
accueillie qu'avec reconnaissance par les populations, car
ce que voulait par-dessus tout la France agricole, c'était la
liberté du cultivateur et l'égalité des charges. Or, la loi lui
apportait ces deux bienfaits. Dans l'article 1er se trouve, en
effet, proclamé ce grand principe : « *Le territoire de France,
dans toute son étendue, est libre comme les personnes qui
l'habitent :* ainsi toute propriété territoriale ne peut être
sujette, envers les particuliers, qu'aux redevances et aux

---

(1) HUBERT-VALLEROUX. — *Les corporations d'arts et métiers et les
syndicats professionnels,* p. 125.

(2) HUBERT-VALLEROUX. — *Loc. cit.,* p. 121 et s.

charges dont la convention n'est pas défendue par la loi et, envers la nation, qu'aux contributions publiques établies par le Corps législatif et aux sacrifices que peut exiger le bien général, sous la condition d'une juste et préalable indemnité ».

L'article 2 permet enfin aux cultivateurs de varier, quand bon leur semble, la culture de leurs terres : « Les propriétaires sont libres de varier à leur gré la culture et l'exploitation de leurs terres, de conserver à leur gré leurs récoltes et de disposer de toutes les productions de leur propriété dans l'intérieur du royaume et au dehors, sans préjudicier au droit d'autrui et en se conformant aux lois ». Ce même principe de la liberté de la culture fut à nouveau proclamé par la constitution de 1793, dans les termes suivants : « Nul genre de travail, de culture, de commerce ne peut être interdit à l'industrie des citoyens ». (*Décl. des Droits de l'homme et du citoyen*, art. 17).

Mais, si le sol doit sa liberté à la Révolution, les agriculteurs peuvent lui reprocher les entraves apportées à l'exercice du droit d'association. Chose curieuse, le même décret du 28 septembre-6 octobre 1791, qui proclame la liberté de la culture, enlève en même temps aux agriculteurs un élément essentiel de la liberté d'association.

L'article 19 (titre II) s'exprime en ces termes : « Les propriétaires ou les fermiers d'un même canton ne pourront se coaliser pour faire baisser ou fixer à vil prix la journée des ouvriers ou le gage des domestiques, sous peine d'une amende du quart de la contribution mobilière des délinquants, et même de la détention de police municipale s'il y a lieu ». Les propriétaires et les fermiers, qui sont les *patrons* de l'agriculture, ne pouvaient donc *se syndiquer* pour la défense de leurs intérêts ; mais, d'autre part, les *ouvriers* agricoles se voyaient interdire les coalitions par l'article 20 du même décret : « Les moissonneurs, les domestiques et les ouvriers de la campagne ne pourront se liguer entre eux pour faire hausser et déterminer le prix des gages ou les salaires, sous peine d'une amende qui ne pourra excéder la valeur de douze journées de travail et, en outre, de la détention municipale ».

C'était là la conséquence du système suivi en 1791 par la Constituante qui ne se contenta pas de proclamer la liberté du travail et de l'industrie, mais qui, croyant couper le mal dans ses racines, anéantit les corporations et défendit de les rétablir sous quelque forme que ce fût, sacrifiant ainsi l'intérêt collectif, comme l'ancien régime avait sacrifié, au profit du corps de métier, l'intérêt individuel.

L'article premier du décret des 14-17 juin 1791 porte, en effet : « L'anéantissement de toutes les espèces de corporations de citoyens du même état et profession étant une des bases fondamentales de la constitution française, il est défendu de les rétablir de fait sous quelque prétexte et quelque forme que ce soit ». L'art. 2 ne fait qu'appliquer ce principe lorsqu'il dit : « Les citoyens d'un même état ou profession, les entrepreneurs, ceux qui ont boutique ouverte, les ouvriers, compagnons d'un art quelconque, ne pourront, lorsqu'ils se trouveront ensemble, se nommer ni président, ni secrétaire, ni syndic, tenir des registres, prendre des arrêtés ou délibérations, former des arrêtés sur leurs prétendus intérêts communs. »

Michel Chevalier l'a dit avec raison (1) : « La Constituante, ce jour-là, fut entraînée si loin de la liberté par son zèle à paralyser l'esprit contre-révolutionnaire, qu'elle en vint à nier que les hommes qui exerçaient une profession pou-

---

(1) *Lettres sur l'Organisation du Travail*, 1848.

vaient avoir des intérêts communs. Ainsi fut érigé en système l'isolement de l'individu dans le travail. C'est la plus
grande faute de cette illustre Assemblée, et ce n'est pas
seulement dans ce cas qu'elle a été commise ». « C'était là
une loi de colère qui, si elle eût été appliquée, eût entraîné
de funestes conséquences ; plus sévère que ne l'a été depuis
le Code pénal, elle ne réserve pas au pouvoir exécutif le
droit d'approuver les sociétés naissantes, elle ne permet pas
de les constituer même entre moins de 20 personnes ; une
prohibition absolue, sans réserves, s'oppose à la formation
des associations professionnelles » (1).

N'aurait-il pas mieux valu laisser subsister le droit pour
les travailleurs, artisans ou agriculteurs, de se réunir dans
des associations professionnelles, tout en retirant à ces
associations le privilège et le monopole, cause principale
des abus pour lesquels on avait supprimé les corporations ?

La Révolution n'a donc pas compris les avantages que
l'agriculture pouvait retirer de l'association, non plus forcée, mais libre, et a considéré, au contraire, la liberté d'association comme un danger public.

LES ASSOCIATIONS AGRICOLES DEPUIS LA RÉVOLUTION

I. — Les Associations agricoles professionnelles.

LE CODE PÉNAL DE 1810.

Pour les associations professionnelles la Révolution avait
décrété une proscription absolue, sans même faire excep-

---

(1) Marcel MONGIN. — *Loi relative à la création des syndicats professionnels* (*Lois nouvelles*, 1884, 1re partie, p. 83).

tion en faveur de celles ne réunissant qu'un nombre infime
de membres. Elle les avait supprimées et interdites, non
seulement en tant que personnes morales ou corporations,
mais même comme simples associations, en défendant aux
gens de même métier de se nommer des présidents, secré-
taires ou syndics, etc... Les associations de ce genre étaient
déclarées « inconstitutionnelles, attentatoires à la liberté et
à la Déclaration des droits de l'homme »! (Décret des 14-17
juin 1791). Spécialement pour les agriculteurs, les coalitions
entre propriétaires ou fermiers, entre domestiques et
ouvriers des campagnes, relativement aux salaires, avaient
été interdites et frappées de peines (D. 28 sept. — 6 oct.
1791, art. 19 et 20).

On était allé ainsi plus loin contre les associations professionnelles que contre les congrégations et confréries religieuses, qu'on s'était borné à dépouiller de la personnalité
civile, sans prohiber, à leur égard, le seul fait de l'association ou de la vie en commun (D. 13-19 fév. 1790, D. 18 août
1792).

L'association professionnelle fut donc traitée à peu près
et sauf la question de pénalité, comme on devait traiter
bientôt les associations politiques en les déclarant illicites
(D. 7 thermidor an V), système modifié depuis par le Code
pénal, et beaucoup plus tard les sociétés secrètes (D. 28 juillet 1848, a. 13, encore en vigueur), ou encore les associations de la nature de celle connue sous le nom d'Internationale des travailleurs (L. 14 mars 1872). L'association
professionnelle avait été jugée mauvaise en elle-même.

Quelle a été, à l'égard des associations professionnelles,
la portée des dispositions du Code pénal, punissant les associations illicites de plus de 20 personnes ?

On sait que les articles 291 à 294, dont les dispositions
furent complétées par la loi du 10 avril 1834, ont édicté des

peines contre toutes associations de plus de vingt personnes non autorisées par le gouvernement. Ces textes n'atteignaient point les associations ne dépassant pas vingt personnes. Mais en résultait-il que toute association, ainsi limitée quant au nombre, fût licite ? Une association professionnelle agricole, par exemple, devenait-elle libre, nonobstant le décret de 1791, à la condition de ne pas compter plus de 20 adhérents ? On peut en douter très sérieusement.

Sans doute, à cette simple condition de ne pas dépasser le chiffre déterminé, les associations *politiques*, auxquelles on avait songé en particulier en rédigeant l'art. 291, se trouvaient soustraites à l'ancienne prohibition du décret du 7 thermidor an V. Mais rien ne démontre qu'on eût renoncé, en même temps, à la prohibition du décret de 1791, qui avait fait, très inexactement du reste, de l'interdiction des associations professionnelles un corollaire de la Déclaration des droits de l'homme. Le Code pénal punissait toute association de plus de vingt personnes, mais ne déclarait pas licites toutes les autres.

Quoi qu'il en soit, on remarquera que la loi de 1884, en affranchissant les associations professionnelles de la restriction imposée par le Code pénal, a eu soin de prononcer, en même temps, l'abrogation du décret de 1791.

LA CONSTITUTION DE 1848.

La République de 1848 reconnut d'abord le droit absolu d'association et de réunion, droit consacré par la constitution (art. 8); mais, après les journées de juin, un décret de l'Assemblée du 28 juillet, tout en conservant aux citoyens le droit de réunion, en soumit l'exercice à certaines conditions, notamment à la nécessité d'une déclaration préalable et à la publicité des séances. L'insuffisance de ce décret se manifesta en plusieurs circonstances, et particulièrement dans la journée du 13 juin 1849 ; aussi la suspension du décret fut-elle prononcée par la loi du 19 juin 1849, successivement prorogée jusqu'au 22 juin 1852, par les lois du 6 juin 1850 et du 21 juin 1851. Avant l'expiration de ce délai, un décret du 25 mars 1852 abrogea celui du 28 juillet 1848, à l'exception cependant de l'art. 13 qui interdisait les sociétés secrètes, et déclara les articles 291 à 294 du Code pénal et les articles 1, 2 et 3 de la loi du 18 avril 1834, applicables aux réunions publiques de n'importe quelle nature.

Ainsi, la constitution de 1848 avait promis la liberté d'association, mais aucune loi organique de cette liberté n'ayant été portée, les associations professionnelles restèrent sous le coup des dispositions du Code pénal contre les associations non autorisées de plus de vingt personnes.

LA LIBERTÉ DES COALITIONS.

Cependant le développement du machinisme dans l'industrie rendait de plus en plus nécessaire pour les ouvriers, abandonnés à eux-mêmes, le groupement entre gens partageant les mêmes travaux et obligés de satisfaire aux mêmes besoins ; des syndicats ouvriers s'étaient constitués ouvertement à Paris et dans tous les grands centres industriels. Sous la pression de l'opinion publique, réclamant en faveur de la liberté d'association, le gouvernement impérial fit adopter la loi du 25 mai 1864. Cette loi abrogeait les art. 414, 415 et 416 du Code pénal, interdisant la coalition entre les patrons ou entre les ouvriers, et les remplaçait par d'autres articles punissant seulement les entraves apportées au libre exercice de l'industrie ou du travail à l'aide de violences, voies de fait, menaces ou manœuvres frauduleuses.

En outre, l'art. 2 de la loi du 25 mai 1864 rendait les articles ci-dessus applicables aux propriétaires et fermiers, ainsi qu'aux moissonneurs, domestiques et ouvriers de la campagne. Il abrogeait donc les art. 19 et 20 de la loi du 20 septembre 1791.

En résumé, cette loi reconnaît la légalité de la coalition, mais elle n'accorde pas encore la liberté d'association qui permet de se coaliser plus facilement, et elle prohibe les moyens les plus efficaces de tirer de la coalition les résultats pratiques qu'on en attend d'ordinaire.

Ce n'était pas encore la liberté pleine et entière d'association professionnelle, c'était du moins un acheminement vers la loi de 1884, à laquelle devaient contribuer et le mouvement pour rétablir les corporations de l'ancien régime, et la persistance du compagnonnage, et la création des chambres syndicales.

LES CAUSES DE LA RÉFORME DE 1884.

Dès que l'anarchie qui avait succédé à la destruction de l'ancien régime économique eut disparu devant un ordre de choses moins troublé, les patrons et ouvriers essayèrent d'organiser la défense de leurs intérêts communs, et le Premier Consul fut vivement et à diverses reprises sollicité de rétablir les corporations. La question fut même agitée au Conseil d'Etat, mais elle rencontra une opposition énergique auprès de la Chambre de commerce de Paris, ennemie irréconciliable de toute entrave apportée à la liberté du travail. Napoléon se borna à rétablir deux corporations touchant à l'alimentation, celle des bouchers et celle des boulangers, qui subsistèrent jusqu'aux décrets du 24 février 1858 et du 25 juin 1863, lesquels ont rétabli le régime de la liberté pour ces industries.

Malgré tout, certaines corporations d'autrefois avaient trouvé le moyen de subsister, en fait, avec leurs anciennes traditions. On cite, notamment, celle des portefaix de Marseille, celle des portefaix de Nantes, celles des brouettiers du grand corps au Havre, celle des bouchers de Limoges et celle des prud'hommes pêcheurs de la Méditerranée qui sont encore jugés comme l'étaient leurs ancêtres du XIVe siècle et s'en trouvent bien.(1).

D'autre part, l'institution si ancienne du compagnonnage avait survécu à la Révolution. Les ouvriers nomades reformèrent, d'abord en secret, puis un peu plus ouvertement, les sociétés de compagnons où se retrouvaient les sentiments de fraternité et d'assistance mutuelle des anciennes corporations. Si les associations de compagnonnage ont plusieurs fois donné leurs encouragements à des grèves, ce ne fut qu'à titre exceptionnel. Leur préoccupation constante était de rendre le plus profitables possible aux compagnons les diverses stations du tour de France. Aujourd'hui en décadence, les associations de compagnonnage rendent encore des services au point de vue de l'enseignement professionnel, principalement pour les charpentiers et autres corps d'état se rattachant au bâtiment.

Enfin des chambres syndicales libres, soit de patrons, soit d'ouvriers avaient pris un développement considérable. Les plus anciennes remontent au commencement du siècle ; en 1810, le préfet de police homologua à Paris les statuts de plusieurs chambres de patrons, notamment celles des maîtres-charpentiers, des entrepreneurs de maçonnerie et de pavage. Ces associations prirent de l'extension, surtout sous le règne de Louis-Philippe et la République de 1848. Le gouvernement les tolérait à cause des services qu'elles rendaient et parce qu'elles eurent l'habileté de ne pas constituer un danger pour la liberté du travail. « Non seule-

---

(1) HUBERT-VALLEROUX. — *Op. cit.*, p. 271.

ment le tribunal de commerce de Paris renvoyait de nombreuses affaires à l'arbitrage des syndicats de patrons, ce qui était reconnaître leur existence, mais le gouvernement même s'adressait ostensiblement à ces sociétés » (1). L'approbation tacite des pouvoirs publics alla jusqu'à permettre la création d'unions de chambres syndicales.

Toutefois, avant 1867, il ne se fonda guère que des chambres syndicales de patrons. Les expositions de Londres, en 1863, et de Paris, en 1867, mirent en rapport les travailleurs avec les *trade's unions* anglaises. « Les délégations d'ouvriers envoyées à Londres admirèrent la liberté des ouvriers anglais, leurs sociétés de tous genres et surtout leurs trade's unions. Dans les rapports publiés à leur retour les délégués se concertèrent pour demander, tous à peu près dans les mêmes termes, la création de chambres corporatives où syndicales, et pour préconiser l'association »(2). Il en fut de même après l'exposition de Paris en 1867, d'autant plus que la tolérance accordée aux chambres syndicales de patrons permettait aux autres de réclamer au nom de l'égalité. Aussi les associations d'ouvriers allèrent-elles en se multipliant; mais c'est autour de 1877 que le mouvement syndical rencontra le plus de faveur auprès des pouvoirs publics.

Les chambres syndicales de patrons étaient, à Paris, au 1er janvier 1884, au nombre de 185, comprenant environ 25,000 membres; il en existait environ 150 dans les départements. Elles étaient fédérées en deux groupes principaux, celui de la Sainte-Chapelle et celui de l'Union natio-

---

(1) HUBERT-VALLEROUX. — *Op. cit.*, p. 361.
(2) LEVASSEUR. — *Les Classes ouvrières en France depuis 1789 jusqu'à nos jours*, t. II, p. 380.

nale; un troisième, celui du Comité central, remontait
à 1867.

Quant aux chambres syndicales d'ouvriers, on en comptait, au 1er janvier 1884, 237 à Paris, et 350 dans les départements ; le nombre de leurs adhérents était évalué au
maximum à 50,000 à Paris.

Les revendications de l'opinion, favorable à la reconnaissance légale des chambres syndicales, soit d'ouvriers, soit
de patrons, étaient devenues de plus en plus énergiques ;
elles devaient donc fatalement aboutir.

D'autre part, le régime de la simple tolérance avait de
graves inconvénients pour les associations professionnelles ;
leurs « intérêts pécuniaires, notamment, étaient insuffisam-
ment protégés contre les trésoriers infidèles et les héritiers
des trésoriers ; il donnait peu de sécurité aux associations
professionnelles et paralysait leurs développements » (1).
Aussi les patrons et les ouvriers étaient-ils unanimes à
réclamer, pour leurs associations, la reconnaissance légale
et la personnalité civile; d'autant plus que, comme le fait
très bien remarquer M. Mongin, « on ne se décide pas facilement à faire des sacrifices pour assurer de puissantes
ressources à une association lorsque son existence est constamment menacée, lorsqu'un caprice du gouvernement
peut à tout instant entraîner la dissolution de la société et
la condamnation des associés; des garanties plus solides
sont nécessaires pour que la vie se développe » (2).

C'est pourquoi le gouvernement, voulant régulariser une
situation illégale, puisque, somme toute, la loi de 1791, nullement abolie, mais constamment violée, était toujours en

---

(1) A. CHAREYRE. — *Répertoire du Droit administratif* de Béquet,
vo *Chambres syndicales.*
(2) Marcel MONGIN. — *Loc. cit.*, p. 89.

vigueur, fit, le 22 novembre 1880, déposer par les soins des ministres de la justice et de l'agriculture, un projet de loi qui allait, après bien des modifications successives et de multiples amendements, devenir la loi du 21 mars 1884 sur les syndicats professionnels.

La loi ne devait s'occuper que des associations formées entre les patrons et les ouvriers de l'industrie. Le législateur ne semblait pas même soupçonner qu'il pût venir à la pensée des agriculteurs de s'associer; les populations rurales n'avaient pas fait entendre, en effet, les mêmes revendications que les ouvriers et on ne pouvait croire qu'il leur manquât quelque chose. Ainsi, sans l'adjonction du mot « agricoles »,proposée par un sénateur, M. Oudet, à l'énumération des intérêts pour l'étude et la défense desquels il serait dorénavant permis de se concerter librement, une nouvelle loi sur les associations professionnelles allait être votée en présence de laquelle on aurait pu se demander encore si les travailleurs de la terre ne restaient pas soumis au régime draconien de la loi de 1791. On en était déjà à la seconde délibération devant le Sénat, quand M. Oudet fit la déclaration suivante : « Je propose d'ajouter à la fin de l'article 3 un mot que la Commission accepte comme un développement utile. Ce serait de mettre à la suite des mots « la défense des intérêts économiques, industriels et commerciaux », l'expression « et agricoles ». Il me semble qu'il est utile de ne rien laisser d'équivoque sur la portée de la loi. Le projet n'a pas entendu réserver aux seuls patrons et ouvriers de l'industrie proprement dite le bénéfice de la possibilité de former des syndicats et surtout en exclure l'agriculture qui, sous beaucoup de rapports, constitue une industrie.

« Il y a beaucoup de circonstances dans lesquelles les agriculteurs — propriétaires, fermiers ou ouvriers — peuvent avoir à grouper ou à défendre leurs intérêts, et je ne vois pas qu'on puisse leur refuser une faculté qui appartient à tous les patrons et ouvriers de l'industrie » (1).

La modification du texte fut acceptée sans aucune difficulté : « La grande dédaignée était admise, mais d'une manière incidente, en quelque sorte à la dérobée, comme un pauvre honteux qu'on laisse entrer par la porte de service; plus d'un, sans doute, qui vota l'amendement de M. Oudet avait ses pensées de derrière la tête et ne s'imaginait guère que ce mot couvrît tant de choses nouvelles; mais, comme on sait, les bonnes actions ressemblent aux sirènes, il ne faut regarder ni les motifs des unes, ni la queue des autres » (2).

A vrai dire, l'esprit général de la loi de 1884, tel qu'il résulte des travaux préparatoires, était franchement libéral et on eût pu se contenter, à la rigueur, des mots « intérêts économiques » pour faire bénéficier de la réforme toutes les professions ayant des intérêts économiques à défendre, ce qui est éminemment le cas de l'agriculture ; mais l'amendement Oudet a eu le grand avantage pratique de couper court, d'avance, par un texte formel, aux hésitations qui paralysent si facilement l'application de toute idée nouvelle parmi les classes rurales.

II. — Les Chambres d'agriculture et les Comices agricoles.

Il serait injuste de prétendre qu'avant la loi du 21 mars 1884 rien n'ait été fait, durant le cours du siècle, par le gouvernement ou par l'initiative privée, en faveur des agriculteurs, pour la défense de leurs intérêts professionnels.

---

(1) *Journ. Off.*, 22 fév. 1884, Déb. parl. Sénat, p. 451.
(2) Victor du BLED. — *Revue des Deux-Mondes*, 1er sept. 1887, p. 114.

Au gouvernement les agriculteurs ne devaient guère que deux choses : quelques essais d'organisation d'une représentation officielle de l'agriculture et les comices agricoles.

Il faut arriver jusqu'à la loi du 20 mars 1851 pour voir poindre un commencement de représentation agricole ; car nul ne considérera comme une satisfaction donnée, à ce point de vue, aux intérêts des campagnes, la création, en 1819, d'un *Conseil d'Agriculture,* conseil qui n'était qu'une réunion de personnes dont le pouvoir administratif faisait choix lui-même pour leur demander leur avis.

La représentation des agriculteurs était donc considérablement en retard sur celle du commerce, et de l'industrie. Les Chambres de commerce, qui avaient été spécialement abolies sous la Révolution, ennemie de toute indépendance corporative, par le décret du 27 septembre 1791, avaient été rétablies par un arrêté du 3 nivose an XI, avec la double mission de fournir, sur la demande du gouvernement, des avis et des renseignements, et de présenter des vœux sur les besoins de l'industrie et du commerce. Pendant ce temps les agriculteurs ne trouvaient pour organes que quelques sociétés d'agriculture, qui avaient survécu à la Révolution, telles qu'elles étaient antérieurement, c'est-à-dire sans caractère officiel et sans mandat.

La loi du 20 mars 1851 organisa un système de véritable représentation, sur la base de l'élection par les intéressés, condition indispensable d'indépendance et d'autorité. Elle utilisait pour cela, en le transformant, le conseil général de l'agriculture, créé par l'ordonnance du 29 avril 1831, en même temps que les conseils généraux du commerce et des manufactures. Cette assemblée était élue par les chambres départementales d'agriculture, chambres vraiment *représentatives* et non pas seulement *consultatives,* investies de la personnalité civile leur permettant de se constituer un patrimoine. Ces chambres devaient être formées elles-mêmes, dans chaque département, par les suffrages des membres des comices constitués ou à constituer dans le département.

Après le 2 décembre, on s'occupa aussi de la représentation de l'agriculture, mais dans des vues bien différentes, cela va sans dire, et le décret présidentiel du 25 mars 1852, intitulé « décret sur l'organisation des chambres *consultatives* » (et non pas *représentatives*) « d'agriculture », supprima le principe de l'élection des membres par les intéressés et donna aux préfets le soin de recruter eux-mêmes ces corps. Quant au conseil général d'agriculture, c'était le ministre de l'intérieur, de l'agriculture et du commerce, qui devait dorénavant en nommer chaque année les membres.

C'est ce décret qui est encore actuellement en vigueur; autant dire que la prétendue représentation agricole est purement illusoire. Aussi, suivant l'observation de M. Méline, les chambres consultatives « n'existent que de nom et l'agriculture ne s'y est jamais trompée. Après avoir régulièrement fonctionné pendant deux ou trois ans, les membres de ces chambres se rendant compte de leur impuissance ont cessé peu à peu de siéger, et c'est ainsi qu'elles ont disparu dans un grand nombre d'arrondissements » (1).

Aussi la refonte de la législation sur ce point a-t-elle toujours figuré, depuis, dans le programme des réformes qui s'imposent. Nous ne pouvons que faire des vœux pour qu'on donne le plus tôt possible à nos campagnes de sérieuses chambres d'agriculture.

Nous venons de constater que, d'après la loi du 20 mars 1851, les membres des comices concouraient à la formation des chambres departementales d'agriculture ; qu'est-ce

---

(1) *Journ. Off.* — Doc. parl., Ch., Sess. extr., 1889, p. 61.

qu'un comice, quel a été le rôle de cette institution, en quoi se distingue-t-elle du syndicat agricole ?

Les comices agricoles sont des associations autorisées de propriétaires ruraux et de cultivateurs, ayant pour but la recherche des meilleurs procédés de culture, qu'elles encouragent par la distribution de primes et de récompenses.

Ces associations ont été sanctionnées par la loi du 20 mars 1851 et la circulaire explicative du 12 août de la même année. Mais ce n'était là que la consécration de leur existence, car leur création remonte à l'année 1785 et est due à un intendant de la généralité de Paris, Berthier de Sauvigny. Disparues avec tant d'autres institutions, sous la Révolution et sous l'Empire, on les voit reparaître à partir de 1830 et se répandre dans presque tous les départements.

Le décret du 25 mars 1852 leur enleva ce que leur avait donné la loi du 20 mars 1851, le droit d'élire les chambres d'agriculture. Depuis lors, ces associations n'ont qu'un rôle secondaire ; elles se bornent à organiser des concours et à récompenser les meilleurs exposants dans des solennités qui deviennent l'occasion de réjouissances publiques.

De grandes différences séparent les comices des syndicats agricoles : ces derniers sont des associations essentiellement spontanées et libres ; les comices sont soumis à l'approbation et placés sous la surveillance de l'autorité préfectorale chargée d'approuver le règlement constitutif ainsi que les modifications qui pourraient y être apportées, notamment quant à la circonscription.

Le but poursuivi de part et d'autre n'est pas le même. Les comices agricoles n'ont que des attributions fort restreintes ; au contraire, les syndicats embrassent tout ce qui concerne l'étude et la défense des intérêts généraux de la profession.

Le personnel des comices est plus limité dans un sens et plus étendu dans l'autre : il faut être âgé de 21 ans et être domicilié ou avoir ses propriétés dans la circonscription du comice (Art. 2 de la loi de 1851). Pour les syndicats, aucune condition d'âge ni de résidence n'est requise, il suffit d'être agriculteur, mais c'est là une condition indispensable, tandis que les comices peuvent admettre, dans la proportion du dixième de leurs membres, des personnes étrangères à l'agriculture (Art. 2.)

La circonscription des comices est déterminée par le conseil général, sur la proposition du préfet ; chaque comice ne peut embrasser moins d'un canton ou plus d'un arrondissement (Circ. 12 août 1851, § 7) ; la circonscription des syndicats agricoles n'est l'objet d'aucune limitation légale ; beaucoup de syndicats ne comprennent qu'un canton, ou même une commune ou une section de commune ; il en est, par contre, qui se recrutent dans toute la France.

De plus, l'autorisation donnée à un comice par l'administration n'a pas pour résultat de lui conférer la personnalité civile, il demeure une simple association privée n'ayant pas plus de droit que les cercles, les compagnies de sapeurs-pompiers, etc ; les syndicats, au contraire, en vertu de la loi du 21 mars 1884, ont, de plein droit, et par le fait seul de leur création, la personnalité civile.

Ajoutons que, depuis la loi du 19 mars 1851, les comices reçoivent ordinairement chacun une subvention du ministre de l'agriculture, et la plupart doivent à ces ressources d'exister encore. Les syndicats, d'un caractère plus privé, n'ont aucune part aux distributions des deniers publics ; ils se sont, jusqu'à présent, soutenus et développés par leurs propres forces, ne faisant appel qu'aux contributions volontaires de ceux auxquels ils rendent des services.

Enfin, la loi ne prévoit pas et par conséquent n'autorise pas des *unions* de comices; on sait qu'elle autorise, au contraire, les unions de syndicats.

III. — Les Sociétés d'agriculture

A côté des comices agricoles, rattachés étroitement à l'administration et instruments officiels de protection ou plutôt d'encouragement, il faut citer les sociétés savantes qui travaillent, d'une façon indépendante des pouvoirs publics, aux progrès de l'agriculture, soit par des études théoriques, soit par des encouragements dont elles font tous les frais.

Leur origine se trouve dans les sociétés d'agriculture dont nous avons constaté l'existence avant la Révolution. Celle-ci ne leur fit pas l'honneur d'une exécution en règle, étant donné le rôle assez effacé qu'elles avaient joué jusqu'alors, et il est vraisemblable qu'elles purent échapper à la destruction en s'isolant les unes des autres, ou en devenant des sociétés simplement départementales.

Le décret du 7 fructidor an XII autorise la société d'agriculture établie à Paris, à porter le titre nouveau de « Société impériale d'Agriculture ». Une ordonnance du 28 juillet 1814 autorise la même société de Paris à « reprendre le titre de Société royale d'Agriculture », et déclare que cette société « continuera à être le centre commun et le lien de correspondance des différentes sociétés d'agriculture du royaume », ce qui est la reproduction littérale d'un passage de l'édit du 30 mai 1788. Cette société est devenue, avec la troisième République, et est encore la « Société nationale d'Agriculture ».

Dans le même ordre d'idées se sont fondées beaucoup d'autres sociétés n'ayant pas davantage le caractère public et qui poursuivent également, sur le terrain des recherches scientifiques, l'amélioration et le développement de l'agriculture. Parmi les plus anciennes, signalons la « Société des Agriculteurs de France » et la « Société de l'acclimatation » ;

à une date plus rapprochée de nous ont été créées la « Société d'encouragement à l'Agriculture », la « Société nationale d'Horticulture » autorisée à prendre ce nom par un décret du 5 juin 1880, et beaucoup d'autres sociétés qui se sont spécialisées dans une branche de l'industrie agricole, telles que la « Société nationale d'aviculture de France », l' « Association pomologique de l'Ouest », la « Société d'encouragement à l'industrie laitière » et les « Sociétés hippiques » qui sont répandues dans tous nos départements.

Mais, ainsi que le disait M. Méline (1), « leur action se borne forcément à encourager les agriculteurs et à les diriger dans la voie du progrès par des récompenses qui sont la meilleure consécration des bonnes méthodes de culture ; leurs réunions sont trop rares, leurs membres trop éloignés les uns des autres, trop absorbés par leurs occupations personnelles pour qu'on puisse exiger des efforts suivis et persévérants ».

D'ailleurs, le nom de *sociétés* que portent la plupart de ces associations est un terme tout à fait impropre, si l'on se place au point de vue juridique ; dans toute société on découvre trois éléments : un apport social de chacun des associés, la poursuite de bénéfices et le partage du profit entre les associés ; or, précisément, aucun de ces éléments ne se rencontre dans ces « sociétés » agricoles. Ce sont donc de simples groupements d'individus, sans aucune capacité civile, et qui, s'ils comprennent plus de vingt personnes, ne peuvent exister qu'à la condition d'obtenir l'autorisation du gouvernement.

---

(1) *Journal Officiel*, Doc. parl. Ch., Sess. extr., 1889, p. 61.

IV. — Les Associations syndicales.

Un genre de groupement qui se rapproche des syndicats
agricoles, tout au moins par la dénomination, c'est celui
des « Associations syndicales », lorsqu'elles ont pour objet
des travaux ruraux. Ces associations ont, en effet, pour
but l'exécution de certains travaux ou opérations agricoles nettement déterminées dans la loi, jugées nécessaires
à l'amélioration de la culture, et ne pouvant être menées à
bien qu'avec le concours de tous les propriétaires de la
région.

Nous ne citerons que pour mémoire les associations syndicales établies entre les cultivateurs, en vue uniquement
de l'achat et du contrôle des engrais. En voici l'origine : la
loi du 27 juillet 1867, punissait les fraudes sur le dosage
de ces marchandises et la tentative de tromperie, mais elle
laissait impunie la simple mise en vente d'engrais falsifiés
ou mélangés à des substances inertes ; de là la formation
d'associations qui délivraient un bon aux agriculteurs pour
l'achat d'une certaine quantité d'engrais d'une composition
déterminée, le vendeur devant faire sa facture de livraison
conformément aux déclarations contenues sur le bon
d'achat (1). Ces syndicats n'ont plus de raison d'être depuis
la loi du 4 février 1888, qui impose au vendeur de faire
connaître à l'acheteur la provenance naturelle ou industrielle de l'engrais ou de l'amendement vendu, et sa teneur
en principes fertilisants.

Il est d'autres associations syndicales qui ont une portée
beaucoup plus générale : nous voulons parler des associa-

---

(1) Cauwès. — *Economie politique*, t. I, p. 532.

tions syndicales régies par la loi du 21 juin 1865, complétée par la loi du 22 décembre 1888.

Ces associations sont fort anciennes puisqu'on en trouve la trace pendant le Moyen-Age ; jusqu'à la Révolution, elles furent gouvernées par les coutumes. Depuis la Révolution il n'y avait pas de règles fixes et précises sur le régime de ces associations, et la jurisprudence leur était hostile ; n'ayant pas la personnalité civile, elles ne pouvaient agir en justice par leurs administrateurs. D'un autre côté, la loi du 16 septembre 1807, sur le desséchement des marais et autres ouvrages d'intérêt collectif, avait organisé un mécanisme administratif spécial, mais dans lequel la collectivité des propriétaires intéressés ne jouissait d'aucune autonomie bien que le mot « syndic » s'y trouvât employé. L'Etat faisait tout.

Cependant les associations syndicales s'étaient multipliées beaucoup, puisqu'en 1865 on en comptait 2,475, réparties dans 63 départements; et, d'autre part, elles ne restaient pas inactives, puisqu'en 1862 le montant des cotisations perçues s'était élevé à plus de 4 millions (1).

La loi du 21 juin 1865, modifiée et complétée par celle du 22 décembre 1888, a eu pour but de leur faire une situation plus régulière, qui ne se confond nullement, du reste, avec celle des syndicats professionnels agricoles de la loi de 1884.

Les différences entre les « associations syndicales » et les « syndicats professionnels agricoles » sont nombreuses.

1° Le but des deux institutions est différent. L' « association syndicale » a pour objet seulement l'exécution ou l'entretien de travaux pour la réalisation d'une amélioration

---

(1) *Exposé des motifs* de la loi du 21 juin 1865.

agricole (L. de 1865), ou même urbaine (L. de 1888), d'intérêt collectif. Le syndicat professionnel, quand il s'applique à l'agriculture, a pour objet l'étude et la défense des
intérêts agricoles, ce qui peut embrasser beaucoup d'autres
choses que l'exécution de travaux matériels d'amélioration
collective. Ainsi « les travaux indiqués par l'art. 1er (de la
loi de 1865) peuvent très bien être entrepris par un syndicat
professionnel, car ils sont faits pour la défense d'intérêts
agricoles... Si les associés veulent constituer une association syndicale autorisée, la loi nouvelle (de 1884) ne leur
est d'aucun secours : ils devront se conformer à toutes les
conditions jusqu'ici exigées. S'ils veulent seulement constituer une association libre, ils pourront, au contraire, remplacer les formalités de la loi de 1865 par les formalités
plus simples que détermine notre loi, seulement il faudra
pour cela que l'association ne comprenne pas de personnes
sans profession ou de professions dissemblables et elle ne
jouira pas de la capacité étendue que confère la loi de 1865,
art. 3 » (1).

2° Les associations syndicales sont ou libres ou autorisées ; ces dernières ont le privilège remarquable de pouvoir,
pour certains travaux, imposer les obligations d'associé à
des propriétaires qui refusent leur adhésion, et qui ont
seulement la ressource de délaisser leur immeuble moyennant indemnité. Les syndicats ne peuvent être que libres :
nul n'est contraint d'y entrer, chacun peut en sortir à tout
instant en payant sa cotisation de l'année courante.

3° Plusieurs syndicats peuvent, pour se concerter ensemble, se grouper en « unions » . La loi n'a pas prévu des
« unions » d'associations syndicales.

---

(1) Marcel Mongin. — *Loc. cit.*, p. 95.

4º Les formalités requises pour la fondation des syndicats professionnels ne sont pas les mêmes que celles imposées aux associations syndicales.

5º Les qualités personnelles exigées des membres ne sont pas les mêmes dans les deux cas : il faut être proprié taire intéressé et cela suffit pour l'association syndicale ; un établissement public peut donc y figurer. Dans le syndicat professionnel, il faut être de la profession agricole ou d'une profession similaire ou connexe.

6º La capacité d'acquérir des associations syndicales n'est nullement limitée ; celle des syndicats subit une restriction importante en matière d'acquisitions immobilières.

Ne laissons pas les associations syndicales sans mentionner, pour être complet, celles qu'autorise et réglemente la loi du 4 avril 1882 sur le reboisement et le gazonnement des terrains en montagne, et les associations syndicales contre le phylloxéra. C'est l'article de la loi du 2 août 1879, relative aux ravages causés par le phylloxéra, qui permet aux propriétaires d'organiser des associations syndicales temporaires, autorisées par l'administration, soit pour prévenir ce fléau dans les régions indemnes ou partiellement contaminées, soit pour en poursuivre la destruction dans les régions atteintes.

La loi de 1865, antérieure à l'apparition du phylloxéra, ne prévoyait pas, parmi les objets pour lesquels peut se constituer une association syndicale, la défense des vignes attaquées de cette façon ; aussi la loi du 2 août 1879 essaya-t-elle d'encourager les associations syndicales libres entre propriétaires de vignobles, en leur promettant le remboursement des sommes qu'elles avanceraient. Mais elle n'eut pas tout le succès qu'on pouvait espérer, car, pour la formation de ces associations, le consentement de tous les intéressés était nécessaire ; or, les travaux dont elles poursuivaient l'accomplissement impliquaient l'unité d'exécution, et il arrivait souvent que la résistance d'un seul propriétaire empêchait la constitution d'une association syndicale. Aussi plusieurs conseils généraux demandèrent que la faculté de former des syndicats obligatoires pour la minorité fût étendue aux propriétaires de vignes menacées ; ce fut l'œuvre de la loi du 15 décembre 1888, qui a consacré deux innovations principales :

1º La défense contre le phylloxéra est assimilée aux travaux prévus par la loi de 1865.

Les syndicats antiphylloxériques peuvent donc être imposés à tous les propriétaires d'un périmètre déterminé, sur la demande d'un ou plusieurs d'entre eux et sur un vote de la majorité dans les conditions de cette loi.

2º Ces syndicats peuvent, en décidant la submersion des vignes, imposer aux propriétaires de fonds intermédiaires de souffrir l'exécution des travaux nécessaires pour la conduite des eaux (art. 12).

A la différence des associations syndicales de la loi de 1865, les syndicats antiphylloxériques ne sont établis que pour une durée de 5 ans, qui peut d'ailleurs être prorogée, et il faut nécessairement, pour leur constitution, l'initiative de propriétaires intéressés.

Les associations syndicales antiphylloxériques se sont multipliées à tel point qu'en 1891, on en comptait plus de 160 dans le seul département de la Côte-d'Or (1).

Le mot « syndicat » n'a pas toujours le même sens dans les lois et dans le vocabulaire administratif.

Dans la loi de 1807, sur le desséchement des marais (art. 7), on appelle *syndicat* la réunion des syndics, et les

---

(1) *Journal de l'Agriculture,* 1891, t. I, p. 1060.

syndics sont des personnes choisies par le préfet parmi les propriétaires intéressés, avec la fonction de désigner l'un des experts et de faire des propositions sur le genre et l'étendue des contributions à établir.

D'après la loi de 1865 (art. 15 et 23) et le décret du 9 mars 1894, portant règlement d'administration publique sur les associations syndicales, ces associations ont pour organes : l'assemblée générale, le syndicat et le directeur (art. 21 du décret); et le *syndicat* n'est autre chose que « la réunion des personnes désignées pour administrer l'association », tandis que l'*association syndicale* est « la collectivité des propriétaires réunis... pour exécuter et entretenir à frais communs, les travaux... »

Il n'est pas besoin de faire remarquer que, dans la loi sur les syndicats professionnels, au contraire, le mot *syndicat* a un sens beaucoup plus large, comprenant l'association tout entière.

V. — Les Sociétés d'exploitation agricole.

Voici une autre forme d'association entre agriculteurs : les sociétés agricoles d'exploitation. Elles ne sont pas très nombreuses et, si l'on en recherche la raison, on la trouvera dans ce fait que les travaux agricoles ne se prêtent pas à la même centralisation que la production manufacturière.« L'attachement pour le sol s'oppose d'ailleurs à des combinaisons pour la mise en commun des terres ; c'est une passion individuelle et exclusive. Il est, en outre, peu de très grandes exploitations rurales dont le capital ne puisse être fourni en entier par de riches propriétaires ; enfin la forme de sociétés par actions, que certains économistes indiquent comme la forme définitive de constitution des entreprises agricoles de l'avenir, n'aurait pas les mêmes raisons d'être générales que pour l'industrie minière ou la grande industrie manufacturière. Aussi paraît-elle (en dehors de la grande culture intensive dans les pays neufs, par exemple aux Etats-Unis) devoir se restreindre aux exploitations qui sont autant ou plus industrielles qu'agricoles, telles que les sucreries et les distilleries avec culture de betteraves » (1).

Il en existe pourtant quelques-unes et elles revêtent les diverses formes des sociétés : anonymes, à capital variable, etc. Toutes ces sociétés ont ce caractère commun, qui les distingue des syndicats agricoles, qu'elles poursuivent la réalisation d'un but lucratif; si un syndicat agricole se proposait le même but, il serait obligé de prendre l'une des formes exigées pour les sociétés commerciales (2); mais il sortirait du cadre de la loi de 1884.

VI. — Les Associations fromagères

L'association en vue de la production agricole peut se spécialiser.

Il est des produits agricoles dont la vente ne donnerait que peu ou point de bénéfices à un paysan isolé; le groupement d'un certain nombre d'agriculteurs peut, au contraire, leur permettre de rendre très lucrative la fabrication de ces produits. C'est dans cet ordre d'idées que se sont fondées les *fruitières* ou *sociétés fromagères*, exemple remarquable d'association rurale de production.

L'origine de ces sociétés est très ancienne; elles ont pris naissance en Suisse où les agriculteurs se réunirent, il y a fort longtemps, pour la fabrication en commun des produits dérivés du lait, et spécialement des fromages. De là elles ont passé dans le Doubs, le Jura, en Savoie après l'annexion.

---

(1) Cauwès — *Cours d'Economie politique*, t. I, p. 498.
(2) *Sic*, Marcel Mongin. — *Loc. cit.*,p. 95.

On les retrouve dans les Pyrénées. C'est une sorte d'assurance contre la perte résultant de la vente au détail, et, grâce à cette combinaison, le litre de lait qui ne se débiterait pas à plus de 0,06 centimes, arrive à rendre 0,15 centimes au propriétaire (1).

Mais tandis qu'en Suisse les sociétés fromagères ou fruitières sont régies, dans la plupart des cantons, par une législation spéciale, en France, les anciens usages qui réglementaient ces associations n'ont jamais été codifiés. Il y eut bien, en 1863, une tentative faite en ce sens : une commission, désignée par le préfet du Doubs, proposa d'introduire dans le Code rural deux articles, fruit de longues et laborieuses recherches, articles qui auraient consacré législativement certaines règles auxquelles il eût été interdit de déroger par des conventions, et que la commission considérait comme la base fondamentale des associations fromagères. Mais cette tentative n'aboutit à aucun résultat et aujourd'hui, comme alors, les fruitières restent gouvernées par des usages immémoriaux et qui varient avec les localités où elles sont établies.

Le caractère juridique des associations fromagères a donné lieu à de vives controverses. Pour les uns, ce seraient des associations *sui generis*, soumises à des règles particulières et placées en dehors des dispositions du droit commun, en tant que fondées non seulement sur un usage immémorial, mais aussi sur une réelle nécessité, attendu que la conversion du lait en fromage est, dans les régions montagneuses, le seul profit que puissent tirer les petits cultivateurs, et que, d'autre part, on ne peut obtenir la bonne qualité des produits qu'en réunissant promptement, pour la

---

(1) CAUWÈS. — *Op. cit.*, t, I, p. 499.

mettre en commun, une quantité de lait relativement considérable (1).

Pour les autres, les sociétés fromagères seraient de véritables sociétés, qui seraient assujetties aux dispositions du droit commun (2). Il en résulterait notamment d'une part, que le seul fait de posséder des vaches dans la circonscription de la fruitière ne donnerait pas le droit d'en faire partie sans l'assentiment de tous les associés ; que d'autre part, la formation et les conditions de fonctionnement de l'association devraient être constatées par écrit.

Nous nous rallions à cette dernière opinion qui nous paraît plus juridique. Dans la fruitière nous rencontrons, en effet, les trois éléments qui sont le fond de toute société : l'apport social, un but lucratif et le partage des bénéfices entre les membres.

Il y a donc société, mais société non commerciale ; un agriculteur isolé qui fabrique, pour les vendre, des fromages avec le lait de ses vaches, ne saurait être considéré comme un commerçant ; pourquoi plusieurs cultivateurs, se réunissant pour réaliser en quelque sorte, comme nous le disions, une assurance contre la perte résultant de la vente au détail, deviendraient-ils des commerçants ? Nous concluons donc que l'association fromagère est une société civile, toutes les fois, du moins, que l'association a le caractère d'un contrat formé entre personnes déterminées.

Il n'en serait autrement que si, en fait, les rapports entre propriétaires exploitant une fromagerie étaient fondés sur

---

(1) En ce sens, Léon SAY. — *Nouveau Dictionnaire d'Economie politique*, vº *Laiterie et fruitière*, et C. de Besançon, 28 déc. 1842, D. P. 47, 2, 16.

(2) En ce sens, C. de Besançon, 23 avril 1845, D. P. 47, 2, 15.

une mise en commun de leurs terres pour cette exploitation, et non sur un pacte personnel (1).

On le voit, la société fromagère ne peut pas se confondre avec le syndicat agricole en tant que celui-ci a un but général de défense des intérêts professionnels.

Mais le syndicat agricole ne pourrait-il pas, dans l'intérêt de ses membres, remplir l'office d'association fromagère ?

Il n'y a pas, selon nous, de raison juridique de le lui interdire.

En effet, un syndicat, comme on le verra plus loin, peut, à la condition de ne pas poursuivre la réalisation de bénéfices personnels, se faire l'organe des opérations que ses membres ont intérêt à réaliser en commun (telles que l'achat collectif d'engrais et de semences, la vente de produits agricoles, à profit commun, etc.). Pourquoi ne deviendrait-il pas l'intermédiaire, et un intermédiaire désintéressé, entre plusieurs exploitants agricoles qui ont besoin de confondre leurs produits pour les améliorer et en faciliter l'écoulement ?

La société fromagère n'est donc pas un syndicat; mais un syndicat agricole peut comprendre, dans ses services, les opérations d'une fruitière, ou même se constituer spécialement dans ce but, sauf à se conformer en tout au régime de la loi de 1884.

---

(1) V. Règl. 12 juin 1876, D. *Rép. Supp.*, v° *Société fromagère*, n° 14, note 1.

PREMIÈRE PARTIE

La Constitution des Syndicats agricoles

CHAPITRE PREMIER

LE PRINCIPE DE LA LIBERTÉ ET SES CONSÉQUENCES

SECTION Ire. — Théories diverses sur le droit d'association professionnelle

Le pouvoir social peut, à l'égard des syndicats professionnels, se comporter de manières bien différentes. Suivant la judicieuse remarque de M. Revon, « l'Etat fait de trois choses l'une : ou il leur enlève la liberté en leur laissant l'existence, ou il leur enlève tout ensemble la liberté et l'existence, ou bien il leur laisse tout à la fois l'existence et la liberté. Dans le premier cas, il les protège trop ; dans le second, cas, il ne le protège pas assez; dans le dernier cas seulement, il les protège comme il convient » (1).

Ces trois systèmes ont été successivement suivis par le législateur français vis-à-vis des associations professionnelles au XVIIIe siècle et au XIXe. Pendant la première phase, c'est-à-dire sous l'ancien régime, avant la loi de 1791 abolitive des corporations, la royauté avait tellement protégé les corporations ouvrières qu'elles étaient tombées sous sa complète dépendance. Elles subsistaient encore, mais si métamorphosées qu'on ne pouvait les reconnaître; non-seulement elles étaient obligatoires, ce qui supprimait pour ceux qui n'en faisaient pas partie la liberté du travail, mais elles étaient emprisonnées dans une réglementation excessive. La réaction était inévitable. Elle fut violente et atteignit l'existence même de ces associations : c'est l'ère qui s'ouvre avec le décret du 14-17 juin 1791, qui faisait table rase de toutes les espèces de corporations de citoyens d'un même état ou profession, et qui, en prétendant assurer ainsi à tous la liberté du travail, méconnaissait une liberté, non moins naturelle et nécessaire, la liberté pour tous les hommes de se grouper, de s'associer avec d'autres. « Dans les corporations, dit M. Villey, ce n'est pas l'association, qui en était l'âme, ce sont les privilèges et les monopoles dont les corporations furent investies qui devinrent une cause d'intolérable oppression. L'esprit ne peut-il pas concevoir une association fonctionnant avec une entière liberté à l'intérieur pour ses membres, sans aucune oppression à l'extérieur vis-à-vis des autres ? Qu'il y ait pour cela quelques précautions à prendre, nous l'admettons volontiers, mais il ne faut pas contester, ni confisquer le droit sous prétexte de l'abus qui

---

(1) Michel REVON. — *Les syndicats professionnels et la loi du 21 mars* 1884, p. 179.

peut en être fait.... Il en est de l'association comme de la vapeur et de toutes les grandes forces. Plus l'instrument est puissant, plus il est dangereux s'il est manié dans un but nuisible ; ce n'est pas une raison pour en proscrire l'usage, mais seulement pour le surveiller et prendre toutes les précautions légales commandées par la prudence » (1).

Cela est tellement naturel que, dans cette même période où nous voyons l'association prohibée entre gens de même métier, l'Etat ne put parvenir à leur imposer un isolement absolu. Peu à peu les sociétés de compagnonnage renaissent à la vie, nombre de chambres syndicales se créent et se développent. Ainsi ce qui n'était, pendant longtemps, que tolérance, finit par s'imposer comme un droit; et, sous la pression de l'opinion et des idées de liberté, on ne put que s'incliner devant le fait accompli et céder à un courant devenu irrésistible, en donnant aux syndicats professionnels, dans une troisième phase, à la fois l'existence et la liberté. C'est ce qu'a fait la loi du 21 mars 1884 qui proclame le droit absolu d'association, non pas entre tous les citoyens et pour toute espèce d'objets honnêtes, mais entre gens exerçant une même profession, ou des professions similaires, ou des professions connexes concourant à l'établissement de produits déterminés, à la condition, toutefois, que ces associations auront pour objet exclusivement « l'étude et la défense des intérêts économiques, industriels, commerciaux et agricoles ».

N'est-il pas regrettable que le législateur se soit arrêté en si bon chemin ? Le succès de la loi de 1884, dont l'application n'a révélé jusqu'ici aucun danger sérieux, permet de

---

(1) Edmond VILLEY. — *Traité élémentaire d'économie politique et de législation économique*, p. 79 et 80.

penser qu'on aurait pu, sans inconvénient, étendre considérablement la portée de cette mesure libérale.

Depuis 1870, de nombreuses propositions, tendant à la réforme de nos lois en matière d'association, ont été soumises aux Chambres ; presque tous les ministères ont inscrit dans leur programme comme réforme nécessaire et urgente la liberté d'association ; mais, jusqu'à ce jour aucun projet n'a pu aboutir . Une loi qui consisterait simplement à étendre à toutes les associations ayant un objet licite la législation si libérale spéciale aux associations professionnelles, serait tout à la fois la plus simple, la plus équitable et la plus conforme aux promesses constitutionelles. Nous faisons des vœux pour que notre loi actuelle sur les syndicats, maintenant sortie victorieuse d'une épreuve de quinze années, fournisse, pour l'avenir, le cadre élargi d'une législation commune à toutes les associations.

I. — La Corporation obligatoire

Le régime qu'a adopté le législateur de 1884 relativement aux associations professionnelles, agricoles ou autres. est celui de l'association libre. Du système des corporations d'arts et métiers, aboli par le décret des 14-17 juin 1791, au système des associations professionnelles reconnues et réglementées par la loi du 21 mars 1884, l'intervalle est considérable ; et l'on comprend très bien que le législateur aurait pu s'arrêter à d'autres combinaisons qui ont, d'ailleurs, trouvé place dans les institutions d'autres pays.

Parmi les différents types d'association que la réaction contre l'individualisme a fait concevoir, il faut citer, en premier lieu, celui des corporations obligatoires.

En ce qui concerne tout au moins les travailleurs de l'industrie, et on sait que les auteurs de la loi de 1884 avaient songé spécialement à ceux-là, le système de la corporation obligatoire a été prôné dans deux écoles aux tendances opposées : par les collectivistes et par une partie de ceux qu'on est convenu d'appeler les socialistes chrétiens. Les collectivistes voient dans la corporation obligatoire, « l'organe de la production de l'avenir ; ils la substituent aux entreprises individuelles, concurrentes ; ainsi considérée, la corporation est un rouage de l'organisation du travail par l'Etat » ; mais, s'il en est parmi eux qui consentent à ce que les particuliers travaillent en dehors des corporations, d'autres, plus autoritaires, veulent la corporation obligatoire, ils demandent « l'expropriation des établissements libres et n'admettent pas de production en dehors des corporations » (1).

Quant aux socialistes chrétiens, dont il vient d'être parlé, « ils considèrent la liberté du travail, proclamée par la Révolution, comme la source de toutes les misères endurées par le travailleur contemporain, et préconisent la reconstitution de la corporation chrétienne avec sa hiérarchie et ses règlements » (2). Aussi, ne voulant à aucun prix entendre parler de la liberté du travail, qui aurait eu pour résultat, en isolant les travailleurs, de rendre leur vie plus dure, ils veulent la corporation obligatoire, une corporation dans laquelle l'ouvrier doit forcément entrer et dont il ne peut se retirer. Cette école que M. Revon, dans son ouvrage sur les syndicats professionels (3), qualifie d'école *historique*, ne se contente pas de ressusciter le passé en voulant faire revivre les corporations, elle veut leur imprimer un caractère d'obligation encore plus prononcé, caractère qu'elle prétend « plus compatible avec l'industrie moderne et avec les origines de

(1) Cauwès. — *Op. cit.*, t. III, p. 173.
(2) Paul Pic. — *Traité élémentaire de législation industrielle*, p. 192.
(3) Michel Revon. — *Op. cit.*, p. 161.

l'industrie contemporaine (1) ». Pour elle, la classe ouvrière
ne jouit plus, sous le régime de la liberté du travail, de la
sécurité dont elle jouissait sous le régime des corporations.
« Que doit donc faire un Etat prévoyant pour remédier au
mal ? Son devoir est de rétablir, au moins pour la petite
industrie, les cadres corporatifs, d'y faire entrer, *de gré ou
de force*, patrons, ouvriers et apprentis, et d'y surveiller de
près le bon fonctionnement de la loi, fût-ce au prix d'une
ingérence plus grande que par le passé dans les rouages de
l'organisation corporative » (2).

Le système des corporations obligatoires est actuellement
en honneur dans les trois empires austro-hongrois, alle-
mand et russe. C'est en Autriche que le régime de contrainte apparaît le plus nettement accusé, du moins pour
la petite industrie, car la grande industrie et le commerce
sont encore soumis au régime de la liberté du travail. Suc-
cédant au régime des corporations obligatoires, la loi du
20 décembre 1859 avait proclamé le principe de la liberté
du travail, en laissant subsister, d'ailleurs, les anciennes
corporations à l'état d'associations libres ; la loi du 15
mars 1883, modifiant et complétant la loi sur l'industrie (3), a été un retour au système réglementaire d'autrefois, fondé sur la nécessité d'un apprentissage ; elle distingue trois catégories de professions : les professions *autorisées* ou dont l'exercice est subordonné à une concession
spéciale du pouvoir ; les professions *libres*, celles que tout
individu peut exercer, et enfin les professions classées dans
la catégorie des *métiers*. C'est pour ces dernières que l'apprentissage, l'examen, le brevet sont exigés de tout artisan

---

(1) Prince de LICHTENSTEIN, cité par Paul Pic. — *Op. cit.*, p.189.
(2) V. Paul Pic. — *Op. cit.*, p. 189.
(3) *Annuaire de législation étrangère*, 1884, p. 932 et s.

et que l'art. 106 (section VII) s'exprime ainsi : « Entre ceux qui exercent des métiers semblables ou similaires, dans une même commune ou dans des communes limitro-phes... le lien corporatif existant doit être maintenu : et s'il n'existe pas encore, l'autorité (Gewerbenbehörde) doit chercher à l'établir, autant que les circonstances locales peuvent s'y prêter » (1).

Le régime consacré par la loi de 1883 a été quelque peu modifié par la loi partielle (Kleine Gewerbe Novelle) du 23 février 1897. Elle a surtout pour but le relèvement de l'apprentissage. C'est ainsi que les devoirs du maître, vis-à-vis de ses apprentis, reçoivent une sanction éventuelle ; l'administration peut, dans certains cas, retirer au maître le droit d'avoir des apprentis. D'autres prescriptions de la nouvelle loi tendent à améliorer l'enseignement profession-nel proprement dit ; désormais, là où la corporation rend obligatoire l'épreuve de capacité professionnelle, l'autorité administrative a le droit de prolonger le temps d'appren-tissage de l'apprenti qui ne satisfait pas à l'épreuve exi-gée (2).

En Hongrie, depuis la loi du 21 mai 1884 (3), il existe un régime analogue à celui qui a été introduit en Autriche par la loi de 1883, avec cette différence toutefois, que la cor-poration n'est obligatoire que si la localité compte au moins 100 industriels et que s'il y a demande exprimée par les deux tiers des industriels (art. 122).

En Allemagne, le régime corporatif tenait, jusqu'à ces dernières années, le milieu entre les corporations obliga-

---

(1) *Annuaire de législation étrangère*, 1884, p. 952.
(2) V. Victor BRANTS. — *L'état du régime corporatif en Autriche* (*Réforme sociale*, juillet 1897, p. 179 et s.)
(3) *Annuaire de législation étrangère*, 1885, p. 329 et s.

toires de l'Autriche-Hongrie et les corporations libres. On y rencontrait tout à la fois des associations ouvrières libres (vereine) qui étaient plutôt des sociétés de secours mutuels et même des confréries pieuses que des associations professionnelles, et des corporations patronales. Ces dernières se trouvaient régies par la loi du 18 juillet 1881 (1), complétée par celle du 21 mars 1884 ; sans être déclarées obligatoires, elles l'étaient en réalité ; ainsi l'article 100 de la loi du 18 juillet 1881 permettait d'étendre l'action des corporations à des chefs d'industrie autres que les adhérents, et rendait obligatoires pour eux les dispositions arrêtées par la corporation pour le règlement de l'apprentissage, ainsi que pour l'éducation des apprentis et les épreuves qu'ils doivent subir (2) ; de même, en vertu de la loi du 21 mars 1884, « les patrons qui n'appartiennent pas à une corporation ne pourront plus avoir d'apprentis ».

Ce système a été refondu par la loi du 26 juillet 1897. Le projet prussien qui avait été déposé par le ministre du commerce, le baron von Berlepsch, établissait comme principe le groupement obligatoire ; la loi nouvelle, sans repousser le système de la corporation obligatoire, ne l'impose pas indistinctement à tous. La loi de 1897, qui a en même temps pour objet la réglementation de l'apprentissage et de la capacité professionnelle, prévoit : 1° des corporations libres, qui peuvent être établies entre personnes exerçant une industrie pour leur propre compte ; 2° des corporations obligatoires, en principe réservées aux artisans, ce terme étant pris par opposition à celui de fabricants,

---

(1) Ibid., 1882, p. 148 et s.
(2) Ibid., 1882, p. 156.

et pouvant être constituées entre personnes de même métier ou de métiers similaires. Il faut que leur établissement soit réclamé par la majorité des artisans indépendants et que les conditions de vitalité du groupement soient réunies dans la circonscription ; s'il en est ainsi, l'autorité administrative peut décréter leur existence, mais a toujours le droit d'écarter, pour divers motifs, la demande qui lui est faite à ce sujet. Les artisans seuls peuvent être contraints ; la corporation a aussi la faculté d'admettre des fabricants du métier, mais non leurs ouvriers. La loi nouvelle se prête donc à la fois au régime de l'association libre et à celui de la corporation obligatoire (1), suivant les préférences locales.

En Russie enfin, c'est encore, et sans interruption depuis la fin du XVIIIe siècle, le système de la corporation obligatoire qui est en vigueur : il avait été introduit par Catherine II. Tout artisan fait nécessairement partie d'une corporation ou tseck, comprenant des apprentis, des compagnons et des maîtres, et s'administrant assez librement. Toutes les corporations sont reliées entre elles par une administration centrale ; on ne peut être reçu maître qu'après avoir été apprenti de 3 à 5 ans et compagnon pendant 3 ans.

II. — L'Association professionnelle dans l'agriculture.

On rencontre encore, avons-nous dit, dans trois grands empires, la corporation obligatoire. Mais, en Allemagne, pas plus qu'en Autriche, pas plus qu'en Russie, il n'y a

---

(1) V. Victor BRANTS. — *Le régime de la petite industrie et l'apprentissage en Allemagne suivant la loi du 26 juillet 1897 (Réforme sociale,* 1898, t. I, p. 617 et s. ; p. 784 et s.), et Hector LAMBRECHTS. — *La législation sociale en* 1897, (*Rev. d'Ec. pol.,* 1898, p. 221 et s.)

de corporation obligatoire pour les agriculteurs. Cette classe de travailleurs répugne, plus que les ouvriers de la petite industrie, au système de l'association forcée. Avant d'entrer dans les liens d'une association, le paysan a besoin de se démontrer à lui-même qu'elle sera pour lui la source d'un profit certain.

Voilà pourquoi les syndicats agricoles, en France, après avoir rencontré d'abord une attitude hésitante de la part des populations rurales, et comme une période de réflexion, au lendemain de la loi de 1884, se sont développés rapidement et dans des proportions inattendues, à partir du moment où les avantages matériels de l'union syndicale ont apparu évidents, indéniables.

Du jour, au contraire, où, par suite d'événements que rien ne donne lieu de prévoir, ces mêmes syndicats cesseraient de rendre des services immédiats, les paysans s'empresseraient, sans souci des théories sociales, de reprendre la part d'indépendance que toute association, même libre, oblige d'aliéner pour le profit commun.

Si l'agriculteur apprécie la facilité d'entrer spontanément dans une association avantageuse, il attache encore un plus grand prix à la latitude de se retirer, quand bon lui semble. Aussi, à ses yeux, l'association libre est-elle bien préférable à la corporation obligatoire. Les « artèles » des paysans russes, si vantées, sont, comme on sait, des associations libres.

III. — L'Association pour les Travaux d'intérêt collectif

Il est, cependant, une espèce d'association agricole, ayant de sa nature le caractère obligatoire, du moins pour une minorité, et qu'il faut déclarer utile et nécessaire ; nous voulons parler de celle qui, sous le nom d' « association syndicale'» dans la terminologie du droit français, réunit en une certaine communauté, purement relative du reste, toutes les populations d'une région ou d'un quartier, pour les faire contribuer, même contre le gré de quelques dissidents, à une œuvre de conservation ou d'amélioration collective.

Ce n'est pas là la corporation ancienne, avec son caractère de généralité aveugle et tyrannique, c'est simplement un régime de contribution forcée à des travaux d'un intérêt commun, lequel ne va pas sans doute à la hauteur d'un intérêt public et social, mais dépasse néanmoins la sphère de l'intérêt purement privé.

L'obligation imposée ici à un propriétaire de coopérer à une amélioration foncière dont il profitera, se justifie par des raisons analogues à celles qui ont fait admettre l'expropriation pour cause d'utilité publique : l'intérêt de la société, l'intérêt de tous le demande. Comme le disait M. Renouard dans la discussion sur la loi du 3 mai 1841 : « Le droit de propriété, garanti par toutes les forces de la puissance sociale, doit à la société qui le protège les concessions nécessaires pour que celle-ci soit organisée convenablement. Nos lois en offrent de nombreux exemples. Ces concessions ne sont pas seulement utiles, elles sont éminemment justes. Le droit de propriété, comme tous les droits humains, a ses limites dans le respect des droits d'autrui. Si le droit privé de chaque propriétaire avait la puissance d'arrêter, pour l'universalité, ou pour le plus grand nombre des autres propriétaires, la faculté d'exploitation de leurs propriétés, ce serait annuler le droit de tous pour préserver le droit d'un seul. C'est pour cela que le droit n'est pas violé lorsque le propriétaire d'un terrain enclavé prend son passage sur le terrain d'autrui, lorsque le fait du voisinage entraîne la prohibition de bâtir, ou telle autre servitude d'un fonds sur un autre. C'est pour cela aussi que l'expropriation pour cause d'utilité publique qui, moyennant indemnité, livre à l'usage de tous ce qui ne pourrait, sans préjudice pour tous, demeurer aux mains d'un seul ,est un droit incontestable, dont la légitimité a été reconnue dans toutes les sociétés ».

L'association forcée d'agriculteurs,où l'on sacrifie certains intérêts individuels à l'intérêt bien entendu de tous,nous apparaît donc comme très légitime. Sans doute il convient d'être très circonspect à cet endroit : le droit de propriété est sacré et inviolable, et il ne faudrait pas,sous prétexte d'améliorations foncières, étouffer trop facilement les protestations d'une minorité qui ne voudrait pas, pour l'exécution de travaux peut-être nuisibles à quelques-uns, s'associer à une majorité d'autres propriétaires ayant des intérêts différents de ceux de la minorité. Mais, cette réserve faite, il convient de reconnaître qu'il est des « améliorations foncières qui nécessitent un plan général et les efforts combinés des propriétaires... Le morcellement du sol opposerait à l'accomplissement de ces travaux d'utilité collective des obstacles en quelque sorte insurmontables, si le mauvais vouloir de quelques propriétaires pouvait tenir en échec l'action commune » (1).

IV. — L'Association contre le morcellement du sol

L'association forcée a été également préconisée comme remède aux inconvénients qu'entraîne l'excessive division du sol, qu'il ne faut pas confondre avec la diffusion de la propriété ou la progression du nombre des propriétaires.La diffusion de la propriété est un bien ; on ne peut que se

(1) CAUWÈS. — Op. cit., t. I, p. 519.

réjouir de ce que le nombre des propriétaires qui était, en
France, de moins de six millions en 1825, se soit, à l'heure
actuelle, élevé au chiffre considérable d'une huitaine de millions (1) ; d'après l'enquête décennale de 1882, le territoire
agricole, à lui seul, accuserait près de cinq millions de propriétaires ruraux, dont 3 millions et demi se livrant en personne à l'exploitation du sol (2). Mais si l'on ne peut que se
féliciter de l'augmentation constante du nombre des propriétaires, on est bien obligé de constater les inconvénients
de toute sorte inhérents aux exploitations par trop dissémi-
nées : « difficultés de voisinage et d'accès, difficultés de clôture,
difficultés d'aménagement, difficultés de surveillance » (3),
usurpations fréquentes entre voisins, impossibilité d'employer des machines, augmentation des frais de production,
voilà autant d'occasions de perte de temps et d'argent pour
les agriculteurs (4).

Nous ne discuterons pas longuement sur les origines et
les causes du morcellement parcellaire, que certains auteurs
attribuent surtout à la législation du Code civil en matière

---

(1) Avant la Révolution, on comptait environ 4 millions de propriétaires ; vers 1825, plus de 6 millions 1/2 ; vers 1858, environ 7 millions ; en 1875, près de 8 millions ; en 1890, entre 7 1/2 et 8 millions (De FOVILLE. — *Nouveau Dictionnaire d'Economie Politique*, v°
Morcellement.)

(2) De FOVILLE. — *Loc. cit.*

(3) De FOVILLE. — *Loc. cit.*

(4) François de NEUFCHATEAU a bien fait ressortir ces inconvénients :
« On est dans la nécessité de suivre servilement la culture de son
voisin, de façon à labourer, semer et récolter quand il laboure, sème
et récolte. Comment un propriétaire pourrait-il se risquer à faire
des prairies artificielles ou des racines, alors que les terres de ses voisins seraient couvertes de céréales ? Il serait forcé de passer sur des
récoltes, de faire des dégâts. Pour les irrigations, le drainage, l'emploi des instruments perfectionnés, ce sont les mêmes obstacles. »
(Cité par de FOVILLE, *loc. cit.*)

de succession et de partage, et auquel d'autres ont assigné des causes particulières comme les ventes par lots des grandes propriétés, ventes fréquentes de nos jours surtout (1). D'ailleurs, le morcellement n'est pas un état spécial à la France. Parmi les remèdes, il en est qui dépendent de l'action individuelle et libre des particuliers, et d'autres de l'initiative des pouvoirs publics.

Au nombre des premiers, il faut citer les conventions qui sont un moyen de réunir ce que le partage a divisé, spécialement les contrats de mariage, les ventes et les échanges ; ajoutons les délimitations cadastrales qui aboutissent à un abornement général et peuvent provoquer des remaniements volontaires. Grâce à des conventions, beaucoup de domaines se sont reconstitués, beaucoup de parcelles se sont réunies, et on ne peut qu'encourager ces pratiques.

Toutefois ce procédé n'est pas suffisant et demanderait des siècles. L'association forcée pour des remaniements collectifs ne serait-elle pas praticable chez nous ? Ce système a été suivi en Suisse, en Lorraine, en Saxe, en Prusse, en Autriche et en Angleterre. Par là on arrive à réunir en une seule masse toutes les terres d'une commune, et on attribue ensuite à chaque propriétaire, et sans consulter ses goûts ni ses préférences, un lot de terres correspondant approximativement à ce qu'il possédait.

Mais ce système va trop directement à l'encontre de nos

---

(1) « Les créanciers saisissants emploient habituellement ce mode d'aliénation, parce qu'il est reconnu qu'on trouve ainsi plus facilement acquéreur et à meilleur prix. Les spéculateurs qui achètent la terre pour la revendre, ont souvent aussi recours au lotissement afin d'augmenter leurs profits, car ils connaissent la passion du paysan pour la terre et savent que les enchères sur de petites parcelles donneront un plus haut prix qu'une vente en bloc ». (CAUWÈS. — Op. cit., t. III, p. 481).

idées de liberté, pour qu'on ait pu songer un seul instant à l'employer en France. Aussi a-t-on proposé autre chose : la loi du 21 juin 1865, sur les associations syndicales avait certainement entendu ranger les échanges de parcelles au nombre des *travaux d'amélioration agricole* qui peuvent être entrepris par voie d'association syndicale libre, mais du consentement de tous les intéressés. Certains auteurs prétendent même que, pour une association *autorisée*, il suffirait, dès maintenant, de l'assentiment de la majorité des intéressés, qui pourraient passer outre à l'avis d'une minorité récalcitrante. D'après ces interprètes, l'article 3 de la loi du 22 décembre 1888, modifiant la loi de 1865, permettrait ces mesures de contrainte à une association autorisée formée en vue de réaliser un abornement général : « Si l'on paraissait craindre, dit-on, qu'il y eût là une trop grave atteinte au droit de propriété, puisque, chaque propriétaire pouvant être astreint à un échange, il se produit alors, ce semble, une expropriation à la demande d'autres propriétaires, on serait en droit de faire observer que ce ne sont pas les syndicats, mais la puissance publique qui poursuit l'expropriation ; c'est donc une application particulière, mais assez normale, de l'expropriation pour cause d'utilité publique. Rationnellement, on ne conçoit pas que la résistance de quelques-uns puisse mettre obstacle à l'établissement de chemins d'exploitation ou à une délimitation générale » (1).

A cela, on répond que si les agriculteurs sont grandement intéressés à ce que le morcellement parcellaire soit restreint le plus possible, il n'y a là, après tout « qu'un inconvénient, et non un danger, et la loi ne peut contraindre un citoyen à

---

(1) CAUWÈS, — *Op. cit.*, t. III, p. 489.

faire une chose qui lui est favorable, si son inactivité n'est pas nuisible à l'intérêt général de la société » (1).

C'est aussi l'opinion de M. de Foville, que frappe surtout l'atteinte portée au droit de propriété. « L'expropriation pour cause d'utilité publique, dit-il, est une nécessité : l'expropriation pour cause d'utilité privée nous semble inadmissible; et, quoi qu'en disent les apologistes du système prussien, il y a bien expropriation quand une famille se voit enlever malgré elle un coin de terre qui lui appartient, quelles que puissent être les compensations qu'on lui donnera ailleurs. Nous ne sommes donc pas de ceux qui considéreraient comme un bienfait l'importation en France des permutations forcées » (2). Nous nous rangerons à cet avis, qui est le plus libéral.

Les préférences de la majorité, en France, en matière d'agriculture aussi bien que dans l'industrie, ne sont nullement pour la corporation obligatoire ou l'association forcée : elles vont tout droit au système de l'association libre, qui ne demande point de ceux qui en font partie le sacrifice de leur indépendance, et leur laisse les portes grandes ouvertes pour sortir comme pour entrer.

C'était d'ailleurs déjà l'avis de Cormenin, de Louis Reybaud, de Rossi qui s'était rallié absolument à l'association volontaire libre dans son cours d'Economie politique. « Dans les sociétés modernes, dit-il, l'individu est trop isolé, trop concentré en lui-même ; cette même fierté qui l'isole l'affaiblit, et cette même indépendance qui l'élève devient une cause de retardement et de faiblesse pour tous. *Le correctif, c'est l'association volontaire* ; le progrès social

---

(1) Maurice HARBULOT. — *Nouveau Dictionnaire d'Economie politique*, v⁰ *Réunions territoriales*.

(2) De FOVILLE. — *Loc. cit.*

ne peut consister à dissoudre toute association, mais à substituer aux associations forcées, oppressives, des temps passés, des associations volontaires et équitables. L'isolement à son plus haut degré, c'est l'état sauvage ; l'association forcée, oppressive, à son plus haut degré, c'est la barbarie. En deçà de ces termes extrêmes, l'histoire nous fait apercevoir des variétés, des nuances très diverses. La perfection se trouve dans des associations volontaires qui multiplient les forces par l'union, sans ôter à la puissance individuelle ni son énergie, ni sa moralité et sa responsabilité. Tout peuple chez lequel peut se réaliser cette haute combinaison de la puissance individuelle avec le principe de l'association est entré définitivement dans la carrière de la civilisation *progressive*. Sa marche pourra être plus ou moins rapide, mais il n'a pas à craindre l'immobilité des civilisations *stationnaires*, et moins encore un retour vers la barbarie. Par cela seul qu'il aura compris toute la portée de cette haute combinaison et qu'il aura su y soumettre ses intérêts et ses passions, il aura fait preuve d'une puissance intellectuelle et d'un esprit de conduite et de sagesse qui ne laisse rien de grave à redouter pour ses destinées » (1).

Bien mieux, Rossi semble avoir pressenti le développement des syndicats agricoles : « L'esprit des cultivateurs, disait-il, ne tardera pas à découvrir les formes d'association qui s'adapteront le mieux aux circonstances locales » (2).

SECTION II. — Esprit général de la législation française

Après avoir examiné les principales théories qui se sont fait jour au sujet de l'association, la corporation obligatoire,

---

(1) *Œuvres complètes de Rossi, Cours d'Economie politique*, t. II, p. 117.
(2) Rossi. — *Loc. cit.*, t. II, p. 113.

l'association forcée et l'association libre, il nous reste à constater quel système le législateur français a encouragé, quel est celui qu'il a officiellement reconnu.

Le système de nos lois a toujours été, depuis 1791, exclusif, en principe, des corporations et des associations obligatoires. La Révolution, qui avait proclamé la liberté du travail, non seulement ne voulut pas reconnaître à des citoyens le droit de forcer d'autres citoyens à faire partie d'une association, mais elle alla jusqu'à leur interdire le droit d'entrer librement dans des associations volontaires et libres. Depuis cette époque, des concessions partielles ont bien été faites au droit d'association, mais on n'est aucunement revenu au système de la corporation obligatoire, sauf cependant la réglementation imposée à certaines professions dont l'exercice touche à de graves intérêts publics, comme pour les officiers ministériels et les avocats ; sauf aussi le caractère obligatoire attribué à certaines associations syndicales autorisées pour des travaux d'intérêt collectif, soit agricoles, soit même urbains (Lois du 21 juin 1865 et du 22 décembre 1888).

Quant à la liberté complète d'association, droit pourtant si naturel et si nécessaire, nous en sommes encore à l'attendre. La législation française a constamment montré la plus grande défiance à son endroit : « Sous le régime nouveau de la liberté du travail, l'association a été en quelque sorte tenue en échec, à plaisir, de propos délibéré, par la législation. Elle l'a été sous mille et mille formes » (1).

L'Assemblée Constituante, dans sa célèbre *Déclaration des Droits de l'homme et du citoyen*, se refuse à faire figurer la liberté d'association au nombre des « droits naturels,

---

(1) Frédéric PASSY. — *Discours prononcé à l'Assemblée générale du Comité central des Chambres syndicales*, le 30 mars 1886.

inaliénables et sacrés de l'homme » (1), de ceux que les pouvoirs publics ne peuvent violer ni laisser violer dans la personne des citoyens. « L'erreur de l'Assemblée Constituante a été de considérer le droit de se coaliser, non comme la conséquence de la liberté du travail, mais comme la négation même de cette liberté » (2).

Mais jusqu'en 1810, les associations autres que les corporations ne furent pas légalement prohibées ; ce fut le Code pénal qui les interdit et considéra le fait de s'associer comme un délit. L'article 291 du Code pénal est ainsi conçu : « Nulle association de plus de vingt personnes, dont le but sera de se réunir tous les jours ou à certains jours marqués, pour s'occuper d'objets religieux, littéraires, politiques ou autres, ne pourra se former qu'avec l'agrément du gouvernement, et sous les conditions qu'il plaira à l'autorité publique d'imposer à la société » (3). La loi du 10 avril 1834, qui subsiste encore,

---

(1) Constitution des 3-14 septembre 1791.

(2) Ledru et Worms. — *Commentaire de la loi sur les syndicats professionnels*, p. 54.

(3) Sous l'empire de la législation du Code pénal, des agriculteurs, des ouvriers pouvaient-ils constituer des associations professionnelles de vingt personnes et au-dessous ? De prime abord, et en présence du texte même de l'article 291, il semble que des associations limitées à ce petit nombre, fussent-elles professionnelles, pouvaient se former librement. Mais il convient de ne pas oublier que, jusqu'à la loi du 21 mars 1884, le décret des 14-17 juin 1791 n'a jamais été abrogé, sauf en ce qui concerne les coalitions et les rassemblements, et que, par conséquent, la partie de la loi relative aux associations n'a pas cessé d'être en vigueur. C'est le cas de rappeler ce passage du rapport présenté par Chapelier, avant le vote de la loi de 1791 : « Il doit sans doute être permis à tous les citoyens de s'assembler, mais il ne doit pas être permis aux *citoyens de certaines professions* de s'assembler pour leurs *prétendus intérêts communs*. Il n'y a plus de corporation dans l'Etat, il n'y a plus que l'*intérêt particulier* de chaque individu et l'*intérêt général*. Il n'est permis à personne d'inspirer aux citoyens un *intérêt intermédiaire*, de les séparer de la chose

elle aussi, a étendu, en augmentant les pénalités, l'application du Code pénal aux associations ne se réunissant pas à jour fixe et à celles qui, pour se soustraire à l'art. 291, se fractionnaient en sections de vingt personnes et au-dessous.

La constitution du 4 novembre 1848 (1) proclama, à la vérité, le principe de la liberté d'association, et le gouvernement provisoire sembla en faire application, en invitant les ouvriers des divers métiers à se réunir pour nommer des délégués ayant pour mission de transmettre au gouvernement leurs doléances. Mais la constitution du 14 janvier 1852, se contenta d'adopter implicitement le régime de la liberté du travail, tel que l'avait adopté la Révolution, c'est-à-dire au fond un régime oppressif de la liberté d'association (2).

Enfin la loi du 21 mars 1884 est venue, ne nous apportant pas encore la liberté complète d'association, mais faisant bénéficier certains groupements d'un régime libéral, malheureusement exceptionnel. Elle laisse peser sur les associations en général les vieilles entraves du Code pénal, pour n'en délivrer qu'une catégorie, les associations entre gens de même métier, qui avaient été spécialement proscrites. Chose digne de remarque, en effet, avant 1884 toute

---

publique par un esprit de corporation. » Cet intérêt *intermédiaire* que proscrivait la législation antérieure à 1884, c'est l'intérêt professionnel. Nous concluons qu'avant la loi du 21 mars 1884, les associations de cultivateurs ou d'ouvriers, même de 20 personnes et au-dessous, ne pouvaient se former, par cela seul qu'elles avaient à défendre des intérêts *professionnels*, objet illicite aux yeux de notre législation.

(1) Chapitre II (*Droits des citoyens garantis par la constitution*), art. 8 : « Les citoyens ont le droit de s'associer ».

(2) « La constitution reconnaît, confirme et garantit les grands principes proclamés en 1789, et qui sont la base du droit public des Français » (Const. du 14 janvier 1852, titre 1er, art. 1er).

association pouvait obtenir du gouvernement soit l'autorisation d'exister, soit même la personnalité civile, par la déclaration d'utilité publique, *à la condition de n'être pas professionnelle*; aujourd'hui, au contraire, une association
peut, sans autorisation du gouvernement, se donner à elle-
même, en quelque sorte, la personnalité civile, à une seule
condition, *c'est que cette association soit professionnelle*.

Un certain nombre de membres du Parlement, comme
MM. de Freycinet, Ribot, Cantagrel, auraient voulu que le
projet, présenté à propos des associations professionnelles
devînt une loi d'une portée plus générale, et que l'abrogation des dispositions restrictives de la liberté d'association
fût prononcée au profit de tout le monde et non pas seulement des gens de même métier. Mais il paraît que l'on ne
croyait pas alors la France mûre pour cette liberté, car il
leur fut répondu, par les rapporteurs, MM. Allain-Targé
et Marcel Barthe, qu'une loi générale sur les associations
demandait l'examen de questions graves, telles que celle
de la personnalité civile et de la capacité d'acquérir, questions qui devaient être résolues différemment suivant les
catégories d'associations, qu'enfin la discussion serait des
plus laborieuses. Ce qu'il fallait avant tout, disait-on, c'était
affranchir, en premier lieu, les chambres syndicales ou associations professionnelles, en leur conférant la reconnaissance
légale qu'elles réclamaient depuis si longtemps ; les autres
auraient bientôt leur tour; en faveur des premières, on allait,
suivant le mot de Jules Ferry (1), « détacher, un chapitre de la
loi générale » sur la liberté d'association. Ce premier chapitre, la loi du 21 mars 1884 nous l'a donné ; « désormais les
syndicats vivront au grand jour, sans privilèges, sans mono-

_____

(1) Déclaration du 9 novembre 1880, *J. Off.*, 10 nov. 1880, Ch., déb.
parl., p. 10,908.

poles, plaçant le patron et l'ouvrier, l'employeur et l'employé sur un pied de parfaite égalité, réalisant l'union de deux principes opposés l'un à l'autre, la liberté individuelle, la liberté d'association » (1). Nous attendons encore les autres chapitres, bien que seize années se soient écoulées. Constatons que ceux à qui la réforme a le plus profité sont précisément ceux auxquels on avait le moins songé, les agriculteurs. La loi de 1884 a été, pour les associations agricoles comme pour les syndicats ouvriers, une charte d'affranchissement, et l'expérience est là pour démontrer que l'association professionnelle est bien « le meilleur centre d'activité qui soit pour les divers groupements naturels basés sur la communauté d'intérêts » (2).

SECTION III. — Nouvelle législation pénale en matière d'association professionnelle

Nous avons dit que la loi du 21 mars 1884 avait affranchi les associations professionnelles. Elle l'a fait dans son article premier, qui est ainsi conçu : « *Sont abrogés* la loi des 14-17 juin 1791 et l'art. 416 du Code pénal.— Les articles 291, 292, 293, 294 du Code pénal et la loi du 10 avril 1834 *ne sont pas applicables* aux syndicats professionnels. »

Parmi les dispositions de notre législation qui étaient restrictives de la liberté d'association, les unes étaient spéciales aux associations professionnelles, aux associations « entre gens de même métier et profession » ; les autres étaient générales et atteignaient tous les citoyens. Pour les premières, une loi de liberté ne pouvait que les abroger

---

(1) Victor du BLED. — *Loc. cit.*, p. 104.
(2) De ROCQUIGNY. — *Les Syndicats agricoles et le Socialisme agraire*, p. 3.

purement et simplement, c'est ce qui a été fait; pour les autres, elle pouvait ou les abroger ou les déclarer inapplicables aux syndicats professionnels. C'est à ce dernier parti que l'on s'est arrêté. On a bien voulu détruire la loi du 17 juin 1791, ou plutôt la partie de cette loi qui n'avait pas été déjà supprimée, mais que l'on avait réservée spécialement pour s'en servir contre les associations professionnelles, et aussi l'art 416 du Code pénal qui interdisait les coalitions ; mais quand il s'est agi, soit des articles 291, 292, 293, 294 du Code pénal, qui défendent de former, sans une autorisation préalable de l'administration, des associations de plus de vingt personnes, soit de la loi du 10 avril 1834, qui complète ces articles et en étend l'application, comme on redoutait de donner à tous les citoyens la liberté d'association, on s'est contenté de déclarer ces textes inapplicables aux syndicats professionnels.

Il a été parlé déjà de la loi du 17 juin 1791 et des conséquences de son abrogation. Nous aurons à examiner à nouveau les articles 291 à 294 du Code pénal et la loi du 10 avril 1834, en étudiant la sanction des conditions de légalité imposées aux syndicats agricoles. .

L'article premier de la loi du 21 mars 1884 abroge, en même temps que la loi du 17 juin 1791, l'article 416 du Code pénal. Cette innovation n'a pas été sans donner lieu à des discussions très vives au sein de la commission et à la Chambre des Députés. L'art. 416, qui datait du 25 mai 1864, était ainsi conçu : « Seront punis d'un emprisonnement de six jours à trois mois et d'une amende de seize francs à trois cents francs, ou de l'une de ces deux peines seulement, tous ouvriers, patrons et entrepreneurs d'ouvrages qui, à l'aide d'amendes, défenses, proscriptions, interdictions prononcées par suite d'un plan concerté, auront porté atteinte au libre exercice de l'industrie ou du travail. »

Quant aux articles 414 et 415, qui avaient été modifiés, eux aussi, par la loi de 1864, ils punissaient les atteintes à la liberté de l'industrie et du travail, résultant de violences, de voies de fait ou de manœuvres frauduleuses et concertées.

La Commission de la Chambre des Députés aurait voulu que l'on abrogeât ces trois articles à la fois. Aucune objection sérieuse ne s'éleva relativement à l'abrogation de l'art. 416 : tout le monde fut d'accord pour reconnaître que cet article ne pouvait subsister en présence de la liberté que l'on voulait accorder aux syndicats professionnels, et spécialement aux syndicats ouvriers ; ces associations, pour être réellement libres, doivent pouvoir exercer une action sur leurs membres, pour les amener à cesser le travail, et cela par certaines sanctions, telles que les amendes et les interdictions. Quant aux art. 414 et 415, M. Ribot, tout en reconnaissant que leur rédaction était loin d'être parfaite, fit remarquer qu'il serait peut-être impolitique d'affaiblir la répression des délits matériels de violence, précisément au moment où l'on étendait la liberté des associations. La Chambre lui donna gain de cause, et se contenta d'abroger l'art. 416 (séance du 17 mai 1881). Le Sénat était animé d'un tout autre esprit; non seulement il ne voulait pas supprimer les articles 414 et 415 du Code pénal, mais il se refusa d'abord à sacrifier même l'art. 416, tant il redoutait la pression qui pourrait être exercée par les syndicats sur les ouvriers, et tant il craignait de voir les défenses édictées par ces associations dégénérer en une interdiction presque absolue de travail. Ce fut seulement dans la séance du 28 janvier 1884, et après de nombreux discours, spécialement de M. Waldeck-Rousseau, affirmant que le maintient de l'art. 416 n'était pas compatible avec l'existence du droit de coalition, et que, d'autre part, le droit des membres du syndicat de se retirer quand il leur plaît, suffirait à sauvegarder leur indépendance, que le Sénat consentit enfin à l'abrogation de l'art. 416.

Insistons sur ce point, que le législateur ne déclare pas simplement l'art. 416 inapplicable aux syndicats professionnels, mais qu'il l'abroge complètement. L'art. 416 ne peut donc aucunement être invoqué aujourd'hui, pas plus contre la coalition passagère, telle que la grève, que contre cet instrument de coalition permanente que peut devenir l'association professionnelle. Pour l'une aussi bien que pour l'autre, les amendes, les défenses, les proscriptions, les interdictions prononcées par suite d'un plan concerté cessent d'être considérées comme des atteintes au libre exercice de l'industrie et du travail (1).

Mais si la coalition est devenue licite par l'abrogation de l'art. 416, certains faits qui l'accompagnent trop souvent restent prohibés, grâce aux art. 414 et 415, qui subsistent dans leur intégrité ; et aujourd'hui, comme avant la loi de 1884, encourt les pénalités de l'amende (16 à 300 francs) et de l'emprisonnement (6 jours à 3 ans) quiconque, « à l'aide de violences, voies de fait, menaces ou manœuvres frauduleuses, aura amené ou maintenu, tenté d'amener ou de maintenir une cessation concertée de travail, dans le but de forcer la hausse ou la baisse des salaires ou de porter atteinte au libre exercice de l'industrie ou du travail » (2).

Il y a plus. Alors que tous les actes, tous les faits que punissait avant la loi du 21 mars 1884, l'art. 416 du Code

---

(1) Cette doctrine a déjà été sanctionnée à maintes reprises par la jurisprudence. En ce sens, Trib. civ. de Lyon, 13 mai 1885, *Gaz. Palais*, 85. 2. suppl., p. 133; C. de Grenoble, 28 oct. 1890, D. P. 91. 2. 241; Trib. civ. de Lyon, 22 janv. 1892, *Gaz. Pal.*, 92, 1.397.

(2) Trib. civ. de Charleville, 31 décembre 1891, *Gaz. Pal.*, 92. 1.20

pénal, échappent aujourd'hui, par suite de son abrogation, à toute responsabilité, lorsqu'ils sont employés comme un moyen de défense des intérêts professionnels ; au contraire, ces actes et ces faits, sans tomber sous le coup de la loi pénale, font encourir à leurs auteurs une responsabilité civile, lorsqu'ils sont inspirés par une pensée de malveillance et portent atteinte à la liberté du travail et de l'industrie, au droit qu'a chacun de faire ou de ne pas faire partie d'un groupement et d'en sortir quand il le juge convenable, au mieux de ses intérêts. Ces actes et ces faits constituent alors une faute dont il est dû civilement réparation (1). De nombreux jugements et arrêts adoptant cette doctrine, ont décidé avec raison que la loi de 1884, en abrogeant l'art. 416, n'a pas entendu déroger aux dispositions des articles 1382 et 1383 du Code civil, et ont, en conséquence, alloué des dommages et intérêts à ceux qui avaient souffert un préjudice résultant de faits illicites commis à propos des coalitions (2)

L'article 1er de la loi de 1884 n'abroge formellement que la loi des 14-17 juin 1791 et l'art. 416 du Code pénal; mais, à côté de ces textes effacés de nos lois, d'autres dispositions pénales ne se trouveraient-elles pas supprimées, comme incompatibles avec les dispositions de la loi nouvelle ?

---

(1) En ce sens, BRY, *Cours élém. de lég. ind.*, p. 239; PIC, *op. cit.*, p. 92.

(2) V. Nancy, 14 mai 1892, D. P. 92. 2. 433 ; S. 93. 2. 20 ; Cass. civ. rej., 22 juin 1892, D. P. 92. 1. 449; S. 93. 1. 41, et sur renvoi C. de Chambéry, 14 mars 1893, D. P. 93. 2. 191; S. 93. 2. 139; C. de Bourges, 19 juin 1894, S. 95. 2. 197; D. P. 94. 2. 441 ; Lyon, 25 mai 1895, S. 96. 2. 30 ; Trib. civ. de la Seine, 4 juil. 1895, D. P. 95. 2. 312, et sur appel, C. de Paris, 31 mars 1896, D. P. 96. 2. 184; S. 96. 2. 98 ; Trib. civ. de Lyon, 17 juin 1898, *Revue des Sociétés*, 1899, p. 78 ; Trib. civ. Seine, 10 août 1899, *Gaz. Pal.*, 99, 322. — Cette jurisprudence est consacrée dans un projet déposé le 14 novembre 1899 par le gouvernement, et dont il sera parlé plus loin. — Le même projet punit des peines de l'art. 414 C. pén., toute entrave à l'entrée ou à la sortie d'un syndicat.

La question s'est spécialement posée : 1º pour l'article 419 du Code pénal, visant la coalition entre détenteurs de marchandises et intéressant spécialement les syndicats industriels et les syndicats agricoles ; 2º pour les articles 23 et 24 de la loi du 29 juillet 1881 sur la liberté de la presse, relatifs à la provocation aux crimes et aux délits, articles qui intéressent les réunions de syndicats de toute espèce.

1º *Article 419 du Code pénal.* — Cet article n'est ni abrogé, ni modifié expressément par la loi du 21 mars 1884. Peut-on dire du moins qu'il est tacitement abrogé, ou que ses dispositions sont rendues inapplicables par cette loi aux syndicats professionnels et spécialement aux syndicats industriels et agricoles ?

Cet article est ainsi conçu : « Tous ceux qui, par des faits faux ou calomnieux semés à dessein dans le public, par des sur-offres faites au prix que demandaient les vendeurs eux-mêmes, *par réunion ou coalition entre des principaux détenteurs d'une même marchandise ou denrée, tendant à ne pas la vendre, ou à ne la vendre qu'à un certain prix,* ou qui, par des voies ou des moyens frauduleux quelconques, auront opéré la hausse ou la baisse du prix des denrées ou marchandises, ou des papiers ou effets publics au-dessus ou au-dessous des prix qu'aurait déterminés la concurrence naturelle et libre du commerce, seront punis d'un emprisonnement d'un mois au moins, d'un an au plus, et d'une amende de cinq cents francs à dix mille francs ». L'art. 420 aggrave les peines au cas où les manœuvres portent sur les « grains, grenailles, farines, substances farineuses, pain, vin, ou toute autre boisson », toutes denrées de première nécessité.

La réunion ou la coalition entre détenteurs d'une même marchandise à l'effet de ne pas la vendre ou de ne la vendre qu'à un certain prix, ne rentre-t-elle pas dans l'objet licite

des syndicats dont les membres ont le droit, comme nous
le verrons plus loin, de se concerter pour tout ce qui concerne l'étude et *la défense* de leurs intérêts économiques, industriels, commerciaux et agricoles ? Et ne peut-on pas
dire que la disposition de l'art. 419, qui condamne cette
coalition entre détenteurs d'une même marchandise, est
incompatible avec le texte et l'esprit de la loi nouvelle ?

Deux opinions principales se sont produites à propos de
cette question. Dans un premier système, on ne fait aucune difficulté pour reconnaître que le maintien de l'art. 419
est une anomalie vis-à-vis des syndicats professionnels,
mais, la loi de 1884 ayant gardé le silence sur ce point, on
se croit obligé d'admettre que rien n'a été changé par la loi
de 1884, relativement aux coalitions entre « principaux détenteurs d'une même marchandise ou denrée ». Cette opinion a été soutenue notamment par MM. Boullaire (1),
Gain (2) et Bry (3), et par M. Raoul Jay dans une note
sur un arrêt de la Cour de Paris (4).

Les partisans du système opposé soutiennent que l'art.
419 du Code pénal est virtuellement modifié en ce qui concerne les syndicats professionnels, par la loi du 21 mars
1884, parce que le maintien de cet article équivaudrait,
dans bien des cas, à la destruction de la loi elle même (5).

---

(1) BOULLAIRE.—*Manuel des syndicats professionels agricoles*, p. 228.
(2) Georges GAIN.—*Les syndicats professionnels agricoles*, p. 46 et s.
(3) BRY. — *Op. cit.*, p. 242.
(4) Raoul JAY.—*Note sous arrêt de* C. de Paris, 28 février 1883, S. 89.
2.49.
(5) En ce sens, Claudio JANNET.— *Le socialisme d'Etat et la réforme
sociale*, p. 340 ; Charles BOULLAY.— *Code des syndicats professionels*,
p. 142 et s., et *Revue catholique des Institutions et du Droit*, 1890.
t. I, p. 43 et s.; D. *Rép. Sup.*, v° *Industrie et commerce*, n° 532 ;
GRUNER. — *Les syndicats industriels (Réforme sociale*, 1er fév. 1888,

Dans les deux opinions on est, d'ailleurs, d'accord pour reconnaître que les art. 419 et 420 peuvent être invoqués même à l'encontre des syndicats, toutes les fois que la hausse ou la baisse du prix des marchandises a été obtenue par l'un des moyens frauduleux énumérés dans l'art. 419. Mais, tandis que, dans la première opinion, la réunion ou coalition entre les principaux détenteurs d'une même marchandise ou denrée, coalition pratiquée ouvertement et loyalement, sans aucune espèce de fraude, par un syndicat, continue à tomber sous le coup de l'art. 419; dans la seconde opinion, au contraire, le même fait devient licite et rentre dans les moyens légitimes de défense des intérêts professionnels.

En faveur du premier système, on a dit : les principes généraux de notre droit permettent bien de considérer, dans certains cas, comme abrogées des dispositions qui ne l'ont pas été expressément, mais il faut pour cela que le texte ancien soit évidemment inconciliable avec la législation nouvelle. Or, ici nous ne rencontrons pas d'incompatibilité absolue : sans doute le maintien de l'art. 419 pourra susciter souvent des entraves à la défense des intérêts professionnels des membres des syndicats ; mais, même avec cet assujettissement, ils sont encore en état de faire œuvre bonne et utile.

On fait observer, d'ailleurs, qu'on chercherait inutilement une analogie entre les membres d'un syndicat et les membres d'une société de commerce, pour soustraire les premiers comme les seconds à la rigueur de l'art. 419. Il a été jugé, en effet, et bien jugé, que l'entente entre associés pour la hausse des marchandises appartenant à la société, personne morale unique, ne constituait pas le *concert entre*

---

p. 173), et GARRAUD. — *Traité théor. et prat. du Droit pénal français*, t. V, p. 462.

plusieurs personnes exigé par l'art. 419. Mais les syndicataires ne sont pas dans le même cas, parce qu'ils possèdent
leurs marchandises individuellement, et non collectivement
par l'intermédiaire de la personne morale que constitue le
syndicat; dès lors, le délit de coalition entre détenteurs
devient possible.

On a invoqué, dans ce sens, un arrêt déjà cité de la cour
de Paris (1), arrêt appliquant l'art. 419 contre les principaux détenteurs d'eaux minérales à Paris, qui, constitués
en syndicat professionnel, dans les termes de la loi de 1884,
avaient, par des accords entre eux *et avec les propriétaires*
ou *concessionnaires* de diverses sources d'eaux minérales,
réduit un de leurs concurrents à payer certaines eaux plus
cher, ou à se les procurer par des voies détournées, augmentant sensiblement le prix de revient.

En faveur du second système, on peut remarquer d'abord
que l'arrêt de la cour de Paris n'a pas la portée qu'on lui
donne : il s'agissait, en effet, d'une entente, d'un concert,
non pas exclusivement entre membres d'un syndicat,
mais bien entre les membres du syndicat et des propriétaires étrangers à cette association : l'application de
l'art. 419 s'imposait dans l'espèce.

Mais il ne devrait plus en être de même dans le cas d'une
entente entre détenteurs de marchandises, tous syndicataires. Les patrons et les ouvriers, qui sont des *détenteurs* de
travail à fournir, peuvent librement se coaliser pour obtenir la baisse ou la hausse du prix du travail ; la loi de 1884,
qui autorise le concert entre gens de même métier, associés
dans un syndicat pour la défense de leurs intérèts professionnels, détruirait elle-même le principe qu'elle proclame,

---

(1) C. de Paris, 28 février 1888. D. P, 93, 2. 69.

si les industriels, les fabricants, les agriculteurs, *détenteurs* de marchandises ou de denrées, et réunis en syndicat sur la foi de ce principe, n'avaient pas le droit de s'entendre, de se concerter, pour tirer de leurs produits le meilleur parti possible.

Le tribunal de commerce de la Seine a fait une très juste application de ces idées en décidant (1) que l'art. 419 ne saurait être appliqué à un syndicat de phosphatiers, uniquement formé pour assurer l'écoulement de leurs produits et leur exportation, ainsi que pour défendre leurs intérêts communs et lutter sans désavantage avec la concurrence des nombreux marchés tant de la France que de l'étranger.

Nous pouvons donc raisonnablement conclure, avec M. Claudio Jannet (2), que « la loi du 21 mars 1884, en autorisant les syndicats professionnels régulièrement constitués à se *concerter* pour étudier et *défendre leurs intérêts industriels* (et agricoles), rend cet article inapplicable à des associations de ce genre formées entre *producteurs*, pourvu qu'ils n'emploient pas de manœuvres frauduleuses pour déterminer la hausse, et qu'ils se soient constitués régulièrement en syndicat professionnel. *Le point de vue général du législateur a changé et il devait changer* ».

2° *Loi du 29 juillet 1881 (art. 23 et 24)*. — Dans ses articles 23 et 24, la loi du 29 juillet 1881 sur la presse punit la provocation à des crimes ou délits, faite par des discours, cris ou menaces, distribution, mise en vente ou exposition d'écrits ou imprimés *dans les lieux ou réunions publics*, par l'exposition aux regards *du public* de placards ou affiches. La loi de 1884 ne prononçant ni l'abrogation, ni la non-ap-

(1) Trib. com. de la Seine, 10 nov. 1890, *Gaz. Pal.* 90. 2.575, et sur appel, C. de Paris, 14 avril 1891, *Gaz. Pal.* 91. 1.631.

(2) Claudio JANNET. — *Correspondant*, 1887, t. III, p. 1143.

plication de ces articles, faut-il décider qu'ils régissent encore les provocations qui se produiraient dans les réunions de syndicats ?

A notre avis, il faut distinguer. Si la réunion du syndicat où a eu lieu la provocation était une réunion publique, dans laquelle étaient admises sans invitation personnelle les personnes étrangères au syndicat, les articles 23 et 24 sont certainement applicables, cette réunion, qui présentait tous les caractères de la réunion publique, ne pouvant échapper au droit commun. Mais, si la réunion ne comprenait que des membres du syndicat avec des étrangers invités personnellement, elle était privée et non publique, et il faudra écarter les articles 23 et 24 de la loi sur la presse qui ne visent point ce cas, bien que la loi de 1884 ne les déclare pas expressément inapplicables.

L'examen des travaux préparatoires ne peut que nous confirmer dans cette opinion. Le Sénat, d'accord avec la commission, avait d'abord voté un article ainsi conçu : « Les articles 23 et 24 de la loi du 29 juillet 1881, sur la liberté de la presse, relatifs à la provocation de crimes ou délits, sont applicables aux provocations commises dans les réunions d'une association syndicale ou d'une union de syndicats professionnels, *que ces réunions soient publiques ou privées* ». La Chambre fit disparaître ce passage de la loi, après avoir entendu M. Lagrange : « Rendre les articles 23 et 24 de la loi du 29 juillet 1881 applicables aux réunions *privées* tenues par les associations syndicales, c'est, disait celui-ci, dans son rapport du 6 mars 1883, amoindrir, faire disparaître, au détriment de celles-ci, les libertés de réunions acquises et consacrées par nos lois » (1).

_____

(1.) V. LEDRU et WORMS. — *Op. cit.*, p. 318.

CHAPITRE II

LES CONDITIONS DE LÉGALITÉ DES SYNDICATS AGRICOLES

Les conditions de légalité des syndicats agricoles sont de deux sortes : les unes qu'on peut appeler les conditions de fond, les autres relatives à la forme. Nous les étudierons séparément.

SECTION Ire. — Conditions de fond

Au point de vue du fond, les caractères essentiels que doit présenter un syndicat agricole pour être légalement constitué, se réfèrent, d'une part, à *l'objet* de l'association, et, d'autre part, à la *qualité* des personnes qui la composent.

§ Ier. — Objet des syndicats agricoles

L'objet des syndicats professionnels est ainsi déterminé par l'article 3 de la loi du 21 mars 1884 : « Les syndicats professionnels ont exclusivement pour objet l'étude et la défense des intérêts économiques, industriels, commerciaux et agricoles ». C'est dans cet article 3 que se trouve le seul mot qui fasse allusion à la création possible de syndicats professionnels agricoles; la loi avait été faite principalement, pour ne pas dire exclusivement, en faveur des syndicats ouvriers auxquels seuls on avait songé, parce que seuls ils avaient devancé la loi.

De là vient que les associations agricoles, admises inopinément à la vie syndicale, ont dû adapter leur développement à un cadre qui n'était pas fait pour elles : la nature et l'organisation des syndicats ouvriers sont, en effet, trop différentes de celles des syndicats agricoles pour que ces deux institutions s'accommodent facilement de dispositions légales identiques. Mais, au moment où le législateur français consentit à affranchir les associations professionnelles, l'agriculture n'offrait le modèle d'aucune forme d'association qui lui fût spéciale. Toutefois, une branche aussi essentielle de l'industrie nationale ne pouvait laisser échapper l'occasion qui se présentait à elle de mettre à profit une liberté longtemps oubliée et soudainement reconquise. Il en est résulté des situations imprévues et, dans bien des cas, des difficultés qui ne fussent pas nées, si chaque catégorie d'association avait eu sa législation propre. Aussi, devrons-nous souvent laisser de côté des questions qui intéressent uniquement les syndicats ouvriers pour nous occuper de préférence de celles qui intéressent plus particulièrement les associations professionnelles de l'agriculture.

Les syndicats agricoles doivent donc, d'après notre article 3, avoir exclusivement pour objet l'étude et la défense des intérêts agricoles. Dans la première discussion de la loi, le terme « exclusivement » avait été retranché par la Chambre des Députés, qui avait introduit ces mots : « et des intérêts généraux de leurs professions et métiers »; puis, dans un second paragraphe, la commission de la Chambre proposait une énumération de quelques-unes des opérations auxquelles pourraient se livrer les syndicats professionnels :

« création de caisses d'assurance contre le chômage, la
maladie ou la vieillesse, établissement d'ateliers de refuge,
de magasins pour la vente et la réparation, organisation de
sociétés coopératives, organisation et progrès de l'enseignement professionnel... Ils pourront, ajoutait le projet, servir d'offices de renseignements pour les offres et les demandes de travail; être choisis pour exercer les fonctions
d'arbitres ou d'experts ». Cette énumération fut d'ailleurs
supprimée, parce qu'on craignit qu'elle ne fût considérée
comme limitative; or, on voulait faire une loi de liberté et
il ne fallait gêner en rien l'initiative des syndicats.

Sur un amendement de M. Bérenger, on rétablit au Sénat
le mot « exclusivement », « afin que les syndicats ne puissent pas se livrer à des discussions étrangères à leurs intérêts
professionnels et, sous une apparente légalité, se transformer en associations politiques et révolutionnaires » (1).
Enfin, sur la proposition du même sénateur, on supprima
les mots « et des *intérêts généraux* de leurs professions
et métiers », pour détourner les syndicats des luttes politiques (2); et on arriva ainsi au texte que nous avons donné
au commencement du chapitre.

Mais cette rédaction définitive ne laisse pas que de présenter encore des difficultés. Les expressions « industriels,
commerciaux, agricoles », venant après le mot « économiques », n'ont-elles d'autre utilité que d'en analyser le
sens et d'en préciser la signification ? Visent-elles, au contraire, les intérêts commerciaux, industriels et agricoles en
tant que distincts des intérêts économiques ? La Cour de
cassation s'était basée sur le premier système pour refuser

(1) Rapport de M. Marcel Barthe, 21 juin 1882, *J. Off.*, Sénat, Doc.
parl., p. 332.
(2) *J. Off.*, 9 juillet 1882, Sénat, Déb. parl., p. 751.

aux professions libérales et spécialement aux médecins le droit de se syndiquer, attendu, disait-elle, que la loi « limite l'objet de ces syndicats à l'étude et à la défense des intérêts économiques, industriels, commerciaux et agricoles, refusant ainsi de former des syndicats à tous ceux qui n'ont à défendre aucun intérêt industriel, commercial et agricole, ni, par suite, aucun intérêt économique se rattachant d'une façon générale à l'un des intérêts précédents » (1). Les mots « industriels », commerciaux », « agricoles », ne seraient donc, d'après elle, que des qualifications du mot général « économiques » qui les précède. Mais l'on a fait remarquer, avec raison, selon nous, que, dans cette interprétation, l'arrêt de la Cour de cassation n'avait pas tenu un compte suffisant de la virgule qui suit immédiatement le mot « économiques ». Grâce à cette ponctuation, il semble bien que la loi ait prévu la constitution de syndicats pour l'étude et la défense d'une catégorie spéciale d'intérêts, les intérêts purement *économiques*, qu'elle range dans une classe à part et qui peuvent exister en dehors des intérêts commerciaux, des intérêts industriels et des intérêts agricoles (2).

Cette dernière théorie a, d'ailleurs, été adoptée par le tribunal corectionnel de la Seine dans un jugement qui reconnaît aux professeurs libres le droit de se syndiquer. Le jugement a été infirmé, il est vrai, par un arrêt de la cour de Paris du 4 juillet 1890, mais cet arrêt s'appuie unique-

---

(1) Crim. rej., 27 juin 1885, D. P. 86. 1.137; S. 87. 1.281.

(2) En ce sens, REVON. — *Op. cit.*, p. 232; GENIN. — *Les associations agricoles dans l'ancienne France et sous le régime de la loi du 21 mars 1884*, p. 222; CHAREYRE. — *Répertoire de Droit administratif* de Béquet, v° *Chambres syndicales*, n° 22 ; LECHOPIÉ. — *La Liberté d'association et les professions libérales*.

ment sur le défaut de connexité, de similitude ou de communauté d'intérêts existant entre les professions diverses des membres du syndicat. Des considérants du jugement du tribunal de la Seine, nous ne citerons que ceux-ci, qui nous paraissent décisifs : « Attendu que les mots « économiques, industriels, commerciaux, agricoles » qui terminent l'article 3, doivent être compris comme ayant chacun un sens propre ; que les mots « commerciaux, agricoles et industriels » ne doivent pas être tenus comme l'explication du mot « économiques » qui les précède ; qu'il est hors de doute qu'en dehors des intérêts agricoles, commerciaux, industriels, il existe des intérêts purement économiques, qui ne sont ni agricoles, ni commerciaux, ni industriels »(1).

Cette observation n'est nullement, du reste, pour restreindre l'objet des syndicats agricoles, bien au contraire. En soutenant qu'un syndicat peut se fonder pour l'étude et la défense de tous intérêts *agricoles*, l'on se sert d'une expression qui a, en effet, une portée plus générale que ne l'aurait celle d' « intérêts *économiques* de l'agriculture ». Si la loi avait attribué aux syndicats ruraux, seulement l'étude et la défense des intérêts « économiques de l'agriculture », le rôle de ces syndicats eût été réduit, semble-t-il, d'après le sens ordinaire des mots « intérêts économiques », à une étude et à une défense plus théoriques que pratiques, plus spéculatives qu'actives, telles qu'on pourrait attendre l'une et l'autre, par exemple, d'une chambre ou d'un conseil supérieur de l'agriculture.

Les syndicats auraient pu, sans doute, émettre des avis sur les moyens de rendre plus fructueuse la production des

---

(1) Trib. de la Seine, 18 mars 1890, D. P. 92. 2. 302.

richesses, plus facile leur circulation, plus utile leur consommation, développer l'enseignement professionnel agricole,
recommander telle forme particulière de crédit pour les cultivateurs, agir sur l'opinion en faveur de telle ou telle réforme législative, fiscale ou douanière. Mais on aurait pu leur
contester le droit d'intervenir personnellement dans des
opérations faites par le syndicat pour le compte des syndiqués : achat de matières premières et d'outils, écoulement et
vente dans les meilleures conditions des produits agricoles,
crédit aux agriculteurs, secours mutuels, assurances contre
l'incendie, les accidents, la mortalité du bétail, etc. (1).

Il est d'autant plus rationnel d'entendre d'une manière
large la règle relative à l'objet des syndicats agricoles, que
cette extension paraît correspondre exactement aux intentions des auteurs de la loi. Nous nous appuyerons sur ce
fait, que la commission de la Chambre avait proposé une
énumération des œuvres auxquelles pourraient se consacrer
les syndicats professionnels, et que ce paragraphe fut supprimé après avoir été renvoyé à la commission, de crainte sans
doute qu'il ne fût interprété dans le sens d'une restriction.

D'un autre côté on sait la part que prit à la rédaction de
la loi du 21 mars 1884 M. Waldeck-Rousseau, sénateur et ministre de l'intérieur en 1884, qui fut appelé, l'un des premiers, à commenter la loi dans une circulaire du 25 août 1884,
et nul ne pouvait le faire alors d'une manière plus autorisée.
Or, voici ce que nous lisons dans une consultation rédigée

---

(1) Il a été jugé par la Cour de cassation qu'un syndicat agricole
pouvait être valablement formé entre des fermiers d'étangs et des
propriétaires exploitant eux-mêmes, « pour tout ce qui concerne l'exploitation des étangs, la reproduction et la conservation du poisson,
la pêche et la vente de ces produits » (Cass. rej., 5 janvier 1897, D.
P. 97. 1. 120; S. 97. 1.212.)

par lui spécialement pour le *Musée Social* et qui lui avait été demandée dans le but d'établir la base du droit des syndicats en matière d'organisation de sociétés d'assurances mutuelles contre la mortalité du bétail (1) : « L'article 6, dit M. Waldeck-Rousseau, — à la différence de l'article 3 qui a déterminé la capacité des syndicats par la *nature professionnelle* des actes qui leur sont permis, — a voulu donner à ces groupements certaines attributions nécessaires, certaines facultés tout à fait distinctes de la *capacité professionnelle* ; ester en justice, acquérir des immeubles, créer des sociétés de secours mutuels, sont des actes de la vie commune et non des actes dépendant de la profession.

« C'est donc, essentiellement, dans l'article 3 qu'il faut chercher quels actes sont, d'une façon générale, permis aux syndicats. Ici, *la capacité est limitée*, non par une énumération des actes, mais *par leur caractère et leur nature*. Il faut et il suffit qu'ils aient un caractère d'*intérêt professionnel commun aux adhérents du syndicat*...

« L'article 3 parle non seulement d'*étude*, mais de *défense* des intérêts... agricoles. Toute la discussion prouve que, loin de vouloir enfermer les associations professionnelles dans le cercle des études abstraites, on souhaitait les en faire sortir, et la pratique adoptée sur des points divers est conforme à cette interprétation, puisque, sans aller plus loin chercher des exemples, on voit que l'achat des matières premières, la vente des produits, l'établissement de comptoirs d'achat ou de vente sont considérés comme les actes les plus légitimes...

« La loi de 1884 est une *loi spéciale* qui s'applique à une catégorie particulière, les syndiqués professionnels. Elle

---

(1) *Musée Social*, circulaire n° 19, Série B, 25 juin 1898, p. 566 et s.

est, à vrai dire, une loi d'exception. Elle permet de former, aux conditions qu'elle précise, des associations en vue d'objets déterminés. L'assurance rentrant dans ces objets, ce serait détruire la loi de 1884 que de soutenir qu'elle ne se suffit pas à elle-même ».

Ce que le principal commentateur de la loi de 1884 dit de l'assurance, on peut le dire de tout autre objet, à la condition toutefois qu'il présente un intérêt professionnel.

Mais, si un syndicat agricole peut avoir pour but l'étude et la défense de n'importe quel intérêt relatif à la profession de l'agriculture, il ne peut pas avoir d'objet étranger. Ils « ont *exclusivement* pour objet, etc. », dit l'article 3.

D'où cette double conséquence :

1º Qu'un syndicat soi-disant agricole qui aurait un autre objet, serait illégal ;

2º Que les tribunaux ont à apprécier quel est le véritable objet d'un syndicat, non d'après son titre, mais d'après les faits.

1. — Un syndicat agricole, pas plus qu'un syndicat industriel, ne peut s'occuper de choses étrangères à la profession. Le domaine de la politique notamment, celui des questions religieuses, enfin les opérations de spéculation faites en vue de bénéfices, lui sont rigoureusement interdits (1).

En ce qui concerne les questions *politiques*, la recommandation est presque inutile pour les syndicats agricoles, car il n'est guère arrivé qu'à des syndicats ouvriers de se

---

(1) Jugé que les syndicats professionnels ne devant avoir pour objet que l'étude et la défense des intérêts économiques, industriels, commerciaux et agricoles, il y a infraction à l'art. 3 de la loi du 21 mars 1884, lorsque le syndicat s'occupe de questions étrangères à son objet et notamment de questions religieuses ou politiques (Aff. Féron-Vrau, c. Min. publ., Crim. Cass., 18 fév. 1893, D. P. 94. 1. 26 ; S. 96. 1. 377).

mêler à des agitations politiques. Généralement (1) les syndicats agricoles s'en sont, jusqu'à présent du moins, abstenus avec soin, et c'est précisément une des causes qui ont le plus contribué à leur succès, et ce qui fait leur force. Toute infraction à cette règle de sagesse exposerait les administrateurs et directeurs du syndicat à des amendes, et le syndicat lui-même à la dissolution (art. 9 de la loi de 1884).

Comme le fait avec raison remarquer M. Bry (2), certaines questions peuvent présenter des *affinités avec la politique et la religion*, sans cependant sortir du domaine légitime qui est laissé à l'association professionnelle. Ainsi l'on reconnaît parfaitement aujourd'hui aux syndicats ouvriers.le droit d'avoir leurs candidats à eux lors des élections pour les tribunaux de commerce et les conseils de prud'hommes ; à Paris et à Lyon, pour ne citer que ces deux villes, le cas se renouvelle périodiquement, et jamais le parquet n'a eu l'idée d'user de son droit de poursuite. Nous ne voyons pas pourquoi on refuserait à un syndicat agricole, le jour, que nous espérons prochain, où la représentation effective de l'agriculture sera organisée, le droit de présenter et de soutenir, lui aussi, ses candidats.

Quant aux élections à la Chambre des Députés et aux conseils municipaux ou autres, nous reconnaîtrions plus difficilement aux syndicats la faculté de prendre parti dans la lutte, comme association. Sans doute, on ne

---

(1) Jugé qu'il y a infraction à l'art. 3 et que la sanction de l'art. 9 ne peut être évitée, lorsqu'une association établie sous le nom de syndicat agricole et industriel est en réalité un cercle (dans l'espèce un cercle catholique), procurant à ses membres des distractions et l'occasion d'assister à des conférences sur des sujets religieux (Trib. corr. de Villeneuve-sur-Lot, 29 juin 1892, D. P. 94. 2. 4).

(2) BRY. — *Op. cit.*, p. 251.

peut nier que, dans bien des cas, les agriculteurs soient intéressés à ce que tel candidat triomphe plutôt que tel autre : l'un est libre-échangiste ardent, par exemple, l'autre protectionniste avéré; les préférences des membres du syndicat agricole vont naturellement à ce dernier, comme étant celui qui défendra le mieux leurs intérêts. Mais le syndicat agricole pourra-t-il, en tant qu'association, jeter le poids de son autorité dans la balance pour la faire pencher en faveur du protectionniste, c'est ce dont nous nous permettons de douter (1).

Il est, d'autre part, des questions qui ont une certaine affinité avec la *religion* et dont un syndicat agricole peut ne pas vouloir se désintéresser : le repos dominical, par exemple. Pourquoi un syndicat agricole ne pourrait-il pas n'admettre dans son sein que des agriculteurs s'engageant moralement à ne pas travailler le dimanche ? Pourquoi un syndicat ne pourrait-il pas se placer sous le patronage de tel ou tel saint, considéré comme le protecteur ou des vignerons, ou des laboureurs, ou des jardiniers ? Ce n'est pas là dissimuler une association religieuse sous les dehors d'une association professionnelle (2).

De ce qu'un syndicat agricole doit avoir *exclusivement* pour objet l'étude et la défense des intérêts agricoles, il résulte qu'il ne saurait se confondre avec les sociétés com-

---

(1) Le tribunal correctionnel d'Albi a jugé qu'il y avait infraction à l'art. 3 dans le fait, par le syndicat des mineurs de Carmaux, d'avoir subventionné et cherché à propager un journal politique révolutionnaire : *La Voix des Travailleurs*, versé le produit des cotisations dans la caisse dudit journal, et voté, après discussion, une somme importante destinée à payer les frais d'une élection législative à Carmaux (Trib. corr. d'Albi, 9 avril 1898, *Rev. des Soc.*, 1898, p. 264).

(1) V. de Gailhard-Bancel:— *Petit Manuel pratique des syndicats agricoles*, p. 30 et 40.

merciales régies par la loi de 1867, modifiée par la loi de 1893, ni même avec les sociétés civiles, et que, d'autre part, une société commerciale ou civile ne saurait échapper aux dispositions de la loi relatives aux sociétés en prenant l'apparence d'un syndicat agricole (1). Quel est, en effet, l'objet de la société ? Ce contrat est ainsi défini par le Code civil : « La société est un contrat par lequel deux ou plusieurs personnes conviennent de mettre quelque chose en commun, *dans le but de partager le bénéfice qui pourra en résulter* » (art. 1832). Les sociétés, soit civiles, soit commerciales, tendent à la réalisation et au partage de bénéfices entre leurs associés ; leur but est éminemment lucratif. Tout autre est et doit être l'objet d'un syndicat agricole. Que les membres de ce syndicat, agissant en leur nom personnel, entrent dans des sociétés d'exploitation, rien de mieux ; mais, en tant que syndiqués, la loi de 1884 leur fait un devoir de se borner à « l'étude et à la défense des intérêts agricoles », objectif évidemment très étendu, mais qui ne saurait comprendre les actes de spéculation.

Il suit de là, qu'un syndicat agricole qui réaliserait des opérations commerciales, deviendrait une véritable société commerciale, exposerait ses administrateurs ou directeurs aux pénalités de l'art. 9 et lui-même à la dissolution. En outre, la juridiction commerciale deviendrait compétente ; le syndicat pourrait être déclaré en état de faillite ; enfin, la patente lui serait applicable. Une société civile, du reste, ne peut, pas plus qu'une société commerciale, se combiner et se confondre avec un syndicat.

Les membres d'un syndicat agricole qui voudraient faire ordinairement ou même exceptionnellement des actes de

---

(1) En ce sens, Marcel MONGIN. — *Loc. cit.*, p. 95.

spéculation, ont donc tout intérêt à créer des sociétés spéciales en vue de réaliser l'objectif particulier qu'ils se proposent; le syndicat ne saurait remplir cet office. La loi du 21 mars 1884 a été faite pour protéger les intérêts professionnels d'individus réunis en syndicat et non pour permettre à qui que ce soit, de faire le commerce sous une étiquette d'emprunt. Cette limitation bien naturelle ne va pas, du reste, à l'encontre d'une interprétation extensive de la loi libérale de 1884, interprétation qui domine dans la circulaire de M. Waldeck-Rousseau (1).

2. — De ce qu'un syndicat agricole doit avoir *exclusivement* pour objet d'étude et la défense des intérêts de la profession, il faut conclure que l'appréciation du point de savoir s'il remplit cette condition essentielle est laissée au juge ; et que celui-ci a un pouvoir souverain, soit pour soulever le voile derrière lequel s'abriterait une association illégale faussement qualifiée de syndicat, soit pour constater qu'un syndicat, tout en ayant un but agricole, outrepasse ses attributions légitimes.

Peu importe que, dans les statuts, déposés en temps et lieu, ce syndicat prenne le nom de syndicat agricole; peu importe également que les statuts prévoient exclusivement des objets relatifs à la profession agricole. Il est un principe absolu dans notre législation, c'est que le juge ne doit pas se rapporter aveuglément à la qualification que les parties ont donnée aux actes, aux contrats, aux sociétés. Ce principe

---

(1) « Son laconisme (de la loi), qui est tout à l'avantage de la liberté, pourra causer, au début, quelques hésitations et quelques incertitudes. Il serait difficile de prévoir à l'avance toutes les difficultés qui pourraient surgir. Elles devront toujours être tranchées dans le sens le plus favorable au développement de la liberté » (Circ. min., 25 août 1884).

a même été rappelé, à diverses reprises, au cours de la discussion de la loi de 1884 (1).

La cour de Paris nous semble en avoir fait une très juste application dans l'espèce suivante : Un prétendu syndicat professionnel de sport hippique s'était fondé dans le but apparent, visé par les statuts, de concourir à l'amélioration de la race chevaline ; mais, en réalité, ce syndicat servait à déguiser l'établissement et la tenue d'une agence de paris à la cote et de paris mutuels aux courses ; et les paris se faisaient pour le compte d'individus « n'ayant aucune connaissance spéciale en matière hippique et ne se préoccupant ni de l'origine ni des qualités des chevaux engagés, c'est-à-dire dans de telles conditions que le pari constituait pour eux un véritable jeu de hasard et ne laissait aucune place aux combinaisons de l'intelligence ». La cour aurait pu voir là les éléments d'un syndicat, mais irrégulier, tombant sous le coup de l'art. 9 de la loi de 1884. Elle n'est pas entrée dans cette voie. Ecartant, au contraire, la loi sur les syndicats professionnels, en écartant la qualification de syndicat professionnel, elle a fait aux prétendus syndiqués l'application des peines de l'art. 410 du Code pénal, relatif aux maisons

_____

(1) « Quand, en présence d'une loi générale, vous dites à un certain nombre de personnes : « Vous échapperez aux dispositions de la loi générale à la condition de remplir certaines formalités », il est bien évident qu'il ne suffira pas, pour échapper à cette loi pénale, de prétendre qu'on a la qualité de syndicat professionnel, de se pr tendre un syndicat prévu et excepté par la loi, alors qu'il est manifeste que dans le langage juridique, et surtout dans le langage législatif, ces mots de syndicat professionnel ne peuvent absolument s'entendre que du syndicat professionnel que la loi a prévu, de celui qu'elle permet de créer, de celui, en un mot, en vue duquel et pour lequel elle est faite » (Discours de M. Waldeck-Rousseau, *J. Offic.*, 24 fév. 1884, Deb. parl., Sénat, p. 467).

de jeu et aux loteries. Ce qu'il faut voir, en effet, dans les actes de l'homme, ce sont les faits et non les qualifications.

§ 2. — Composition des Syndicats agricoles

L'article 3 de la loi du 21 mars 1884 limite d'une manière précise l'objet de tout syndicat professionnel, ce qui nous a permis de déterminer l'objet particulier d'un syndicat agricole. L'article 2 de la même loi va indiquer quelles catégories de personnes peuvent être appelées à faire partie de cette association.

Cet article est ainsi conçu : « Les syndicats ou associations professionnelles, même de plus de vingt personnes exerçant la même profession, des métiers similaires, ou des professions connexes concourant à l'établissement de produits déterminés, pourront se constituer librement sans l'autorisation du gouvernement ».

Nous examinerons successivement les différentes catégories de personnes qui peuvent se trouver mêlées, soit à la constitution, soit au fonctionnement de l'association. C'est ainsi que nous distinguerons :

1º Les fondateurs,
2º Les membres de l'association,
3º Les administrateurs,
4º Les employés,
5º Les membres honoraires.

En parlant des membres de l'association en général, nous nous occuperons des conditions qu'ils doivent remplir au point de vue, soit de la profession, soit de la capacité civile.

I. — LES FONDATEURS DU SYNDICAT AGRICOLE

Une personne entièrement étrangère à l'agriculture peut-elle contribuer à la fondation d'un syndicat agricole ? Nous le croyons, bien qu'aucun texte ne prévoie cette hypothèse et précisément parce qu'il n'y a pas de texte. D'abord, on ne voit pas pourquoi il faudrait nécessairement être agriculteur pour avoir le droit de s'intéresser à l'agriculture.

Sans doute on ne peut être membre effectif d'un syndicat agricole qu'à la condition d'exercer une profession correspondant au but spécial de cette association : mais ce qui est nécessaire pour jouir personnellement des avantages de l'association professionnelle, ne l'est pas pour chercher simplement à en faire bénéficier les autres.

Nous visons le cas du fondateur qui n'est rien de plus, et non celui du membre fondateur. Il s'agit d'une personne intelligente, éclairée, généreuse (un rentier, un conférencier, un fonctionnaire, peu importe), qui connaît par expérience les résultats pratiques, les bienfaits à attendre des syndicats agricoles et qui veut les mettre à la portée des agriculteurs, souvent ignorants ou timides, d'une certaine région où l'idée syndicale n'a pas encore germé spontanément. Sa condition sociale ne permettant pas à cette personne d'entrer elle-même dans un syndicat agricole, rien ne saurait l'empêcher d'inciter les autres à s'associer entre gens de même profession.

Mais le jour où le syndicat aura été définitivement constitué, c'est-à-dire dès que les statuts auront été déposés, ce fondateur devra rester étranger à l'association dont il a provoqué la création. Libre à lui de faire des libéralités au syndicat, d'encourager par tous les moyens l'établissement d'institutions annexes, mais il ne pourra prendre une part active aux opérations, intervenir dans les délibérations, participer aux votes ; car ce sont là des actes que ne peuvent faire que les membres de l'association, unis entre eux par la communauté de profession, et partant la communauté d'intérêts.

Gardons-nous donc de confondre les fondateurs étrangers à la profession et au syndicat avec les « fondateurs » dont parle, en termes assez impropres d'ailleurs, l'article 4 de la loi de 1884, et auxquels il impose l'obligation de faire le dépôt des statuts ainsi que des noms des administrateurs et directeurs. Les fondateurs, au sens de l'article 4, seront toujours des membres du syndicat, et même ils en seront les directeurs et les administrateurs, car c'est en réalité à ces derniers qu'incombe légalement l'obligation de remplir la formalité ; mais si la loi les désigne sous le nom de fondateurs, c'est que presque toujours les mêmes personnes auront en fait cette double qualité.

Nous concluons que toute personne peut contribuer à la fondation d'un syndicat agricole, tandis que certaines personnes seulement peuvent en être membres et qu'il faut être membre du syndicat pour l'administrer ou le diriger.

Nous allons voir maintenant à quelles conditions l'on doit satisfaire pour être admis comme membre actif d'un syndicat agricole.

2. — Les Membres du Syndicat agricole

On ne peut être membre du syndicat agricole qu'en remplissant : 1° les conditions imposées par le législateur ; 2° les conditions imposées par les statuts.

Pour les conditions légales nous distinguerons l'aptitude spéciale exigée par la loi de 1884, et l'aptitude générale à entrer dans une association, c'est-à-dire à accomplir l'acte juridique par lequel un adhérent se lie à l'association et réciproquement, aptitude qui est régie simplement par le droit commun.

La communauté d'intérêts professionne's

Une condition spéciale, indispensable aux yeux du législateur et inscrite dans l'article 2, c'est que les membres du syndicat exercent une même profession, des métiers similaires ou des professions connexes concourant à l'établissement de produits déterminés. Donc, pour qu'un certain nombre de personnes puissent légalement se constituer en syndicat agricole, il faut qu'elles exercent la même profession agricole, ou des professions similaires ou connexes d'une certaine façon à l'agriculture. Nous allons examiner quelles sont les personnes qui rentrent dans les catégories prévues par la loi et peuvent, à ce titre, se syndiquer.

Mais auparavant il est bon de poser ce principe que tout syndicat agricole a pleine liberté pour désigner parmi les personnes qui ont l'aptitude légale à entrer dans une association de ce genre, celles qui seront seules admises au nombre des associés

Le syndicat est doublement maître de sa composition : 1º par ses statuts, il peut se fermer d'avance à certaines catégories déterminées de personnes, ou établir des causes spéciales d'exclusion frappant, le cas échéant, des personnes déjà admises ; 2º par ses statuts encore, il peut subordonner l'entrée de chaque candidat individuellement à l'agrément soit de l'assemblée générale des membres, soit de représentants de l'association auxquels ce pouvoir aura été délégué.

Les syndicats, en effet, n'ont rien de commun avec la corporation obligatoire ; la loi a imposé des conditions à rem.

plir au point de vue de la profession, mais n'a pas entendu
que toute personne remplissant ces conditions pût s'imposer à une association qui jugerait à propos de la repousser
de son sein.

L'objet de l'article 2 est donc exclusivement de spécifier
la condition sans laquelle on ne peut être admis dans un
syndicat, agricole ou autre : mais ce syndicat a incontestablement le droit d'exiger de ses membres, outre cette aptitude légale basée sur la profession, telles conditions particulières qu'il juge convenable.

Le législateur a voulu donner aux gens de même métier
la liberté la plus complète de s'associer, sans exiger des
preuves de savoir ou d'habileté professionnelle, qui eussent pu gêner ou supprimer cette liberté pour quelques-uns;
mais il a cru devoir, par contre, exiger essentiellement l'existence entre les syndiqués d'une communauté
d'intérêts véritables, résultant de l'identité ou du moins de
la similitude ou de la connexité des professions. Il le fallait
bien, en effet, sous peine de laisser se créer, sous des vagues
et fausses qualifications, des associations hétérogènes, dan-
gereuses pour l'ordre public, dans lesquelles on eût pu
poursuivre tout autre chose que l'étude et la défense d'intérêts économiques, industriels, commerciaux ou agricoles.

Le gouvernement, dans son projet, avait parlé de personnes « exerçant la même profession ou le même métier ».
La commission de la Chambre des Députés craignit que
ces termes ne fussent trop restrictifs, et elle leur substitua ceux-ci : « exerçant la même profession ou des métiers
similaires ». Toutefois le mot « similaire » n'était pas entendu par tout le monde de la même façon : les uns lui attri-
buaient le sens d'analogue ou semblable, les autres voulaient lui donner une plus grande compréhension et « admettre, en conséquence, qu'il pourrait se créer des associations

composées de professions formant une grande famille industrielle... C'est pour donner à l'article 2 une rédaction plus
claire et plus précise, que la commission (la deuxième
commission du Sénat, chargée d'examiner le projet reve-
nant de la Chambre) sans rien changer au reste de l'article,
a ajouté le membre de phrase: « ou des professions *connexes*
concourant à l'établissement de produits déterminés » (1).

Mais, d'abord, que faut-il entendre par profession agricole,
au point de vue de la liberté syndicale ?

La loi, non seulement ne définit pas les professions agricoles, industrielles ou commerciales, mais elle ne dit même
pas ce qui constitue, pour elle, la *profession*, en général. De
là, certaines difficultés d'appréciation.

D'après Littré, le mot profession signifie «état, emploi,
condition » (2) ; ce qui comprendrait, parmi ceux qui ont
une profession, les étudiants, les rentiers, les locataires.
Cette définition est malheureusement bien vague. D'après
M. Gain (3), il faudrait entendre ici par profession, la condition d'une personne qui, habituellement, pour subvenir aux
besoins de son existence, se livre à un travail manuel ou
intellectuel, pratique un art ou remplit une fonction salariée.
Suivant la signification la plus usuelle, le mot profession
implique l'exercice habituel et régulier de travaux déterminés ; d'aucuns y ajoutent cette condition, que les travaux
procurent des ressources à leur auteur ; mais il ne faut pas
oublier que la loi de 1884 est conçue dans un esprit très libéral et qu'il faut toujours admettre l'interprétation la plus
extensive : des médecins, des avocats, qui donneraient des

---

(1) Discours de M. Tolain, rapporteur, *J. Off.*, 22 fév. 1884, Sénat,
Déb. parl., p. 450.

(2) Littré, *Dict.*, v° *Profession*, 2°.

(3) *Les syndicats professionnels agricoles*, p. 63.

consultations gratùites n'en exerceraient pas moins une profession, dans le sens de la loi de 1884.

Cependant, si large que puisse être le sens donné au mot *profession*, il ne saurait s'appliquer à la pratique de simples délassements, d'exercices du corps, plus ou moins fatigants, quelque habituels qu'ils soient, mais sans profit pécuniaire sérieux et même le plus souvent onéreux pour ceux qui s'y adonnent, comme celui de la chasse ou de la pêche, par exemple, de la part de ceux qui s'y livrent uniquement par plaisir. Ainsi, nous ne reconnaîtrions pas à de simples pêcheurs à la ligne le droit de se former en syndicat, car leur groupement ne saurait constituer un syndicat dans le sens légal ; on ne pourrait prétendre qu'ils aient des intérêts communs et professionnels à défendre.

Il a été jugé par le tribunal civil de Langres, dans l'affaire du *Syndicat des chasseurs de Cohous*, que des chasseurs « n'ont pu régulièrement former un syndicat professionnel ayant la personnalité civile et les immunités qui en résultent », sauf la question de savoir s'ils pourraient pour cet objet former une société civile (1); et nous n'aurions rien à critiquer dans cette décision, si elle n'avait pas été rendue dans des termes qui restreignent, à tort, la portée de la loi de 1884 aux intérêts économiques « se rattachant au commerce, à l'industrie ou à l'agriculture », alors que le texte admet l'association professionnelle pour la défense des « intérêts économiques » même n'ayant pas un caractère commercial, industriel ou agricole.

La solution devrait être toute différente, croyons-nous, si la chasse ou la pêche étaient, pour ceux qui s'y adonnent, une profession véritable, beaucoup plus qu'une distraction

---

(1) Trib. civ. de Langres, 9 déc. 1887, D. P. 88. 3. 136 ; *Revue des Sociétés*, 1888, p. 158.

ou qu'un plaisir. On peut, sans invraisemblance, supposer des personnes faisant de la chasse leur gagne-pain, tuant le gibier pour le vendre, ou même payées par des propriétaires ruraux pour détruire certains animaux nuisibles ou pour arrêter un développement excessif du gibier. Nous ne ferions aucune difficulté pour permettre à ces « professionnels » de se former en syndicat. Nous reconnaîtrions le même droit à ceux qui se livrent à la pêche dans des conditions analogues: la pêche maritime et même fluviale est, à n'en pas douter, une profession pour beaucoup de riverains de la mer ou des cours d'eau (1) ; pourquoi les pêcheurs du littoral, par exemple, ne pourraient-ils pas se syndiquer pour la défense en commun de leurs intérêts (2)?

Le droit de se constituer en syndicat a été reconnu également par la jurisprudence à des pêcheurs d'étangs. Ainsi la cour d'Amiens a décidé que des propriétaires ou locataires d'étangs, exploitant la pêche par eux-mêmes, et connus sous le nom de *poissonniers*, peuvent former un syndicat pour tout ce qui concerne l'exploitation des étangs, la reproduction, la conservation, *la pêche* et la vente du poisson (3).

---

(1) Dans son histoire des corporations de métiers, M. HUBERT-VAL- LEROUX parle de l'institution des prud'hommes-pêcheurs de la Médi- terranée : « Les pêcheurs d'une partie du littoral, dit-il, relèvent au- jourd'hui encore, pour le règlement de leurs débats, d'un tribunal arbitral composé de quelques-uns d'entre eux, choisis par leurs pairs et jugeant sans aucune procédure, d'après l'équité et les coutumes de la profession. C'est une des très rares institutions d'autrefois restées debout, malgré cette tendance à l'uniformité poursuivie par le gouver- nement de nos anciens rois et qui triompha sous la Révolution et l'Empire » (*op. cit.*, p. 271).

(2) *Sic*, GLOTIN. — *Etude historique, juridique et économique sur les syndicats professionnels*, p. 162.

(3) C. d'Amiens, 13 mars 1895 (Poissonniers de la Somme), D. P. 95. 2. 553.

Nous venons de voir ce que, d'après la loi du 21 mars 1884, il faut entendre par l'exercice d'une profession. Examinons maintenant quelles catégories de personnes peuvent être considérées comme exerçant une profession agricole.

LA PROFESSION AGRICOLE

Parmi les personnes à l'égard desquelles peut se poser la question d'admission dans un syndicat agricole, il en est pour qui la réponse ne saurait être douteuse : ce sont les propriétaires-cultivateurs, les fermiers et enfin les ouvriers agricoles. Ces trois catégories d'agriculteurs sont nominativement désignées dans la circulaire interprétative du 25 août 1884, qui s'exprime ainsi à ce sujet : « Du silence de la loi ou des discussions qui ont eu lieu dans les Chambres, il faut conclure : ...4° Que la loi est faite pour tous les individus exerçant un métier ou une profession, par exemple, les employés de commerce, les *cultivateurs, fermiers, ouvriers agricoles*, etc ». En opposant, en effet, les « cultivateurs » aux « fermiers », la circulaire montre bien que par cultivateurs, elle entend spécialement tous ceux qui font valoir des terres leur appartenant, par opposition aux fermiers, qui font valoir les terres des autres. Enfin, dans la circulaire, les mots « ouvriers agricoles » désignent ceux qui, moyennant un salaire, louent leurs services aux agriculteurs ou aux fermiers.

Cette énumération explicative a l'avantage de montrer qu'un syndicat agricole peut, comme les autres syndicats, revêtir le caractère de syndicat *mixte*, c'est-à-dire comprendre à la fois des patrons et des salariés : il n'est donc pas nécessaire, pour que plusieurs agriculteurs fassent partie d'un même syndicat, qu'ils exercent tous *au même titre* la profession agricole ; par le fait seul que, à l'égard de chacun, l'objet de la profession est *agricole*, ils sont réputés avoir des intérêts communs à défendre, et ils ont le droit de s'unir dans la même association.

D'ailleurs, la circulaire eût-elle été muette sur ce point, il suffirait de se reporter à l'article 2, d'une importance décisive, puisqu'il a pour objet de régler la composition des syndicats, et aux travaux préparatoires de la loi.

« L'article 2, suivant la très juste remarque de M. Sénart (1), s'exprime dans les termes les plus larges, il autorise toutes les personnes qui dans des professions semblables ou simplement connexes, concourent à l'établissement de certains produits, à se grouper ; que ces personnes soient des des patrons, des contre-maîtres, des employés, des tâcherons, des ouvriers, peu importe ; il ne distingue pas entre elles et ne fait ni division ni catégorie: elles ont des intérêts communs à défendre, cela suffit pour que toutes puissent se rapprocher dans un syndicat ».

L'examen des travaux préparatoires ne peut que confirmer cette opinion; la forme *mixte* ayant paru à un certain nombre de députés la plus propre à réaliser le but de la loi, plusieurs d'entre eux, notamment MM. de Mun et de la Bassetière, demandèrent pour les syndicats mixtes des privilèges spéciaux et proposèrent d'intercaler entre l'art. 6 et l'art. 7 une disposition ainsi conçue : « Outre les cas prévus au précédent article, les syndicats professionnels mixtes réunissant les patrons et les ouvriers d'un même métier ou de métiers similaires pourront recevoir des dons et legs même immobiliers, et acquérir tels immeubles qu'il leur conviendra pour la création de logements d'ouvriers, d'asiles pour l'enfance et la vieillesse et de maisons de secours pour les blessés et les malades (2) ». Cet amendement fut repoussé, après un dis-

---

(1) SÉNART. — *Bulletin des Agriculteurs de France*. 1885, p. 381 et s.
(2) *J. Off.*, 19 juin 1883, Déb. parl., Chambre, p. 1339.

cours de M. Charles Floquet, dont nous extrayons le passage suivant, on ne peut plus significatif : « Si l'amendement en question avait seulement pour objet d'autoriser les syndicats mixtes de patrons et d'ouvriers, il n'était pas nécessaire. *La loi est conçue en termes tels que les syndicats mixtes de patrons ou d'ouvriers sont possibles* » (1).

D'autre part, au cours de la discussion de la loi, M. Tolain, au Sénat, M. Allain-Targé dans son rapport à la Chambre des Députés, furent amenés à déclarer à plusieurs reprises que la loi sur les associations professionelles était non seulement une loi de liberté, mais encore une loi de rapprochement entre les patrons et les ouvriers par les rapports permanents qu'elle établirait entre les uns et les autres.

Il résulte donc, et du texte de l'article 2, et des travaux préparatoires, et de la circulaire interprétative, que non seulement les syndicats *mixtes* ne sont pas en opposition avec l'esprit qui a présidé à la confection de la loi de 1884, mais qu'ils ont été prévus et voulus par le législateur. Un syndicat agricole peut donc, sans doute, si telle a été l'intention des fondateurs, comprendre exclusivement soit des propriétaires-cultivateurs, soit des fermiers, soit des ouvriers agricoles ; mais il peut très bien aussi, et c'est d'ailleurs le cas le plus fréquent, embrasser à la fois ces trois classes d'agriculteurs, rapprochées et heureusement confondues par la communauté d'intérêts.

Une des raisons, du reste, pour lesquelles le syndicat mixte est appelé à prévaloir parmi les populations agricoles, c'est que la limite précise entre la qualité de patron et celle d'ouvrier, dans l'agriculture, est difficile à établir pratiquement. Elle n'apparaît déjà pas toujours clairement pour les patrons et ouvriers de l'industrie ; comme le fait observer

---

(1) *J. Off.*, 20 juin 1883, Déb. parl., Chambre, p. 1352.

M. Sénart, le tâcheron, au regard de celui de qui il accepte la tâche est un ouvrier ; au regard de ceux par lesquels il la fait exécuter, il est un patron. L'ouvrier en chambre qui prend des apprentis est aussi vis-à-vis d'eux un patron.

Mais dans les campagnes c'est bien autre chose : les travaux variant avec les saisons, qui ne permettent pas aux agriculteurs de fournir toute l'année la même quantité d'heures de travail, il s'ensuit qu'un grand nombre de cultivateurs, qui emploient des journaliers une partie de l'année, les renvoient par intervalles, et que ceux-ci cultivent alors pour leur compte soit quelques terres prises à bail, soit tout au moins le jardin attenant à leur propre habitation.

D'autre part, beaucoup de petits propriétaires n'ayant pas des terrains suffisants pour s'occuper toute l'année, sont très heureux d'augmenter leurs revenus en louant leurs services au moment des grands travaux.

Il y a donc, dans les campagnes, un nombre relativement considérable de paysans qui travaillent tantôt pour leur compte, tantôt pour le compte d'autrui. La démarcation entre les patrons et les ouvriers n'étant pas nettement établie dans la profession agricole, il était déjà utile et nécessaire, à ce seul point de vue, d'admettre les agriculteurs à former des associations assez larges pour englober les personnes exerçant la profession agricole, à quelque titre que ce soit.

Nous ajouterons que les rapports entre les patrons et les ouvriers sont, dans l'agriculture, en général plus faciles, plus cordiaux et beaucoup moins troublés que dans l'industrie. Aussi la forme mixte a-t-elle été le plus généralement adoptée par les syndicats agricoles ; les ouvriers y sont sur le pied d'égalité avec les patrons : « Ils y apprennent à se connaître, à s'entraider, à s'éclairer les uns les autres, à discuter leurs intérêts communs et à se concerter pour les faire triompher. Rien n'est plus propre que ces réunions familières à rapprocher les classes, à solidariser les intérêts et à élever le niveau de la démocratie rurale. Les premiers organisateurs des syndicats agricoles ont très heureusement compris que, pour faire œuvre de progrès réel et de haute portée sociale, il fallait, en face des divisions et des malentendus trop exploités dans le monde du travail industriel, affirmer l'union qui règne entre le patron et l'ouvrier agricole. Créer des syndicats pour les propriétaires fonciers, fermiers ou régisseurs, c'était provoquer peut-être la formation de syndicats d'ouvriers agricoles qui eussent été opposés aux premiers, c'était partager l'agriculture en deux armées hostiles, organiser la guerre et non pas la paix. Le syndicat mixte est l'idéal des associations corporatives puisque, par essence, il est un instrument d'accord et de solidarité et qu'il empêche les ferments malsains de se développer entre les hommes qu'il réunit » (1).

La circulaire interprétative de M. Waldeck-Rousseau désigne, avons-nous dit, comme pouvant faire partie des syndicats agricoles, les cultivateurs, les fermiers et les ouvriers ; mais cette énumération, ainsi que l'indiquent les mots « par exemple » et « et cætera » qui l'accompagnent, n'est point limitative.

Il est, en effet, d'autres personnes que l'esprit de la loi fera logiquement assimiler aux premières. Ainsi, par « cultivateurs », on ne devra pas entendre seulement les petits propriétaires, mais aussi les possesseurs de grands domaines, faisant exploiter leurs terres par des domestiques et des manouvriers ; aux fermiers proprement dits, il faudra adjoindre les métayers ; enfin, parmi les auxiliaires, aux ouvriers s'ajouteront les gérants, régisseurs, maîtres jardi-

---

(1) De ROCQUIGNY. — *Les Syndicats agricoles et le socialisme agraire*, **p. 21.**

niers et contre-maîtres de tous les genres d'exploitation rurale.

Peu importe, d'ailleurs, l'étendue du terrain cultivé, que ce soit un immense domaine ou un modeste jardin potager ; peu importe également le genre de la culture, ou la nature des produits directs ou indirects que l'on cherche à retirer de la terre. Peuvent ainsi se syndiquer soit ensemble, soit par groupes réservés à une spécialité de culture, les vignerons, les pépiniéristes, les maraîchers, les sériciculteurs, les apiculteurs, les horticulteurs, les jardiniers fleuristes, les herbagers, les éleveurs. Ajoutons que l'expression « ouvriers agricoles » embrasse tous les salariés qu'on emploie à des travaux d'agriculture, domestiques au mois ou à l'année, journaliers de toute espèce, laboureurs, charretiers, bouviers, bergers, gardes.

Est-il nécessaire que toutes ces personnes exercent la profession d'agriculteur uniquement, ou tout au moins qu'elle soit pour eux la profession principale ? Pas le moins du monde. Une même personne peut, sans difficulté, avoir plusieurs professions : rien n'empêche un petit négociant de s'occuper accessoirement d'agriculture, d'entretenir un jardin à lui ; rien n'empêche un ouvrier d'usine de cultiver une modeste étendue de terrain, mesurée à ses courts loisirs : ce négociant, cet ouvrier feront partie, nous le supposons, le premier d'un syndicat de négociants, le second d'un syndicat d'ouvriers de l'industrie ; pourquoi ne pourraient-ils pas faire partie également d'un syndicat agricole ? Ils n'ont pas seulement, en effet, des intérêts commerciaux ou industriels à défendre ; ils ont encore, accessoirement peut-être, mais qu'importe ? des intérêts agricoles. Nous ne leur refuserons donc pas le droit de s'associer, sur le terrain agricole, avec ceux qui ont à étudier et à défendre des intérêts de cette nature.

S'il n'est pas nécessaire, pour faire partie d'un syndicat agricole, que la profession d'agriculteur soit l'unique ni même la principale, nous ne ferons pas dépendre davantage la qualité d'agriculteur de la quantité de terrain cultivée par lui. Par conséquent, tout propriétaire exploitant, par lui-même ou par des personnes à ses ordres, une parcelle de terrain, pourra s'affilier à un syndicat agricole. Sur ce point on ne saurait concevoir le moindre doute.

Il est une question plus délicate qui a été, et est encore, très vivement controversée dans la doctrine, mais que la pratique a constamment tranchée dans le sens libéral, c'est celle de savoir si des propriétaires, vivant du produit de leurs fermes, sans exploiter par eux-mêmes la moindre parcelle des terres qu'ils possèdent, peuvent être considérés comme exerçant vraiment la profession d'*agriculteurs* et entrer, à ce titre, dans un syndicat agricole. Disons tout de suite que cette situation ne se rencontrera pas aussi fréquemment qu'on pourrait le croire, car très souvent le propriétaire, qui loue ses terres moyennant une redevance en argent ou en nature, s'en réserve une portion pour son utilité ou son agrément, et devient ainsi « cultivateur ».

Néanmoins, le cas se présente quelquefois, de propriétaires ruraux n'exploitant aucune parcelle de leurs terres, et figurant cependant comme membres d'un syndicat agricole. Jusqu'à présent il n'y a pas, croyons-nous, d'exemple de directeurs ou administrateurs de syndicats poursuivis par les parquets ou de syndicats dissous par les tribunaux, du fait de l'admission de propriétaires ruraux non exploitants. Cette admission, consacrée par la pratique, est-elle légitime ?

D'après un certain nombre d'auteurs (1), les propriétaires

---

(1) En ce sens, GAIN.— *Op. cit.*, p.75 et s.; GLOTIN.—*Op. cit.*, p.151.

fonciers qui ne font pas valoir leurs terres par eux-mêmes, ne méritent aucunement la qualification d'agriculteurs, et ne devraient pas être inscrits dans un syndicat agricole. Force leur serait de se contenter d'entrer dans de simples *sociétés d'agriculture*. Ce n'est pas que l'on conteste l'utilité qu'il y aurait à les admettre dans un syndicat : « Au point de vue législatif et économique, dit M. Pic, il y aurait peut-être avantage à autoriser l'entrée des propriétaires non exploitants dans les syndicats agricoles ; leurs capitaux, leur instruction et leur influence pourraient être de sérieux éléments de succès pour ces associations et, de leur côté, les propriétaires auraient souvent intérêt à figurer dans ces syndicats, à côté des agriculteurs proprement dits et des fermiers, ne fût-ce que pour les empêcher de dévier de leur but. Mais, en droit positif, une telle solution paraît inacceptable » (1).

En effet, prétend-on dans ce système, tirer des revenus de terres que l'on fait exploiter par d'autres, ne peut être considéré comme l'exercice de la profession agricole. Est-ce que des rentiers, par le seul fait qu'ils ont placé de l'argent dans une entreprise agricole, qu'ils possèdent des actions ou des obligations émises par des sociétés anonymes d'exploitation rurale, seront traités comme exerçant la profession agricole ? Non, pas plus qu'on ne saurait considérer comme commerçant ou comme industriel tout individu ayant des capitaux dans des entreprises industrielles ou commerciales.

On ne pourrait davantage soutenir qu'une personne ayan prêté de l'argent, moyennant un intérêt ou une affectation hypothécaire, à un cultivateur, aurait de ce fait un intérêt

---

et s.; Pic.— *Op.cit.*, p. 110 et s.; Brémond. — *Revue critique de législation et de jurisprudence*, 1899, p. 130 et s.

(1) Pic. — *Op. cit.*, p. 110.

agricole suffisant pour lui permettre d'entrer dans le syndicat agricole dont ferait partie son emprunteur, pas plus
qu'on ne saurait considérer comme industriel ou comme
commerçant l'individu qui se bornerait à prêter de l'argent
à un commerçant ou à un industriel. « Le droit de retirer
un intérêt pendant la durée d'un prêt ne constitue pas davantage une profession connexe ou similaire, mais un simple
acte d'administration absolument privée, que nous faisons
quotidiennement sans qu'on puisse la qualifier de métier» (1).
Or, le propriétaire qui remet son fonds à autrui pour en
jouir, moyennant un prix de bail, est-il dans une situation
différente au point de vue de la profession d'agriculteur ?
Accomplit-il un travail intellectuel ou manuel du domaine
de cette profession ? Sans doute, il aura de temps à autre à
surveiller son fermier pour le forcer à exécuter les clauses
du bail, et notamment à payer son prix au jour de l'échéance. Mais prendre garde à la conservation de sa propriété
et à sa bonne gestion, est-ce bien là l'exercice d'une profession ? Et si le propriétaire non exploitant n'exerce pas une
profession *agricole*, il ne peut entrer dans un syndicat de
cet ordre.

Les auteurs, partisans du système qui vient d'être exposé
se montrent très catégoriques, lorsqu'il s'agit de refuser
l'entrée des syndicats agricoles aux propriétaires qui font
exploiter leurs terres par des fermiers ; mais ils le sont beaucoup moins à l'égard des propriétaires faisant valoir leurs
fonds par des métayers, avec lesquels ils partagent la récolte,
se payant ainsi eux-mêmes en nature (2). MM. Pic et Glotin (3) admettent cependant, tout en présentant la question

---

(1) GAIN. — *Op. cit.*, p. 76.
(2) V. GAIN.— *Op. cit.*, p. 89,et BRÉMOND.— *Loc. cit.*, p. 132.
(3) PIC.— *Op. cit.*, p. 111; GLOTIN.—*Op. cit.*,p. 153.

comme douteuse et délicate, que le propriétaire et le métayer ne sont réellement pas des associés, surtout depuis la oi du 18 juillet 1889 sur le bail à colonat partiaire, que le contrat de métayage n'est qu'une forme du bail ; d'où la conséquence que le propriétaire, n'étant pas l'associé de son métayer, n'exploite point lui-même, et ne saurait être admis dans un syndicat agricole.

Pour exclure les propriétaires non exploitants du droit d'entrer dans les syndicats agricoles, M. Gain croit pouvoir invoquer les travaux préparatoires et la jurisprudence.

Au cours de la discussion de la loi de 1884, M. Tolain, rapporteur de la commission du Sénat, fut amené à faire la déclaration suivante : « En un mot, *toute personne qui exerce une profession*, ainsi qu'il est dit dans la loi, aura le droit de se servir de la nouvelle législation que vous allez voter (1) ». D'autre part, le ministre de l'intérieur, M. Waldeck-Rousseau, à la fin de la discussion au Sénat, soutint que les articles 291 et suivants du Code pénal continueraient à s'appliquer aux associations « qui ne se renfermeraient pas *dans le cadre très précis* » tracé par la loi nouvelle. Au surplus, on s'appuie sur la doctrine d'un arrêt de la Chambre criminelle de la cour de Cassation (2) aux termes duquel les effets de la loi de 1884 doivent être restreints « à ceux qui appartiennent, soit comme patrons, soit comme ouvriers ou salariés, à l'industrie, au commerce et à l'agriculture, à l'exclusion de toutes autres personnes et de toutes autres professions ».

Enfin, dans ce système, on semble prendre son parti d'une exclusion regrettable, en faisant remarquer : 1º que rien n'empêche les propriétaires non exploitants d'être membres

---

(1) *J. Off.*, 21 février 1884, Déb. parl., Sénat, p. 451.
(2) Crim. rej., 27 juin 1885, D. P. 86. 1.137; S. 87. 1.281.

de *sociétés coopératives* agricoles fondées dans les termes de la loi de 1867, et notamment de celles qui sont l'œuvre des syndicats agricoles et en forment comme des annexes ; 2° que les *associations syndicales*, régies par la loi du 21 juin 1865 et celle du 22 décembre 1888, sont également ouvertes aux propriétaires non exploitants qui peuvent trouver là un excellent moyen de défendre certains de leurs intérêts agricoles.

L'interprétation qui permet, au contraire, l'entrée des syndicats agricoles aux propriétaires non exploitants est consacrée par la pratique et professée par la majorité des auteurs (1), avec l'appui de solides arguments. Nous croyons cette opinion, non seulement plus favorable au progrès de l'agriculture, mais plus rationnelle en elle-même et plus juridique. Il est heureux que les propriétaires qui afferment leurs fonds ne soient pas traités légalement comme désintéressés dans la mise en valeur et l'exploitation de leur propre chose, et qu'ils n'en soient pas réduits à se contenter de pouvoir participer aux *académies d'agriculture*, aux *sociétés coopératives agricoles*, annexées ou non à des syndicats, ou encore aux *associations syndicales*, sociétés ou associations qui poursuivent toutes un but différent de celui du *syndicat professionnel*, et ne sauraient en tenir lieu.

Que ces propriétaires fassent partie des divers groupements dont on ne leur conteste pas le bénéfice, c'est quelque chose ; mais ce n'est point assez, en bonne justice. S'ils ont des intérêts agricoles, et nous allons établir ce point, il

---

(1) En ce sens, Sénart.— *Bulletin de la Société des Agriculteurs de France*, mai 1885, p. 381 et s.; Victor du BLED. — *Loc. cit.*, p. 125; BOULLAIRE. — *Op. cit.*, p. 38 et s.; BRY. — *Op. cit.*, p. 243 et s.; GENIN. —*Op. cit.*, p.203 et s.; Michel REVON.—*Op. cit.*, p. 212 et s.; HAURIOU. — *Précis de Droit administratif*, 3e éd., p. 159.

serait étrange que la loi eût interdit à une classe de citoyens aussi importante de participer à des syndicats, constitués uniquement dans le but d'étudier ces intérêts mêmes et de les défendre.

Inutile de s'arrêter spécialement à la question des propriétaires faisant exploiter par des métayers. S'il est des propriétaires non exploitants auxquels on ne puisse interdire l'entrée des syndicats agricoles, ce sont incontestablement ceux qui emploient des auxiliaires de ce genre ; dans le contrat dont il s'agit, le partage des fruits avec le métayer, la part active prise presque continuellement par le maître dans l'exploitation de ses terres, la surveillance constante et la direction générale qu'il se réserve sur les travaux attestent la prédominance de la qualité d'associé sur celle de bailleur.

Le propriétaire étant l'*associé* de son métayer a évidemment, au même titre que celui-ci, le droit de faire partie du syndicat agricole.

On objecte, il est vrai, la loi du 18 juillet 1889, qui semble faire du contrat de métayage une forme particulière du bail, et rapprocher de plus en plus le bailleur à métairie du bailleur à ferme. Mais cette manière de voir est-elle bien sûre ? Des travaux préparatoires de la loi, il paraît résulter, au contraire, que le métayage n'est ni le bail, ni la société, mais qu'il participe à la fois de l'une et de l'autre.

La question, d'ailleurs, présente peu d'intérêt au point de vue qui nous préoccupe. Pour savoir si un propriétaire exploitant par un métayer, peut entrer dans un syndicat agricole, il ne faut pas tant s'attacher à la classification théorique, qu'au rôle reconnu par la loi au propriétaire dans le contrat. Or, l'article 5 de la loi du 18 juillet 1889 est ainsi conçu : « Le bailleur a la surveillance des travaux et la direction générale de l'exploitation, soit pour le mode de culture, soit pour l'achat et la vente des bestiaux ». Ce rôle est bien celui de quelqu'un qui exerce une profession agricole. D'ailleurs, le mot « société » est employé dans l'article 1818 du Code civil, à propos d'une espèce de métayage, et, si le métayage est une société, le propriétaire et le métayer ayant des intérêts de même nature doivent pouvoir s'unir pour les défendre (1).

Revenons maintenant aux propriétaires faisant exploiter par des fermiers et constatons, en premier lieu, que les travaux préparatoires de la loi de 1884 invoqués contre les propriétaires ne sont pas concluants. On cite bien, comme restrictive, cette explication de M. Tolain : « En un mot, *toute personne qui exerce une profession* aura le droit de se servir de la nouvelle législation », mais on oublie qu'elle est immédiatement précédée d'une déclaration très libérale et très extensive du même sénateur : « On a cru tout d'abord, parce qu'elle (la commission) s'était servie des mots « syndicats professionnels » qu'elle voulait en restreindre l'application aux seuls ouvriers qui travaillent manuellement, aux ouvriers industriels. Jamais la commission n'a eu une pareille pensée. Elle espère bien, au contraire, que la loi qui vous est soumise, est une *loi très large, dont se serviront un très grand nombre de personnes auxquelles tout d'abord on n'avait pas pensé* » (2).

Quand à l'opinion attribuée à M. Waldeck-Rousseau, et qu'il aurait exprimée dans le même débat, nous retrouvons bien au *Journal Officiel* ces paroles du ministre : « Il est évident que les art. 291 et suivants du Code pénal ne sont pas abrogés pour les associations qui ne seraient pas des

---

(1) En ce sens, GAIN. — *Op. cit.*, p. 89; *Rép. Suppl.*, v° *Travail*, n° 784.

(2) *J. Off.*, 22 fév. 1884, Déb. parl., Sénat, p. 451.

syndicats professionnels, qui, en d'autres termes, ne se renfermeraient pas dans le cadre très précis qui est tracé par le projet en discussion » ; mais nous y avons vainement cherché la pensée qu'on lui prête d'exclure du syndicat les personnes « qui ne seraient pas patrons ou ouvriers » (1). Dans tous les cas, une semblable exclusion de ceux qui ne sont ni patrons ni ouvriers ne porterait pas contre le bailleur d'un fonds rural, ce bailleur jouant, en réalité, un rôle de patron. Au fond, ce qu'a voulu indiquer M. Waldeck-Rousseau, c'est que les questions étrangères à la profession devaient être rigoureusement écartées du sein des syndicats, qui ne sauraient se transformer en associations politiques; et en cela le ministre de l'intérieur avait probablement en vue surtout les syndicats ouvriers (2).

Donc les travaux préparatoires de la loi du 21 mars 1884, bien loin de condamner la solution favorable aux propriétaires non exploitants, gardent à ce sujet un silence que l'on ne peut qu'interpréter dans le sens de l'admission, les lois qui reconnaissent une liberté devant toujours être entendues largement. Rappelons à ce propos ce que disait le commentateur le plus autorisé de la loi, M. Waldeck-Rousseau lui-même : « Il serait difficile de prévoir à l'avance toutes les difficultés qui pourront surgir. Elles devront toujours être tranchées dans le sens le plus favorable au développement de la liberté » (3).

Quant à la jurisprudence, l'arrêt de la cour de Cassation, invoqué par M. Gain, arrêt qui refuse, non pas à des pro-

(1) V. J. Off., 30 janvier 1884, Déb. parl., Sénat, p. 214.
(2) « Pour faire partie d'un de ces syndicats, il faudra être quelque chose de plus que ces soi-disants ouvriers qui n'ont jamais fatigué leurs mains qu'à manier la plume, il faudra être un ouvrier véritable ». (J. Off. — Loc. cit., p. 214).
(3) Circ. min., 25 août 1884.

priétaires non exploitants, mais à des *médecins* le droit de se former en syndicat, (un droit qui d'ailleurs leur a été expressément reconnu depuis par l'art. 13 de la loi du 30 novembre 1892 sur l'exercice de la médecine), cherche à justifier la thèse, aujourd'hui abandonnée, d'après laquelle les professions dites *libérales* ne bénéficieraient pas de la loi de 1884. Il dit, à ce propos, que les travaux préparatoires ont affirmé la volonté du législateur de restreindre les effets de la loi à ceux qui appartiennent, soit comme patrons, soit comme ouvriers ou salariés, à l'industrie, au commerce et à l'agriculture. L'arrêt qui, d'ailleurs, suivant nous, a fait fausse route, ne s'occupe pas de la profession agricole ; il ne résout pas, et ce n'était pas d'ailleurs son objet, la question de savoir si les propriétaires non exploitants peuvent, ou non, être considérés comme des *patrons* en agriculture.

Depuis cet arrêt déjà ancien, et dont la doctrine se trouve condamnée par la loi sur l'exercice de la médecine, est intervenue une décision qui se rapporte précisément à la question que nous examinons, et qui la considère, au moins, comme discutable.

Certains négociants en vins de la ville de Bordeaux avaient été cités devant le tribunal correctionnel de cette ville pour avoir mis en vente des vins additionnés d'eau. L'*Association syndicale des propriétaires-viticulteurs de la Gironde* s'étant portée partie civile, les prévenus opposèrent deux fins de non-recevoir et le tribunal statua en ces termes sur la première par jugement du 5 février 1897 (1) : « Attendu que l'Association des viticulteurs de la Gironde s'est portée partie civile en la cause ; — Attendu que les prévenus repoussent son intervention, motifs pris, d'une part, de ce qu'elle serait constituée dans des conditions contraires à la loi du 21 mars 1884

---

(1) Trib. corr. de Bordeaux, 5 février 1897, D. P. 98.2. 132

et, par suite, devrait être tenue pour démunie de la capacité d'ester en justice, conférée par cette loi aux syndicats ou associations professionnelles ; d'autre part, de ce que, sa constitution fût-elle régulière, elle n'aurait aucune qualité pour s'immiscer dans l'affaire actuelle ; — Attendu que le premier moyen est précisé par cette simple allégation, que parmi les membres de ladite association figure un grand nombre de gens de professions très diverses, qui, s'ils possèdent tous des vignes, resteraient étrangers à leur culture et sont même, pour la plupart, éloignés et n'ont pas ainsi entre eux le lien professionnel ; — Mais attendu que ce dire est dénué de preuve et que, d'ailleurs, *le fondement en fût-il établi, on n'en saurait faire résulter l'inexistence juridique de l'association dont s'agit* ; — Qu'en effet, aux termes de ses statuts, il faut pour être admis à en faire partie, être dans le département de la Gironde *propriétaire-viticulteur ou participant dans les produits d'un vignoble* et concourant à son exploitation ; — Que, ainsi, elle est bien constituée en principe entre personnes exerçant la même profession ou des professions connexes concourant à l'obtention d'un même produit, le vin ; et que, en cet état, y eût-il parmi ses membres des propriétaires de vignes restant personnellement étrangers à la viticulture et *fallût-il pour cela considérer l'admission de ces propriétaires comme illégale*, (ce qu'il n'échet pas d'examiner), elle n'en serait pas moins valablement constituée quant aux autres, sauf application s'il y avait lieu, de l'art. 9 de la loi précitée ».

En somme, le tribunal de Bordeaux ne se prononce ni pour ni contre l'admission des propriétaires non exploitants ; il se contente de présenter la question comme douteuse : « ce qu'il n'échet pas d'examiner », dit-il ; toutefois il considère comme valablement constitué un syndicat dont les statuts admettent les *propriétaires-viticulteurs* ou partici-

pant dans les produits d'un vignoble et concourant à son
exploitation, car *ces personnes exercent bien la même profession*, et déclare, en passant, ce qu'il est bon de retenir, que
d'ailleurs, la présence dans le syndicat de quelques membres restant personnellement étrangers à la viticulture, ne
rendrait pas sa constitution nécessairement nulle.

Le tribunal ayant admis la deuxième fin de non-recevoir, l'*Association syndicale des propriétaires-viticulteurs
de la Gironde* fit appel et la cour de Bordeaux statua en ces
termes sur le point qui nous préoccupe, tranchant formellement la question sur laquelle le tribunal avait laissé
planer des doutes : « En ce qui concerne la première fin de
non-recevoir : attendu que *tous les membres de l'association
sont propriétaires de vignes* dans le département de la
Gironde ; *qu'ils doivent donc être considérés comme exerçant la même profession* et qu'ils ont pu valablement s'associer pour la défense de leurs intérêts viticoles » (1).

Cet arrêt est décisif ; la cour de Bordeaux considère bien
qu'une personne exerce une profession par le seul fait
qu'elle est propriétaire de vignobles, cette qualité de propriétaire entraînant avec elle la participation forcée à une
catégorie spéciale d'intérêts, les intérêts viticoles, pour la
défense desquels cette personne pourra valablement s'associer avec d'autres exerçant comme elle la profession de
propriétaires de vignes. Peu importe que ce propriétaire
reste plus ou moins étranger aux opérations matérielles
de la viticulture, qu'il tire parti de son fonds par lui-même,
ou par des vignerons à moitié fruit, ou par des fermiers ; il
est *propriétaire de vignes*, cela suffit pour qu'il puisse faire
partie d'un syndicat agricole.

La jurisprudence a donc eu à s'occuper, au moins une

_____

(1) C. de Bordeaux, 4 juin 1897, D. P, 98. 2. 133.

fois, de la question des propriétaires non exploitants, et elle s'est prononcée en faveur de l'admission de ceux-ci dans les syndicats. Nous croyons que cette solution est la plus juridique. Sans nous en tenir au sens grammatical et usuel, qui est si large, du mot profession : « état, emploi, condition », nous estimons que le propriétaire, même non exploitant, joue un rôle économique dans la production des richesses, et qu'à ce titre il exerce véritablement et dans toute la force du terme, une de ces professions que le législateur a eues particulièrement en vue : la profession agricole.

M. Sénart, président de Chambre honoraire à la Cour d'appel de Paris, a, dans un remarquable rapport présenté en 1885 au conseil de la Société des Agriculteurs de France (1), traité lumineusemeut cette question : « Quand il a remis la terre à l'exploitant, dit-il, le propriétaire n'en est pas tellement dessaisi qu'il n'ait plus à intervenir dans son administration, ni à s'associer aux vicissitudes qu'elle traverse. C'est un instrument de travail qu'il a fourni, qui doit renouveler chaque année sa production. Il a à le suivre, à constater sa bonne tenue constante, à s'assurer qu'il agrandit, si possible, sa valeur, sa puissance, ses effets; il lui appartient de veiller sur l'affectation des pailles, foins et fourrages, sur la distribution des engrais, sur la régularité des assolements, d'empêcher ou modérer les cultures abusives et épuisantes ; le plus souvent, en outre, il contribue aux drainages, même aux marnages, ainsi qu'à diverses améliorations ; en ces cas, comme en beaucoup d'autres, il est partie jointe à l'exploitant ; comment pourrait-on comprendre que, quand il est engagé dans l'industrie agri-

_____

(1) SÉNART. — *Bulletin de la Société des Agriculteurs de France*, mai 1885, p. 381 et s.

cole par son capital en terres, capital considérable exposé
à croître ou à décroître selon la bonne ou la mauvaise gestion du fermier, quand il a droit et charge d'une surveillance supérieure pour la sauvegarde de ce capital et de son
revenu, il serait exclu des associations créées pour les protéger et les défendre ? »

Que l'on ne dise pas qu'à ce compte tous les propriétaires pourraient se considérer comme participant à la profession de quiconque fait usage de leurs biens, terres, maisons,
meubles loués ou prêtés, et entrer dans tout syndicat professionnel ouvert à l'un de leurs locataires. L'auteur que
nous venons de citer prévoit et réfute ainsi l'objection :

« Cette union avec la terre, cette solidarité avec celui par
lequel il la fait exploiter, qui est toujours existante et qui va
grandissant dans les divers régimes d'exploitation auxquels
on peut avoir recours, c'est ce qui constitue le caractère
propre du propriétaire de fonds ruraux et ce qui le diffé-
rencie des autres espèces de propriétaires.

« On méconnaît cette différence ; on les assimile, on en
tire une objection et l'on dit : Est-ce que le propriétaire d'un
bâtiment industriel, qui le loue à un tiers pour l'exercice
de l'industrie de celui-ci, pourrait être considéré comme
participant à un degré quelconque à cette industrie et y puiser
droit et qualité pour entrer dans le syndicat spécial qui la
concerne ? Évidemment non. Et l'on ajoute : il doit en être
de même du propriétaire d'un fonds rural.

« Voilà le raisonnement que l'on présente. Il paraît
triomphant, mais il n'est que spécieux. Entre ces deux
catégories de propriétaires, il n'y a ni ressemblance, ni
analogie de situation.

« Que livre le propriétaire d'un immeuble industriel ?
Des locaux, rien de plus, dans lesquels son locataire instal-
lera ce qu'il voudra, travaillera ou ne travaillera pas à son

gré,fera telle œuvre que bon lui semblera, aura ou non des produits ; peu lui importe ! Il ne lui fournit pas l'instrument de
travail, les agents effectifs et immédiats de production ; il
n'a aucun intérêt dans les résultats ; la chose par lui louée
est en dehors des conséquences de la gestion de l'industriel;
elle ne croît ni ne décroît selon sa bonne ou mauvaise direction. Que ce locataire lui paye régulièrement ses loyers, cela
lui suffit : il n'y a entre eux nulle autre relation, nul autre
lien.

« Cette situation peut-elle être rapprochée de celle du
propriétaire rural et de son fermier, dont nous venons de
montrer l'association certaine, intime, les intérêts communs,
inséparables ?...

« Propriétaires non exploitants, fermiers et métayers ont
un même intérêt économique ; donc ils ont même qualité
pour entrer ensemble dans un syndicat ».

Le propriétaire qui loue un fonds rural ne cesse pas pour
cela de tenir une place considérable dans la propriété, et on
méconnaît l'importance de cette fonction économique, quand
on veut le priver du droit de se syndiquer avec ceux qui
produisent concurremment avec lui, mais à un titre différent. « Voilà un propriétaire, fait remarquer avec raison
M. Victor du Bled, qui, soit par lui-même, soit par ses
ancêtres, a rassemblé des terres, formé un corps d'exploitation ; il livre cet instrument de travail à un fermier, et vous
refuseriez de le ranger dans la catégorie des producteurs
agricoles ? Autant dire qu'un général n'est pas un soldat,
parce qu'il n'use pas de son épée » (1).

Souvent, d'ailleurs, le propriétaire et le fermier ont
stipulé des conditions particulières, dont l'exécution nécessite une intervention plus ou moins fréquente du bailleur.

(1) Victor du BLED. — *Loc. cit.*, p. 125.

Dans tous les cas, c'est pour le compte du propriétaire que le fonds acquiert de la valeur ou dépérit. Le bailleur ne peut donc se désintéresser de l'exploitation plus ou moins habile, plus ou moins avantageuse pour l'avenir, à laquelle se livre son fermier. Tous les deux ont à profiter du secours que l'union des forces procurera aux syndiques.

Enfin la meilleure preuve de l'utilité et de la nécessité de la solution qui admet les propriétaires non exploitants à figurer parmi les membres des syndicats agricoles, c'est que, comme nous l'avons dit plus haut, depuis 1884 il s'est fondé un peu partout des syndicats agricoles comprenant cette catégorie d'intéressés à côté des autres, sans que l'on ait songé sérieusement à se plaindre de ce rapprochement de classes distinctes, qu'il y a profit pour tout le monde à voir marcher d'accord.

Mais il y a plus, et ce n'est pas seulement aux propriétaires ruraux non exploitants que doit être reconnue la faculté de se syndiquer, soit entre eux, soit avec leurs fermiers ou ouvriers; les propriétaires urbains eux-mêmes qui louent leurs maisons, doivent être considérés comme exerçant par là une profession, qui jouit, elle aussi, de la liberté syndicale. Depuis un certain nombre d'années il s'est fondé à Paris, à Marseille, à Lyon, à Rouen, à Nantes, etc, des syndicats composés exclusivement de propriétaires urbains, dans le but de veiller à la sûreté de leurs intérêts menacés, et de réagir au besoin de concert contre les tendances arbitraires de certaines réglementations. A leur tour, ces syndicats, voulant donner à leurs efforts plus de cohésion, ont fondé l'*Union des Chambres syndicales des propriétés bâties de France.*

La Chambre syndicale des propriétés immobilières de Paris publie un important bulletin bi-mensuel, la « Chambre des Propriétaires ».

Non seulement ces syndicats de propriétaires n'ont jamais été inquiétés, mais le *Congrès annuel de la propriété bâtie de France,* organisé par l'*Union,* rencontre dans les milieux officiels eux-mêmes l'accueil le plus favorable.

Rien de plus logique d'ailleurs. Ces propriétaires de maisons louées mettent en œuvre, par des procédés identiques, un capital immobilier de même nature, la propriété bâtie à l'usage de la location ; ils ont des vues à échanger sur leurs affaires particulières, des intérêts communs à défendre, les mêmes améliorations à poursuivre, les mêmes dangers professionnels à conjurer. Economiquement les propriétaires qui, chacun de leur côté, retirent des produits périodiques de leurs maisons sont gens « de même profession » ; pourquoi n'auraient-ils point part, eux aussi, à la liberté des associations professionnelles ?

Quand on reconnaît ainsi, en fait et en droit, aux propriétaires urbains la liberté syndicale, les propriétaires ruraux non exploitants peuvent être bien tranquilles.

Ce n'est pas pour ceux-là qu'on pourrait songer à créer une exception ; ils ont des intérêts économiques à défendre, non moins dignes de respect, assurément, que ceux des propriétaires urbains, et ces intérêts, nous croyons l'avoir démontré, ont un caractère agricole, parce qu'ils se rattachent directement à la grande industrie nourricière qui constitue la profession par excellence. Ils peuvent donc légalement entrer dans un syndicat d'agriculteurs.

Professions similaires et professions connexes

Les anciennes corporations n'admettaient chacune que des gens de même métier ; nos syndicats professionnels n'ont pas les mêmes exigences. Il n'est pas nécessaire, en effet, pour y entrer, d'exercer une profession identique à celle de

tous les autres membres, mais seulement une profession
similaire ou *connexe*. L'article 2 de la loi du 21 mars 1884
parle, en effet, comme pouvant se constituer en syndicat, de
« personnes exerçant la même profession, des métiers similaires ou des professions connexes concourant à l'établissement de produits déterminés ». Il peut donc y avoir légalement, dans le même syndicat, des représentants de profession fort différentes. Mais que faut-il entendre exactement
par similitude et par connexité de profession, spécialement
pour l'agriculture ?

Professions similaires. — Le mot « similaire » est assez
vague, comme l'ont reconnu d'ailleurs les commissions
parlementaires. M. Lenoël avait demandé à la com-
sion du Sénat ce qui constituerait le métier similaire, et qui
serait chargé de l'apprécier. A cette double question, M. Tolain répondit au nom de la commission : « Pour donner
satisfaction à l'honorable M. Lenoël, il serait presque
nécessaire d'insérer dans la loi une longue nomenclature
indiquant quelles sont les professions similaires et quelles
sont celles qui sont absolument différentes. Il y a là une
impossibilité matérielle absolue... C'est de la nature des
faits et de l'industrie que ressortira pour tout le monde ce
qui est véritablement similaire et ce qui ne l'est pas...
Nous sommes donc réduits à reconnaître que ce qui est
similaire ne pourra ressortir que de l'appréciation des intéressés, ou du gouvernement, ou des tribunaux » (1).

C'est donc, en principe, aux tribunaux à apprécier, dans
chaque espèce, s'il y a, entre les différentes professions
exercées par les membres du syndicat, des rapports suffisants pour constituer la similitude, mais les tribunaux

(1) *Journal Officiel*, 9 juillet 1882, Déb. parl., Sénat, p. 750.

devront surtout se guider, dans cette appréciation, sur l'analogie que peuvent présenter les diverses opérations auxquelles se livrent les syndiqués, alors même qu'elles s'appliqueraient à des produits fort différents » (1). »

On sera conduit ainsi à admettre, par exemple, qu'un syndicat où figurent principalement des maraîchers ou des horticulteurs, peut s'ouvrir à des viticulteurs comme exerçant une profession similaire. Pour la même raison, les personnes qui dirigent une fromagerie ou « fruitière », c'est-à-dire qui centralisent le lait de plusieurs exploitations pour le convertir en un produit commun, d'un écoulement plus facile et plus avantageux, sont aptes à faire partie d'un syndicat d'agriculteurs. On peut encore admettre dans un syndicat de cultivateurs, les industriels qui tirent du sucre ou de l'alcool des produits de la culture, tels que les betteraves, les pommes de terre, le blé, d'autant plus que très souvent ces industriels fournissent eux-mêmes les graines ou les tubercules pour l'ensemencement ; qu'ils revendent au cultivateur les résidus de la distillation pour servir, soit à l'engrais des terres, soit à la nourriture du bétail ; que parfois même ils se chargent, la terre une fois ensemencée, de la faire travailler par des ouvriers de leur choix, l'agriculteur n'ayant plus qu'à donner le terrain et à partager avec l'industriel la récolte.

On peut ainsi rencontrer, dans quelques industries, des professions similaires par rapport à l'agriculture. Mais, généralement, la similitude de profession, en matière agricole, s'appréciera d'un rameau à l'autre de cette grande branche du travail humain, plutôt que de l'agriculture proprement dite à une profession qui ne serait pas agricole.

Les agriculteurs de toutes les catégories, laboureurs, vi-

---

(1) En ce sens, Marcel MONGIN. — *Loc. cit.*, p. 93.

gnerons, jardiniers, et tant d'autres, peuvent faire partie
d'une même association professionnelle, pourquoi ? La raison en est bien simple : parce que, quelque différents que
puissent être leurs travaux et leurs produits, les associés ont
néanmoins entre eux une foule de points de contact, entraînant une réelle solidarité. Ils opèrent sur une même matière
première, qui est une, la terre ; ils emploient des procédés
analogues de production, qui consistent tous dans la combinaison du travail de l'intelligence et des bras avec celui des
agents naturels et des saisons; ils recrutent leurs auxiliaires
dans les mêmes milieux, utilisent les mêmes moyens de
transport et les mêmes débouchés, demandent le plus souvent un traitement semblable au point de vue douanier; ils
sont donc unis déjà. avant de se syndiquer, par des intérêts
économiques de même sorte.

Professions connexes — S'il y a peu de professions agricoles qui ne soient similaires entre elles, en revanche il y a
beaucoup de professions non agricoles qui peuvent être considérées comme *connexes*.

Le nombre en serait beaucoup plus grand et pour ainsi
dire indéfini, si le législateur n'avait pas exigé, comme condition de l'extension accordée à la liberté syndicale, à titre
de connexité, qu'il s'agît d'une profession connexe « concourant à l'établissement de produits déterminés ».'

Cette restriction était d'ailleurs nécessaire, car il faut
bien, pour faire partie d'un même syndicat agricole, avoir
des *intérêts communs* ; mais la communauté d'intérêts,
entre personnes qui se livrent à des travaux différents et
exercent en réalité des professions dissemblables, peut néanmoins résulter de ce simple fait que toutes concourent à
l'établissement d'un même produit.

Les professions *connexes*, ainsi définies, ne sauraient être

confondues avec les professions *similaires*. « Le mot « similaire », a dit M. Tolain, n'était pas compris de la même
façon par tout le monde. Les uns traduisaient le mot « similaire » par qui est de la même nature, qui est semblable ou
analogue, c'est-à-dire qu'ils admettaient que les ouvriers
travaillant soit le fer, soit le bois, et dont les métiers divers
comportent certains points communs à tous, exercent des
professions similaires.

« Les autres, au contraire, semblaient donner au mot
« similaire » une extension beaucoup plus grande, et
admettre, en conséquence, qu'il pourrait se créer des associations constituées de professions formant une grande
famille industrielle, comme l'industrie du bâtiment, qu'on
a citée.

« Eh bien, on change évidemment la valeur réelle et la
signification du mot « similaire », si on l'applique à toutes
les professions que comprend l'industrie du bâtiment, depuis
les tailleurs de pierre jusqu'aux vitriers et aux peintres.

« *Ce sont là des professions qui se commandent, qui sont
connexes,* mais non pas des professions similaires, dans la
véritable acception du mot » (1).

Dans la classe des professions connexes à l'agriculture, on
fera rentrer toutes les professions qui concourent à l'établissement des produits de l'agriculture, qui « se commandent », autrement dit qui ont entre elles les rapports d'une
étroite dépendance.

Nous considérons, en conséquence, comme exerçant des
professions connexes à l'agriculture, et pouvant, comme tels,
figurer dans les mêmes syndicats que les agriculteurs, les
maréchaux-ferrants, les charrons, les bourreliers, les vété-
rinaires, qui concourent à la production agricole par les

----

(1) J. *Off.*, 22 février 1884, Déb. parl., Sénat, p. 450.

soins qu'ils donnent au matériel du cultivateur, à ses chevaux, à son bétail; les marchands de semences et d'engrais, les fabricants d'instruments aratoires, les constructeurs de machines agricoles, les entrepreneurs de battage, qui contribuent à la même production en fournissant, soit les premiers éléments de toute culture, soit l'outillage, soit le travail nécessaire pour récolter.

De même en sera-t-il de toute profession dont la coopération est indispensable pour le transport et l'écoulement des produits une fois recueillis. Enfin les personnes qui enseignent l'agriculture, en faisant de cette science et de cet art l'objet principal de leur enseignement, ne sont pas les collaborateurs les moins utiles de celui qui consacre son travail à la terre : les professeurs d'agriculture, les directeurs d'écoles d'agriculture, de fermes-écoles, peuvent invoquer la connexité visée par la loi de 1884. Mais on n'en peut dire autant des simples instituteurs, qui n'enseignent pas l'agriculture ou qui n'en enseignent qu'accessoirement quelques notions.

Enfin, il est des professions qui ne sont pas naturellement connexes à l'agriculture. mais qui peuvent le devenir accidentellement. Tel est le cas des emballeurs, qui s'attacheraient spécialement à l'expédition des primeurs, et en cette qualité pourraient certainement s'affilier à un syndicat agricole, ou encore des chauffeurs-mécaniciens, qui, employés à la conduite de machines agricoles, rentreraient très légalement dans le cadre d'un syndicat de cultivateurs.

Mais le cercle des professions similaires et connexes étant tracé aussi large que possible, il faudra bien laisser en dehors les professions qui n'auraient avec l'agriculture qu'un lien purement nominal, ne comportant pas sérieusement la communauté d'intérêts exigée par l'esprit de la loi.

Aussi ne peut-on critiquer, à cet égard, un arrêt déjà cité de la cour de Paris, d'après lequel une association se proposant, aux termes de ses statuts, de concourir à l'*amélioration de la race chevaline*, ne saurait constituer un syndicat professionnel dans les conditions de la loi du 21 mars 1884, alors que les membres fondateurs ou les adhérents exercent les professions les plus diverses « sans le moindre lien de similitude ou de connexité, telles que : crieur aux halles, rentier, restaurateur, horloger, marchand de pommes de terre » (1). Le tribunal correctionnel de Villeneuve-sur-Lot a également décidé qu'il y a infraction à l'article 2 de la loi de 1884, lorsque, dans un syndicat agricole et industriel, sont admises comme membres des personnes étrangères aux vues que peut poursuivre un pareil syndicat, notamment des cordiers, des ouvriers d'usine, des maçons, des clercs de notaire (2).

On ne pourrait pas se montrer plus large, dans l'interprétation de la loi, alors même que, pour des raisons locales, il serait très difficile de réunir dans un même syndicat un nombre suffisant de personnes exerçant la même profession, ou des professions similaires ou connexes.

L'hypothèse, d'ailleurs, avait été prévue. Deux députés, MM. Beauquier et Dautresme, avaient déposé chacun un amendement tendant à ce que, dans les centres d'une population inférieure, soit à 20,000 âmes dans le projet du premier, soit à 50,000 âmes dans celui du second, les associations syndicales fussent permises entre des ouvriers exerçant des professions même non similaires. Ces deux amendements furent repoussés pour plusieurs motifs, parce qu'on ne voulait pas donner à certaines villes un

(1) C. de Paris, 29 nov. 1892, D. P. 94.2.5; S. 93.2.204.
(2) Trib. corr. de Villeneuve-sur-Lot, 29 juin 1892, D. P. 94.2.4.

droit d'association privilégié, en ce qu'il ne serait pas tenu compte de la communauté d'intérêts professionnels (1); parce que rien n'empêche de former des syndicats réunissant des gens de même profession qui habitent différentes parties du territoire ; parce que, enfin, de petits syndicats auront toujours le droit, reconnu par l'art. 5 de la loi de 1884, de puiser les forces qui leur manquent sur place, en constituant avec d'autres de même nature des unions de syndicats.

La Capacité générale de s'associer.

Nous avons vu que l'article 2 exige des membres du syndicat l'exercice d'une profession, et d'une profession identique, semblable ou connexe. Mais il reste muet sur toutes autres conditions relatives aux personnes. La loi de 1884 étant une loi de liberté, il faut en conclure que la capacité exigée des membres actifs du syndicat n'a rien de spécial, mais qu'elle reste soumise aux principes généraux, au droit commun.

Les travaux préparatoires confirment de tous points cette opinion. M. Lalanne avait proposé au Sénat un article additionnel ainsi conçu : « Pour faire partie d'un syndicat professionnel, il faut être majeur et jouir de la plénitude de ses droits civils et politiques ». S'il avait été adopté, les femmes, les mineurs, les individus privés de tout ou partie de leurs droits civils ou politiques, n'auraient pu pénétrer dans les syndicats professionnels ; mais il fut repoussé sur l'avis du rapporteur qui le justifia par trois motifs : on ne voulait pas faire une loi exclusive, ne s'appliquant qu'aux ouvriers — hommes de l'industrie ; beaucoup d'ouvriers qui

---

(1) *J. Off.*, 10 juin 1881, Déb. parl., Chambre, p. 1162.

n'ont pas vingt et un ans, ont un intérêt considérable à faire partie des syndicats et à y délibérer ; enfin, la qualité de Français et la jouissance des droits civils et politiques, exigées des administrateurs, sont une garantie suffisante (1).

Donc, en principe, une personne quelconque exerçant une profession *agricole*, ou *similaire* ou *connexe* à l'agriculture, au sens légal du mot, peut faire partie d'un syndicat agricole, ce qui ne veut pas dire, d'ailleurs, que tout syndicat agricole n'ait pas le droit de prévoir dans ses statuts les conditions particulières auxquelles devra, en outre, satisfaire le candidat. Ainsi les statuts d'un syndicat pourront très légalement écarter les banqueroutiers, les faillis non réhabilités, les personnes ayant subi certaines condamnations judiciaires, les étrangers, les femmes, les mineurs, etc.; mais c'est pour le syndicat une simple faculté, dont il est libre de ne pas user, la loi ne lui en faisant point une obligation ; un syndicat pourrait même très licitement imposer à ses membres la qualité d'étrangers, et d'étrangers d'une nationalité déterminée, exception faite, toutefois, pour les administrateurs et directeurs qui doivent, dans tous les cas, être Français.

En un mot, un syndicat peut exiger de ses membres une qualité, une condition quelconque, pourvu, néanmoins, qu'elle ne soit ni illicite, ni immorale, les conditions illicites et immorales n'étant pas reconnues par la loi ; ainsi un syndicat ne pourrait imposer à ses membres la condition d'avoir été condamnés pour fraudes aux octrois, ou d'avoir commis un délit de contrefaçon. D'ailleurs, une association qui admettrait de pareilles conditions deviendrait illicite elle-

(1) J. *Off.*, 24 fév. 1884, Déb. parl., Sénat, p. 477.

même et ne pourrait plus invoquer le bénéfice du régime établi par la loi de 1884 pour les syndicats professionnels.

Mais, dans le silence des statuts à cet égard, aucune capacité spéciale, comme la jouissance des droits politiques, par exemple, n'est requise des adhérents. En conséquence, un syndicat agricole peut admettre des femmes aussi bien que des hommes, les femmes ayant, elles aussi, des intérêts professionnels à défendre ; il pourrait même se composer uniquement de femmes, car il faut reconnaître aux femmes elles-mêmes le droit d'être membres du bureau et chargées des fonctions d'administrateurs et de directeurs, l'art. 4 n'exigeant de ces derniers que la qualité de Français et la jouissance des droits civils.

Reste à examiner certaines particularités de l'admission des femmes dans les syndicats. Pour les célibataires majeures, les veuves et les femmes divorcées ou séparées de corps, il ne saurait y avoir de difficultés. Elles n'ont besoin d'aucune autorisation ni pour leur affiliation, ni pour les engagements contractés par elles en tant que membres du syndicat, quelle que puisse être la nature des engagements ; mais pour la femme mariée, non séparée de corps, son adhésion au syndicat pouvant entraîner certaines obligations pécuniaires, comme de payer une cotisation, les règles du droit commun demandent qu'elle se munisse de l'autorisation de son mari ou de justice. A défaut d'autorisation, l'engagement de la femme pourrait être annulé, mais seulement à la demande de la femme elle-même ou du mari.

Cette autorisation d'entrer dans un syndicat doit être spéciale, suivant le droit commun. Mais, une fois la femme autorisée à faire partie d'un syndicat déterminé, elle sera valablement engagée par les opérations faites dans les termes des statuts, sans nécessité d'une autorisation nouvelle, tant que les statuts ne seront pas modifiés.

Nous croyons, du reste, que rien ne s'oppose à ce que la femme mariée soit membre du même syndicat que son mari, les raisons juridiques qui interdisent la société civile ou commerciale entre époux, ne paraissant nullement s'appliquer à la simple association professionnelle.

Un syndicat agricole peut aussi admettre dans son sein des mineurs, émancipés ou non; il n'est pas impossible, en effet, d'avoir, avant d'être arrivé à vingt-et-un ans, des intérêts agricoles à étudier et à défendre. D'ailleurs, M. Lalanne avait demandé la majorité, en plus des autres conditions d'admission, et cet amendement fut repoussé.

Pour le mineur émancipé, l'entrée dans un syndicat ayant le caractère d'un acte de pure administration, il a le droit de se faire affilier sans l'intervention de son curateur. Quant aux obligations que ce mineur pourra contracter, à titre de syndiqué, par voie « d'achat ou autrement », il faut admettre qu'elles seront « réductibles en cas d'excès » aux termes de l'art. 484 du Code civil; enfin, s'il s'agissait pour lui d'emprunter au syndicat, l'autorisation du conseil de famille et l'homologation du tribunal deviendraient, bien entendu, indispensables (art. 483 Cod. civ.).

Le mineur non émancipé, lui-même, peut être admis dans un syndicat. Si c'est avec l'autorisation de son père, administrateur légal, ou de son tuteur, les engagements résultant de l'affiliation peuvent être invoqués contre le mineur par les représentants de l'association; si, au contraire, ceux-ci se sont contentés de l'engagement du mineur non émancipé, agissant *seul*, ce dernier pourra réclamer le bénéfice de l'admission, s'il y a profit; mais il pourra aussi invoquer la nullité de son engagement, s'il prouve qu'il en résulte pour lui une lésion.

Les individus privés de tout ou partie de leurs droits civils ou politiques par suite de condamnations pénales, ne sont pas exclus du droit de faire partie d'un syndicat agricole; cela découle précisément de ce que la jouissance des droits civils, et seulement de ceux-là, n'est requise que pour les administrateurs et directeurs.

Enfin, les étrangers peuvent être membres d'un syndicat agricole, l'article 4, § 4, de la loi exigeant la qualité de Français uniquement chez les administrateurs et les directeurs.

D'après le projet primitif du gouvernement, les syndicats professionnels ne pouvaient être formés qu'entre *Français* jouissant de leurs droits civils, mais « admettre les syndicats professionnels entre les Français, et seulement entre les Français jouissant de leurs droits civils, c'était, en réalité, suivant l'expression de M. Roger-Marvaise, faire une amputation dans le commerce français... Lorsqu'on parle du commerce français, il ne faut pas admettre que l'on parle exclusivement du commerce exercé par les Français, il faut prendre le commerce en général, comme il peut être librement exercé par les Français, et par tous les étrangers qui viennent s'établir sur notre territoire » (1). Ce fut cette opinion qui l'emporta et l'on rejeta un amendement de M. Lalanne exigeant de tout syndiqué la qualité de Français. Les étrangers remplissant les conditions professionnelles prescrites par la loi peuvent donc faire partie d'un syndicat agricole, sans qu'il y ait à distinguer s'ils sont, ou non, autorisés à établir leur domicile en France.

D'ailleurs, les principes généraux de notre droit n'interdisent aucunement aux étrangers l'accès des sociétés établies en France. Un syndicat pourrait même ne comprendre que des étrangers, à l'exception, cependant, des administra-

---

(1) Discours de M. Roger-Marvaise, *J. Off.*, 12 juillet 1882, Déb. parl., Sénat, p. 776.

teurs et directeurs qui doivent être Français, d'après une disposition formelle.

Au sujet des étrangers résidant dans l'une des colonies auxquelles la loi de 1884 est rendue applicable, notons qu'un article formel de cette loi contient une disposition restrictive que nous aurons à expliquer plus loin. Aux termes de l'article 10, en effet, « les travailleurs étrangers et engagés sous le nom d'immigrants ne pourront faire partie des syndicats ». Il s'agit, là, on le verra, non pas de toute espèce d'étrangers, mais d'ouvriers africains, indiens ou chinois placés dans une condition juridique spéciale, et pour lesquels la liberté d'association professionnelle a paru présenter plus d'inconvénients que d'avantages.

Il convient de faire remarquer encore que la loi de 1884 a laissé subsister, dans toute son intégrité, la loi du 14 mars 1872 contre l'*Association internationale des travailleurs*, loi qui édicte des peines très sévères contre cette société, ou toute association poursuivant le même but qu'elle, c'est-à-dire de provoquer à la suspension du travail, à l'abolition du droit de propriété, de la famille, de la patrie, de la religion ou du libre exercice des cultes. Evidemment pareille association, déguisée sous la forme d'un syndicat professionnel, n'en tomberait pas moins sous le coup de la loi de 1872.

Les membres d'un syndicat agricole ne sont soumis à aucune condition de domicile ; la loi est muette sur ce point. Un syndicat agricole peut donc comprendre des agriculteurs de pays différents, mais généralement les statuts adopteront une base territoriale, en la limitant à une certaine circonscription, comme celle d'un département, d'un canton ou même d'une commune.

Enfin, puisqu'on distingue juridiquement deux sortes de personnes, c'est-à-dire de sujets actifs ou passifs des droits, deux sortes d'êtres capables d'avoir des droits à exercer et des obligations à remplir, les personnes *physiques* ou naturelles et les personnes *morales* ou fictives qui sont de simples abstractions, la question se pose de savoir si ces dernières peuvent faire partie d'un syndicat : une commune, par exemple, un bureau de bienfaisance, ou tout autre établissement pouvant avoir des intérêts agricoles.

L'article 2 de la loi du 21 mars 1884 parle des « personnes » remplissant certaines conditions au point de vue professionnel, mais ne s'explique pas sur le sens large ou étroit du mot *personne*.

La question est des plus controversées. Tous les auteurs sont sans doute d'accord pour éliminer les collectivités qui qui ne sont pas douées légalement de la personnalité civile.

Les associations de ce genre se divisent, comme on l'a remarqué (1), en associations simplement tolérées et associations autorisées. Les associations tolérées n'ayant qu'une existence de fait et tombant sous la prohibition de l'art. 291 du Code pénal, n'ont aucune capacité civile ; on ne saurait donc songer à les faire participer à un syndicat professionnel. Quant aux associations autorisées, telles que les sociétés d'agriculture, les chambres consultatives d'agriculture, les comices agricoles, elles jouissent bien d'une certaine capacité civile, puisqu'elles ont une existence légale, mais cette capacité civile est restreinte. L'acte administratif qui leur donne la vie les renferme en même temps dans des limites très resserrées hors desquelles elles ne peuvent se mouvoir ; elles peuvent bien faire certains actes intéressant pratiquement l'agriculture, mais leur action doit se borner là. Que si leurs membres ont des intérêts professionnels à étudier et à défendre, rien ne les empêche de pénétrer, à

_____

(1) BOULLAIRE. — *Op. cit.*, p. 57 et s.

titre individuel, dans ces syndicats, et, de fait, la qualité de membre d'un comice agricole, d'une société d'agriculture correspond ordinairement à la possession d'intérêts sérieux dans l'agriculture. Mais de quel droit la *société* elle-même, qui ne constitue pas une véritable « personne », qui n'exerce pas une profession, figurerait-elle comme une individualité distincte dans une association de *personnes* réunies par la communauté de profession ?

Il y aurait, du reste, quelque chose de choquant à faire jouer à une semblable collectivité, qui ne forme pas un corps moral, le rôle d'un membre unique dans une association où l'unité naturelle est l'individu. Si la collectivité ne comptait que pour un, alors qu'elle représenterait plusieurs individualités, elle aurait, en réalité, dans l'association une part en disproportion avec son importance effective.

Comment, d'ailleurs, s'apprécieraient pour ce groupe de vingt ou de cinquante personnes, par exemple, confondues sous une dénomination commune, les conditions légales ou statutaires imposées à chaque syndiqué individuellement: exercice d'une profession agricole, adhésion personnelle aux statuts, participation au vote dans les assemblées, paiement d'une cotisation ? Arriverait-on ainsi, en acquittant une cotisation unique, à faire jouir un grand nombre de personnes des avantages du syndicat (1)?

Pour pouvoir donner à une collectivité le titre de membre du syndicat, il faut qu'elle soit elle-même une « personne » distincte de chacun de ceux qui la composent. Or, nous nous plaçons, en ce moment, dans l'hypothèse contraire. De telles collectivités se trouvent donc exclues naturellement de la liberté syndicale en tant que collectivités, et leurs membres

---

(1) V. GENIN — *Op. cit.*, p. 196.

n'ont, pour profiter du syndicat, d'autre moyen que de s'y faire admettre individuellement.

Nous écartons, par suite, du nombre de ceux qui peuvent faire partie d'un syndicat les groupements dénués de la personnalité civile, tels que les chambres consultatives d'agriculture, les comices agricoles, les sociétés d'agriculture. Ces institutions ne peuvent figurer comme telles au sein d'une association professionnelle. Arrivons aux personnes morales.

Parmi elles, on doit faire une place à part aux établissements reconnus d'utilité publique, institutions auxquelles le gouvernement a conféré la qualité et les droits de personnes juridiques, à raison de leur utilité générale et des services qu'elles rendent ou sont appelées à rendre au public; ce sont, par exemple, des orphelinats agricoles, des colonies pénitentiaires, des asiles d'aliénés. De tels établissements peuvent faire de la culture du sol la principale occupation de leurs pensionnaires, et cela dans un but très louable d'hygiène et de moralité : ne pourront-ils pas, à ce titre, entrer dans les syndicats agricoles ? Nous ne voyons pas de bonne raison pour leur refuser cette faculté. De tels établissements jouissant de la personnalité civile ont un représentant légal qui a qualité pour parler au nom de l'établissement, adhérer à un syndicat et défendre les intérêts agricoles de l'être moral dont il est le délégué.

Vainement M. Boullaire a t-il objecté (1) que le caractère professionnel faisait le plus souvent défaut à ces établissements et qu'il était bien difficile de rattacher exactement à une profession spéciale des êtres moraux qui poursuivent un but général d'intérêt public. Il nous semble que cette opinion est le résultat d'une confusion : le but poursuivi

_____

(1) Boullaire. — *Op. cit.*, p. 61.

et la profession exercée par la même personne, physique ou morale, sont choses absolument distinctes ; la colonie péni-tentiaire, l'orphelinat agricole, l'asile d'aliénés ont beau se proposer comme fin le relèvement moral de leurs clients ou le rétablissement ou l'amélioration de leur santé, il n'en est pas moins vrai qu'ils emploient, comme moyen, l'exercice d'une profession qui a le caractère agricole.

Au point de vue économique, la personne morale qui occupe des pensionnaires à des opérations agricoles, a, quel que soit l'objet final de son institution, des intérêts profes-sionnels de cet ordre à défendre; elle peut donc prendre rang parmi les syndiqués de l'agriculture.

On ne saurait trouver mauvais, après tout, que, ces pen-sionnaires ne pouvant, par le malheur de leur situation, pénétrer individuellement dans les syndicats, les intérêts agricoles auxquels ils sont associés par leur travail, aient néanmoins un défenseur, qui sera le représentant légal de l'institution, admis à ce titre dans le syndicat agricole.

Il y a d'autres personnes morales pour lesquelles la ques-tion d'admissibilité se pose encore : les syndicats eux-mêmes, les sociétés civiles, en les supposant douées de la personnalité, et les sociétés commerciales.

Quant aux syndicats, nous croyons qu'une association de ce genre, soit industrielle, soit même agricole, ne pourrait être admise comme membre d'un syndicat agricole, sans préju-dice, bien entendu, du droit pour tout syndicat d'entrer dans une *union* de syndicats. Décider autrement, ce serait tourner la loi du 21 mars 1884, qui a consenti à l'établisse-ment d' « unions » entre syndicats, mais sans reconnaître à celles-ci la personnalité civile. L'entrée d'un syndicat dans un syndicat, si elle était possible, arriverait à donner à un groupement de syndicats la personnalité civile des syndi-cats eux-mêmes, ce que le législateur n'a pas voulu.

Il n'existe pas d'objection semblable pour l'admission de sociétés qui ne constituent pas des syndicats et dont l'adjonction ne peut pas avoir pour conséquence de créer une *union* de syndicats.

Le droit pour les sociétés civiles et commerciales de s'affilier aux syndicats agricoles est vivement contesté par quelques auteurs, mais non moins énergiquement revendiqué par le plus grand nombre. Contre l'admissibilité des sociétés on a dit que la personne physique, l'individu seul exerce véritablement une profession, et que l'article 2, en parlant d'associations, *même de plus de vingt personnes,* exerçant une même profession, a bien en vue des individus et non une personne morale. On ne saurait, dit-on, parler de profession pour un être moral : il aurait fallu, pour autoriser des sociétés à faire partie d'un syndicat, un texte formel (1). On dit aussi que l'admissibilité des sociétés civiles et commerciales dans les syndicats devrait entraîner logiquement celle des syndicats eux-mêmes, ce que prohibe implicitement la disposition de la loi relative aux « unions ».

La question, qui ne manque pas d'intérêt pratique, étant donnée l'existence d'un assez grand nombre de sociétés d'exploitation agricole, nous semble devoir être résolue dans le sens de l'admission des sociétés civiles et commerciales. En effet, ces sociétés, quoique personnes morales, exercent réellement une profession, sinon par elles-mêmes, puisqu'elles sont des abstractions juridiques, tout au moins par l'intermédiaire de leurs représentants. Le législateur reconnaît si bien leur existence professionnelle qu'il les soumet à la patente, signe caractéristique de l'exercice d'une profession. Si elles exercent une profession, il en résulte pour elles, comme pour les individus, des intérêts spéciaux qu'elles

---

(1) En ce sens, BRY.—*Op. cit.*, p. 248, et GLOTIN.—*Op. cit.*, p. 158.

doivent avoir la possibilité d'étudier et de défendre en s'associant avec les individus qui remplissent la même fonction économique.

D'ailleurs on accorde généralement qu'une société commerciale peut entrer comme associée dans une autre société (1); on doit admettre de même que les sociétés civiles et commerciales peuvent prendre place dans un syndicat correspondant à leur profession. La société figurera alors en tant que corps moral, comme individualité distincte de celle de ses membres, payant une seule cotisation, disposant d'une seule voix, représentée par le président du conseil d'administration, le gérant, le directeur ou le délégué général.

L'objection tirée de ce qu'il faudrait, comme corollaire de cette solution, donner aux syndicats le droit de s'affilier à d'autres syndicats, ne paraît pas bien sérieuse, car si la loi a voulu limiter la puissance des *unions* de syndicats, par une disposition qui a pour conséquence, nous l'avons vu, d'interdire l'entrée d'un syndicat à un syndicat, il n'y avait pas de motifs analogues pour interdire la même chose à une société civile ou commerciale, dont l'adhésion accidentelle à tel ou tel syndicat de cultivateurs, ne saurait affecter le caractère, autrement grave, d'une *fédération* entre groupes d'associations de même nature.

Il y a, d'ailleurs, contre l'admissibilité des syndicats, une autre raison qui n'existe pas pour les sociétés. C'est qu'un syndicat ne réalise point, *dans sa personne*, la condition de l'exercice d'une profession.

Ainsi donc, nous refuserions l'entrée des syndicats agricoles aux associations simplement tolérées et même autorisées, telles que les comices agricoles, les chambres d'agri-

(1) Sic, Lyon-Caen et Renault. — *Droit commercial*, t. II, n° 114.

culture, les sociétés d'agriculture; mais nous l'accorderions aux établissements d'utilité publique, ainsi qu'aux sociétés civiles et commerciales.

Anciens agriculteurs.

Relativement aux anciens agriculteurs, une double question se pose. Peut-on admettre dans les syndicats agricoles d'anciens agriculteurs, c'est-à-dire des personnes qui n'exercent plus actuellement la profession; et, d'autre part les personnes admises comme exerçant la profession au moment de leur entrée, peuvent-elles être maintenues après qu'elles ont perdu cette qualité ?

Nous croyons qu'il faut répondre négativement dans les deux cas. Le mot « exerçant » dont se sert l'article 2 nous paraît, en effet, exiger l'exercice actuel de la profession pour quiconque est actuellement membre du syndicat, et les anciens ouvriers comme les anciens patrons de l'agriculture ne sauraient devenir ou demeurer membres d'un syndicat agricole. C'est évidemment une exigence regrettable et une rigueur non justifiée, car, ainsi que le fait remarquer M. Raoul Jay (1), le concours d'anciens membres de la profession pourrait être précieux aux membres du syndicat, parfois même indispensable. « Quiconque s'est occupé de l'organisation des syndicats professionnels, quels qu'ils soient, disait M. de Mun à la Chambre des Députés, sait très bien que pour qu'un syndicat fonctionne activement et utilement, il faut qu'il y ait une ou plusieurs personnes ayant l'indépendance nécessaire et le temps suffisant pour s'y consacrer presque exclusivement. C'est une vérité d'expérience » (2).

---

(1) Raoul Jay. — *L'organisation du travail par les syndicats professionnels* (*Revue d'Economie politique*, 1894, p. 307).

(2) *J. Off.*, 4 nov. 1892, Déb. parl., Chambre, p. 1396.

Mais l'examen de l'article 2 nous conduit à cette conclusion que le législateur n'a pas permis aux personnes qui ont cessé d'exercer la profession, soit d'entrer dans un syndicat correspondant à cette profession, soit, y étant déjà, de continuer à en faire partie, et cette interprétation littérale du texte est fortifiée par l'examen des travaux préparatoires.

Lors de la discussion au Sénat, M. Lalanne avait déposé un article additionnel ainsi conçu : « Ne sera pas considéré comme syndicat professionnel, ni apte à jouir du bénéfice des dispositions de la présen e loi, toute association qui, après s'être constituée conformément à l'article 2, admettrait dans son sein une ou plusieurs personnes *étrangères* aux métiers similaires ou aux professions connexes concourant à l'établissement de produits déterminés » ; cet amendement fut repoussé, comme inutile et comme n'ajoutant rien aux termes par lesquels l'article 2 a fixé la composition des syndicats professionnels (1). Or, on peut dire que les anciens agriculteurs sont devenus étrangers à la profession et n'ont plus d'intérêts professionnels à défendre.

Aussi plusieurs projets de loi ont-ils été déposés, tendant à remédier à une situation dont la pratique a démontré les inconvénients. Le 2 juin 1892, le lendemain même d'une interpellation de M. Basly, au cours de laquelle celui-ci avait fait remarquer « que, dans plusieurs cas, les syndicats en voie de formation eussent été mis dans l'impossibilité de se constituer, s'ils n'avaient eu la faculté de se donner pour administrateurs d'anciens ouvriers », M. Fallières, alors garde des sceaux, déposait, au nom du gouvernement, un projet de loi destiné à ajouter au texte de l'article 2 de la loi du 22 mars 1884 un paragraphe ainsi conçu: « Peuvent également être membres des syndicats ou associations pro-

---

(1) J. *Off.*, 24 fév. 1884, Déb. parl., Sénat, p. 476.

fessionnelles, les personnes qui ont exercé la même profession, des métiers similaires ou des professions connexes
concourant à l'établissement de produits déterminés pendant cinq ans au moins et qui n'ont pas cessé l'exercice de
ces professions ou métiers depuis plus de dix ans » (1).

Ce projet de loi fut voté par la Chambre le 3 novembre
1892; mais, le 7 juillet 1893, il fut repoussé, presque sans
discussion, par le Sénat, sur le rapport de M. Trarieux (2).
On redoutait l'introduction dans les syndicats « d'aspirants
aux fonctions représentatives ou d'exploiteurs de grèves ».

Le 20 janvier 1894, M. Sembat et plusieurs de ses collègues déposèrent une proposition de loi (Doc. parl. de la
Ch., session de 1894, annexe n° 290, p. 84) qui fut adoptée
en première délibération, après retrait de l'urgence déclarée,
par la Chambre des Députés dans ses séances des 12, 14 et
18 juin 1894 (3). Elle était ainsi rédigée : « Pourront continuer à faire partie d'un syndicat professionnel les personnes
qui auront abandonné l'exercice de la profession, pourvu
qu'elles n'appartiennent pas à une autre profession.— Sont
seuls considérés comme ayant abandonné la profession ceux
qui, durant trois années, n'auront plus exercé cette profession.— Toutefois, ceux qui n'auront quitté la profession
que pour des causes indépendantes de leur volonté, pourront continuer à faire partie du syndicat. Pourront entrer
dans un syndicat professionnel ceux qui, ayant exercé la
profession pendant deux ans au moins, ne l'auront pas
quittée depuis plus de dix ans ».

Mais cette proposition n'a pas été reprise par la législature

(1) J. Off., 2 juin 1891, Doc. parl., Ch., p. 1370, n° 146.
(2) J. Off., 8 juillet 1893, Déb. parl., Sénat, p. 1077, 1078.
(3) J. Off. des 13, 15 et 19 juin 1894, Déb. parl., Ch., p. 999 et s.,
1012 et s., 1049 et s.

suivante: le problème demeure donc entier, aujourd'hui comme hier, et doit être résolu, en attendant mieux, conformément au texte de l'article 2 de la loi de 1884, dont les termes semblent exclure la possibilité pour toute personne n'exerçant pas *actuellement* une profession, de faire partie d'un syndicat de cette profession.

Aussi trouvons-nous juridique la solution de la cour de Bordeaux dans l'espèce suivante (1) : Deux employés de la compagnie des tramways et omnibus de la ville de Bordeaux faisaient partie du syndicat dénommé « Chambre syndicale des employés des tramways et omnibus de Bordeaux »; ils en étaient même devenus administrateurs; congédiés par la compagnie, ils changèrent de profession et se firent employés de commerce, mais ils n'en restèrent pas moins membres du syndicat des employés de tramways et continuèrent à l'administrer. Ils furent, pour ce fait, poursuivis; mais le tribunal de Bordeaux les renvoya des fins de la plainte en s'appuyant sur une prétendue différence que la loi aurait faite entre la composition du syndicat au moment de sa constitution et sa composition ultérieure. Ce serait seulement à l'époque de la fondation que l'exercice actuel de la profession devrait être exigé de tous les membres, parce que c'est à cette condition seulement que les syndicats « pourront *se constituer* librement sans l'autorisation du gouvernement »; plus tard un changement survenu dans la situation professionnelle n'altérerait pas la légalité du syndicat au point de vue de sa composition.

C'était là détourner singulièrement de leur sens véritable des mots qui visent uniquement la dispense d'autorisation gouvernementale, laquelle n'a d'intérêt, en effet, qu'au moment de la constitution même du syndicat.

_____

(1) C. de Bordeaux, 27 déc. 1893, S. 94. 2.209; D. P. 94. 2. 197.

Sur appel du ministère public, la cour de Bordeaux a infirmé ce jugement en invoquant le texte et les travaux préparatoires de la loi du 21 mars 1884. M. Marcel Mongin, dans une note sous l'arrêt de la cour (1), a mis en avant un autre argument qui nous paraît décisif. « Si le juge, dit-il, devait admettre l'interprétation étroite proposée par le tribunal de Bordeaux, il faudrait arriver à une conséquence inadmissible, à une liberté encore bien plus grande que celle qui résulterait du droit reconnu aux anciens ouvriers, et la fausseté du principe se trouve ainsi démontrée. La similitude ou la connexité des professions n'étant exigée qu'au moment de la constitution du groupe social, il faudra nécessairement décider que le syndicat, une fois formé régulièrement, aura le droit d'accueillir toute personne, quelle que soit sa situation, d'admettre qui il voudra, même les individus n'ayant jamais appartenu, de près ou de loin, à la profession ; le texte, en effet, aura été respecté, le syndicat s'est soumis à une obligation qui ne lui était imposée qu'au moment de sa constitution. Il est clair que la loi serait entièrement défigurée par une semblable interprétation ; le caractère imposé au moment de la constitution doit persister, d'une façon permanente, pendant toute la durée de la société, l'article 2 ne peut pas avoir d'autre sens. Dans l'espèce actuelle, le syndiqué ayant complètement cessé d'appartenir à la profession, la solution donnée par la cour s'imposait, la constitution du syndicat devenait irrégulière. ».

Nous concluons que, la loi de 1884 exigeant de tout membre d'un syndicat l'exercice actuel de la profession : 1º un syndicat agricole ne peut, tant que la loi ne sera pas modifiée, admettre dans son sein une personne n'exerçant

---

(1) Note sous arrêt de C. de Bordeaux du 27 déc. 1893, *Pandectes françaises*, 95. 2. 97.

pas ou n'exerçant plus la profession d'agriculteur ; 2º un syndicat agricole ne peut maintenir au nombre de ses membres, une personne qui cesse d'exercer cette profession.

Qu'arrivera-t-il si le membre du syndicat n'abandonne pas, à proprement parler, l'agriculture, mais cesse seulement d'exercer la profession spéciale prévue par les statuts du syndicat, s'il ne quitte une branche de l'agriculture que pour entrer dans une autre, c'est-à-dire passe à une profession similaire ou connexe par rapport à la première ? C'est, par exemple, un membre d'un syndicat dont les statuts réservent l'entrée aux seuls propriétaires-cultivateurs, et qui, obligé de vendre ses terres, va travailler comme journalier les terres d'autrui ; ou bien c'est un jardinier, membre d'un syndicat d'horticulteurs, qui embrasse la profession de charron, profession que nous avons considérée comme *connexe* à l'agriculture. Le maintien de ce membre dans le syndicat n'exposera-t-il pas les administrateurs et directeurs à des poursuites, le syndicat à la dissolution ?

Nous ne croyons pas que le syndicat encoure, en pareil cas, les sévérités de la loi. Après tout, s'il y a, dans l'espèce, une violation des statuts, on ne saurait y découvrir une violation de la loi sur les associations professionnelles, qui n'exige qu'une chose, la communauté d'intérêts, produite par la communauté de profession, la similitude ou la connexité ; or, le lien professionnel ne saurait être rompu par ce fait que dans un syndicat, prévoyant une profession particulière, sont admises des personnes de professions non pas identiques, c'est vrai, mais du moins similaires ou connexes. Donc le syndicat ne pourrait être poursuivi correctionnellement pour violation de la loi.

Mais il appartiendra toujours aux particuliers, en tant que membres du syndicat, de veiller à ce que les statuts soient scrupuleusement observés : ils n'auront, pour cela, qu'à s'adresser aux tribunaux civils et à leur demander la radiation du membre qui n'exerce plus la profession spécifiée dans les statuts ; les tribunaux ne pourront s'y refuser; ce ne sera là, d'ailleurs, qu'une application d'un principe de droit, exprimé dans l'article 1134 de Code civil : « Les conventions légalement formées tiennent lieu de loi à ceux qui les ont faites..., elles doivent être exécutées de bonne foi ».

Enfin, il nous reste, sur ce point, une dernière difficulté à résoudre. Puisque nous avons admis qu'un syndicat agricole ne peut pas plus maintenir qu'admettre un individu n'exerçant pas actuellement la profession agricole, à quel moment précis celui-ci devra-t-il être considéré comme ayant cessé d'exercer la profession d'agriculteur, et devra-t-il se voir fermer la porte du syndicat ? M. Marcel Mongin, dans la note précitée, examine une question tout à fait semblable, mais en se plaçant spécialement au point de vue des ouvriers de l'industrie. Pour lui, une simple interruption de travail remontant à une époque éloignée, et même l'exercice momentané d'autres travaux, travaux occasionnels où l'ouvrier a cherché quelque rémunération momentanée, en attendant qu'il pût trouver une place à sa convenance, n'entraîneraient pas forcément son exclusion du syndicat.

Nous nous rangeons absolument à cette opinion relativement aux agriculteurs : pour eux les causes d'interruption de travail sont multiples ; outre celles qui leur sont communes avec les ouvriers de l'industrie, comme la maladie, les accidents, le chômage, il faut faire état encore de la variation des saisons, des modifications climatériques, qui entraînent tantôt des changements, tantôt des interruptions de travaux. Certains modes de culture ne réclament les soins de l'homme que pendant une minime partie de l'année ; la récolte des produits agricoles occupe un certain nombre d'individus qui, pendant de longs mois, sont obligés de se livrer à d'autres travaux n'ayant, avec l'agriculture, que de lointains rapports, ou même n'en ayant aucun. Est-ce que le fait pour un individu de ne pouvoir s'adonner sans discontinuité aux travaux agricoles, va entraîner son exclusion d'un syndicat ?

Nous ne saurions l'admettre, car de telles suspensions périodiques de travaux, si longues qu'elles puissent être, n'empêchent pas que ces agriculteurs intermittents n'aient des intérêts agricoles à défendre. D'ailleurs, le paragraphe 5 de l'art. 6 de la loi de 1884 permet aux syndicats de « créer et administrer librement des offices de renseignements pour les offres et les demandes de travail », c'est-à-dire de véritables bureaux de placement. Que ces bureaux de placement puissent être utilisés par tous les membres de la profession, même étrangers aux syndicats, la question a donné lieu à des discussions; mais, ce qui est certain et admis par tout le monde, c'est que ces bureaux de placement s'adressent indistinctement à tous les membres du syndicat, malgré la diversité des emplois offerts ou demandés, et que le bureau de placement implique presque toujours une certaine discontinuité dans l'exercice de la profession.

Quel sera donc le *criterium* qui permettra de reconnaître un agriculteur exerçant la profession de celui qui ne l'exerce plus ? Ainsi que le fait remarquer M. Mongin, « il ne faut pas, ici, seulement s'attacher à des faits matériels, mais bien rechercher, d'après l'ensemble des circonstances, quelle est l'intention de l'individu qui a cessé de travailler : il faudra apprécier le temps écoulé, examiner si l'ouvrier a fait des démarches sérieuses pour trouver un patron qui l'occupe dans son métier ordinaire, si le nouveau travail qu'il exécute implique vraiment abandon de l'ancien. Il est des circonstances où un syndicat peut très régulièrement, sous l'empire

de la loi actuelle, conserver, pendant un temps assez long,
les ouvriers qui ont cessé leur travail effectif ; mais il doit
exclure ceux qui sont entrés dans une profession différente,
il doit exclure ceux qui, arrivés à l'âge de retraite, ont l'intention d'abandonner définitivement leur travail » (1). C'est
ainsi que nous reconnaîtrions l'intention d'abandonner
l'agriculture dans le fait, pour un journalier, ne possédant
d'ailleurs aucune terre, d'aller s'installer définitivement à la
ville ; il ne serait pas même nécessaire qu'il y exerçât une
autre profession.

Ajoutons que l'agriculteur qui, tout en cessant de cultiver
par lui-même, conserve cependant la propriété de ses
terres, passe simplement dans la catégorie des propriétaires
non exploitants, auxquels nous avons reconnu le droit de
faire partie, à ce seul titre, d'un syndicat agricole : au sens
légal du mot, il n'a pas quitté la profession.

3. — LES ADMINISTRATEURS ET DIRECTEURS DU SYNDICAT AGRICOLE

Dans tout syndicat, agricole ou autre, il y a, au-dessus
des simples membres, les administrateurs ou directeurs.

C'est aux statuts qu'il appartient, dans chaque syndicat,
d'organiser l'administration de l'association ; la loi en fait
une obligation impérieuse en déclarant que le syndicat
n'aura d'existence légale qu'à partir du moment où auront
été déposés les noms de tous ceux qui, à un titre quelconque,
seront chargés de l'administration ou de la direction. Il y a
intérêt, du reste, au point de vue des responsabilités, à distinguer des autres membres les personnes qui, dans le syndicat, exerceront les fonctions de directeurs et d'administra-

---

(1) Marcel MONGIN. — *Pandectes françaises, loc. cit.*

teurs. Ainsi, aux termes de l'article 9, c'est contre les directeurs ou administrateurs que sont poursuivies les infractions
aux dispositions des articles 2, 3, 4, 5 et 6 de la loi du 21
mars 1884.

Les fonctions de directeurs et d'administrateurs d'un
syndicat entraînant une responsabilité particulière, il était
naturel que l'on exigeât d'eux des qualités qui ne sont pas
exigées des autres membres. C'est ce qu'a fait notre loi sur
les syndicats, dont l'article 4, § 5, s'exprime ainsi à ce sujet : « Les membres de tout syndicat professionnel chargés
de l'administration ou de la direction de ce syndicat devront
être Français et jouir de leurs droits civils. »

Du texte même de l'article nous paraît résulter la nécessité pour les administrateurs et directeurs de satisfaire à
trois conditions :

1º Etre membre du syndicat;

2º Etre Français;

3º Avoir la jouissance des droits civils.

1º QUALITÉ DE MEMBRE DU SYNDICAT. — Nous croyons
cette qualité nécessaire; c'est, du moins, sur une question
controversée, la solution qui nous semble la plus naturelle,
et qui est la plus communément admise. La première condition pour bien diriger ou administrer une association
n'est-elle pas d'en faire partie? Si l'aptitude professionnelle
est requise chez les membres adhérents du syndicat, à plus
forte raison doit-elle exister chez ses directeurs ou administrateurs; ces derniers devront donc satisfaire eux-mêmes
aux conditions prescrites par l'article 2 pour être membre
de l'association.

D'ailleurs, le législateur de 1884 avait de bonnes raisons
pour en décider ainsi : manifestement il a voulu écarter
des syndicats professionnels la politique, il s'est appliqué à

les empêcher de devenir des comités électoraux. Quelle meilleure garantie que d'imposer au personnel administratif du syndicat la qualité de membre du syndicat, cette qualité supposant l'exercice même de la profession ?

De plus, le texte de l'article 4 nous paraît formel, lorsqu'il exige la qualité de Français et la jouissance des droits civils, non pas simplement chez les administrateurs ou directeurs, mais chez « *les membres*... chargés de l'administration ou de la direction ».

Enfin, si la qualité de membre du syndicat n'était pas nécessaire, on arriverait à cette conséquence inadmissible et absurde, que, pour se soustraire aux deux conditions, si sagement imposées à ceux qui dirigent, de la nationalité française et de la jouissance des droits civils, il suffirait à un syndicat de prendre ses administrateurs en dehors de l'association, sous prétexte que la double exigence de la loi n'est exprimée qu'à l'égard des « membres » administrateurs ou directeurs.

On pourrait songer à tourner la difficulté en considérant tout administrateur *choisi en dehors du syndicat*, comme devenant, par le fait même, membre de ce syndicat à un titre particulier. Dans une association, tous les membres ne le sont pas au même titre : les uns fournissent un apport matériel, les autres leur temps et leur activité ; il n'est pas indispensable, pour devenir membre d'un syndicat, de payer une cotisation : le fait seul d'administrer n'implique-t-il pas, plus que tout le reste, la qualité d'associé ?

Si les statuts permettent une semblable interprétation, rien n'empêche, en effet, de se tirer ainsi d'embarras, mais il faudra nécessairement, dans ce système, demander du moins l'exercice de la profession, condition première de l'admission pour tous les membres.

Dans un autre système, on prétend que toute personne

peut être chargée des fonctions de directeur ou administrateur du syndicat, sans être obligée d'en faire partie. C'est, affirme-t-on, un droit qu'il faut reconnaître aux associations, comme aux particuliers, de faire gérer leurs affaires par des tiers. L'article 22 de la loi du 24 juillet 1867 le dit pour les sociétés anonymes, on l'admet aussi pour les sociétés en nom collectif et en commandite par actions : pourquoi les membres des syndicats ne pourraient-ils pas se choisir des administrateurs parmi les personnes étrangères à l'association? Cette faculté est particulièrement utile à des classes de travailleurs exerçant une profession souvent absorbante et qui ne trouvent pas facilement dans leur milieu des personnes ayant assez de loisirs pour gérer les affaires communes.

L'art 4 de la loi de 1884 n'a pas, d'ailleurs, pour objet de limiter à ce point de vue le recrutement des administrateurs, mais bien de déterminer certaines conditions qu'ils doivent remplir. Des amendements, proposés lors de la rédaction de la loi, réclamaient de tous les membres du syndicat la qualité de Français, et la jouissance des droits civils. On s'est contenté d'en faire une règle pour les administrateurs, mais on n'a pas voulu dire que ces derniers devraient, en outre, appartenir comme membres au syndicat. Enfin tout le monde admet qu'une personne étrangère à la profession peut être l'employée du syndicat, et l'administrateur n'est pas autre chose qu'un employé d'un rang élevé (1).

Nous avons réfuté, par avance, ce système en motivant la première opinion. Disons seulement qu'on peut rencontrer, sans doute, dans les associations professionnelles, tout aussi bien que dans les sociétés anonymes ou autres, des personnes étrangères chargées de gérer, mais c'est pour le

(1) En ce sens, note sous un arrêt de la C. de Cass. du 18 février 1893, S. 96. 1. 378.

compte et à titre de mandataires des véritables administrateurs, toujours responsables des délégués qu'ils ont choisis.
Or, c'est des administrateurs proprement dits que nous
nous occupons. De plus, admettre les tiers comme administrateurs d'un syndicat, ce serait prêter au législateur des
préoccupations puériles. puisque cela reviendrait, nous
l'avons dit, à exiger des simples membres du syndicat des
garanties professionnelles dont on dispenserait ceux-là même
qui ont mission de le diriger.

2º QUALITÉ DE FRANÇAIS. — L'article 4 le dit formellement : « Les membres... chargés de l'administration ou
de la direction devront être Français » ; un syndicat qui est
libre d'accepter des étrangers comme membres, ne peut
donc pas choisir parmi eux ses administrateurs. Le projet
primitif du gouvernement qui écartait entièrement les étrangers du syndicat, ne les admettant pas même comme simples
membres, fut repoussé comme trop rigoureux par la Cham-
des Députés, ce qui impliquait l'assimilation pure et simple
des étrangers aux nationaux. Mais. en seconde lecture, on
crut devoir exiger la qualité de Français, du moins chez
les administrateurs (1). Cette restriction fut adoptée par le
Sénat sans difficulté (2). Le législateur obéissait à des considérations à la fois économiques et patriotiques.

On pouvait craindre, en effet, de la part de syndicats dirigés
par les étrangers, des agissements de nature à créer une concurrence fâcheuse au travail national. On redoutait également
les efforts qu'ils auraient pu tenter pour reconstituer, sous
de nouvelles formes, l'*Association internationale des tra-*

---

(1) *J. Off.*, 10 juin 1881, Déb. parl., Chambre, p. 1165.
(2) *J. Off.*, 12 juillet 1882, Déb. parl., Sénat, p. 775.

vailleurs, proscrite par la loi du 14 mars 1872. Il y avait là de fait, pour la paix publique, un sérieux danger.

A-t-on réussi, par cette simple interdiction, à écarter tout péril du côté des associations internationales ? Assurément non, puisqu'on peut chercher à déguiser celles-ci sous l'apparence de syndicats professionnels, admettant des étrangers comme simples membres et possédant par eux des ramifications hors de France, même sous la direction d'administrateurs tous Français. Mais on peut abuser de tout, et le remède, ici, consistera, non pas à prohiber les associations entre Français et étrangers, mais à réprimer toute association ayant réellement, sous une dénomination d'emprunt, un but illicite et coupable.

De la généralité du texte de l'article 4, il faut conclure qu'il ne comporte pas de distinction entre les étrangers, et que les étrangers autorisés à établir leur domicile en France, tout aussi bien que les autres, sont exclus des fonctions administratives du syndicat. Ce n'est pas seulement une opinion adoptée par la circulaire ministérielle (1) ; c'est une interprétation qui s'impose absolument, puisqu'une disposition du projet du gouvernement assimilait aux Français les étrangers admis à établir leur domicile en France, et que cette assimilation fut repoussée dans la délibération au Sénat (2). Peu importe ici la généralité du texte de l'article 13 du Code civil décidant que les étrangers admis à domicile jouissent de *tous* les droits civils reconnus aux Français; la loi de 1884 est une loi spéciale qui déroge à la loi générale (3).

(1) Circ. min., 25 août 1884.
(2) *J. Off.*, 30 janv. 1884, Déb. parl., Sénat, p. 204.
(3) Le tribunal de commerce d'Alger a jugé qu'un syndicat professionnel n'a le droit d'ester en justice que s'il est régulièrement constitué et qu'un syndicat qui compte plusieurs étrangers comme membres

3º JOUISSANCE DES DROITS CIVILS. — Le nombre des personnes n'ayant pas la jouissance des droits civils est très restreint.

Que faut-il, en effet, entendre ici par personnes ne jouissant pas de leurs droits civils? L'expression *droits civils* n'est pas exempte d'équivoque. On peut l'entendre d'abord des droits, peu nombreux du reste, réservés aux Français (*jus civitatis*), et dont sont privés les étrangers ordinaires, ceux qui n'ont pas été admis à une situation privilégiée. Mais les étrangers se trouvent déjà, comme tels, écartés des fonctions d'administration des syndicats par le texte que nous venons d'étudier; à leur égard donc, la condition de jouissance des droits civils ainsi compris serait sans aucune portée.

Les mots *droits civils* ont un autre sens : ils désignent l'ensemble des droits privés par opposition aux droits politiques. Y a-t-il des personnes légalement dépouillées de la jouissance des droits civils, en général?

Aujourd'hui, et depuis l'abolition de la mort civile des condamnés, qui déshonorait notre code, cette classe de *parias* n'existe plus dans la législation française. Mais nous avons encore des incapacités légales résultant de certaines condamnations, et, en pareil cas, on est en présence de personnes privées réellement, à titre de peine, de la *jouissance de certains droits civils.* Ces individus qui inspirent une légitime défiance, ne sont plus *integri statûs*; ils n'ont plus entière « la jouissance des droits civils » ; cela suffit, et il n'est

---

du conseil d'administration ne saurait avoir la personnalité morale que la loi réserve aux seuls syndicats régulièrement constitués (30 nov. 1898, *Moniteur judiciaire de Lyon*, 22 fév. 1899). Cette décision ne va-t-elle pas trop loin ? car nous dirons plus bas que l'irrégularité dont il s'agit qui donne lieu, du reste, à des amendes, n'entraîne pas de plein droit la nullité de l'association, mais peut seulement servir de base à une décision judiciaire prononçant la dissolution.

pas douteux que la disposition de notre article ne les atteigne directement.

. La condition de « jouissance des droits civils » se retrouve avec le même sens, dans un certain nombre de lois, combinée ou non, suivant les cas, avec la condition de « jouissance des droits politiques » (V. art. 381 du Code d'instruction criminelle, et loi du 31 mars 1872, art. 2, à propos des fonctions de juré ; loi du 29 juillet 1881, art. 6, pour le gérant d'un journal ; loi du 30 juin 1881, art. 2, au sujet de la déclaration d'une réunion publique).

On a dit que, dans le langage du législateur en cette matière, la *jouissance* des droits civils avait été confondue avec l'*exercice* de ces mêmes droits. La circulaire du 25 août 1884 s'exprime ainsi sur ce point : « Le dernier paragraphe de l'article 4 écarte des fonctions de directeurs et administrateurs…les Français qui ne jouissent pas de leurs droits civils, c'est-à-dire auxquels une condamnation a enlevé l'*exercice* de quelques-uns de leurs droits. »

En ce qui concerne les incapacités du condamné, il n'est pas exact de dire qu'elles se bornent à la privation de l'*exercice* de certains droits. Sans doute le condamné peut se trouver déchu, accessoirement aux autres peines, de l'exercice de droits dont il conserve la jouissance, et c'est le cas de celui qui est frappé d'interdiction légale, mais il y a bien réellement pour certains condamnés privation de la jouissance même du droit, par exemple du droit de disposer et de recevoir à titre gratuit, du droit de tutelle, du droit d'autorité paternelle, et à ce point de vue les expressions « jouissance des droits civils » sont bien prises dans leur sens rigoureusement juridique et par opposition à l'« exercice » de ces mêmes droits.

Il faut considérer comme exclus des fonctions d'administration ou de direction d'un syndicat agricole, à raison de ce qu'une condamnation leur a enlevé la jouissance de certains droits civils:

1° Les condamnés à des peines afflictives perpétuelles (L. 31 mai 1854, art. 3);

2° Les individus condamnés aux peines des travaux forcés à temps, du bannissement, de la détention et de la réclusion. La loi les frappe en effet, de la dégradation civique (art. 28 du Code pénal), outre l'interdiction légale qui prive ces condamnés, excepté les bannis, de *l'exercice* des autres droits pendant la durée de la peine ;

3° Ceux qui sont frappés de la dégradation civique principale (art. 34 C. pén.) ;

4° Les condamnés à la dégradation militaire, qui entraîne la dégradation civique ;

5° Les individus condamnés correctionnellement à la privation de certains droits civils (art. 42 C. pén.) ;

6° Les individus déclarés déchus de la puissance paternelle (art. 1 à 3 de la loi du 24 juillet 1889).

Si les personnes auxquelles une condamnation pénale a enlevé la jouissance de droits civils sont incontestablement atteintes par l'art. 4 de la loi sur les syndicats, en faut-il dire autant de celles dont l'incapacité, au point de vue des droits civils, dérive, non de leur indignité, mais seulement d'une mesure de protection établie en faveur soit de l'incapable lui-même, comme pour le mineur et l'interdit judiciairement, soit de la société conjugale, comme pour la femme mariée non autorisée ?

La question ne peut être résolue qu'en faisant des distinctions. Mettons à part, d'abord, deux situations qui ne peuvent faire doute, celle du failli et celle de la femme, soit célibataire, soit veuve, soit divorcée ou séparée de corps. Les faillis peuvent être administrateurs d'un syndicat, parce que la jouissance des droits politiques n'est pas nécessaire pour ces fonctions. Les femmes qui ne sont pas soumises à la puissance maritale, se trouvent dans le même cas. Elles peuvent administrer une association professionnelle (1), et ce rôle leur convient particulièrement dans les syndicats qui intéressent des professions exercées principalement par des femmes.

Pour les interdits judiciairement et les personnes placées dans une maison d'aliénés, si le cas se présentait jamais, comme ces personnes ne sont pas privées de la *jouissance* des droits civils, et que la nullité de leurs actes n'est établie qu'en leur faveur, nous les traiterions comme les mineurs dont il va être parlé, plutôt que comme les condamnés. C'est à tort, suivant nous, qu'on a dit de l'interdit qu'il est compris ici dans ceux qui n'ont pas la « jouissance » des droits civils, alors qu'il n'est privé que de l'exercice de ces droits.

D'ailleurs, en fait, il peut arriver qu'un interdit soit revenu à la pleine possession de ses facultés, alors que la mainlevée de son interdiction n'a pas encore été obtenue.

Quant au mineur et à la femme placée sous l'autorité maritale, si un syndicat juge à propos de les mettre à sa tête, il n'y a pas de raison juridique de les déclarer incapables des fonctions d'administrateurs, étant donné le sens restreint des mots « jouissance des droits civils » dans notre texte. Sans doute le syndicat qui fait un pareil choix court le risque de se voir opposer la nullité des actes du mineur ou de la femme mariée non autorisée ; mais cela regarde l'association qui peut prendre ses mandataires, comme l'indique l'article 1990 du Code civil, en dehors des personnes pleinement capables. Il n'y a d'engagés ici, en définitive, que des intérêts privés : une disposition prohibitive fait défaut, tandis que pour l'incapacité des condamnés, l'ordre public est en jeu, et le texte

---

(1)V. GLOTIN. — *Op. cit.*, p.183; CHAREYRE.— *Loc. cit.*, nos 70 et 71.

établissant la condition de « jouissance des droits civils » se trouverait violé.

Nous avons vu à quelles conditions doivent satisfaire les administrateurs des syndicats ; mais sous quelle sanction ces conditions sont-elles imposées ? Qu'arrivera-t-il si un ou plusieurs administrateurs ou directeurs ne sont pas membres du syndicat, ou encore n'ont été admis qu'en violation de la loi, ou s'ils ne sont pas Français, ou enfin s'ils n'ont pas la jouissance intégrale de leurs droits civils ?

Nous croyons que l'association n'en aura pas moins le caractère de syndicat professionnel ; mais l'irrégularité que nous supposons constituera une infraction punissable des peines de l'article 9, et la dissolution du syndicat pourra être prononcée par les tribunaux.

Les trois conditions de capacité ne sont exigées que des véritables administrateurs, de ceux qui ont mission de représenter juridiquement le syndicat et devant les tribunaux et devant l'administration.

La première de ces conditions, c'est à dire la qualité de membre du syndicat, à laquelle donne droit seulement l'exercice de la profession, suffit à ceux qui, sans être administrateurs ou directeurs proprement dits, jouent un rôle secondaire d'administration dans le fonctionnement du syndicat; tels que les membres d'un conseil consultatif, de la chambre syndicale, du comité de surveillance, ou de tout autre organe accessoire, distinct de la direction, et dont le nom, les pouvoirs, les attributions varient avec les statuts de chaque syndicat. C'est ce qui ressort, du reste, clairement de la déclaration faite par le rapporteur de la commission du Sénat, M. Marcel Barthe, que les conditions de l'article 4 n'étaient exigées que des administrateurs et directeurs, et non pas des membres de la *Chambre syndicale*, souvent adjointe à la direction ou au conseil d'administration du syndicat (1).

4. — DES PERSONNES ÉTRANGÈRES PRÊTANT LEUR CONCOURS AU SYNDICAT

Nous avons vu que, dans tout syndicat agricole, il y a nécessairement des membres actifs et des administrateurs ou directeurs ; nous avons étudié la capacité des uns et des autres, et nous avons constaté que les uns comme les autres doivent être groupés par un même lien, la communauté de profession. Il est préférable, sans doute, que des agriculteurs, unis dans un même syndicat, se suffisent à eux-mêmes, mais le voudraient-ils, que souvent ils ne le pourraient pas, et ne serait-ce pas interpréter trop rigoureusement la loi que de prétendre interdire à un syndicat agricole tout concours, permanent ou accidentel, de personnes étrangères à l'agriculture ?

La loi ne nous paraît pas si inutilement despotique, et nous croyons pouvoir poser en principe que toute personne étrangère au syndicat et même à l'agriculture, peut prêter son concours, transitoire ou permanent, à un syndicat agricole, à la condition toutefois que ce concours soit de telle nature qu'il ne se confonde pas avec l'exercice des droits et des devoirs de membres ou d'administrateurs du syndicat.

Ce principe étant posé, il faut passer à l'application : quels sont les actes réservés aux membres du syndicat, à l'exclusion de toute autre personne ?

D'après la jurisprudence, qui n'est pas très explicite sur ce point, la participation assidue d'un individu aux délibérations et aux travaux d'un syndicat suffit pour l'en rendre

---

(1) J. Off., 12 juillet 1882, Déb. parl., Sénat, p. 778.

membre de fait, et, par conséquent, pour vicier le syndicat.
Mais quand y aura-t-il participation réelle, et participation
assidue ? C'est là justement que réside la difficulté, et, pour
la résoudre, la jurisprudence n'est pas unanime.

D'après le tribunal correctionnel de Lille (9 juillet 1892),
des tiers peuvent être admis à une discussion, à titre purement consultatif; ils peuvent donner leur avis. Mais ils ne
pourraient ni présider aux débats, ni ouvrir une discussion
et y prendre une part active, quand même ce ne serait qu'accidentellement.

La cour de Douai (1) propose une distinction : il est des
actes qui sont totalement interdits aux tiers, le fait, par
exemple, de provoquer des discussions, d'y participer, d'y
faire des rapports ; il en est d'autres qui sont licites à la
condition de n'être pas trop fréquents : ainsi ces étrangers
peuvent être appelés à titre purement consultatif, et, en
cette qualité, assister une ou deux fois aux séances du syndicat; mais, dans le fait d'y assister plus souvent, il y aurait
une participation soutenue, qui serait suffisante pour entraîner une irrégularité.

Dans ses conclusions devant la Cour de Cassation (2),
M. l'avocat général Sarrut s'exprimait ainsi à cet égard : « Est-
ce à dire qu'un syndicat professionnel ne pourra jamais admettre un tiers pour traiter un sujet, faire une conférence,
donner une consultation ? Je ne pense pas qu'il convienne
d'interpréter la loi avec un tel rigorisme. Mais pour que la
loi soit respectée dans son texte et dans son esprit, il faudra,
d'une part, que ce tiers ne traite que de matières qui sont
l'objet licite du syndicat, d'autre part, que son concours, son
assistance soient donnés à titre exceptionnel. Si l'on sup-

---

(1) C. de Douai, 26 oct. 1892, sous cass., D.P. 94. 1. 26.
(2) *La Loi*, 3 mars 1893.

pose, au contraire, un tiers qui assiste aux séances avec régularité, qui prend part aux discussions, qui joue un rôle influent, de telle sorte qu'il se comporte, en effet, comme un membre du syndicat, l'intervention de ce tiers est illicite et vicie le syndicat. Il n'est pas nécessaire, pour qu'une personne puisse être considérée en droit comme membre d'un syndicat, qu'elle soit inscrite sur la liste des membres, qu'elle paye les cotisations. Il y a introduction illicite d'un tiers dans un syndicat professionnel par cela seul que ce tiers s'associe à l'œuvre du syndicat, dirige les travaux ou remplit un acte d'administration, s'immisce, en un mot, dans les affaires du syndicat ».

La Cour de Cassation s'est rangée à ces conclusions en rejetant le pourvoi formé contre l'arrêt de la cour de Douai, et en décidant (1) qu'un syndicat professionnel méconnaît les prescriptions de la loi du 21 mars 1884, particulièrement lorsqu'il convoque à un certain nombre de réunions, des personnes étrangères à la profession des syndiqués; que ces personnes coopèrent activement au but du syndicat en participant à une délibération et en concourant à ses œuvres, que notamment, dans des séances déterminées, l'une d'elles a présidé et dirigé les débats, une autre a lu un rapport et une troisième a pris l'initiative d'une discussion.

La doctrine n'est pas moins divisée que la jurisprudence. D'après M. Bry, (2) « des étrangers, versés dans les sciences économiques et sociales, ou recommandables par leur caractère et leur talent, peuvent être consultés par un syndicat, *assister même parfois à ses séances* sans se trouver associés par là même, et sans vicier l'existence des syndicats. La *permanence des relations* et la *communauté dans l'action*

(1) Crim. rej., 18 février 1893, D. P. 94. 1.26 ; S. 96. 1.378.
(2) BRY. — *Op. cit.*, p. 247.

pourraient seules amener une violation de notre loi. »M. Glotin (1) ne leur permet pas d'assister aux séances, mais il
les admet à faire des cours et à payer des cotisations, deux
choses où l'on pourrait voir cependant une participation plus
effective à l'œuvre du syndicat que dans le fait de l'assistance
aux séances. « Ce n'est pas à dire pour cela, observe-t-il,
que les personnes riches et influentes d'un pays ne pourront
venir en aide aux syndicats ; telle n'est pas notre pensée.
Certainement elles pourront les aider *soit en payant des cotisations* qui ne seront alors que des libéralités mobilières,
soit en faisant des cours et conférences ; *elles ne pourront* en
aucune façon s'occuper de l'administration et du fonctionnement de l'association, ni *assister aux séances ou aux assemblées.* »

De ces appréciations diverses et contradictoires, il résulte
que les syndicats sont livrés, à cet égard, à l'arbitraire le
plus absolu, le critérium adopté par la jurisprudence, pour
reconnaître si une personne est devenue membre de fait
d'un syndicat, manquant totalement de précision. Les diverses décisions que nous avons rapportées, en effet, s'accordent très bien sur un point, c'est que la qualité de membre d'un syndicat doit être attachée à toute participation assidue aux travaux et aux délibérations du syndicat ; mais
qu'est-ce qui constituera la participation assidue ? A
partir de quel moment la répétition des mêmes actes sera-t-
elle suffisante pour entacher le syndicat d'illégalité ? Faudra-t-il avoir assisté trois, cinq ou dix fois aux séances pour
devenir membre du syndicat? Le fait pour un étranger d'appartenir à la même profession que les syndiqués, devra-t-il
être admis comme une atténuation de l'irrégularité ? Voilà
tout autant de questions qui, avec la théorie de la jurispru-

---

(1) Glotin. — *Op. cit.*, p. 148.

dence, pourront recevoir des solutions différentes dans des espèces analogues.

On arrive ainsi à des contradictions inévitables : l'un admet l'étranger à faire des cours, mais il lui défend d'assister aux séances, l'autre l'autorise à donner son avis dans la discussion, mais il ne lui reconnaît pas le droit de provoquer cette discussion, ni de remplir dans la séance les fonctions de président. Personne ne conteste aux étrangers le droit de faire des donations en espèces aux syndicats; la cour de Douai leur interdit de faire à ces mêmes syndicats des libéralités sous forme de services personnels, en interdisant à ces personnes de concourir à la fondation d'institutions projetées par le syndicat. Le fait par un non-syndiqué de donner au syndicat des renseignements par écrit à titre d'auxiliaire ou de correspondant, ne paraît point extraordinaire à la cour de Douai, mais si ce même étranger fait en séance un rapport oral, il y a là, pour elle, un fait de nature à vicier le syndicat.

Aussi, nous pensons que le criterium suivi par la jurisprudence doit être repoussé comme manquant de précision, et comme conduisant à l'arbitraire et partant à l'injustice. Nous croyons qu'une personne étrangère au syndicat, eût-elle assisté très souvent aux séances, eût-elle pris à plusieurs reprises la parole au cours des discussions, ne pourra être considérée comme s'étant comportée en membre du syndicat, tant qu'elle n'aura pas contribué activement à l'œuvre de l'association en prenant part à un vote.

M. Maurice Deslandres a très bien fait ressortir l'importance du vote dans le syndicat (1) : « Les syndicats ne sont pas des groupes d'étude, dit-il, ils n'ont pas pour objet l'examen platonique des questions économiques et sociales;

---

(1) Note sous arrêt C. Cass., 18 fév. 1893, *Pand. franç.*, 95. 1.433.

ce sont des instruments d'action. Sans doute on étudie des questions au sein des syndicats, on y discute, mais on ne s'arrête pas à cette œuvre abstraite, on ne discute que pour agir ; aux débats succèdent les résolutions, les votes, qui sont suivis eux-mêmes de la mise à exécution des décisions prises... Par suite, comme la discussion n'est pas l'objet même des réunions syndicales, le rôle des syndiqués ne s'arrête pas à la part qu'ils prennent dans les discussions qui y ont lieu ; comme l'action est la raison d'être du syndicat, *le rôle essentiel du syndiqué consiste dans les votes qu'il émet* et qui décident l'action du syndicat ».

D'ailleurs, ainsi qu'on l'a fait justement remarquer (1), ce n'est pas seulement dans les syndicats professionnels que la qualité d'associé se trouve déterminée par la participation au vote. Les membres de toute association se reconnaissent à ce caractère du droit de voix délibérative relativement aux affaires de la société ; les actionnaires dans les sociétés par actions, votent sur les actes à passer au nom de la société ; les membres des sociétés de secours mutuels ont parmi leurs attributions le droit de vote (loi du 1er avril 1898, art. 6) ; pourquoi les membres des syndicats professionnels ne se reconnaîtraient-ils pas à ce signe ?

C'est donc seulement dans la participation au vote dans une assemblée du syndicat que nous trouvons une immixtion de nature à entraîner une illégalité ; cette participation est absolument nécessaire pour constituer l'ingérence ; mais un seul vote recueilli sciemment d'un étranger au syndicat est suffisant pour exposer les administrateurs et les directeurs du syndicat aux pénalités de l'article 9, et le syndicat lui-même à la dissolution, si les tribunaux jugent

---

(1) Note sous le même arrêt, S. 96. 1.377.

cette sanction nécessaire, par exemple, à raison de l'importance particulière de la délibération.

Quant aux autres formes de concours plus ou moins direct apporté au syndicat par des étrangers, comme le versement, même périodique,. d'une cotisation, l'inscription sur des listes de coopérateurs ou d'adhérents, nous croyons qu'il ne faut voir là que des motifs de suspicion, des indices, des présomptions tirant leur valeur des circonstances ; pris isolément, ces faits ne sauraient être regardés comme une participation active, et par suite, une immixtion indue.

Aussi ne verrons-nous aucun inconvénient à ce qu'un syndicat agricole fasse donner à ses membres des conférences et des cours, périodiques ou non, par des personnes étrangères au syndicat, à la condition toutefois que ces cours et conférences portent sur des sujets relatifs aux intérêts de la profession agricole. Il peut même inviter des personnes étrangères au syndicat à assister à une discussion, à y donner leur avis, à y faire un rapport sur une question se rattachant à l'agriculture, parce que ce n'est là, comme le remarque M. Deslandres, dans la note précitée, que l'usage régulier du droit de réunion. Mais si, après la discussion, on passait à un vote, ces personnes devraient s'abstenir de voter, et, au cas contraire, les membres du bureau devraient ne tenir aucun compte de ce vote. Si le syndicat agricole fonde des institutions annexes pour l'usage de ses membres, nous lui reconnaissons également le droit d'accepter, des personnes étrangères au syndicat, et leur concours financier et leurs services désintéressés.

Enfin, il va sans dire qu'un syndicat agricole ne viole pas la loi en prenant, même en dehors de la profession d'agriculteurs, des personnes étrangères au syndicat comme employés de celui-ci. Mais il faut que ces personnes restent effectivement dans leur rôle d'employés, c'est-à dire qu'elles

ne soient là que pour aider dans l'exécution des ordres donnés par l'assemblée générale ou par les administrateurs et
directeurs du syndicat, en se gardant absolument de diriger
elles-mêmes ou d'administrer.

Lorsqu'un syndicat agricole, en effet, réunit un grand
nombre d'adhérents et qu'il se livre à leur profit, à des opérations multiples et variées, la tenue des comptes, l'envoi
des convocations, la correspondance, les achats faits pour
les membres, la réception, la transmission et la livraison
des commandes exigent une somme de travail et un temps
qui ne sont guère compatibles avec l'exercice simultané de
la profession d'agriculteur. D'autre part, il est bien certain
que le premier cultivateur venu ne peut pas s'impro-
viser du jour au lendemain [trésorier, comptable, secrétaire, etc.: ces fonctions réclament de celui qui les exerce
une aptitude, qui ne s'acquiert souvent qu'avec la pratique,
en même temps que des connaissances spéciales.

Aussi, est-ce à bon droit que la cour d'Amiens (1) a
décidé qu'un syndicat professionnel peut confier une fonction auxiliaire, telle que celle de secrétaire-trésorier, à une
personne choisie en dehors de la profession dont le syndicat
a pour objet de défendre les intérêts, si cette personne n'est
pas membre du syndicat, ne paye aucune cotisation et ne
participe point à l'administration du syndicat.

Toutefois, nous trouvons qu'on aurait tort d'exiger, avec
le même arrêt, que cette personne ne prenne jamais part aux
délibérations, *même avec voix purement consultative*: il nous
semble que rien dans l'esprit de la loi n'oblige un syndicat
à se priver des lumières d'une personne compétente, qui, en
donnant simplement son avis sur une question de son res-

---

(1) C. d'Amiens, 13 mars 1895, D. P. 95. 2. 553 ; S. 96. 2. 189 ;
Rev. des Soc., 1895, p. 486.

sort, avis que le syndicat, d'ailleurs, reste libre de ne pas suivre, ne s'immisce aucunement dans l'administration du syndicat. Au contraire, ce sera souvent grâce à de tels conseils, que le syndicat pourra éviter certaines irrégularités de de nature à compromettre, peut-être, son existence même.

La cour d'Amiens cite les fonctions de secrétaire-trésorier comme pouvant être exercées par une personne n'appartenant pas à la profession. Il est clair que ces fonctions ne sont désignées qu'à titre d'exemple, et qu'un syndicat agricole pourra confier également à des personnes prises en dehors du syndicat d'autres emplois auxiliaires, tels que ceux de comptable, d'agent chargé de la correspondance, de courtier, de concierge, de magasinier, etc.

5. — DES MEMBRES HONORAIRES DU SYNDICAT AGRICOLE

Un syndicat agricole peut-il comprendre, à côté des membres actifs, des « membres honoraires » auxquels on n'imposera aucune condition professionnelle? Si on leur reconnaît ce droit, le patrimoine du syndicat s'augmentera en proportion du nombre de ces adjonctions, il pourra multiplier ses œuvres d'assistance et de protection en faveur des véritables membres du syndicat, ce qui est éminemment le vœu de la loi sur les associations professionnelles. Les Trade's-Unions, en Angleterre, admettent d'ailleurs des membres honoraires, et cette institution n'a pas peu contribué à accroître leur puissance. La loi belge du 31 mars 1898, sur les syndicats professionnels, dispose également que le syndicat peut admettre des membres honoraires même non professionnels, avec cette réserve, toutefois, que le nombre des membres honoraires ne peut dépasser le quart des membres effectifs (1).

Cependant la faculté pour les syndicats professionnels d'introduire dans leur sein des membres honoraires a été contestée par un certain nombre d'auteurs (2). Ils invoquent le texte même de l'article 2 de la loi de 1884, qui exclut, disent-ils, toute personne n'exerçant pas réellement la profession dont le syndicat a pour but d'étudier et de défendre les intérêts. Or, ces membres honoraires, que l'on voudrait introduire dans le syndicat, seront toujours de grands propriétaires, des rentiers, des hommes politiques, qui, la plupart du temps, n'ont pas de profession ou dont la profession n'est ni similaire, ni connexe à celle des syndiqués. C'est pourquoi la circulaire ministérielle porte que « la loi est faite pour tous les individus exerçant une profession. » Enfin, on fait observer qu'au cours de la discussion de la loi, M. de Mun et d'autres députés réclamèrent à diverses reprises une place pour les membres honoraires dans les syndicats, mais que cette réclamation n'eut pas d'écho; et que, d'un autre côté, si le Sénat a rejeté (3) un amendement de M. Lalanne, proscrivant formellement l'admission dans les syndicats de personnes étrangères à la profession, c'est que cette assemblée a considéré comme inutile une semblable déclaration venant après l'article 2. Les membres honoraires doivent donc être exclus, quel que soit le mobile qui les fasse agir, intention bienfaisante ou satisfaction

---

(1) Edouard Van der Smissen. — *Les Syndicats en Belgique* (*Annales des Sciences politiques*, janvier 1899, p. 105).

(2) En ce sens, Hubert-Valleroux. — *Op. cit.*, p. 371; Boullaire. — *Op. cit.*, p. 102; Gain. — *Op. cit.*, nos 72 et 189; Alpy et Boulot. — *Code des Syndicats professionnels*, p. 32 ; Revon. — *Op. cit.*, p. 227.

(3) *J. Off.*, 24 fév. 1884, Déb. parl., Sénat, p. 476.

d'amour-propre, qu'ils s'immiscent ou non dans l'administration du syndicat.

La jurisprudence a eu à examiner cette question et c'est pour l'admission des membres honoraires qu'elle s'est prononcée : « Si les syndicats professionnels, dit le tribunal de Bordeaux (1), peuvent comporter l'admission de membres honoraires, ce n'est évidemment qu'à la condition strictement observée que ces membres restent honoraires et ne prennent aucune part active au fonctionnement de l'association ». Mais on peut regretter que le tribunal ait négligé de préciser ce qu'il entendait par part active prise au fonctionnement de l'association et qu'il n'ait apporté aucun argument à l'appui de sa décision.

Quant à nous, nous pensons qu'un syndicat agricole peut très bien accepter et rechercher des membres honoraires, et qu'en le faisant, il ne viole ni le texte, ni l'esprit de la loi. Si un certain nombres d'auteurs y répugnent, nous sommes tenté de croire que c'est parce qu'ils prêtent trop d'importance au substantif « membre » et pas assez à l'adjectif « honoraire » qui en modifie profondément le sens. Pour eux, recevoir des membres honoraires dans un syndicat, c'est un moyen d'éluder la loi en faisant participer à la vie et à l'administration du syndicat des personnes étrangères à la profession dans laquelle doivent se recruter exclusivement les syndiqués. Assurément, si l'introduction des membres honoraires dans un syndicat devait produire ce résultat de faire échec à l'esprit de la loi, nous serions des premiers à protester. Mais l'expression « membre honoraire » n'a nullement la signification qu'on veut lui prêter ; le qualificatif « honoraire » doit dissiper les craintes que le

---

(1) Trib. de Bordeaux, 8 fév. 1889, *Revue des Sociétés*, 1889, p. 264.

mot « membre » pourrait faire concevoir. Cette expression
« membre honoraire », en effet, ne peut s'entendre que
d'une personne qui, sans profiter des avantages matériels de
l'association, lui prête néanmoins le concours désintéressé
de son nom, de ses sympathies et de sa bourse. Le membre
honoraire donne sans rien recevoir en retour, sinon la satisfaction d'avoir été utile à ses semblables, et un titre purement
honorifique. On ne peut donc dire qu'il soit, dans la réalité
des choses, un *membre* du syndicat, et si on lui donne ce
nom, c'est pour en faire un membre, non point participant,
mais essentiellement passif. Il est purement *honoraire*;
autrement dit, il n'est rien juridiquement.

On admet généralement que les syndicats professionnels
ont pleine capacité pour recevoir des libéralités mobilières;
or, le membre honoraire fait-il donc autre chose qu'une
donation pécuniaire, joue-t-il un autre personnage que
celui de donateur ou de bienfaiteur ? D'ailleurs nous avons
l'exemple des sociétés de secours mutuels, qui peuvent comprendre elles aussi des membres honoraires. L'article 3 de
la loi du 1er avril 1898 sur les sociétés de secours mutuels,
s'exprime en ces termes : « Les sociétés de secours mutuels
peuvent se composer de membres participants et de membres honoraires; les membres honoraires payent la cotisation fixée ou font des dons à l'association sans prendre
part aux bénéfices attribués aux membres participants. »
La loi n'hésite donc pas à laisser figurer au sein des sociétés de secours mutuels, des personnes qui ne doivent prendre aucune part aux avantages des statuts et qu'elle qualifie pourtant de membres honoraires. Pourquoi les syndicats qui représentent une autre forme, non moins utile,
d'association, n'auraient-ils pas la faculté de décerner le
titre de membre honoraire à ceux dont on leur permet de
recevoir les dons ?

Qu'on n'invoque pas le silence de la loi sur ce point : la loi de 1884 est une loi d'émancipation, qui doit être interprétée d'une manière libérale ; si cette loi n'a pas parlé spécialement des membres honoraires des syndicats, ce n'est point pour les exclure par son silence, d'autant plus que le législateur a dû compter sur les syndicats pour doter le pays de nombre d'œuvres d'assistance et de bienfaisance, dont ils sont les naturels dispensateurs. Enlever aux syndicats la faculté inoffensive de s'attacher ce que nous appelons des membres honoraires, c'eût été entraver la constitution même du patrimoine indispensable aux syndicats pour mener à bien de telles entreprises.

Nous admettrons donc les membres honoraires dans les syndicats, sans qu'on ait à se demander si les personnes bienfaisantes auxquelles on confère ce titre, exercent ou non la profession spéciale des membres du syndicat, si même elles exercent ou non une profession.

Nous reconnaissons d'ailleurs que les membres honoraires, pour mériter cette qualification, ne devront s'occuper en rien ni de la direction, ni de l'administration du syndicat; ils s'abstiendront de tout vote, car voter serait prendre une part active au fonctionnement du syndicat. Mais nous n'irions pas jusqu'à leur défendre d'assister, simplement à titre d'invités et pour rehausser l'éclat de la fête, aux grandes assises tenues par le syndicat : on ne doit voir là qu'une application du droit ordinaire de réunion, ne troublant en rien l'existence régulière du syndicat.

Quant aux sommes données à l'association par les membres honoraires, pourront-elles revêtir le caractère de périodicité, être fixées, par exemple, à tant par mois, par semestre ou par an ? M. Marcel Mongin estime que les dons ne doivent pas prendre un caractère périodique « qui

permettrait de les assimiler à des cotisations » (1) ; le mot
de cotisation semble impliquer dans l'usage, en effet, une
quote-part prise dans les charges en compensation d'une
quote-part prise dans les bénéfices. Les syndicats feront
donc bien, pour éviter toute critique, s'ils estiment nécessaire la périodicité des souscriptions, d'expliquer clairement
dans les statuts que les souscripteurs n'ont droit, en
échange, à aucun des avantages de l'association, réservés
aux membres actifs, les seuls qui méritent légalement le
titre de membres.

6. — Du nombre des membres d'un syndicat agricole

On a vu que la loi du 21 mars 1884 ne s'expliquait pas
sur le nombre des membres des syndicats professionnels.
Un syndicat agricole pourra donc s'adjoindre indéfiniment
des membres sans qu'on puisse invoquer contre lui ni les
articles 291 à 294 du Code pénal, ni la loi du 10 avril 1834
qui frappent encore les associations de plus de vingt personnes. L'article 1er de la loi de 1884 déclare ces textes
inapplicables aux syndicats professionnels, et l'article 2
reconnaît formellement le droit de se constituer sans autorisation aux « syndicats ou associations professionnelles,
même de plus de vingt personnes ». Du reste, la loi de 1884
n'imposant aucune condition de domicile ni de résidence
aux membres des syndicats professionnels, un syndicat
agricole peut comprendre des membres dispersés dans
divers pays, ce qui est très favorable à son extension numé-
rique.

Mais si un syndicat agricole est libre d'accepter autant

---

(1) Marcel Mongin. — *Loc. cit.*, p. 93.

de membres qu'il le juge à propos, quel est le minimum d'adhérents nécessaire pour qu'un syndicat agricole puisse se constituer ? La loi belge du 31 mars 1898, dont nous avons eu déjà l'occasion de parler, met cette condition à la « reconnaissance civile » d'un syndicat, qu'il comprenne au moins sept membres effectifs. Mais notre loi française est muette sur ce point : en l'absence d'un texte que faut-il décider ?

On doit admettre, croyons-nous, que deux personnes, à la rigueur, suffisent pour former un syndicat (1). Tous les jours des contrats se forment entre deux parties, et les liens d'une association, ce nous semble, comme ceux d'une société, peuvent être créés par le concours de deux volontés. Mais deux personnes sont nécessaires : il ne saurait évidemment être question de *former* une association, un groupement, sans un concert qui suppose au moins deux personnes. Toutefois, l'association syndicale, qui ne peut prendre naissance qu'avec deux membres au moins, ne pourrait-elle se continuer avec un seul, lorsque, par suite de démission ou de décès, par exemple, les autres membres viennent à disparaître ?

On voit tout de suite l'intérêt qu'il y a à empêcher ainsi l'institution de s'éteindre : son unique représentant la soutiendra en attendant des affiliations nouvelles.

Il n'est pas contraire aux principes juridiques de prétendre qu'un syndicat continue encore d'exister légalement, lorsqu'il est réduit à un seul membre. On comprend, en effet, que l'un des contractants prolonge l'exécution de ses obligations et la revendication de ses droits envers la per-

---

(1) D'après M. Hubert-Valleroux (*Revue des Sociétés*, 1886, p. 56), un syndicat devrait réunir au moins vingt membres de même profession. Ce chiffre nous paraît purement arbitraire.

sonne morale que constitue un syndicat, malgré la disparition des autres contractants. Le syndicat a sa raison d'être
aussi longtemps qu'il subsiste un syndiqué, et il y a analogie entre sa situation et celle que la jurisprudence a consacrée à l'égard des congrégations religieuses reconnues (1).

Un syndicat agricole qui serait composé de vingt personnes ou d'un moins grand nombre doit-il obligatoirement se soumettre aux dispositions de la loi du 21 mars 1884,
ou peut-il renoncer au régime exceptionnel de cette loi pour
se retrancher dans le régime du droit commun qui permet
de constituer, sans autorisation, toutes les associations de
moins de vingt-et-une personnes ? On pourrait soutenir, en
faveur de ce dernier système, que les syndicats ne sont qu'une
espèce dans le genre des associations, et que la loi de 1884,
loi faite dans le but de favoriser les associations professionnelles, n'a pu avoir pour résultat d'enlever aux syndicats la
faculté d'user des avantages du régime du droit commun,
quand il leur serait utile de s'en prévaloir (2). Nous croyons
qu'il vaut mieux décider que tout syndicat agricole, par le
fait même qu'il rentre dans la catégorie des associations
professionnelles, est soumis aux dispositions de la loi du
21 mars 1884, qu'il comprenne plus ou moins de vingt personnes, peu importe ; il ne lui est pas loisible d'opter entre
le régime du droit commun et le régime spécial des syndicats professionnels, qui a été créé précisément pour soustraire ces derniers au droit commun.

On peut invoquer en ce sens le titre même de la loi : «Loi
du 21 mars 1884 *sur les syndicats professionnels* », et le
texte des articles 2 et 4 :« Les syndicats ou associations pro-

---

(1) Trib. civ. de Niort, 29 juillet 1844 ; C. de Poitiers, 29 mai 1845,
D. P. 46. 2. 198 ; Cass. civ. rej., 23 mai 1849, D. P. 49. 1. 161.
(2) En ce sens, REVON. — *Op. cit.*, p. 346.

fessionnelles *même de plus de vingt personnes* ... » (art. 2);
« Les fondateurs de tout syndicat professionnel » (art. 4),
titre et articles qui nous paraissent décisifs. C'est d'ailleurs
l'opinion soutenue, tout récemment encore, par M. Waldeck-Rousseau, dans l'importante consultation que nous
avons eu l'occasion de citer : « La loi de 1884, dit-il, est une
loi spéciale qui s'applique à une catégorie particulière : les
syndiqués professionnels. Elle est, à vrai dire, une loi
d'exception » (1).

Si la loi de 1884 a voulu apporter une exception
au droit commun, relative aux syndicats professionnels, ceux-ci ne peuvent se dispenser d'en observer les
dispositions. Sans doute une association agricole, comprenant moins de vingt et un membres, qui ne présenterait
pas la physionomie, nettement tracée, du syndicat professionnel, pourrait invoquer le régime du droit commun, en
renonçant, dans ce cas, à se prévaloir des avantages attachés
à notre loi ; mais, dès que le caractère de syndicat professionnel résulte clairement de l'ensemble des circonstances :
objet de l'association, statuts, profession des membres, l'association agricole sera soumise, bon gré mal gré, au régime
spécial de la loi de 1884 ; elle aura droit à bénéficier des
avantages de cette loi, comme elle devra se conformer à
toutes ses exigences, pour ne pas encourir les pénalités qui
en sont la sanction (2).

SECTION II. — Conditions de forme

Nous avons longuement examiné les conditions de fond
auxquelles doit satisfaire un syndicat professionnel agricole ;

---

(1) *Musée Social*, Circulaire n° 19, Série B, 25 juin 1898.
(2) En ce sens, CHAREYRE. — *Loc. cit.*, n° 4 4; MONGIN. — *Loc. cit.*, p. 96.

le moment est venu de l'étudier dans les faits qui lui donnent naissance et dans les manifestations extérieures de son activité.

Comment cette association arrivera-t-elle à la vie civile ? Par quels moyens ses fondateurs lui assureront-ils une constitution propre, la conservation de sa personnalité ? En d'autres termes, quelles sont les formalités à l'accomplissement desquelles est subordonnée l'existence régulière d'un syndicat agricole ?

Si la législation française s'est montrée jusqu'ici si peu favorable à la formation des associations, dont la naissance dépend le plus souvent du bon plaisir de l'administration, c'est encore plus parcimonieusement qu'elle accorde aux associations une fois formées la faveur de la personnalité civile.

Quelquefois cette concession ne peut résulter que d'une loi, et c'est le cas des congrégations religieuses d'hommes ; d'ordinaire il faut un décret en conseil d'Etat portant reconnaissance de l'association comme établissement d'utilité publique, ce qui s'applique aux congrégations de femmes, aux sociétés savantes, etc. ; exceptionnellement, on a donné cette vertu à un simple arrêté préfectoral, par exemple, pour les sociétés de secours mutuels « approuvées », aux termes de la loi du 15 juillet 1850.

Mais en général, jusqu'ici, le contrat d'association ne suffisait pas. Cette faculté d'arriver à la personnalité civile, sans la permission du gouvernement ou de l'administration, était à peu près complètement réservée aux *sociétés* de commerce et, sauf controverse, aux *sociétés* civiles, c'est-à dire à des groupements d'un ordre purement privé, constitués en vue de réaliser des bénéfices, à l'exclusion des *associations* proprement dites. Toutefois la loi du 21 juin 1865 sur les associations syndicales avait reconnu la personnalité à des associations de ce genre « libres », autrement dit non autorisées par le préfet. C'est la même faveur que la loi de 1884 a consacrée au profit des associations professionnelles ou syndicats (1).

Nous avons déjà constaté que la loi de 1884 était une loi d'exception, mais dans le sens de la liberté. Sur le terrain de l'admission à la personnalité civile, elle apporte des dérogations considérables au droit commun. « En faisant disparaître toutes les entraves au libre exercice du droit d'association pour les syndicats professionnels, elle a supprimé, dans une même pensée libérale, toutes les autorisations préalables, toutes les prohibitions arbitraires, toutes les formalités inutiles »(2). Toutes ces autorisations, ces prohibitions, ces formalités sont remplacées par une seule obligation de forme qui constitue « comme la déclaration de naissance » du syndicat, l'obligation de rendre publics, par le dépôt, les statuts du syndicat qui vient de se créer.

C'est ce qui résulte, en effet, du texte de l'article 4 de loi, ainsi conçu : « Les fondateurs de tout syndicat professionnel devront déposer les statuts et les noms de ceux qui, à un titre quelconque, seront chargés de l'administration ou de la direction. Ce dépôt aura lieu à la mairie de la localité où le syndicat est établi, et, à Paris, à la préfecture de la Seine. Ce dépôt sera renouvelé à chaque changement de la direction ou des statuts. Communication des statuts devra être

---

(1) Depuis, la loi du 1er avril 1898, sur les sociétés de secours mutuels, a fait une nouvelle application du régime de la personnalité obtenue indépendamment de toute concession des pouvoirs publics, en l'accordant aux sociétés de secours mutuels, dites « libres », sauf quelques limitations à leur capacité d'acquérir.
(2) Circ. minist. 25 août 1884.

donnée, par le maire ou par le préfet de la Seine, au procureur de la République ».

On le voit, les syndicats ne sont assujettis qu'à une seule
formalité : la publicité par le dépôt, mais tous doivent s'y
soumettre. Ce n'est pas, du reste, sans difficulté que la disposition relative au dépôt obligatoire a passé dans la loi : la
Chambre n'avait songé d'abord à cette obligation que pour
les syndicats qui demanderaient à jouir de la personnalité
civile ; le Sénat, au contraire, voulait étendre la règle à tous
les syndicats. Finalement c'est le Sénat qui l'a emporté, et
non sans raison, car, ainsi que le fait remarquer M. Waldeck-Rousseau, « la publicité est le corollaire naturel et indispensable de la liberté d'association ; c'est la seule garantie possible de l'observation de cette condition exigée par la
loi, le caractère professionnel de l'association ».

Mais, pour qu'un syndicat puisse être astreint à réaliser la
condition de publicité que lui impose l'article 4, il faut, au
préalable, que les premiers adhérents se soient réunis pour
échanger leurs vues et jeter les bases de leur association,
qu'ils aient rédigé et adopté des statuts, qu'ils aient nommé
des administrateurs ou directeurs, par l'intermédiaire desquels les formalités légales pourront être accomplies. Occu-
pons-nous donc successivement de ces divers actes prélimi-
naires.

§ I. — Confection des statuts

RÉUNIONS PRÉPARATOIRES

Un syndicat agricole ne peut se fonder en un instant et
d'un trait de plume. Il faut d'abord qu'une ou plusieurs
personnes prennent l'initiative d'assembler ou de pressentir
un certain nombre d'autres qu'elles jugent suceptibles de
s'intéresser à la constitution d'un syndicat. Il faut entrer,

d'ordinaire, dans des explications pour faire comprendre à ces personnes l'utilité ou même la nécessité de l'association, les bienfaits de l'association professionnelle en particulier, enfin les services rendus spécialement par les syndicats de l'agriculture. Il est bon de montrer aux futurs syndiqués ce qui s'est fait ailleurs dans ce sens, de mettre sous leurs yeux des documents empruntés à des syndicats agricoles déjà organisés, de rechercher avec eux quelles autres personnes pourraient être invitées à se joindre aux premiers organisateurs, quels sont les intérêts dont la défense est la plus urgente, quelle forme, quelle étendue, quel caractère général il convient, d'après les besoins locaux, de donner à l'association projetée.

Toutes ces discussions ne vont pas sans de nombreuses réunions d'où sortiront les décisions créatrices. Ces réunions seront-elles soumises à une autorisation ? Assurément non ; l'article 2 déclare que « les syndicats même de plus de vingt personnes...pourront se constituer librement »; or, la constitution des syndicats se heurterait à de fâcheux obstacles si les futurs associés devaient obtenir préalablement des pouvoirs publics l'autorisation de se réunir. Mais la loi ne comporte pas une pareille rigueur. C'est ce que déclare la circulaire ministérielle : « L'obligation d'opérer le dépôt n'existe qu'à partir du jour où le syndicat est matériellement formé. Jusque-là, les fondateurs ont toute liberté de se réunir pour en concerter les dispositions, sans être exposés aux pénalités des articles 291 et suivants du Code pénal ou à celles de l'article 9 de la présente loi ».

RÉDACTION DES STATUTS

Il faut entendre par *statuts* l'acte destiné à la fois à fixer le régime de l'association, à tracer aux membres leurs obligations et leurs droits, enfin à éclairer les tiers sur ce qu'ils ont intérêt à connaître du syndicat.

Contenu des statuts. — La plus grande latitude est laissée aux fondateurs des syndicats pour en composer et rédiger
les statuts, comme bon leur semble ; mais il est bien évident qu'on n'y saurait introduire des dispositions contraires
à l'ordre public et aux bonnes mœurs, ou en opposition
avec les prohibitions de la loi. Cette restriction, d'ailleurs,
doit être sous-entendue dans toute application possible
d'une faculté légale ou d'une liberté. Il faudra exclure avec
soin des statuts toute clause notamment qui serait contraire
à l'article 2 ou à l'article 3 de la loi de 1884 et qui, en donnant au syndicat une composition ou un but autres que ceux
qu'il peut avoir, tendrait à lui faire perdre son caractère
professionnel et à le rendre illégal.

En général, les statuts font connaître d'abord :

1º La dénomination adoptée par le syndicat et qui rap-
pelle ordinairement la profession de ses membres ;

2º Le siège de l'association ;

3º L'étendue de sa circonscription territoriale.

Tout cela est laissé au libre choix des fondateurs, et l'association, devenue propriétaire de son nom et maîtresse de
ses destinées, conserve le droit de changer, dans la suite,
soit le nom, soit le siège, soit la circonscription primitivement assignés par les fondateurs, sauf à se conformer aux
prescriptions de la loi relatives aux modifications des statuts.

Parmi les clauses les plus usuelles, il faut attacher une
importance spéciale à celles qui déterminent les conditions
d'admission des membres, leurs droits et leurs obligations,
les causes de suspension et d'exclusion, les conséquences de
la démission des syndiqués.

Pour le recrutement du syndicat, les statuts posent les
conditions spéciales d'admissibilité, en spécifiant quelles
catégories de personnes pourront être reçues, dans les

limites, bien entendu, tracées par la loi elle-même, c'est-à-dire parmi les personnes qui exercent la profession du syndicat ; ils s'expliquent aussi sur le mode d'admission de chaque candidat.

Les statuts spécifieront, par exemple, si l'entrée d'un nouveau membre sera soumise à l'agrément de tous les autres, ou si elle sera accordée à des conditions beaucoup plus simples et plus faciles. Du reste, il va sans dire que les membres de l'association ou leurs représentants, aux termes des statuts, auront toujours le droit de refuser l'entrée du syndicat à des individus, même rentrant dans les catégories admises par les statuts. Les membres de la profession qui sont libres de ne pas se syndiquer, sont tout aussi libres de ne pas admettre pour associé le premier venu, à la condition de procéder, dans leur décision à cet égard, suivant l'organisation des pouvoirs qu'il a plu à l'association de se donner par ses statuts.

En ce qui concerne les droits et les obligations des membres du syndicat, les statuts fixeront le chiffre de la cotisation, s'il y en a une, et son mode de perception ; ils pourront édicter des amendes en cas d'inexécution des règlements, ils pourront même rendre les syndiqués personnellement responsables des engagements du syndicat.

Relativement à la suspension et à l'exclusion des membres, les statuts doivent en déterminer exactement les causes (1) ; ils pourraient permettre, cependant, sans plus de précision, l'exclusion « de tout sociétaire qui serait une cause de préjudice moral pour la chambre syndicale et qui

---

(1) Jugé qu'un syndicat ne peut exclure un de ses membres pour une cause non spécifiée dans les statuts (Dijon, 4 juil. 1890 ; Rouen, 24 mai 1890; *Revue des Sociétés*, 1890, p. 520 et 587).

porterait atteinte à ses intérêts » (1) ; mais il est une clause que l'on ne saurait admettre, c'est celle qui déclarerait *exclu* tout membre qui userait de la liberté de se retirer. Ce serait une pénalité attachée à la démission. Or, la loi de 1884 a voulu, avant tout, sauvegarder la liberté individuelle, et l'article 7 dispose expressément que « tout membre d'un syndicat professionnel peut se retirer à tout instant de l'association, *nonobstant toute clause contraire* ». Nous verrons que le membre démissionnaire est tenu de payer la cotisation de l'année courante ; les statuts ne pourraient pas augmenter l'étendue de cette obligation, car ce serait violer indirectement l'article 7, mais ils pourraient, bien entendu, la restreindre et reconnaître au démissionnaire certains droits sur l'actif syndical, droits qu'il n'aurait pas sans cette concession formelle.

Enfin, les articles des statuts prévoient presque toujours le mode d'administration, les attributions des administrateurs, la nomination et le renouvellement du bureau, le rôle des assemblées générales, la majorité nécessaire pour la validité de leurs votes, l'emploi des cotisations et des dons et legs faits au syndicat, les règles à observer pour la modification ou la révision des statuts, la durée du syndicat, la liquidation et l'attribution de ce qui restera après la liquidation.

Bien entendu, nous n'indiquons ici que les clauses les plus usuelles, les syndicats ont toute liberté pour régler souverainement leur constitution (2). Quant aux questions

---

(1) C. de Nancy, 14 mai 1892, D. P. 92. 2. 434 ; S. 93. 2.20 ; *Revue des Sociétés*, 1892, p. 344.

(2) Ainsi, il a été jugé que le droit d'ester en justice des syndicats peut être restreint par les statuts de chaque syndicat (C. de Nancy, 4 janvier 1896, S. 96. 2.244).

qui n'auraient pas été prévues par les statuts, elles devront être tranchées, en général, d'après les principes qui gouvernent le contrat de société, et dont la plupart conviennent également au contrat d'association.

Adoption des statuts. — Les fondateurs du syndicat, quand ils se sont entendus sur le régime de l'association projetée, devront dresser des statuts écrits. La nécessité de l'écriture résulte de ce que l'article 4 impose l'obligation du dépôt. Il va sans dire que la forme authentique n'est pas nécessaire. Les statuts une fois rédigés, il en sera donné connaissance aux futurs membres dont l'adhésion aux statuts suffira pour donner l'existence à l'association. Si la constitution de celle-ci résulte d'un vote en assemblée, il n'y a d'engagés que ceux qui ont donné leur approbation.

§ 2. — Nomination des directeurs et des administrateurs

Après l'adoption des statuts, et quand ceux-ci renvoient la désignation des administrateurs à l'assemblée générale, les membres fondateurs doivent procéder à cette nomination le plus tôt possible. D'après l'art. 4, en effet, les fondateurs des syndicats professionnels sont tenus de déposer les noms de ceux qui, à un titre quelconque, seront chargés de l'administration ou de la direction du syndicat. Les membres fondateurs du syndicat n'auront, du reste, à nommer, pour le moment, que les directeurs ou administrateurs dont le syndicat a immédiatement besoin pour entrer en fonctions. L'association aura toujours la faculté de leur joindre ultérieurement des auxiliaires, au fur et à mesure des besoins.

Nous avons vu que les administrateurs et les directeurs du syndicat ne pouvaient être choisis que parmi les membres de l'association, Français et en pleine possession de leurs droits civils.

§ 3. — Dépôt légal des statuts

Les statuts étant rédigés et adoptés, les administrateurs et directeurs étant désignés, il ne reste plus qu'à porter à la connaissance de l'administration et du public la constitution du syndicat, ce qui est l'objet du dépôt légal.

Nous examinerons successivement : à quels syndicats la formalité du dépôt a été imposée ; quel est l'objet du dépôt; à quel moment, en quel lieu et en quelle forme il doit être accompli; les personnes qui sont chargées de son exécution ; ce que l'on devra faire en cas de modification survenue dans les statuts ou dans le personnel des administrateurs ; la communication au ministère public, et enfin les effets du dépôt.

Syndicats tenus de faire le dépôt. — Tous les syndicats, une fois constitués, sont soumis à la formalité du dépôt. Le projet primitif distinguait deux catégories de syndicats professionnels : les uns, jouissant de la personnalité civile, et qui auraient été soumis au dépôt ; les autres, dépourvus volontairement de cette capacité, et qui n'auraient pas eu cette formalité à remplir. Cette distinction fut abandonnée.

Aujourd'hui, il n'y a plus qu'une catégorie de syndicats professionnels qui, tous, jouissent de la personnalité civile, mais devant tous se faire connaître par le dépôt. Ce mode de publicité a été considéré comme le corollaire naturel et indispensable de la liberté. « Nous pensons, a dit M. Waldeck-Rousseau au Sénat (1), que l'exercice d'une liberté n'a jamais intérêt à demeurer occulte, et que ce ne peut pas être un droit pour ceux qui se forment à l'état d'association

---

(1) *J. Off.*, 30 janvier 1884, Déb. parl., Sénat, p. 202.

que de dissimuler l'éclosion d'une personne morale dans la société. Il résulte de ce principe général que les syndicats professionnels, qui ne sont pas autre chose qu'une forme particulière d'association ne peuvent pas être soustraits à une règle qu'on s'accorde à reconnaître comme absolument légitime et absolument nécessaire ».

Il résulte également de la discussion de la loi que le dépôt est obligatoire pour tous les syndicats dont l'existence de fait remonte à une époque antérieure à la promulgation de la loi, au même titre que pour ceux qui se sont constitués depuis. Faute par eux de se conformer à cette prescription, le gouvernement aurait le droit de les dissoudre à tout instant comme contrevenant à l'article 291 du Code pénal (1). C'est par application de ce principe que le tribunal correctionnel de la Seine(2) et, sur appel, la cour de Paris (26 janvier 1894), ont condamné les syndicats professionnels et la commission exécutive de la « Bourse du Travail » comme étant irrégulièrement constitués de ce chef, bien que leur constitution fût plus ancienne que la loi.

Objet du dépôt légal. — L'objet du dépôt est double; il doit comprendre, en effet:

1° *Les statuts*, ce qui démontre, avons-nous vu, la nécessité de les rédiger par écrit. Il n'est point besoin, du reste, de déposer l'original même des statuts, mais seulement une copie conforme à l'original.

2° « *Les noms de ceux qui*, à un titre quelconque, *seront chargés de l'administration ou de la direction* ». Si les statuts contiennent les noms des administrateurs et des

---

(1) *J. Off.*, 14 mars 1884, Déb. parl., Chambre, p. 741.
(2) Trib. corr. de la Seine, 10 août 1893, *Revue pratique du droit industriel*, 1893, p. 401.

directeurs du syndicat, le dépôt des statuts suffit pour satisfaire à la loi ; mais il fallait prévoir le cas où les statuts n'auraient pas désigné les administrateurs : c'est alors seulement qu'il faudrait faire spécialement le dépôt de leurs noms.

Bien que le texte mentionne tous ceux qui sont chargés, *à un titre quelconque,* de l'administration ou de la direction, la formalité ne concerne pas, en réalité, les simples employés qui, sous la direction et la responsabilité effective des administrateurs, seraient chargés de certains détails de l'administration du syndicat. Quel que soit, en effet, le terme qui les désigne, on ne peut prétendre qu'ils participent réellement à l'administration du syndicat, puisqu'ils ne font qu'exécuter les ordres de ceux qui dirigent véritablement (1).

Par contre, il faudrait déposer les noms de ceux qui participent immédiatement et effectivement à l'administration du syndicat, quand bien même ils ne porteraient le titre ni d'administrateurs ni de directeurs.

C'est par erreur que la circulaire ministérielle dit que les syndicats doivent faire connaître la liste « de leurs sociétaires ». L'article 3 du projet du gouvernement, il est vrai, exigeait le dépôt des noms et adresses de tous les membres composant le syndicat. Mais on craignit que cette obligation n'eût pour résultat d'éloigner des syndicats beaucoup de personnes; d'autre part, les changements incessants qui se produisent dans le personnel d'un syndicat un peu nombreux auraient rendu la formalité pour ainsi dire impraticable. Aussi cette disposition a-t-elle été rejetée.

Délai dans lequel le dépôt doit être effectué. — Le syndicat est intéressé à ce que le dépôt soit effectué le plus tôt

---

(1) En ce sens, BOULLAIRE. — *Op. cit.*, p. 80.

possible, afin de ne pas être inquiété comme association illicite ; mais le texte de la loi ne mentionne aucun délai. L'article 3 du projet primitif, au contraire, exigeait que le dépôt eût lieu quinze jours avant le fonctionnement du syndicat ; la Chambre, en première lecture, réduisit le délai à huit jours ; mais, en seconde lecture, elle supprima dans le texte toute mention de délai.

Que faut-il conclure du silence de la loi ? M. Waldeck-Rousseau, interrogé au Sénat sur ce point, s'exprima ainsi : « Je crois que la solution toute naturelle découle des principes généraux de notre droit. Je crois que lorsque vous aurez décidé que les syndicats doivent rendre publics leurs statuts, vous n'aurez pas fait autre chose que d'appliquer aux associations ce qui est actuellement la loi des sociétés, à savoir que, pendant le temps que les associations chercheront leur voie, discuteront sur les formes qu'elles se proposent d'adopter, sur les objets qu'elles assignent à leurs efforts, il n'est pas permis d'exiger qu'elles apportent des statuts définitifs puisqu'en réalité elles n'existent pas. Mais le jour, au contraire, où elles constitueront une association définitive, où leurs statuts seront arrêtés, elles auront à remplir l'obligation imposée par la loi, — il n'y en a pas d'autre,— qui est de publier ces statuts » (1).C'est la même solution que l'on retrouve dans la circulaire ministérielle : « L'obligation pour les syndicats en formation d'opérer le dépôt n'existe qu'à partir du jour où les statuts ont été arrêtés, où, par conséquent, le syndicat est matériellement formé (2) ».

La formalité du dépôt devra donc être accomplie, non pas avant la constitution du syndicat, mais dès que le syn-

(1) *J. Off.*, 3o janv. 1884, Déb. parl., Sénat, p. 2o3.
(2) Circ. minist. 25 août 1884.

dicat, ayant reçu sa constitution définitive, se trouvera en
état de fonctionner. Le dépôt a, en effet, pour but essentiel
la publicité ; or, à quoi bon annoncer ce qui n'est pas encore
créé, ce qui peut ne pas fonctionner ? On a comparé la formalité du dépôt aux formalités d'état-civil, on a dit que
c'était une déclaration de naissance ; une formalité d'état-
civil ne crée pas, elle constate. Ce qui montre que la jurisprudence entend ainsi les choses, c'est qu'elle décide (1)
que les actes passés par un syndicat avant l'accomplissement de la formalité du dépôt ne sont pas nécessairement
nuls. Il en serait autrement si le dépôt devait précéder la
constitution définitive du syndicat.

Mais si le dépôt n'est pas le point de départ de l'existence
pour un syndicat, à quel moment pourra t-on dire qu'il est
formé définitivement, qu'il est prêt à fonctionner ? C'est, à
notre avis, au moment où, les statuts ayant été adoptés et
les directeurs ou administrateurs ayant été nommés, ceux-ci
ont accepté la mission qu'on leur a confiée ; car un syndicat
ne peut vivre sans avoir des représentants légaux, et il est
en état de le faire du jour où il est pourvu de ces organes
nécessaires.

Quant à la question de savoir s'il y a eu volonté, de la
part des personnes responsables, de ne pas faire le dépôt,
ou s'il y a eu simplement retard involontaire dans son exécution, c'est un point qui doit être laissé à l'appréciation du
juge qui décidera, d'après les circonstances, s'il y a ou s'il
n'y a pas de délit.

Lieu du dépôt légal. — « Ce dépôt aura lieu, dit l'article 4, à la mairie de la localité où le syndicat est établi, et, à
Paris, à la préfecture de la Seine. »

---

(1) *Sic*, C. de Paris, 20 janv. 1886, D. P. 86. 2 .170; S. 87. 2. 129

Depuis quelques années, les syndicats agricoles ont une tendance marquée à restreindre à une commune leur circonscription territoriale ; mais il est encore beaucoup de ces syndicats dont la circonscription territoriale embrasse un certain nombre de communes, quelquefois même plusieurs cantons ou arrondissements. Faudra-t-il alors opérer le dépôt dans plusieurs localités ?

M. Gain admet la nécessité du dépôt multiple, au moins lorsque le syndicat a des sections spéciales dans chaque arrondissement (1). Nous croyons que, dans tous les cas, il suffira de faire le dépôt au lieu où le syndicat aura son principal établissement. Ce lieu sera le plus souvent désigné dans les statuts du syndicat comme son siège social ou son bureau d'administration. L'association, en effet, est juridiquement *établie* là où se trouve le centre de ses affaires. C'est ce qu'il faut décider, par application de l'article 102 du code civil sur le domicile (2).

Forme du dépôt. — La loi ne la précise pas. En conséquence, il n'y a pas de forme spéciale imposée. L'essentiel est que le dépôt soit réalisé par la remise d'un écrit faite entre les mains des personnes chargées par la loi de recevoir ce dépôt.

« La loi ne fixant pas le *nombre d'exemplaires* qui devront être déposés, il convient de se référer aux précédents et de décider que le dépôt de deux exemplaires sera suffisant » (3). Nous croyons même que l'interprétation ministérielle ajoute à la loi, en demandant deux exemplaires. Il est vrai que pour les sociétés de secours mutuels les deux

---

(1) GAIN. — *Op. cit.*, p. 128.
(2) En ce sens, GLOTIN. — *Op. cit.*, p. 188.
(3) Circ. min. 25 août 1884.

exemplaires ont été exigés, et qu'ils seraient utiles, en matière de syndicat, pour faciliter la communication que doit
faire la mairie au ministère public. Toutefois le fait de ne
déposer qu'un exemplaire unique ne vicierait pas, suivant
nous, la formalité, car ce ne sont pas les représentants du
syndicat que la loi charge de la communication au ministère public.

Bien que la loi ne l'exige pas, les syndicats agiront sagement en faisant imprimer leurs statuts. Cette impression ne
facilitera pas seulement l'accomplissement de l'unique formalité légale, elle permettra, par une large diffusion de ce
document, à chaque syndiqué, d'avoir constamment sous les
yeux les clauses des statuts ; et il lui sera plus facile de s'y
conformer ; elle permettra aussi à ceux qui auraient intérêt
à entrer dans l'association, d'en mieux connaître les avantages.

Les pièces à déposer devront-elles être écrites sur papier libre ou sur papier timbré? Il suffit qu'elles soient rédigées *sur
papier libre*, et il n'y a plus de doute sur ce point depuis
la décision ministérielle du 21 juillet 1884 et l'instruction de
l'enregistrement du 25 mars 1885 (n° 2711,§ 4) (1), aux termes desquelles les pièces dont il s'agit sont dispensées du
droit et de la formalité du timbre, comme rentrant dans les
exceptions prévues par l'article 16, § 1, dernier alinéa, de la
loi du 13 brumaire an VII, et relatives aux « actes de police
générale ». Le caractère d'intérêt général s'attache, en effet,
aux prescriptions de la loi du 21 mars 1884, et la formalité du dépôt prescrite par cette loi n'est que l'exécution
d'une loi de police de l'Etat.

Contrairement à l'opinion émise par M. Gain (2), nous

---

(1) D. P. 85. 5. 463 ; S. 86. 2. 24.
(2) GAIN. — *Op. cit.*, p. 121.

pensons que la dispense du timbre est applicable, non seulement à l'exemplaire des statuts employé pour le dépôt légal, mais même à l'exemplaire conservé par le syndicat. Rien n'empêche, en effet, de considérer l'exemplaire qui reste aux mains de l'association, comme la copie de celui qui a été déposé: mais peu importe qu'on en dépose une copie ou l'original même.

Quant à *l'authenticité* des statuts et des noms des directeurs et administrateurs, dans le silence de la loi, la circulaire ministérielle juge inutile qu'une déclaration spéciale accompagne le dépôt : il suffit que les statuts soient certifiés, au bas du texte, par le président et le secrétaire, et que les noms des directeurs ou administrateurs, s'ils ne se trouvent pas mentionnés dans les statuts, soient, dans une seule et même pièce, indiqués et certifiés par le président et le secrétaire.

Enfin la circulaire porte que tout dépôt doit être constaté par un *récepissé sur papier libre*, immédiatement exigible, émanant du maire, et, à Paris, du préfet de la Seine. Le dépôt des statuts, les noms des administrateurs ou directeurs, la délivrance du récepissé sont mentionnés à leur date sur un *registre spécial*, qui doit être tenu dans chaque mairie et fait foi de l'accomplissement des formalités : c'est un moyen de remédier à la perte possible du récepissé de dépôt.

Dans le cas de *refus* du maire de *recevoir le dépôt ou de délivrer le récépissé*, les intéressés n'auront qu'à faire constater ce refus par huissier ; le procès-verbal de constat tiendra lieu du dépôt et de la délivrance du récépissé ; et, après cette formalité, le syndicat pourra, croyons-nous, fonctionner valablement.

Le dépôt ayant pour but de faire connaître le syndicat, et constituant essentiellement une mesure de publicité, il faut reconnaître à toute personne le droit de requérir la communication des pièces déposées (1).

Par qui le dépôt doit être fait. — L'article 4, § 1, impose l'obligation d'opérer le dépôt, aux « fondateurs » ; or, dans l'article 9 de la même loi, qui édicte les sanctions des formalités prescrites et désigne les personnes responsables, il n'est question que des « administrateurs » et « directeurs » et nullement des fondateurs. Cette confusion s'explique par ce fait que la plupart du temps, en effet, les administrateurs et directeurs ne seront autres que les fondateurs ; mais il n'est pas impossible que les personnes auxquelles incomberont les fonctions d'administrateurs soient prises en dehors de celles qui ont fondé l'association, et dans ce cas, toute sanction pénale devant recevoir une interprétation restrictive, il faudra décider que les fondateurs seront exempts de toute pénalité, que d'autre part, les directeurs et administrateurs pourront être poursuivis, à la suite d'une faute, imputable sans doute aux fondateurs, mais qui l'est devenue également aux administrateurs ou directeurs, par cela seul qu'ils ont négligé de la réparer. Ces derniers n'avaient, après tout, qu'à vérifier, en acceptant leurs fonctions, si les prescriptions légales avaient été ou non remplies.

Pour que le vœu de la loi soit réalisé, il n'est nullement nécessaire que tous les fondateurs ou tous les administrateurs aillent déposer eux-mêmes les pièces prescrites. Ils peuvent déléguer l'un quelconque d'entre eux, ou même un mandataire étranger porteur des pièces à déposer en leur nom.

Formalités ultérieures en cas de modification dans les sta-

---

(1) Déclaration de M. Waldeck-Rousseau, *J. Off.*, 30 janvier 1884, Déb. parl., Sénat, p. 203.

tuts ou dans le personnel des administrateurs. -- Durant le cours du fonctionnement du syndicat, il peut arriver qu'une ou plusieurs clauses des statuts soient modifiées par la volonté, soit de tous les membres du syndicat, soit de ceux auxquels les statuts primitifs ont confié ce pouvoir. Des décès ou des démissions peuvent amener un changement dans le personnel dirigeant. Comment ces faits seront-ils portés à la connaissance de l'administration et des tiers intéressés ?

La loi y a pourvu expressément : « Ce dépôt sera renouvelé à chaque changement de la direction ou des statuts » (art. 4, § 3).

Il est clair que le dépôt ne doit pas être renouvelé en entier : il suffira de déposer, non une copie de l'ensemble des statuts, mais seulement les clauses modifiées ou ajoutées ; non pas une liste complète de tous les directeurs ou administrateurs, mais seulement l'indication des changements qui se sont produits dans leur personnel.

La loi ne poursuivant le renouvellement du dépôt qu'à chaque *changement* de la direction, la cour d'Amiens a décidé avec raison qu'un syndicat n'est pas tenu de déposer la délibération par laquelle il maintient son directeur en fonctions (1).

Dans le même ordre d'idées, il a été admis par la cour de Paris que, lorsque les pièces déposées désignent à l'avance les personnes qui remplaceront, le cas échéant, les premiers administrateurs ou directeurs, il n'y a pas lieu de renouveler le dépôt quand la condition prévue pour l'entrée en fonctions des remplaçants vient à s'accomplir (2).

Bien que la loi ne rende obligatoire le renouvellement du

---

(1) C. d'Amiens, 18 mars 1895, D. P.95. 2. 553 ; S. 96. 2. 189 ; Rev. des Soc., 95, p. 486.

(2) C. de Paris, 20 janv. 1886, D. P. 86. 2. 170; S. 87. 2. 129.

dépôt qu'en cas de changement de la direction ou des statuts, nous croyons qu'un syndicat qui transporterait son
siége social dans une autre commune serait tenu, à ce moment, de faire un nouveau dépôt des statuts et des noms
des directeurs et administrateurs, cette fois à la mairie du
nouveau siège.

La loi ne dit pas par les soins de qui et dans quel délai
doit être renouvelé le dépôt. Il va de soi que les fondateurs
sont ici hors de cause, puisque le syndicat a déjà fonctionné et que la formalité incombera uniquement aux administrateurs et directeurs. Quant au délai raisonnable à
observer, il est laissé à la libre appréciation des tribunaux.

Communication des pièces déposées au ministère public. —
L'article 4, § 4, s'exprime ainsi : « Communication des
statuts devra être donnée par le maire ou par le préfet de la
Seine au procureur de la République ».

Les procureurs de la République ont pour mission de
vérifier si les syndicats professionnels ont satisfait aux
diverses conditions de fond et de forme que nous avons
étudiées. Pour que ces magistrats soient mis à même de
s'acquitter de leur mission, la loi oblige les maires ou le
préfet de la Seine à leur communiquer les pièces déposées.

L'obligation concernant la communication des « statuts »
doit s'entendre d'après l'esprit de la loi, non seulement de
la communication des premiers statuts déposés et des noms
des administrateurs et directeurs, mais encore des changements survenus soit dans les statuts, soit dans le personnel
de la direction, en un mot de tout ce que les syndicats sont
tenus de faire connaître à l'administration, l'examen du
ministère public devant, pour être vraiment utile, porter
sur toutes ces pièces au fur et à mesure de leur arrivée dans
les mairies.

C'est au procureur de la République près le tribunal de première instance de l'arrondissement dans lequel est le siège du syndicat agricole que la communication doit être adressée. Si le dépôt n'a par été fait en double exemplaire, ce fonctionnaire devra, après en avoir examiné les pièces avec soin, les renvoyer à la mairie ou à la préfecture de la Seine.

La loi n'a imposé aucun délai pour la communication au ministère public, et n'a pas eu recours, pour assurer l'observation de cette règle, à une sanction pénale qui n'aurait pu, du reste, être établie que contre le magistrat municipal. Il est à peine besoin de faire remarquer que l'omission de la communication au ministère public ne saurait empêcher ni retarder le fonctionnement du syndicat.

Des effets du dépôt. — L'accomplissement de la formalité du dépôt a incontestablement l'avantage de régulariser la situation des administrateurs et directeurs du syndicat en les mettant à l'abri de l'amende de 16 à 200 francs édictée par l'article 9 de la loi, et en même temps la situation du syndicat lui-même en le garantissant contre la dissolution, que, d'après le même article, les tribunaux ont la faculté de prononcer en cas d'infraction aux dispositions de l'article 4.

Mais faut-il aller plus loin et voir dans le dépôt une condition *sine quâ non* de l'existence légale du syndicat ? Le dépôt est-il indispensable pour conférer aux syndicats professionnels la capacité civile, ou bien n'est-il qu'une simple formalité secondaire, dont l'omission ne saurait empêcher les syndicats d'acquérir cette capacité civile ?

La question a donné lieu à de vives controverses. Dans un premier système, la personnalité civile d'un syndicat professionnel dépend de la réalisation du dépôt ; tant que cette formalité n'a pas été remplie, le syndicat n'est pas arrivé à la vie, il est comme inexistant (1). Suivant les autres, au contraire, l'accomplissement de la formalité du dépôt n'a aucune influence sur l'existence du syndicat en tant que personne morale; la vie juridique, l'association se l'est donnée à elle-même dès que le contrat a été conclu entre les parties, c'est-à-dire aussitôt que les statuts ont été adoptés par les membres fondateurs (2).

Si l'on adopte le premier système, il faudra décider que les actes accomplis par un syndicat n'ayant pas satisfait à l'obligation du dépôt, doivent être annulés ; qu'il n'a pas le droit d'ester en justice, d'acheter, de vendre et s'engager, de recevoir des dons et legs, en un mot de jouer le rôle d'une personne juridique. Si l'on opte pour le second système, tous ces actes seront valables.

Ceux qui veulent faire dépendre du dépôt légal l'existence même du syndicat comme personne civile, invoquent d'abord les travaux préparatoires de la loi. Nous avons vu que le projet primitif établissait deux catégories de syndicats : les uns, jouissant de la personnalité civile, qui seuls auraient été soumis au dépôt ; les autres pour lesquels on renonçait à la qualité de personnes morales, et qui auraient été dispensés de cette formalité. Cette théorie n'a pas prévalu. Dans le texte définitif de la loi, il n'y a plus qu'une catégorie de syndicats professionnels ; tous jouissent également de la personnalité civile, mais tous aussi sont assujettis à la formalité du dépôt. N'est-ce pas parce que le législateur a considéré les avantages de la personnalité morale comme attachés à l'accomplissement de cette formalité ?

---

(1) En ce sens, GAIN.—Op.cit., p. 135; PIC. — Op.cit.,p. 99 et s.; D. Rep. Suppl., v° Travail, n° 779.
(2) En ce sens, CHAREYRE.—Loc. cit., n° 97; GLOTIN.—Op.cit.,p. 189 et s.; BOULAY. — Code des syndicats professionnels, n° 172.

D'ailleurs, ajoute-t-on, la concession de la personnalité civile est de droit étroit, et elle ne serait pas admise ici sans le texte spécial de l'article 6. Or, cet article, tel que l'avait voté la Chambre, subordonnait expressément la jouissance de la personnalité à l'accomplissement du dépôt ; le Sénat, il est vrai, supprima dans l'article 6 l'énoncé formel de cette condition, mais, en même temps, il ne laissa subsister, dans l'article 4, aucune dispense de l'obligation du dépôt, et fit, dans tous les cas, de l'omission du dépôt une infraction punissable. Plus exigeant que la Chambre, en matière de publicité, il ne peut avoir eu la pensée d'accorder ce que refusait la Chambre elle-même, à savoir la personnalité civile acquise sans dépôt.

Enfin, si l'article 9 de la loi permet aux tribunaux de prononcer ou de ne pas prononcer la dissolution du syndicat, c'est que le législateur a voulu rendre possible le sauvetage d'un syndicat, reconnu vraiment utile, et auquel serait laissé le temps de parvenir, par l'accomplissement des formalités légales, à la personnalité civile qui lui faisait défaut jusque-là.

Malgré ces arguments, il nous semble difficile d'admettre que le don de la personnalité civile soit attaché au fait du dépôt, et qu'un syndicat s'en voie refuser le bénéfice tant qu'il n'a pas accompli cette formalité. Voici pourquoi.

Les travaux préparatoires nous paraissent invoqués à tort en faveur de la première opinion. Il est très vrai que le texte du paragraphe 1er de l'article 6 avait été primitivement rédigé ainsi : « Les syndicats professionnels qui auront accompli les formalités imposées par l'article 5 (devenu l'article 4) pourront, etc. », et que le Sénat a supprimé les mots « qui auront accompli les formalités imposées par l'article 5 ». Mais quelle autre conséquence en peut-on déduire qu'une assimilation absolue, au point de vue des droits dé-

coulant de la personnalité civile, entre tous les syndicats,
qu'ils aient ou non satisfait à l'obligation du dépôt ? Ainsi
de la formalité du dépôt ne dépend aucunement la personnalité civile : la loi s'est contentée de punir les administrateurs contrevenant à ses dispositions.

Mais il y a mieux : dans l'article 5 de la loi, relatif aux
unions de syndicats, nous trouvons cette expression : « Les
syndicats *régulièrement* constitués », qualification restrictive
qui ne figure pas dans l'article 6 où il est traité de la personnalité civile. On n'aurait pas manqué de parler, dans cet article 6, aussi clairement, si on avait voulu limiter le bénéfice
de la personnalité civile aux seuls syndicats en règle avec la
loi, au point de vue du dépôt des statuts et des noms des
personnes chargées de l'administration.

Au cours de la discussion législative, les mots « acte de
naissance » et « déclaration de naissance » sont venus à
diverses reprises à la bouche des orateurs pour désigner la
formalité du dépôt ; la circulaire ministérielle se sert également de cette expression : « En accordant la liberté la plus
grande aux syndicats professionnels, dit-elle, la loi, pour
toute garantie, leur demande une *déclaration de naissance,*
par l'article 4 » (1).

La comparaison nous paraît très juste. Cette formalité
de l'état civil des personnes physiques offre, en effet, beaucoup de ressemblance avec la formalité du dépôt pour les
syndicats ; le but poursuivi est le même : la publicité et la
stabilité dans la condition d'une personne. Mais qui oserait
prétendre qu'un acte de l'état-civil a pour effet de créer ce
qu'il constate, qu'un acte de naissance confère l'existence
et les droits qui en découlent ? La formalité du dépôt a pour
effet de constater et de rendre publique l'existence du syn-

_____

(1) Circ. min. 25 août 1884.

dicat avec les droits qui découlent pour lui de son existence même. En venant au monde, c'est-à-dire en se constituant sur la base du consentement de toutes les parties par l'adoption des statuts, le syndicat naît personne morale. Que cette naissance soit ou non constatée et rendue publique par cet acte de naissance qu'est, en définitive, le dépôt légal, peu importe. L'omission du dépôt pourra donner lieu à des pénalités contre ceux qui en sont responsables, mais le fait lui-même de la *naissance* et par suite de l'existence du syndicat comme personne morale, n'en subsistera pas moins avec toutes ses conséquences juridiques.

Si l'on faisait dériver uniquement la personnalité civile de la formalité du dépôt, il faudrait décider que, en l'absence de cette formalité, les actes que la personnalité civile donne le droit d'accomplir, comme l'intervention en justice, l'acceptation de dons et legs, etc., doivent être déclarés nuls. Or, l'article 9, qui contient la sanction des prescriptions de l'article 4, édicte bien des amendes contre les administrateurs et directeurs du syndicat et la dissolution facultative du syndicat par les tribunaux ; mais il n'y est nullement question de la nullité des actes passés par le syndicat. Dans notre législation, les nullités étant de droit étroit, on ne saurait se montrer plus sévère que le texte lui-même, car le législateur n'aurait pas manqué de prononcer la nullité s'il avait vu dans le dépôt une condition de forme essentielle et substantielle.

C'est, d'ailleurs, le système de notre législation pour les associations syndicales libres et pour les sociétés civiles et commerciales. En ce qui concerne les premières, l'article 7 de la loi du 21 juin 1865 qui les régit, s'exprime ainsi : « A défaut de publication dans un journal d'annonces légales, *l'association ne jouira pas du bénéfice de l'article 3* », c'est-à-dire de l'article qui confère à ces associations le droit d'ester en justice, d'acquérir, de vendre, d'acheter, de transiger, d'hypothéquer, conséquence de la personnalité civile. Quant aux sociétés civiles et commerciales, en tant qu'elles peuvent être assujetties à la publicité, l'article 56 de la loi du 24 juillet 1867, venant immédiatement après celui qui ordonne le dépôt, dispose : « Les formalités prescrites par l'article précédent (dépôt) et par le présent article (publication dans les journaux) seront observées, à peine de nullité, *à l'égard des intéressés…* », ce qui signifie évidemment à l'égard des intéressés *seulement*.

Enfin, si l'article 9 rend la dissolution du syndicat, dans le cas de l'article 4, simplement facultative pour le tribunal, cela prouve précisément que la personnalité civile appartient à tout syndicat, avant la formalité du dépôt ; car, si le syndicat n'avait pas d'existence légale, la dissolution aurait été assurément, non pas facultative, mais obligatoire pour le juge. En permettant aux tribunaux de *ne pas dissoudre* un syndicat, la loi montre bien qu'elle admet l'existence de celui-ci. On ne laisse subsister qu'une chose qui existe ; on n'épargne la mort qu'à ce qui est doué de vie.

Ce dernier système est d'ailleurs celui de la jurisprudence ; deux arrêts, dont l'un de la cour de Paris (1), l'autre de la cour de Bordeaux (2), et un jugement du tribunal civil de la Seine l'ont entièrement consacré. On a déclaré recevable l'intervention en justice du président d'un syndicat, bien que le nom de ce président n'eût pas été indiqué lors du dépôt de la liste des administrateurs et directeurs, ou que ce président eût succédé au président indiqué lors du dépôt sans que le changement eût fait l'objet d'un dépôt nouveau, et on l'a décidé en se basant sur ce que

(1) C. de Paris, 20 janv. 1886, D. P. 86. 2. 170 ; S. 87. 2. 129.
(2) C. de Bordeaux, 25 nov. 1886, D. P. 87. 5. 430 ; S. 87. 2. 129.

« ni l'article 4 ni l'article 9 ne prescrivent la nullité des actes du syndicat dans le cas d'omission des déclarations exigées par la loi ».

Quant au jugement du tribunal de la Seine (1), il est décisif en faveur de notre opinion: « Attendu, dit-il, que la loi du 21 mars 1884, en autorisant la formation entre personnes exerçant la même profession, de syndicats ou associations ayant pour objet l'étude ou la défense des intérêts économiques, commerciaux et agricoles. a attribué à ces associations le caractère de personnes civiles, *par le fait même de leur constitution, sans qu'aucune formalité fût nécessaire pour l'obtention de cette personnalité...* »

Il ne faut pas perdre de vue d'ailleurs, et nous allons le voir bientôt avec détail, que, si l'existence du syndicat comme personne a commencé et continue indépendamment de la formalité du dépôt, l'omission de cette formalité peut entraîner *la dissolution prononcée*, et, par suite, la cessation *pour l'avenir* de la jouissance de la personnalité civile.

SECTION III. — Sanction des conditions de légalité des syndicats agricoles.

Après avoir examiné les conditions de fond et les formalités légales auxquelles doivent satisfaire les syndicats professionnels agricoles pour pouvoir jouir du régime de faveur organisé par le législateur de 1884, il faut se demander comment le législateur a entendu faire respecter sa volonté, quelles sanctions sont attachées à la violation de ses prescriptions.

---

(1) Trib. civ. de la Seine, 16 juillet 1896, *Rev. des Sociétés*, 1896, p. 432.

La réponse à cette question est contenue dans l'article 9 de la loi ainsi conçu : « Les infractions aux dispositions des articles 2, 3, 4, 5 et 6 de la présente loi seront poursuivies contre les directeurs ou administrateurs des syndicats et punies d'une amende de 16 à 200 francs. Les tribunaux pourront, en outre, à la diligence du procureur de la République, prononcer la dissolution du syndicat et la nullité des acquisitions d'immeubles faites en violation de l'article 6.— Au cas de fausse déclaration relative aux statuts, aux noms et qualités des administrateurs ou directeurs, l'amende pourra être portée à 500 francs ».

Nous laisserons de côté, pour le moment, ce qui, dans l'article 9, concerne les infractions aux articles 5 et 6 de la loi, relatifs, le premier, aux unions de syndicats, et le second, aux acquisitions d'immeubles, pour nous occuper exclusivement de la sanction des infractions aux conditions de légalité à observer dans la formation des syndicats agricoles, conditions dont il est question dans les articles 2, 3 et 4.

Infractions relatives à la formation des syndicats. — Il y a infraction :

1° *A l'article 2*, lorsqu'un syndicat agricole est composé illégalement ; lorsqu'il admet ou maintient dans son sein des personnes n'exerçant pas ou n'exerçant plus la profession d'agriculteurs, une profession similaire ou connexe à l'agriculture ; lorsque les membres honoraires ne restent pas strictement honoraires et prennent une part active aux opérations du syndicat ;

2° *A l'article 3*, lorsqu'un syndicat agricole n'a pas exclusivement pour objet l'étude et la défense des intérêts agricoles ; lorsqu'il s'occupe d'opérations qui sont totalement étrangères à cet objet, par exemple, lorsque ses délibérations et ses actes tendent à un but purement politique ou religieux;

3° *A l'article 4*, lorsque les statuts et les noms des directeurs ou administrateurs d'un syndicat agricole n'ont pas été déposés ; lorsque le dépôt n'a pas été renouvelé en cas de modification dans les statuts ou dans le personnel des directeurs ou administrateurs ; lorsque les administrateurs et directeurs du syndicat agricole ne sont pas recrutés parmi les membres du syndicat, ou ne sont pas Français, ou n'ont pas la jouissance de l'intégralité de leurs droits civils.

C'est au ministère public, appelé par la loi à recevoir communication des pièces déposées, qu'il appartient de poursuivre le syndicat agricole pour violation des articles 2, 3 ou 4; il peut le faire, soit de son propre chef, soit sur la plainte de l'administration. C'est devant le tribunal correctionnel, seul compétent, que le syndicat agricole doit être poursuivi. Il en résulte qu'il ne peut y avoir poursuites, après trois ans écoulés depuis le délit, pour infraction aux articles 2, 3 ou 4, la prescription étant de trois ans pour les délits (1).

Personnes susceptibles d'être poursuivies. — « Les infractions, dit l'article 9, seront poursuivies contre les directeurs ou administrateurs des syndicats ». Ce ne sont donc pas les simples *membres* du syndicat agricole, alors même qu'ils auraient sciemment contribué à la violation de la loi, que la loi frappe pour infraction à ses dispositions, ils ne peuvent être atteints que par contre-coup, en cas de dissolution du syndicat. Les lois pénales étant de droit étroit, les *fondateurs* eux-mêmes qui sont en général les rédacteurs des statuts échappent à toute répression, s'ils

---

(1) Trib. correct. d'Albi (Syndicat des mineurs de Carmaux),9 avril 1898 (*Revue des Sociétés*, juin 1898, p. 264).

n'ont pas été choisis comme administrateurs ou directeurs.

Seuls les administrateurs et directeurs ont été rendus responsables. Ils sont, après tout, en faute pour n'avoir pas vérifié, au moment de leur entrée en fonctions, si les conditions de légalité des syndicats agricoles avaient été rigoureusement observées, et pour n'avoir pas personnellement fait cesser toute irrégularité. Ils ne pourraient même, pour se soustraire à la pénalité de l'article 9, invoquer une erreur et exciper de leur bonne foi (1).

C'est contre les personnes que les statuts chargent réellement de l'administration ou de la direction du syndicat, quelle que soit leur qualification d'après les statuts, que les poursuites doivent être dirigées. Par application de ce principe, il a été décidé que des poursuites pour infraction à l'article 2 de la loi de 1884 sont valablement intentées contre le *secrétaire* et le *trésorier* d'un syndicat, dès lors qu'il est établi, en fait, qu'aux termes des statuts, c'est au secrétaire et au trésorier qu'était confiée l'administration du syndicat (2).

L'article 9 ne parlant ni des maires, ni du préfet de la Seine, il en résulte que ces fonctionnaires, qui sont cependant chargés officiellement de transmettre au ministère public les pièces déposées, n'encourent aucune répression pénale en n'obéissant pas, sur ce point, aux prescriptions de la loi.

Sanctions édictées par l'article 9. — Deux sortes de sanctions sont portées dans l'article 9 : une peine proprement dite, l'amende, et une sanction accessoire, la dissolution du syndicat.

---

(1) C. de Bordeaux, 27 déc. 1893, S. 94. 2. 209; D. P. 94. 2. 197.
(2) Arrêt précité de la Cour de Bordeaux.

L'amende encourue par les directeurs ou administrateurs d'un syndicat en cas d'infractions, peut varier entre 16 et 200 francs, et le chiffre de l'amende détermine la compé- tence, en cette matière, du tribunal correctionnel. En cas de fausse déclaration, soit relativement aux statuts, soit rela- tivement aux noms des personnes chargées de l'administra- tion, l'amende peut être portée à 500 francs ; une déclara- tion mensongère est en effet beaucoup plus grave qu'une omission qui peut être la conséquence d'un oubli.

Le chiffre de l'amende ne saurait être réduit au-dessous de 16 francs par l'admission de circonstances atténuantes, attendu que la loi de 1884 n'en prévoit pas l'application ; or, il est de principe que sont seules susceptibles des cir- constances atténuantes les infractions visées au Code pénal, et celles qui sont prévues par une loi particulière, dans le cas seulement où ce mode d'atténuation des peines fait l'objet d'une disposition spéciale de la loi.

La sanction accessoire, édictée par l'article 9, est la dis- solution du syndicat ; elle ne pourra être prononcée qu'en cas d'infraction très grave aux dispositions des articles 2, 3, et 4, lorsqu'apparaîtra nettement l'intention de violer la loi. Le tribunal correctionnel a pleins pouvoirs pour apprécier si les infractions commises ont été suffisamment nombreuses et graves pour justifier une peine aussi radicale que la disso- lution, qui atteindra les membres étrangers à l'infraction aussi bien que les coupables.

D'ailleurs la dissolution, peine accessoire à l'amende, ne peut être prononcée que si certaines circonstances se trouvent réunies :

1° Il faut que la peine principale de l'amende ait été tout d'abord prononcée contre les personnes chargées de l'admi- nistration ou de la direction du syndicat. Le ministère pu- blic ne peut pas, renonçant à poursuivre les administrateurs, réclamer du tribunal correctionnel la dissolution du syndicat ; mais il peut seulement demander au tribunal, en lui demandant d'infliger l'amende, de prononcer, en outre, la dissolution du syndicat ;

2° La dissolution ne peut être prononcée qu' « à la diligence du procureur de la République » qui demeure libre de ne pas la demander. Il y a donc deux autorités dont le concours est nécessaire pour trancher la question de la dissolution : le tribunal correctionnel et le ministère public ; le tribunal peut se refuser à admettre la dissolution, mais il ne peut la prononcer qu'après une demande conforme du procureur de la République, qui demeure libre de ne pas la formuler ;

3° Il faut qu'il y ait eu poursuite devant le tribunal correctionnel : le ministère public ne pourrait pas demander la dissolution au tribunal civil.

En vertu de ce droit conféré aux tribunaux correctionnels, la dissolution a été prononcée, comme peine accessoire de l'amende encourue par les administrateurs : par la cour de Paris, contre un syndicat dit « des instituteurs libres », pour introduction, dans le syndicat, de personnes n'ayant aucune communauté d'intérêts professionnels (1) ; par le tribunal correctionnel de Lille, contre l'« Association professionnelle des patrons du Nord », comme ayant admis des personnes étrangères à l'industrie textile et s'étant occupée à plusieurs reprises de questions politiques et religieuses (2); par la cour de Paris, contre quarante-cinq syndicats affiliés à la Bourse du Travail, pour violation de l'article 4, relatif au dépôt des statuts (3) ; par le tribunal correctionnel d'Albi, contre le

---

(1) C. de Paris, 4 juil. 1890, D. P.91.2.68.
(2) Trib. correct. de Lille, 9 juillet 1892, D. P.94.1.26.
(3) C. de Paris, 8 nov. 1893, D.*Rép. Sup.*, v° *Travail*, n° 911.

« Syndicat des mineurs de Carmaux », pour s'être occupé de « questions étrangères audit syndicat et notamment de questions politiques » (1).

Il va sans dire que les membres du syndicat auxquels la dissolution ferait subir un préjudice réel, auraient le droit, se fondant sur les articles 1382, 1383 et 1992 du Code civil, de réclamer la réparation du dommage aux administrateurs et directeurs, dont la négligence, la faute ou le dol auraient amené la dissolution du syndicat.

Cas où les sanctions pénales de l'article 9 sont remplacées par d'autres pénalités. — L'amende et la dissolution du syndicat seront la sanction la plus ordinaire des violations de la loi commises par un syndicat agricole ; mais n'y a-t-il pas des cas où des pénalités beaucoup plus graves, les pénalités que comporte la législation du droit commun, pourront être appliquées contre de soi-disants syndicats professionnels, qui usurperaient ce titre pour violer plus facilement la loi ?

Nous avons vu que l'article premier de la loi du 22 mars 1884 déclare inapplicables aux syndicats professionnels les articles 291, 292, 293 et 294 du Code pénal et la loi du 18 avril 1834. La question de savoir si les articles 291, 292, et 294 du Code pénal, défendant de former sans autorisation préalable une association quelconque de plus de vingt personnes et de lui consentir l'usage d'une maison, redeviennent applicables à l'égard des syndicats constitués illégalement, intéresse assurément les propriétaires des locaux où les associés se réunissent ; mais cette question importe peu, soit aux simples membres de l'association, qui sont exempts de peine, soit même aux chefs, contre lesquels est prononcée

(1) Trib. corr. d'Albi, 9 avril 1898, *Revue des Sociétés*, juin 1898, p. 264.

une peine (amende de 16 à 250 francs) semblable dans les deux cas, en vertu des articles 291, 292 et 294 du Code pénal ou en vertu de la loi de 1884 (article 9). Mais il en va tout différemment quand la question se pose au sujet de l'article 293 du code pénal et de la loi du 18 avril 1834.

L'article 293 du Code pénal punit de peines spéciales (cent à trois cents francs d'amende, trois mois à deux ans d'emprisonnement) toute provocation à des crimes ou à des délits, faite par discours, exhortations ou prières, ou par lecture, affiche, publication ou distribution d'écrits quelconques dans une réunion ou association *non autorisée.*

Quant à la loi du 18 avril 1834, elle complète les articles 291 et 292 du Code pénal, en les déclarant applicables aux associations de plus de vingt personnes, alors même qu'elles sont divisées en sections de moins de vingt personnes et qu'elles ne se réunissent pas tous les jours ou à des jours marqués. Elle permet, en outre, de poursuivre *tout membre* de l'association illicite et de lui infliger 50 à 1000 francs d'amende et de deux mois à un an d'emprisonnement. Toutefois, l'article 463 du Code pénal, relatif aux circonstances atténuantes, peut être appliqué.

On voit, par là, quel intérêt il y a à distinguer les cas où une association, se disant syndicat professionnel agricole, fait encourir *à ses directeurs seulement* les pénalités relativement légères de l'article 3 de la loi de 1884, et les cas où, au contraire, elle expose aux pénalités beaucoup plus graves et beaucoup plus étendues de la législation du droit commun *chacun de ses membres.*

Deux systèmes principaux ont été proposés pour faire la part de chacune de ces deux législations dissemblables.

Dans un premier système, on prétend que les sanctions de la loi de 1884 seront applicables, du moins partiellement, non seulement lorsqu'on aura affaire à un véritable syndicat professionnel, mais même lorsqu'on se trouvera en présence d'une association illicite n'ayant de syndicat que le nom.

On soutient qu'il y a une différence à faire entre les articles 291 et suivants du Code pénal et la loi de 1834. Les articles 291 et suivants du Code pénal conservent, dit-on, toute leur énergie à l'égard d'une association illicite, se disant syndicat professionnel ; en effet, l'art. 291 est celui qui définit et caractérise l'association illicite ; l'art. 292, qui prononce une peine, n'est pas plus redoutable que l'art. 9 de la loi de 1884, attendu que la pénalité qu'il établit (dissolution et amende de 16 à 200 francs pour les chefs, directeurs ou administrateurs) est identique à celle de l'art. 9 de la loi de 1884. Quant aux articles 293 et 294, l'art. 9 de la loi ne fait aucun obstacle à leur application, car ils prévoient des infractions différentes. Il n'y a qu'une légère modification à constater dans la portée de ces articles, c'est que l'individu poursuivi pour avoir fourni son local, ne pourra plus ici être condamné, conformément à l'art. 3 de la loi de 1834, à l'emprisonnement ; il encourra, seulement, comme complice, les mêmes peines que les administrateurs et les directeurs du syndicat. Rien n'empêche donc d'appliquer, sauf cette simple restriction, les art. 291 et suivants du Code pénal, en présence d'une association illicite se disant syndicat professionnel.

Mais il n'en peut être de même, ajoute-t-on, de la loi de 1834, qui doit être paralysée par l'article 9 de la loi de 1884. L'art. 9 de la loi de 1884 « prévoit, précisément, parmi les cas qu'il indique, ceux où l'association étant régulièrement constituée, n'aurait de syndicat que le nom. Dans l'énumération de l'art. 9 se trouvent comprises les infractions aux articles 2, 3, 4 ;... une association quelconque qui ne répondra à aucune des conditions de notre loi et qui n'aura demandé aucune autorisation pourra donc s'abriter derrière l'art. 9 ; elle dira : « Je suis un syndicat irrégulier qui ne s'est pas conformé aux articles 2, 3 et 4, j'ai donc droit à l'application de l'article 9 ». Vainement lui objectera-t-on que la loi de 1834 n'est pas abrogée expressément en sa faveur ; elle répondra avec raison : une loi pénale est abrogée implicitement par un autre texte qui prévoit la même infraction et qui édicte une peine plus douce... — Ajoutons que l'opinion contraire conduirait à des conséquences inadmissibles : un syndicat se constitue valablement, les membres se croient efficacement protégés par notre loi, puis les administrateurs reçoivent parmi les associés une personne sans profession ; alors l'association cesse de constituer un syndicat véritable, et si la loi de 1834 reste applicable, tous les associés pourront être poursuivis et condamnés jusqu'à 100 fr. d'amende, un an d'emprisonnement ! En présence du texte de l'article 9, peut-on accepter une semblable conséquence ? » (1) Mais n'arrive-t-on pas ainsi à faire varier la répression suivant la qualification qu'il a plu aux délinquants de se donner ?

Dans un second système auquel nous nous rallions, on ne fait aucune distinction entre les art. 291 et suivants du Code pénal et la loi de 1834, mais on raisonne tout différemment et l'on dit : les pénalités à appliquer contre des associations se disant syndicats professionnels dépendent uniquement de la réponse qui sera faite dans chaque espèce à cette question : l'association est-elle vraiment un syndicat professionnel par son but et par sa composition, ou n'est-elle qu'une association illicite se parant injustement du titre de syndicat professionnel pour échapper à de graves pénalités ?

Si l'association est vraiment un syndicat professionnel,

---

(1) Marcel MONGIN. — *Loc. cit.*, p. 106-109.

elle aura beau être sortie accidentellement de son rôle, avoir, par exemple, admis ou maintenu dans son sein quelques personnes n'ayant jamais exercé ou n'exerçant plus la profession pour la défense de laquelle le syndicat s'est constitué, avoir permis à des membres « honoraires » de participer aux opérations, s'être occupé de questions ayant quelques rapports avec la politique, avoir même omis de déposer les statuts ou le nom de ses administrateurs ou d'en renouveler le dépôt, toutes ces irrégularités, soit volontaires, soit involontaires, ne sauraient lui enlever son caractère d'association régie par la loi de 1884. Elles constitueront simplement des infractions punissables des peines portées par l'art. 9, non pas contre tous les membres, pris individuellement, mais seulement contre les administrateurs (l'amende), et contre le syndicat lui-même (la dissolution facultative). C'est la loi spéciale des syndicats qui sera applicable, et non la législation du droit commun

Mais si l'association n'est, au fond, qu'une association illicite s'abritant sous le titre de syndicat professionnel, comme on se sert d'un faux pavillon pour couvrir une marchandise de contrebande, si on y recrute les membres sans se préoccuper de leur profession, si l'association poursuit, en réalité, un but politique ou religieux, et non la défense d'intérêts professionnels, il est clair qu'une fois reconnu ce caractère d'association non professionnelle, il ne doit plus être question des pénalités édictées par l'art. 9 de la loi du 21 mars 1884, mais c'est la législation du *droit commun* qui devra être suivie; c'est-à-dire que, pour les associations illicites, on appliquera les art. 291 et suivants du Code pénal et la loi de 1834, ou, dans certains cas, les peines portées par des dispositions spéciales (1). La peine de l'em-

---

(1) La cour de Paris a fait application de ce principe en écartant le

prisonnement pourra donc être prononcée, et non seulement contre les administrateurs et directeurs, mais encore
contre tous les membres, comme le veut la loi de 1834. Il
pourrait se faire aussi que l'association portant à tort le nom
de syndicat ne fût qu'une confrérie religieuse, dont les
réunions périodiques sous l'autorité des ministres d'un
culte reconnu ne constitueraient aucune infraction
punissable (1).

Ainsi, dans ce système. lorsqu'une association se retran-
che derrière la loi de 1884 pour se soustraire aux pénalités
sévères de la législation du droit commun, c'est aux tribunaux qu'il appartient de décider souverainement, après
examen des faits, si cette association a droit au titre de
syndicat professionnel, et à la législation de faveur qui en
est la conséquence.

Cette manière de voir est d'ailleurs conforme aux travaux
préparatoires : « *Si le syndicat perdait son caractère professionnel*, a dit M. Allain-Targé, rapporteur à la commission de la Chambre, *il perdrait sans doute en même
temps les immunités garanties par l'article* 1er *de la loi
actuelle*. Il en serait du syndicat comme de toute autre
société civile ou commerciale, dont on emprunterait la
forme pour dissimuler une action collective que le législateur ne permet point. Les délinquants ne seraient pas cou-
verts par le titre syndical qu'ils auraient pris à tort. Cela
est évident » (2).

D'autre part, M. Lagrange, dans son rapport à la Cham-

---

titre de « syndicat professionnel » qui cachait une agence de paris aux
courses, et en prononçant contre les prévenus, les peines que l'art. 410
du Code pénal édicte dans le cas de tenue d'une maison de jeux de
hasard (C. de Paris, 29 nov. 1892, D. P. 94. 2.5).

(1) V. GARRAUD. — *Droit pénal*, t. IV, n° 190.

(2) Rapport de M. ALLAIN-TARGÉ, *J. Off*., 16 mars 1881.

bre des Députés, s'est exprimé ainsi (1) : « La commission
a cru devoir faire disparaître de la loi toutes les pénalités
introduites par le Sénat. *Le droit commun est largement
suffisant pour atteindre ceux qui tenteraient d'organiser,
sous la forme de syndicats, d'autres associations que des
associations professionnelles,* dont la constitution et le fonctionnement sont réglés par les articles 2 et 3 ».

Enfin, c'est aussi l'opinion admise dans la circulaire
interprétative de la loi. « Quant aux associations, dit
M. Waldeck-Rousseau, qui, sous le couvert des syndicats,
ne seraient point en réalité des sociétés professionnelles,
c'est la législation générale et non la loi du 21 mars 1884,
qui leur serait applicable » (2).

---

(1) LEDRU et WORMS. — *Commentaire de la loi sur les syndicats
professionnels,* p. 322.
(2) Circ. min. 25 août 1884.

CHAPITRE III

CONDITIONS DE LÉGALITÉ DES UNIONS DE SYNDICATS AGRICOLES

Les syndicats agricoles puisent dans l'article 5 de la loi de 1884 le droit de se grouper avec d'autres syndicats professionnels, agricoles ou autres, en formant des unions : « Les syndicats professionels, dit l'article 5, § 1, régulièrement constitués d'après les prescriptions de la présente loi pourront librement se concerter pour l'étude et la défense de leurs intérêts économiques, industriels, commerciaux et agricoles ».

En permettant aux syndicats professionnels de se grouper au moyen d'unions, le législateur n'a fait que consacrer un état de choses bien antérieur à la loi de 1884. Depuis longtemps, les chambres syndicales patronales ou ouvrières avaient pris sur elles de se former en unions, et ces unions étaient tolérées en fait par les pouvoirs publics comme l'étaient les chambres syndicales.

Cependant la reconnaissance officielle des unions de syndicats ne laissa pas que de soulever la plus vive résistance ;

on craignait que ces fédérations, mal dirigées, ne devinssent un véritable danger pour l'ordre social et pour la sécurité publique.

La disposition de l'art. 5 ne figurait pas dans le projet du gouvernement ; ce fut la commission de la Chambre qui l'introduisit ; la Chambre, et, après elle, le Sénat la votèrent, mais elle fut ensuite repoussée par cette dernière assemblée sur l'intervention de M. Bérenger : « Ne voyez-vous pas, disait-il, qu'à la liberté des syndicats profession-nels vous allez substituer la tyrannie du syndicat supérieur, qui n'aura d'autre attribution que d'exercer une influence générale et despotique sur les associations soumises à son autorité ? (1) »

La Chambre rétablit à nouveau l'article 5, et ce ne fut que lors de la deuxième délibération de la loi au Sénat, grâce à l'intervention de M. Waldeck-Rousseau, et sur la promesse que la personnalité civile serait refusée aux unions de syndicats, que le Sénat se décida à adopter l'article 5.

Le législateur avait compris que, à côté des intérêts communs à une certaine catégorie d'individus réunis en un syndicat, il y a aussi des intérêts, plus généraux, communs à plusieurs syndicats, représentant même des professions différentes. Comme le fit remarquer le président de *l'Union nationale du commerce et de l'industrie*, M. Hélard, dans sa déposition devant la commission du Sénat, il n'est pas vrai de dire « que chaque branche du travail, chaque profession n'ait que des intérêts tellement distincts, tellement définis qu'ils puissent être étudiés et discutés isolément, et toutefois d'une façon complète, par les seuls représentants de cette profession... A côté des questions purement tech-

(1) J. *Off.*, 13 juillet 1882, Déb. parl. Sénat, p. 781 et s.

niques, où la compétence des gens du métier est indispensable et suffisante, il en est d'autres et très nombreuses qui visent des intérêts communs à plusieurs corps d'état, quelquefois même à toute l'industrie d'une région et d'un pays : douanes, transports, apprentissage, travail des enfants et des femmes, conseils de prud'hommes, accidents de fabriques... »

Les syndicats agricoles peuvent donc, en se basant sur l'article 5, se réunir à d'autres syndicats économiques, agricoles, industriels ou commerciaux, peu importe, afin de se concerter pour l'étude et la défense de leurs intérêts communs.

L'article 5 déclare que les unions peuvent se fonder « librement » ; cela veut dire qu'elles peuvent, comme les simples syndicats, se constituer sans recourir à une autorisation quelconque. Mais il ne s'ensuit nullement que les syndicats professionnels puissent se grouper dans des unions en se dispensant de l'observation de toutes règles.

Les unions de syndicats, aussi bien que les syndicats, doivent satisfaire à des conditions de fond et à des conditions de forme.

CONDITIONS DE FOND

Les conditions de fond sont relatives à l'objet et à la composition des unions de syndicats.

1° *Objet*. — L'objet très large que peuvent poursuivre les unions de syndicats est identique à celui que peuvent se proposer les syndicats : l'étude et la défense des intérêts économiques, industriels, commerciaux ou agricoles.

Les unions de syndicats doivent donc s'abstenir rigoureusement des discussions politiques ou religieuses et elles ne peuvent accomplir des actes de spéculation.

2° *Composition.* — Les unions de syndicats ne peuvent comprendre, d'après l'article 5, § 1, que des « syndicats professionnels régulièrement constitués d'après les prescriptions de la présente loi ».

Une union de syndicats ne peut donc admettre dans son sein des syndicats irréguliers, ou d'autres groupements que des syndicats : les directeurs ou administrateurs d'unions de syndicats qui admettraient des associations de cette nature seraient passibles de l'amende prononcée par l'article 9 pour infraction aux dispositions de l'article 5, et la dissolution des unions de syndicats pourrait être prononcée par les tribunaux, à la diligence du procureur de la République, accessoirement à la condamnation des administrateurs ou directeurs.

Les syndicats régulièrement constitués, dont parle l'article 5, ne pouvant s'entendre que des syndicats constitués suivant la loi française, une union de syndicats ne saurait s'affilier un syndicat étranger même régulièrement constitué d'après la loi étrangère (1) ; elle s'exposerait d'ailleurs, dans certains cas, aux peines que porte la loi de 1872 contre l'Association internationale des travailleurs.

La loi n'exigeant pas d'autres conditions, on peut soutenir que les administrateurs peuvent n'être pas Français et ne pas jouir de leurs droits civils (2).

CONDITIONS DE FORME

Elles sont indiquées par l'article 5, § 2 : « Ces unions devront faire connaître, conformément au deuxième para-

---

(1) Pic. — *Op. cit.*, p. 154.
(2) En ce sens Marcel Mongin. — *Loc. cit.*, p. 98.

graphe de l'article 4, les noms des syndicats qui les composent ».

La loi n'exige donc qu'une seule condition de forme pour la validité des unions de syndicats, le dépôt des noms des syndicats qui les composent. Ce dépôt doit être fait conformément à l'article 4, § 2, à la mairie de la localité où l'union des syndicats est établie, et, à Paris, à la préfecture de la Seine. Une nouvelle déclaration doit être faite toutes les fois qu'un nouveau syndicat est affilié à une union.

Ce sont là les seules formalités que le législateur paraît avoir voulu imposer. Cependant on a prétendu qu'il fallait combiner l'article 5 avec l'article 4 : il en résulterait que les statuts adoptés par les unions devraient être également déposés, et que la qualité de Français et la jouissance des droits civils s'imposeraient chez tout administrateur ou directeur de ces unions. C'est d'ailleurs l'opinion soutenue par la circulaire interprétative : « Si l'union est régie par des statuts, elle doit également les déposer. Il est également nécessaire que l'union fasse connaître le lieu où siègent les syndicats unis. Les autres formalités à remplir sont les mêmes pour les unions et les syndicats » (1). On insiste surtout sur ce point que le législateur, peu favorable aux unions de syndicats, n'a pas pu les traiter mieux que les syndicats eux-mêmes.

Mais on a fait remarquer avec raison que le silence de la loi ne peut être interprété dans un sens défavorable aux unions de syndicats ; le texte primitif de l'article 5 contenait, en effet, cette disposition : « Les fondateurs de toute

---

(1) En ce sens, GLOTIN. — *Op. cit.*, p.218; BRY. — *Op. cit.*, p. 279; PIC. — *Op. cit.*, p. 153. *Contrà*, Marcel MONGIN. — *Loc. cit.*, p. 98; A. CHAREYRE. — *Loc. cit.*, n° 124 ; REVON. - *Op. cit.*, p. 333 ; GENIN. — *Op. cit.*, p. 282.

union devront remplir les formalités et conditions prescrites par l'article 4 de la présente loi ; ils devront, en outre, faire connaître les noms et sièges des syndicats qui composent l'union, et déclarer toute adhésion nouvelle ou toute radiation dans le délai d'un mois ». Or cette disposition gênante a disparu du texte définitif en même temps que celle qui accordait aux unions de syndicats le bénéfice de la personnalité civile.

De plus, l'article 5 renvoie seulement au paragraphe 2 de l'article 4, qui indique le lieu où doit s'opérer la déclaration, et non aux autres qui prescrivent le dépôt des statuts et des noms des administrateurs, ainsi que la qualité de Français et la jouissance des droits civils pour les administrateurs.

Enfin, les obligations qu'impose l'article 4 sont sanctionnées par des peines, l'amende et même la dissolution; en augmentant l'étendue des obligations mises à la charge des unions, on multiplie ainsi, pour ces unions, les occasions de voir prononcer contre elles des peines rigoureuses : or, on ne peut étendre les dispositions pénales par interprétation ou assimilation.

En l'absence d'un texte précis, nous devons donc décider que la seule formalité qui soit imposée aux unions de syndicats, est la déclaration des noms des syndicats qui les composent.

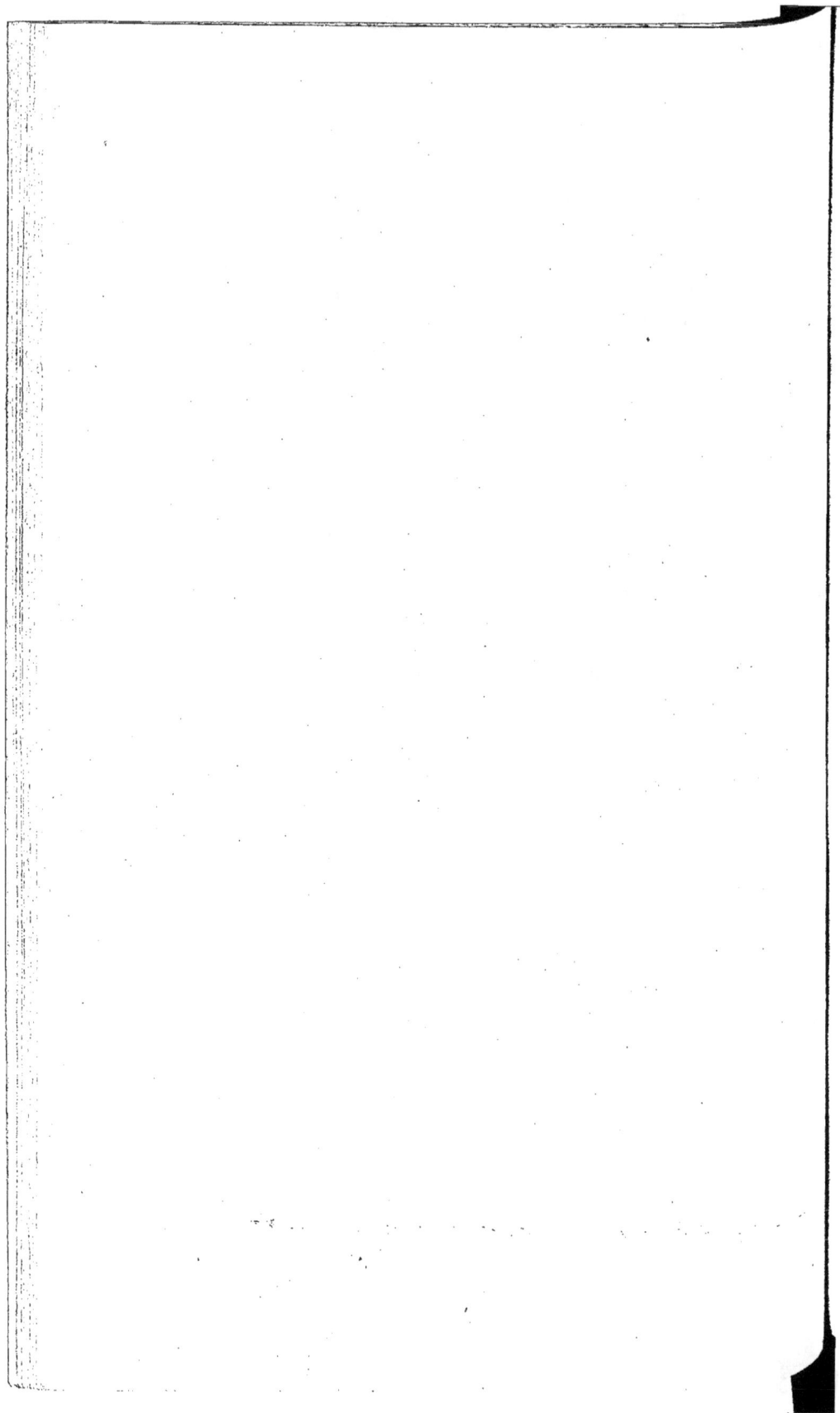

DEUXIÈME PARTIE

Fonctionnement des Syndicats agricoles

CHAPITRE PREMIER

PERSONNALITÉ CIVILE DU SYNDICAT AGRICOLE

Reconnaissance de la personnalité civile des syndicats

Un syndicat professionnel agricole, par le fait même de sa constitution et, d'après nous, avant même qu'il ait satisfait aux formalités de publicité prescrites par la loi, jouit de la personnalité civile. Le législateur de 1884 n'a pas prononcé le mot, mais la chose résulte de l'ensemble de la loi. L'article 2 déclare que les syndicats professionnels pourront se constituer librement, et l'article 6 fait une énumération nullement limitative d'un certain nombre de droits des syndicats professionnels, droits qui sont le propre des personnes juridiques, physiques ou morales. Cet article est ainsi conçu : « Les syndicats professionnels de patrons ou d'ouvriers auront le droit d'ester en justice.— Ils pourront employer les sommes provenant des cotisations.—Toutefois ils ne pourront acquérir d'autres immeubles que ceux qui seront nécessaires à leurs réunions, à leurs bibliothèques et à des cours d'instruction professionnelle... »

L'article 2 permettant de donner la vie à une association d'une durée indéfinie et dont l'individualité devra être distincte de la personne des membres du syndicat, l'article 6 a dû lui accorder « les droits qui lui permettront de se défendre dans la lutte pour l'existence ; il faut que cette personne puisse posséder, qu'elle puisse conserver, qu'elle soit entendue dans le double rôle de demanderesse et de défenderesse ; il faut qu'elle acquière, sans quoi elle sera vite à bout de forces » (1), il faut qu'elle puisse avoir un patrimoine, le gérer, le développer, et c'est cet ensemble de droits, dont nous venons de citer seulement les plus importants, qui constitue ce que l'on a appelé la *personnalité civile*.

Mais tout syndicat agricole a-t-il nécessairement la personnalité civile ou faut-il établir, à cet égard, des distinctions entre les syndicats ? On pourrait et on devrait même distinguer entre les syndicats agricoles, si divers projets soumis au Parlement, au moment de la discussion de la loi, avaient été adoptés ; mais, étant donné le texte définitif de la loi sur les syndicats professionnels, force est bien de décider que *tout* syndicat agricole a nécessairement, par le fait et du jour de sa constitution, la personnalité civile, sans qu'il y ait à tenir compte des restrictions qui ont pu être

---

(1) Emile REINAUD. — *Les syndicats professionnels, leur rôle historique et économique avant et depuis la reconnaissance légale*, p. 160.

proposées au cours des travaux préparatoires, mais que le législateur a entendu rejeter :

1° La personnalité existe alors même que le syndicat ne la demande pas. MM. Ribot, Goblet et Trarieux proposaient qu'elle ne fût accordée qu'aux syndicats qui la réclamaient : mais cet amendement fut repoussé avec raison par la Chambre des Députés; ce n'est pas là, quoi qu'on en ait pu dire(1), une atteinte portée à la liberté des syndicats professionnels. En conférant la capacité juridique aux syndicats, la loi n'exige aucune condition onéreuse. La personnalité est dans l'intérêt bien entendu des associés et des tiers.

2° La personnalité existe indépendamment du dépôt des statuts. En cas de violation des prescriptions de l'article 4, les personnes chargées de l'administration du syndicat sont exposées à l'amende, et le syndicat, à la dissolution ; mais, nous l'avons vu plus haut, tant que le jugement de dissolution n'a pas été prononcé, le syndicat agricole existe avec tous les droits découlant de la personnalité civile, à l'exception cependant de la faculté que lui refuse, en ce cas, l'article 2, de faire partie d'une union de syndicats. Il n'en aurait pas été ainsi, si l'on avait admis le système qui fut proposé, au Parlement, de la concession individuelle de la personnalité à chaque syndicat par le préfet, après examen des statuts, sauf recours, contre son refus, devant le conseil d'Etat. Mais on n'a pas voulu faire dépendre ainsi la jouissance d'une capacité jugée nécessaire du bon vouloir d'un fonctionnaire administratif (2).

---

(1) « Nous ne pensons pas que ce soit une heureuse innovation que celle qui consiste à imposer, même comme un bienfait, la personnalité civile à tous les syndicats » (SAUZET, *Revue critique de législation et de jurisprudence*, 1888, p. 408).

(2) J.*Off.*, 22 mai 1881, Déb. parl., Chambre, p. 956.

3o La personnalité existe pour les syndicats composés exclusivement soit de patrons, soit d'ouvriers agricoles, comme pour les syndicats mixtes.

MM. de Mun et de la Bassetière avaient proposé de réserver la qualité de personnes morales aux seuls syndicats mixtes, mais leur amendement fut repoussé.

D'autre part, la loi de 1884, en se servant, dans son article 6, de l'expression « les syndicats professionnels de patrons ou d'ouvriers », n'a nullement entendu exclure du bénéfice de la personnalité civile les syndicats mixtes.

Enfin, la loi n'a pas voulu priver de la personnalité civile, comme le lui faisait dire inexactement le tribunal de Domfront (1), les associations professionnelles dont les membres ne sont pas qualifiés de *patrons* ou d'*ouvriers*, ce qui aurait entraîné la proscription des syndicats *agricoles*, des syndicats d'*employés,* et enfin des syndicats formés entre personnes exerçant des professions *libérales*. Bien au contraire, les efforts du législateur ont toujours tendu à assimiler complètement tous les syndicats professionnels au point de vue des avantages que la loi leur concède spécialement, et de la personnalité civile, source de tous les autres (2).

Tout syndicat agricole jouit donc nécessairement de la personnalité civile, à la seule condition qu'il soit vraiment professionnel, et par sa composition, et par son objet.

Nature de la personnalité civile des syndicats agricoles

Il ne nous suffit pas, pour connaître toute l'étendue des droits des syndicats agricoles, de savoir que ce sont des personnes civiles ou morales, c'est-à-dire que la loi leur a

---

(1) Trib. de Domfront, 6 déc. 1884, D. P. 86.1.137.
(2) C. de Caen, 4 fév. 1885, D. P. 86.1.137.

conféré la capacité juridique, il importe de préciser la nature de leur personnalité civile, car il y a des degrés dans cette personnalité ; toute les personnes morales n'en jouissent pas au même titre et, par suite, avec la même étendue.

La question de la condition légale de ces abstractions juridiques est un des problèmes les plus obscurs de notre droit français ; aucun texte n'explique ce qu'il faut entendre par personne civile, quels sont précisément leurs droits et s'il faut en faire diverses catégories ayant une capacité plus ou moins étendue (1). C'est donc à l'interprète de suppléer à l'omission du législateur.

Plusieurs classifications des personnes morales ont été proposées. D'après M. César-Bru (2), elles se diviseraient en deux grandes classes, les personnes morales *publiques* et les personnes morales *privées*. Dans la première catégorie figureraient l'Etat, le département, la commune, et les personnes morales qui, dérivant des premières, remplissent un service public et qu'on appelle les établissements publics. Dans la seconde catégorie, il faudrait faire rentrer toutes les collectivités, même reconnues par l'Etat, qui jouissent de la personnalité, mais émanent de l'initiative privée et rendent des services d'ordre privé, ce qui comprendrait même les établissements dits d'utilité publique.

M. Bry, dans sa division des personnes morales, sépare(3)

---

(1) C'est à peine si les mots de *personnalité civile* et de *personne civile* sont employés dans nos lois. Nous en avons pourtant un exemple dans l'art. 11, § 3, de la loi municipale du 5 avril 1884. — Le projet de loi déposé au nom du gouvernement, le 14 novembre 1899, sur le bureau de la Chambre, par M Waldeck-Rousseau, en vue de modifier la loi de 1884, porte textuellement dans la nouvelle rédaction de l'art. 6 : « Les syndicats professionnels *jouissent de la personnalité civile...* »

(2) César-Bru. — *De la nature de la personnalité civile des syndicats professionnels* (Revue générale du Droit, 1891, p. 129).

(3) Bry. — *Op. cit.*, p. 256.

l'Etat, « qui est la forme la plus complète de la puissance publique et dont la personnalité est attestée par l'ensemble des lois financières et domaniales », des simples établissements publics.

Enfin, la classification la plus communément adoptée reconnaît trois branches de personnes morales :

1° *Les établissements publics,* créés pour la gestion des services publics, « qui font partie intégrante de l'organisation administrative ou qui lui sont étroitement attachés » (1), comme l'Etat, les départements, les communes, les hospices et hôpitaux, les bureaux de bienfaisance, les fabriques, les consistoires protestants ou israélites;

2° *Les établissements d'utilité publique,* qui ne sont que des établissements chargés d'intérêts purement privés, mais auxquels les services qu'ils peuvent rendre et l'utilité qu'ils peuvent présenter pour le public, ont fait conférer la personnalité civile : tels sont les monts-de-piété, les congrégations reconnues, les associations syndicales autorisées, les sociétés de secours mutuels reconnues ou même simplement approuvées, les caisses d'épargne, les sociétés charitables, littéraires, agricoles ou scientifiques sans but lucratif et reconnues d'utilité publique;

3° *Les personnes morales privées.* Telles sont les sociétés purement privées, comme les sociétés commerciales, régies par la loi du 24 juillet 1867.

Il est bien certain qu'un syndicat professionnel, agricole ou autre, ne saurait être considéré comme un établissement public ; il n'en a aucunement les caractères. On ne le fonde pas pour gérer un service public ; il ne fait point partie in-

---

(1) DUCROCQ. — *Cours de Dr. admin.,* t. II, p. 365.

tégrante de l'organisation administrative et il ne lui est attaché ni de près ni de loin. Pour que les syndicats professionnels pussent être considérés comme des établissements publics, « il faudrait, d'abord, que le triomphe du socialisme eût amené l'embrigadement de toutes les professions sous la direction de l'Etat ; il faudrait aussi que les pouvoirs publics tolérassent la formation de syndicats entre fonctionnaires. Aucune de ces éventualités ne nous semble prochaine » (1).

Restent les deux autres branches des personnes morales privées. Dans laquelle de ces deux catégories faut-il classer les syndicats professionnels ?

La question n'est pas sans intérêt. Si l'on range les syndicats professionnels parmi les établissements d'utilité publique, il faudra décider :

1º Que les dons et legs qui leur seront adressés ne pourront être acceptés sans une autorisation administrative, ainsi que l'art. 910 du Code civil l'exige pour les personnes morales d'utilité publique; et que les notaires seront tenus, conformément au décret du 30 juillet 1863, de faire connaître au préfet les testaments contenant des libéralités au profit d'un syndicat;

2º L'administration de leurs biens sera soumise à la surveillance du Conseil d'Etat ou du préfet ;

3º Les droits que leur confère leur qualité de personnes morales seront étroitement limités à ceux que reconnaît expressément la loi du 21 mars 1884, car, pour les établissements d'utilité publique, il est de principe que le pouvoir qui leur donne l'existence formule nettement, dans l'acte de reconnaissance, la sphère hors de laquelle ils ne pourront se mouvoir et les droits précis dont ils jouiront;

---

(1) Sauzet. — *Loc. cit.*, p. 316.

4º En cas de dissolution du syndicat, les biens qui composent son patrimoine reviendront à l'Etat, à moins que les statuts du syndicat ne prévoient une affectation différente. La dissolution d'un établissement d'utilité publique laisse, en effet, l'actif de celui-ci sans maître, et les biens retournent naturellement à l'Etat, à défaut d'une clause contraire de l'acte constitutif ;

5º Si l'on admet que l'article 1032 du Code de procédure civile vise les établissements d'utilité publique aussi bien que les établissements publics, les syndicats devront se munir d'une autorisation préalable pour plaider ;

6º Les syndicats seront assujettis à payer la taxe des biens de mainmorte.

Dans le cas, au contraire, où l'on rangerait les syndicats professionnels parmi les sociétés privées, il faudra décider : qu'ils pourront se passer d'autorisation pour recevoir des dons et legs ; qu'ils pourront librement déterminer dans leurs statuts le mode de gestion de leurs biens, et que l'Etat n'aura rien à y voir ; qu'il faudra une exception bien formelle, résultant du texte de la loi, pour leur enlever la jouissance d'un droit ; qu'au moment de la dissolution, l'actif sera partagé entre les membres du syndicat, en l'absence d'une clause des statuts disposant autrement ; qu'en aucun cas le syndicat n'aura besoin d'autorisation pour plaider, et qu'enfin il ne sera pas assujetti à la taxe des biens de mainmorte.

Nous croyons, quant à nous, que les syndicats agricoles ne peuvent pas être rangés parmi les établissements d'utilité publique, ce qui ne veut pas dire qu'ils se confondent avec les sociétés purement privées à but lucratif.

Ils sont, à proprement parler, des personnes morales représentant des intérêts *privés*, mais *collectifs*, c'est-à-dire des personnes morales privées d'une nature à part.

La loi qui les régit est, suivant l'expression de M. Waldeck-Rousseau, « une loi *spéciale*, et qui s'applique à une catégorie particulière : les syndiqués professionnels » (1).

Inutile, par conséquent, de chercher à calquer la personnalité civile des syndicats sur la personnalité des établissements d'utilité publique, qui ont un tout autre caractère. On peut comparer les deux genres d'institutions, et relever entre elles des ressemblances, mais une assimilation complète n'est pas possible. Ce qui domine dans le syndicat, c'est son rôle de personne *privée*. D'ailleurs, c'est bien, en effet, parmi les personnes morales privées, que les associations professionnelles sont classées par la grande majorité des auteurs (2).

Le Syndicat agricole n'est pas un établissement d'utilité publique.

Quels sont les caractères qui distinguent, de la personne purement privée, l'*établissement d'utilité publique* (distinct lui-même de l'*établissement public)* ?

Il faut, ce nous semble, pour constituer un établissement d'utilité publique, la réunion de ces deux conditions :

1° Que la personne morale ait un *but d'utilité publique*, sans cependant rentrer dans la catégorie des personnes morales qui, étant chargées de la gestion d'un service public de l'Etat, du département ou de la commune, portent, pour ce motif, le nom d'*établissement public* ;

---

(1) *Musée social*, Circulaire n° 19, précitée.
(2) En ce sens, Marcel MONGIN. — *Loc. cit.*, p. 101; SÉNART. — *Les syndicats agricoles et la loi du 21 mars 1884*, p. 15; BOULLAIRE. — *Op. cit.*, p. 91-95; DUFOURMANTELLE.—*Précis de législation industrielle*, p. 42 ; BOULLAY. —*Op. cit.*, p. 168; CÉSAR-BRU. — *Revue générale du Droit*, 1891, p. 126.

2º Que le but d'utilité publique ait été *officiellement constaté par un acte spécial et individuel de reconnaissance*, émanant de l'autorité compétente d'après la loi.

En effet, si l'une de ces conditions vient à manquer, il peut y avoir, sans doute, une personne civile, mais qui ne sera pas placée sous le régime spécial des établissements *d'utilité publique.*

Nous disons qu'il faut d'abord un but ou un objet d'utilité publique. L'intervention du pouvoir, lorsqu'il autorise la formation de certaines personnes civiles d'intérêt purement privé, ne suffira pas pour leur donner le caractère d'*établissement d'utilité publique.*

Ainsi, pendant longtemps, les sociétés anonymes ont été soumises à une autorisation par décret rendu en Conseil d'Etat ; pourtant, jamais on ne les a considérées comme des établissements d'utilité publique ;

Aujourd'hui encore, en vertu de l'article 66 de la loi du 24 juillet 1867, les associations de la nature des tontines, et les sociétés d'assurances sur la vie, mutuelles ou à primes, restent soumises à l'autorisation et à la surveillance du gouvernement. Cependant, ces sortes de sociétés ne sont, aux yeux de personne, des établissements d'utilité publique (1).

Il faut, en second lieu, un acte de l'autorité déclarant, *cognitâ causâ*, que telle institution, considérée spécialement dans son origine, son but, ses statuts, ses ressources, et même, en général, dans les preuves déjà données par elle des services qu'elle peut rendre, est réellement *d'utilité publique*, autrement dit, il faut une « reconnaissance » officielle de la qualité d'établissement d'utilité publique. A

---

(1) V. GLOTIN. p. 203.

défaut de cet acte de l'autorité, la personne civile peut exister, mais seulement comme personne purement *privée*.

Ces principes rappelés, il est facile d'établir que le syndicat agricole n'est pas un établissement d'utilité publique parce qu'il ne présente ni un but d'utilité publique, ni surtout une reconnaissance individuelle d'utilité publique.

I. — Le Syndicat agricole n'a pas un but d'utilité publique

C'est, évidemment, un but d'*utilité publique* qui, seul, provoque et justifie l'acte de « reconnaissance » officielle d'une institution comme établissement d'utilité publique. Les mots ont ici, par eux-mêmes, une valeur qui devrait dispenser de tout commentaire.

Cependant, pour soustraire les syndicats professionnels à la condition des personnes privées et leur appliquer arbitrairement le régime des établissements publics, on a eu recours à une classification des personnes morales publiques et privées fondée sur des bases toutes nouvelles, mais n'ayant, suivant nous, rien de juridique.

D'après M. Sauzet, pour distinguer les personnes morales publiques des personnes morales privées, il faut s'attacher, non pas à la nature des services rendus par l'établissement, mais au caractère intéressé ou désintéressé du but que les associés poursuivent personnellement. « Le fait individuel ou collectif, fondation ou association, qui crée, en effet, la personne morale ou qui n'en est que le germe, qui en prépare l'avènement ultérieur par un acte de la Puissance publique, — ce fait appelle nécessairement une *contribution financière* aux besoins, aux charges, aux frais que le fonctionnement de l'entreprise, de l'œuvre va révéler. Cette contribution, ce versement unique ou périodique, appelez-le donation du fondateur, dot du religieux, apport de l'associé, cotisation du sociétaire, il importe peu ; mais, quel que soit son nom, de deux choses l'une : ou bien ce versement est fait dans le but d'en tirer un profit pécuniaire, de le voir fructifier, s'accroître, dans le but de spéculer sur lui, c'est au moins un placement ; ou bien il s'est produit, sinon toujours *animo donandi*, par esprit de sacrifice, du moins abstraction faite de toute perspective de gain, de tout espoir d'un revenu à en retirer ou d'une plus-value à réaliser, un jour, sur lui ; ce n'est pas même un placement.

« Au premier cas, il y a ou il y aura personne morale privée, au second il y a ou il y aura personne morale publique » (1).

S'il y a poursuite d'un but désintéressé, s'il y a exclusion de toute préoccupation de lucre qui impliquerait la volonté de maintenir les droits individuels au profit des adhérents à l'œuvre, *on se trouve en présence d'une personne morale publique*, sans qu'il soit besoin d'examiner « si la loi exige, pour chaque société du même type, un acte d'investiture individuel émané de l'administration, ou si elle autorise en bloc la constitution d'une série indéfinie d'établissements du même type » (2).

Si, au contraire, l'association n'est qu'un moyen de favoriser la réalisation de bénéfices individuels, ce qui suppose, par conséquent, que l'être fictif n'absorbe pas en lui les droits des associés, *c'est bien en présence d'une personne morale privée que l'on se trouve*, quand bien même la loi ferait dépendre son existence et sa vie juridique d'une autorisation administrative spéciale et individuelle. Dans la

---

(1) SAUZET. — *Op. cit.*, p. 327.
(2) Paul Pic. — *Op. cit.*, p. 129.

première hypothèse, c'est une *association de personnes*, dans la seconde, c'est une *mise en commun de capitaux*.

Avec un semblable *criterium* on s'imagine pouvoir arriver à classer les syndicats parmi les établissements d'utilité publique : « Il nous avait toujours paru, dit M. Sauzet, que le but des membres d'un syndicat, s'il n'était pas exclusivement d'intérêt général, s'il était fortement mélangé, en quelque sorte, du souci de l'utilité personnelle, privée des adhérents, devait néanmoins faire ranger les syndicats parmi les personnes morales *publiques*. Pour être intéressée, en effet, et, pour ainsi dire, égoïste, la fin que se proposent les syndiqués n'est pas un gain, le lucre; s'ils songent à améliorer leur situation, du moins ils ne s'affilient pas dans la pensée de réaliser des bénéfices sur leurs cotisations, de spéculer avec elles, d'en faire le placement. C'est bien là le signe caractéristique qui nous a permis de marquer la différence entre les personnes morales *publiques* et les personnes morales privées » (1).

Nous ne parvenons pas à saisir la connexité que l'on prétend exister entre le caractère public ou privé d'une personne juridique et le but intéressé ou désintéressé de ceux qui la composent. Pourquoi une association, comprenant dans son sein des membres guidés par des mobiles d'intérêt ne serait-elle pas une personne morale publique ? Pourquoi, par contre, une association dont les membres seraient dirigés et soutenus par une seule pensée, celle de venir en aide à leurs semblables, sans rien attendre d'eux en retour, ne conserverait-elle pas son caractère de personne morale privée ? Le désintéressement ne se rencontre-t-il pas souvent au service d'œuvres essentiellement privées par leur nature et leur fonctionnement ?

---

(1) Sauzet. — *Loc. cit.*, p. 392.

Dans tous les cas, et cela doit suffire, le législateur, pour distinguer les établissements d'utilité publique des autres, a déclaré prendre en considération l' « utilité publique » poursuivie par ces institutions, et nullement le caractère lucratif, ou non, du but visé personnellement par les associés.

Mais admettons que le *criterium* tiré de l'intention désintéressée ou intéressée des coopérateurs soit exact; admettons que, pour une association, la qualification de personne morale *publique* ou *privée* doive dépendre du mobile qui fait agir les individus dont cette association se compose : les syndicats professionnels devront-ils être rangés dans la catégorie des personnes morales publiques? Nous ne le croyons pas. M. Sauzet examine les dispositions d'esprit, l'*état d'âme* des syndiqués au moment de leur entrée dans l'association, le motif qui les détermine à verser leur cotisation ; il estime que leur intervention est purement désintéressée, et il en conclut que le syndicat qui les reçoit est une personne morale publique.

On pourrait tout d'abord faire observer que le versement d'une cotisation n'est nullement indispensable pour participer à un syndicat ; il est un certain nombre de syndicats, agricoles ou autres, qui n'en exigent aucune de leurs membres ; il en est d'autres qui réclament seulement à ceux de leurs membres auxquels ils ont rendu des services matériels, le paiement d'une cotisation calculée d'après l'étendue des services rendus, par exemple, un tant pour cent sur le chiffre des achats ou des ventes passés par l'intermédiaire du syndicat. Comment le *criterium* de M. Sauzet pourra-t-il s'appliquer à ces syndicats, et dans quelle catégorie de personnes morales se décidera-t-on à les ranger ?

D'ailleurs, comme M. César-Bru l'a fait justement observer, c'est pour une société de commerce que l'analyse de l'intention peut se faire exactement au moment du versement de l'apport et sur la base de ce dernier, « car cet apport forme la société fondée en vue de la fructification de cet apport. C'est donc bien à ce moment que le but des sociétaires a apparu. Il n'en est pas de même pour un syndicat. Celui-ci est formé par une réunion d'individus. Quelle est leur pensée intime ? Former une corporation qui soit utile à tous et à chacun ; *on recherche l'intérêt de chacun parce que celui-ci se confond avec l'intérêt de tous*. Voilà le but de la corporation syndicale, but certainement intéressé... Comment le syndicat atteindra-t-il ce but ? Et les statuts de répondre : par les cotisations. La cotisation ne nous apparaît donc pas comme le but du syndicat, ni des syndiqués, mais comme le moyen d'arriver au but poursuivi ». Et l'on peut raisonnablement considérer le paiement de la cotisation comme « un contrat onéreux, en vertu duquel le syndiqué reçoit, en échange de sa cotisation, les avantages que peut fournir le syndicat, le droit de se dire membre de l'association et de réclamer la qualité de syndiqué » (1).

Sans doute, les membres d'un syndicat agricole peuvent faire entrer dans leur objectif la défense de l'intérêt général de la profession d'agriculteur, mais, à côté de cet intérêt général, il y a des intérêts plus spéciaux, plus personnels, et c'est presque toujours par le désir de défendre leurs intérêts personnels, en tant que compris dans les intérêts de la collectivité appelée syndicat agricole, que seront guidés les membres de cette association. A coup sûr, la plupart de ceux qui adhèrent à l'idée syndicale, dans les campagnes, sont moins touchés par la considération des intérêts généraux de l'agriculture que par le sentiment de leurs intérêts propres, et de la solidarité des intérêts privés des agriculteurs d'une

(1) César-Bru. — *Loc. cit.*, p. 138 et 139.

même région. Si les associations professionnelles agricoles se sont si rapidement constituées et en aussi grand nombre, c'est que les besoins de l'existence rendaient nécessaire ce mode d'association pour les populations rurales.

En vérité, l'objectif poursuivi par les syndicats professionnels embrasse bien l'étude et la défense des intérêts d'une certaine collectivité, mais ces intérêts sont des intérêts privés plutôt que des intérêts généraux. Suffirait-il donc qu'une association défendît les intérêts d'une collectivité pour qu'elle dût être rangée parmi les établissements d'utilité publique (1) ? A ce compte-là, toutes les associations, sans en excepter les sociétés civiles ou commerciales, devraient être considérées comme des établissements d'utilité publique. car elles tendent toutes à la défense d'une collectivité plus ou moins étendue. Personne n'accepterait les conséquences d'un pareil raisonnement pour les sociétés civiles et commerciales ; comment certains auteurs peuvent-ils les accepter pour les syndicats professionnels ?

L'utilité publique ne doit donc pas être confondue avec l'intérêt collectif; il n'est pas nécessaire qu'une association présente un caractère d'utilité publique, qu'elle poursuive la défense d'intérêts publics, pour que le législateur lui confère la personnalité civile ; il peut suffire, à ses yeux, qu'elle poursuive la défense d'intérêts collectifs.

A l'appui de son système, M. Sauzet invoque l'analogie des syndicats professionnels avec les sociétés de secours mutuels. Selon lui, si ces dernières sont traitées comme des

---

(1) Un jugement du tribunal de la Seine a cru pouvoir le dire des syndicats professionnels. D'après lui, « ces associations, devant nécessairement se consacrer à l'étude et à la défense des intérêts de certaines collectivités, ont un caractère d'utilité publique » (Trib. civ. de la Seine, 16 juil. 1896, D. P. 98.2.138).

personnes morales d'utilité publique, c'est que le mutualiste, pas plus que le syndiqué professionnel, ne cherche à s'enrichir en payant sa cotisation ; le but de l'un et de l'autre serait désintéressé, à la différence des sociétés privées, telles que les sociétés commerciales, où les sociétaires ne font un apport, un versement quelconque que dans l'intention de le faire fructifier. Aussi, dit-on, les droits du mutualiste sont essentiellement attachés à sa personne, il n'en transmettra aucun, tandis qu'au contraire, dans une société, même contractée *intuitu personæ*, l'héritier d'un associé pourra toujours faire valoir ses droits pécuniaires du chef de son auteur. Le but poursuivi par les membres des sociétés de secours mutuels étant analogue à celui des membres des syndicats professionnels, la condition de ces deux associations doit être la même au point de vue de la personnalité civile.

On peut répondre que le but du mutualiste, en pénétrant dans une société de secours mutuels, n'est pas désintéressé, pas plus que ne l'est du reste, le but du syndiqué en entrant dans le syndicat : le jour où le membre de la société de secours mutuels en recevra une allocation, il retirera évidemment de sa cotisation un très réel bénéfice. En définitive, par suite de quel raisonnement se décide-t-on d'ordinaire à entrer dans un syndicat ou dans une société de secours mutuels ? Est-ce bien pour venir en aide à ses semblables ou même spécialement aux membres de sa profession, ou n'est-ce pas plutôt pour se rendre service à soi-même ? Il est certes plus facile de supposer que de connaître une intention susceptible de varier avec les individus: aussi, pour être logique, il faudrait faire varier le régime de l'association suivant les mobiles intéressés qui déterminent ses membres à en faire partie, si l'on faisait dépendre le régime de l'association du but poursuivi par ses membres. Or, quel jurisconsulte voudrait prendre, dans la pratique, la responsabilité d'une pareille décision ?

D'ailleurs, l'abandon absolu de sa cotisation, que l'on suppose consenti par le mutualiste, ne nous paraît pas aussi certain qu'on veut bien le dire. En effet, pour le cas de dissolution de la société de secours mutuels, libre, approuvée ou reconnue comme établissement d'utilité publique, l'artice 11 de la loi du 1er avril 1898, sur les sociétés de secours mutuels, renvoie à l'article 5 ; or, cet article dispose que les statuts ont pleine liberté pour déterminer notamment les conditions de dissolution de la société, et les bases de la liquidation à intervenir, si la dissolution a lieu ; par conséquent, une clause des statuts peut très bien décider qu'en cas de dissolution, le montant de leurs cotisations sera remboursé aux membres de la société.

Enfin, si l'on doit tenir compte du but des membres de l'association pour la ranger dans une catégorie plutôt que dans une autre, comment se fait-il que toutes les sociétés de secours mutuels ne soient pas des établissements d'utilité publique ? Il existe, en effet, deux autres types de sociétés de secours mutuels, les sociétés libres et les sociétés approuvées, et celles-ci ne deviennent sociétés reconnues comme établissements d'utilité publique que si la demande en a été adressée au préfet (1). Si le législateur avait adopté le *criterium* proposé par M. Sauzet, toutes les sociétés de secours mutuels devraient être classées parmi les établissements d'utilité publique, car on ne saurait sérieusement prétendre que le but des membres, désintéressé dans les sociétés reconnues comme établissements d'utilité publique, est essentiellement intéressé dans les sociétés libres et dans les sociétés approuvées.

---

(1) Article 32 de la loi du 1er avril 1898.

Pour prouver que le syndicat professionnel doit être assimilé aux établissements d'utilité publique, M. Sauzet s'appuie encore sur ce fait que le législateur aurait prohibé le partage de l'actif syndical entre les syndiqués : il invoque, à ce sujet, l'art. 7 de la loi du 21 mars 1884, qui dispose qu'un syndiqué peut, à tout instant, se retirer de l'association, sauf à verser la cotisation de l'année courante, tout en conservant ses droits de membre des sociétés annexes de secours mutuels ou de retraite, fondées sous les auspices du syndicat au profit des syndiqués. L'auteur en conclut que le syndiqué n'a aucun droit sur l'actif, et qu'on se trouve, par conséquent, en présence d'une personne morale publique.

Constatons tout d'abord que l'art. 7 n'a aucunement pour objet de régler la question de l'attribution des biens du syndicat au jour de sa dissolution ; bien au contraire, il tend avant tout à assurer la pleine indépendance des individus en leur permettant de se retirer librement et à tout instant du syndicat, sans qu'ils puissent en être empêchés par des considérations pécuniaires. Mais en supposant même que l'article 7 ait bien le sens qu'on lui prête, il en faudrait induire simplement que les membres non-démissionnaires du syndicat professionnel ont bien réellement la copropriété de l'actif syndical, puisqu'il a fallu un texte spécial pour enlever ce droit au syndiqué démissionnaire; on ne peut pas conclure que le syndicat soit, pour autant, une personne morale publique.

D'ailleurs l'art. 7 ne parle pas du tout de la dissolution du syndicat ; il envisage simplement l'éventualité de la démission ou de l'exclusion d'un membre de cette association. Il est bien certain que la démission ou l'exclusion d'un ou de plusieurs membres ne saurait entraîner les mêmes conséquences que la dissolution du syndicat ; en cas de démission ou d'exclusion, la personne morale du syndicat

subsiste, elle conserve tous ses droits; l'actif syndical n'est
pas indivis, il ne peut donc être question de le partager entre
les membres. Il en est tout autrement dans le cas de dissolution du syndicat : la personne morale disparaît ; il ne
reste plus que le patrimoine social, et des membres qui
ont à se le partager. On ne peut donc transporter la décision
de l'art. 7 de l'hypothèse de l'exclusion ou de la démission
d'un membre à l'hypothèse, toute différente, de la dissolution
du syndicat. Malgré l'article 7, on doit donc décider, à notre
avis, qu'en cas de dissolution, les syndiqués ont droit à l'actif
du syndicat, et que, par suite, le syndicat est, non pas un
établissement d'utilité publique, mais une personne morale privée (1).

Enfin, pour englober les syndicats professionnels parmi
les établissements d'utilité publique, on a prétendu trouver
un appui dans le passage suivant de la circulaire interprétative de la loi de 1884 : « Grâce à l'art. 6, écrivait M. Waldeck-
Rousseau, le syndicat devient une personne juridique d'une
durée indéfinie, distincte de la personne de ses membres, capable d'acquérir et de posséder des biens propres, de prêter,
d'emprunter, d'ester en justice, etc. Ainsi, *ces associations
professionnelles,* d'abord proscrites, puis tolérées, *sont élevées par la loi du 21 mars, au rang des établissements d'utilité publique,* et, *par une faveur inusitée jusqu'à ce jour,*
elles obtiennent cet avantage, *non en vertu de concessions
individuelles,* mais en vertu de la loi et par le seul fait de
leur création » (2).

On a voulu voir, dans ce passage, une assimilation des
syndicats professionnels aux établissements d'utilité publique ; or, rien n'est moins exact. De ce que les syndicats

(1) V. César-Bru. — *Loc. cit.*, p. 141.
(2) Circ. min. 25 août. 1884.

sont *élevés par la loi au rang des établissements d'utilité publique*, en résulte-t-il qu'ils deviennent eux-mêmes des établissements d'utilité publique et qu'ils doivent être soumis au même régime que ces personnes morales ? Pas le moins du monde; là où M. Waldeck-Rousseau s'est borné à faire une constatation de ressemblance, on prétend voir une assimilation. De ce que deux personnes ont reçu par libéralité ou autrement une valeur égale, il ne s'ensuit nullement que les biens donnés à l'une doivent être dans la même condition légale que les biens donnés à l'autre. Il se peut que pour entrer en jouissance, l'un des donataires doive satisfaire à une condition et l'autre à une autre; il se peut aussi que l'un soit majeur et célibataire et l'autre mineur ou marié sous un régime qui ne lui laisse pas la libre administration de ses biens ; il en résultera que les biens donnés à l'un et à l'autre, tout en étant d'une valeur identique, ne seront pas soumis aux mêmes règles.

L'avantage que la loi a procuré aux syndicats professionnels, en leur conférant la personnalité civile, peut être traité comme un don, bien que cette reconnaissance leur soit due en toute justice; ce don, les établissements d'utilité publique le reçoivent aussi, mais à la condition d'une autorisation spéciale et individuelle qui nécessite, chaque fois, une intervention nouvelle des pouvoirs publics. Les syndicats sont donc dans une situation aussi avantageuse et même plus favorable que celle des établissements d'utilité publique : c'est là, vraisemblablement, tout ce qu'a voulu dire M. Waldeck-Rousseau en constatant que les uns comme les autres ont la personnalité civile. Il y a loin de là à une assimilation complète du régime des syndicats professionnels à celui des établissements d'utilité publique.

(1) V. BRY. — *Op. cit.*, p. 258.

Pour toutes les raisons que nous venons de présenter, le *criterium* proposé par M. Sauzet et par plusieurs auteurs à sa suite, nous paraît manquer de fondement juridique, et l'application qu'on voudrait en faire aux syndicats professionnels, agricoles ou autres, doit être repoussée.

II. — LE SYNDICAT AGRICOLE NE PEUT PAS INVOQUER UNE RECONNAISSANCE INDIVIDUELLE D'UTILITÉ PUBLIQUE

Quand bien même on devrait admettre, suivant une théorie que nous venons de combattre, que les syndicats professionnels ont, à raison de leur but non-lucratif, un caractère d'intérêt général analogue à celui que présentent les personnes morales publiques, il leur manquerait toujours, pour constituer des « établissements d'utilité publique », l'acte de reconnaissance ou d'autorisation *individuelle*, qui est essentiel à la formation de ces derniers.

Il y a, sous le rapport de leur origine, une grande différence entre les personnes morales *privées*, même créées en vertu d'une loi qui leur concède formellement la personnalité civile, et les personnes morales *publiques*. « Nous sommes, dit M. Labbé (1), en présence de deux classes de personnes morales, d'un côté les établissements publics, les établissements d'utilité publique, les corporations, auxquels une décision *spéciale* du législateur ou du gouvernement a conféré la qualité et les droits d'une personne juridique; d'un autre côté, les sociétés commerciales en nom collectif, en commandite ou anonymes, et les sociétés civiles qui ont adopté les formes réglées par la loi commerciale. Ces sociétés, régies par l'article 529 du Code civil, ont reçu, en

---

(1) Note sous arrêt C. de Paris, 25 mars 1881, *Revue crit. de lég. et de jur.*, 1882, p. 345 et s.

vertu d'une disposition *générale* de la loi, une sorte de personnalité juridique ». D'autre part, M. Ducrocq (1) s'exprime ainsi au sujet des associations syndicales libres auxquelles il dénie le caractère d'établissements d'utilité publique : « La loi du 21 juin 1865 leur a sans doute conféré le caractère de personnes morales qui leur était refusé par la jurisprudence... Toutefois, ces associations se forment *sans l'intervention de l'administration* et par le consentement unanime des associés, et nous savons que *nul établissement d'utilité publique ne peut exister qu'en vertu d'un acte de la puissance publique*... Ce sont donc des *sociétés privées* qui s'administrent dans les conditions fixées par leur acte d'association, et suivant les règles du droit civil, comme de simples particuliers... »

Il en est exactement de même des syndicats professionnels ; pas plus que pour les associations syndicales libres, une autorisation spéciale du législateur ou du pouvoir exécutif (loi, décret ou arrêté préfectoral) n'intervient en faveur de chaque syndicat individuellement, pour lui conférer l'existence et la capacité juridique. Il suffit qu'un syndicat, réellement professionnel, se constitue spontanément pour qu'aussitôt, nous l'avons vu, par le fait de sa fondation, il jouisse, en principe, de tous les droits attachés à la personnalité.

Où rencontre-t-on la trace d'une autorisation spéciale, individuelle, jouant le rôle d'une déclaration d'utilité publique, dans la formation des associations professionnelles ? En trouverait-on l'équivalent, ainsi que l'ont soutenu certains auteurs, dans la concession générale de la qualité de personne civile accordée d'avance par la loi du 21 mars 1884 à tous les syndicats professionnels à venir ? A ce compte-là,

_____

(1) Ducrocq. — *Op. cit.*, p. 596.

ce ne sont pas seulement les syndicats qu'il faudrait considérer comme des établissements d'utilité publique, mais ce sont encore, comme il a été dit plus haut, les sociétés commerciales elles-mêmes, car la loi de 1867 a aussi consenti d'avance, et une fois pour toutes, à ce que la personnalité civile appartînt à toutes les sociétés qui se fonderaient sous ses auspices, et qui donc oserait soutenir que ces sociétés soient autre chose que des personnes *privées* ?

Nous ne pouvons admettre comme fondée la doctrine d'un jugement du tribunal de la Seine (1), d'après laquelle le législateur aurait reconnu d'une manière générale l'utilité publique des associations professionnelles, simplement en déclarant les « soustraire à l'application des anciennes lois restrictives de la liberté d'association ». En effet, ainsi que l'a fait remarquer M. Brémond (2), c'est là « une interprétation fort inexacte de la pensée du législateur de 1884 ». Lorsqu'il a soustrait les syndicats professionnels à l'application des anciennes lois restrictives de la liberté d'association, il a été déterminé beaucoup moins par la considération de l'*intérêt public* que par celle des *intérêts particuliers* des individus, intérêts pour l'étude et la défense desquels il a voulu leur permettre de se concerter et de s'unir.

Donc, à considérer les syndicats sous le rapport de la « reconnaissance » d'utilité publique, on doit décider que les syndicats professionnels ne sauraient être rangés parmi les établissements d'utilité publique, l'attribution de la personnalité civile n'ayant pas été accompagnée, pour eux, d'un acte administratif individuel et spécial, comme il en faut un pour les établissements de cette nature.

(1) Trib. civ. de la Seine, 16 juillet 1896, D. P. 98. 2. 138.
(2) BRÉMOND. — *Rev. crit. de lég. et de jur.*, 1899, p. 153.

Le Syndicat agricole est une personne morale privée d'une nature spéciale

Ainsi que nous l'avons dit, la capacité juridique conférée par le législateur aux associations professionnelles, est une capacité qui présente certaines particularités, la loi qui les régit s'étant proposé un but spécial. Il n'est donc pas rationnel de chercher à assimiler complètement les syndicats, soit aux établissements publics, soit aux établissements d'utilité publique, soit même aux autres personnes morales privées. Néanmoins, si l'on tient absolument à rattacher les syndicats à l'une de ces catégories, c'est seulement avec celle des autres personnes morales privées qu'un rapprochement est possible. Comme celles-ci, en effet, les syndicats professionnels reçoivent la personnalité civile dès l'instant de leur fondation, sans qu'il soit besoin d'une intervention spéciale de l'autorité administrative, et, d'après nous, avant même qu'ils aient satisfait aux formalités de publicité prescrites par la loi. Pas plus que les autres personnes morales privées, on ne peut les rattacher à aucun établissement d'ordre administratif. L'Etat ne surveille pas l'administration de leurs biens qu'ils ont toute liberté de gérer d'après leurs statuts ; enfin, les intérêts pour l'étude et la défense desquels les syndicats se constituent sont, comme pour les personnes morales privées, des intérêts privés bien que collectifs ; sans parler de plusieurs autres différences avec les établissements d'utilité publique également signalées plus haut.

Connaissant maintenant la nature de la personnalité civile des syndicats agricoles, nous allons pouvoir déterminer l'étendue des droits et des obligations qu'entraîne leur capacité juridique. Dans cette étude nous serons guidés par cette considération que le syndicat agricole est capable, en principe, de tous les actes de la vie civile, les incapacités ne se présumant pas ; une disposition expresse et spéciale du *législateur* sera donc indispensable pour le rendre incapable de certains actes.

CHAPITRE II

CONSÉQUENCES DE LA PERSONNALITÉ CIVILE

SECTION Ire. — Nom des syndicats agricoles et marques apposées sur les produits agricoles provenant de leurs membres.

Toute personne, physique ou morale, exerce ses droits et satisfait à ses obligations sous un nom qui la caractérise, qui la distingue des autres personnes, et dont elle a la pleine propriété.

Les syndicats agricoles ne sauraient échapper à une règle aussi générale ; leur nom, c'est le titre qu'ils auront adopté dans leurs statuts ; il indique ordinairement la branche ou les branches de l'agriculture auxquelles doivent appartenir les membres du syndicat, sa circonscription territoriale et la localité où il est établi.

Il faut décider que ce nom appartient en propre au syndicat qui se l'est attribué le premier, et qu'il y aurait usurpation de cette propriété dans le fait, par un syndicat, rival ou dissident, qui viendrait s'établir dans la même circonscription territoriale, de prendre les mêmes nom et signes distinctifs.

C'est ce qu'a pensé le tribunal de commerce de la Seine, qui a fait défense de porter le nom, pris par un syndicat, de *Chambre syndicale de l'éclairage et du chauffage par le gaz*, à un syndicat analogue qui s'était fondé sous un nom identique. Il est dit dans ce jugement :

« Sur la défense d'user du titre de *Chambre syndicale de l'éclairage et du chauffage par le gaz* :

« Attendu que ce titre est la propriété de l'association au nom de laquelle se présente B... ès-nom, qu'il importe qu'aucune confusion ne puisse s'établir entre la société demanderesse et celles analogues pouvant exister à l'Union Nationale ; qu'il y a lieu, en conséquence, de faire défense à cette dernière d'appliquer le titre de Chambre syndicale d'éclairage et de chauffage par le gaz à aucun groupe faisant partie de l'Union Nationale ».

Les considérants du tribunal de commerce ont été adoptés par la cour de Paris qui a confirmé le jugement (1).

Il a été jugé également qu'un membre d'un syndicat n'a plus le droit, dès le jour où il s'en retire, au titre de membre du syndicat (2).

Donc le nom qui sert à qualifier un syndicat agricole, et sous lequel il accomplit les divers actes de sa vie juridique, est sa propriété exclusive et on ne peut s'en emparer sans s'exposer à une demande en réparation du préjudice indûment causé.

Faut-il décider de même des marques ou étiquettes communes apposées par les membres du syndicat agricole sur leurs produits ?

Il arrive très souvent qu'on présente sous la fausse dési-

---

(1) Trib. comm. de la Seine, 13 nov. 1885, et C. de Paris, 1er mars 1888, *Revue des Sociétés*, 1888, p. 207.

(2) Trib. com. de la Seine, 7 mars 1890, *La Loi*, 19 mars 1890.

gnation d'un syndicat, des produits agricoles d'une autre provenance. Aussi plusieurs syndicats agricoles, pour défendre les intérêts de leurs membres, ont-ils institué des marques de garantie, dont un certain nombre sont maintenant connues et même recherchées sur le marché. De telles marques ou étiquettes sont évidemment la propriété du syndicat agricole qui les appose le premier, et elles jouissent, comme toutes les autres, de la protection qui est organisée par la loi du 23 juin 1857, sur les *marques de fabrique et de commerce*.

SECTION II. — Droit d'ester en justice des syndicats agricoles.

Si l'on ne peut concevoir l'existence d'une personne juridique sans droits et sans obligations, on ne pourrait pas davantage se représenter cette personne civile dépourvue des moyens pratiques de faire valoir ses droits, en cas de contestation, et privée de la capacité d'ester en justice.

Aussi la loi du 21 mars 1884, loin de refuser ce droit aux associations professionnelles, prend-elle soin de le leur reconnaître par une disposition expresse : « Les syndicats professionnels de patrons ou d'ouvriers, dit, en effet, l'article 6, § 1, auront le droit d'ester en justice ». Il faut maintenant rechercher devant quelles juridictions les syndicats agricoles peuvent plaider, s'ils ne peuvent exercer leur droit d'ester en justice sans une autorisation préalable, par qui les syndicats peuvent se faire représenter judiciairement, où un syndicat peut être assigné, et dans quels cas enfin les syndicats ont intérêt et qualité pour agir.

§ I. — Juridictions accessibles aux syndicats agricoles

La loi ne disant rien au sujet des juridictions devant les-quelles les syndicats peuvent agir pour la défense de leurs droits et être actionnés pour l'exécution de leurs obliga-tions, il faut décider que leur capacité, à cet égard, est aussi générale que possible : les syndicats agricoles peuvent donc citer, ou être cités, ou intervenir, soit devant les tribunaux ordinaires, civils ou criminels, soit devant les tribunaux de commerce, soit devant les tribunaux administratifs, et à tous les degrés de juridiction. C'est ainsi que le conseil d'Etat a accueilli, à diverses reprises, des requêtes présen-tées par des syndicats, dans le but de faire annuler cer-taines dispositions d'arrêtés administratifs relatifs à l'exer-cice de la profession de leurs membres (1).

Mais les statuts de chaque syndicat peuvent très bien restreindre l'exercice du droit d'ester en justice, et le limi-ter à certaines juridictions ou à certains degrés de juridic-tion ; aussi est-ce avec raison que la cour d'appel de Nan-cy, confirmant un jugement du tribunal de commerce, a déclaré le « Syndicat du commerce des vins du département de la Meuse » non recevable en sa demande, en se basant no-tamment sur ce que les pouvoirs des chambres syndicales peuvent être restreints par les statuts de chaque associa-tion, et qu'en fait les statuts de ce syndicat avaient expressé-ment limité son but à la représentation et à la défense des intérêts des marchands de vin en gros dans leurs rapports

---

(1) Conseil d'Etat, 25 mars 1887, D. P. 88. 3. 57; S. 89. 3. 7; et 3 juin 1892, D. P. 93. 3. 102 ; S. 94. 3. 54.

avec les Chambres de commerce et les administrations publiques et particulières (1).

§ 2. — Une autorisation préalable est-elle nécessaire ?

La question ne pourrait être sérieusement discutée que si nous avions admis que les syndicats professionnels doivent être rangés parmi les personnes morales publiques et non parmi les personnes morales privées.

En effet, l'article 1032 du Code de procédure civile s'exprime ainsi : « Les communes et *les établissements publics* seront tenus, pour former une demande en justice, de se conformer aux lois administratives »; et l'on pourrait soutenir que cette expression « établissements publics », qui n'a pas toujours, dans le langage de la loi, un sens assez précis, comprend ici les établissements d'*utilité publique* aussi bien que les établissements *publics*.

Encore conviendrait-il de faire remarquer que l'art. 1032 du Code de proc. civ. n'établit pas, à proprement parler, la nécessité absolue d'une autorisation, mais seulement l'obligation pour la personne morale de se conformer, sur ce point, aux lois administratives, et qu'aucun texte de loi ne pourrait être invoqué comme imposant spécialement aux syndicats professionnels cette condition préliminaire.

Ainsi, même dans le système qui prétend faire rentrer les syndicats professionnels dans la catégorie des établissements d'utilité publique, on aurait un argument pour dispenser les premiers de l'autorisation. Incontestablement, dans notre système, où les syndicats professionnels ne sont autre chose que des personnes morales privées, on doit dé-

---

(1) C. de Nancy, 4 janvier 1896, S. 96. 2. 244; *Rev. des Soc.*, 1896, p. 165.

cider sans hésitation que les syndicats agricoles ne sont soumis à aucune autorisation préalable pour être admis à plaider devant n'importe quelle juridiction.

3. — Représentation en justice des syndicats agricoles.

Le syndicat agricole, constituant une personne civile, a le droit de figurer personnellement en justice, soit en demandant, soit en défendant, indépendamment des individus dont il se compose.

Le syndicat sera seul nommé dans les actes de la procédure, et c'est à lui seul que les actes seront signifiés. On échappe ainsi aux complications et aux frais qu'entraînent, à l'égard des associations qui ne constituent pas des personnes civiles, et qui comptent de nombreux membres, l'obligation pour elles de faire figurer les noms de tous les membres dans les actes de la procédure, et l'obligation pour leurs adversaires de signifier ces actes à chacun des associés.

Au syndicat, du reste, comme à toute personne morale, il faut un représentant choisi parmi les personnes physiques. Généralement, pour les associations professionnelles, ce représentant se trouve désigné d'avance par les statuts, investissant, par exemple, le président des pouvoirs généraux d'administration; à défaut, on pourra procéder à la nomination d'un représentant spécial à propos d'une instance déterminée. Une fois ce mandataire connu, tout acte de procédure qui serait fait au nom d'une autre personne ou contre une autre personne, pour le compte du syndicat, devrait être considéré comme nul.

Mais il faut prévoir le cas où ni les statuts, ni une délibération spéciale n'auront désigné de mandataire *ad litem* du syndicat : par qui le syndicat sera-t-il alors représenté en justice ?

Le président du syndicat, et, à défaut, un directeur ou administrateur paraissent tout indiqués pour demander comme pour défendre au nom du syndicat, comme d'ailleurs pour être ses représentants légaux dans tous les actes de la vie civile : car c'est à eux principalement qu'incombe le rôle de l'action extérieure et de la représentation juridique relativement à l'association dont ils ont la direction ou l'administration.

Un jugement du tribunal de commerce de la Seine, il est vrai, en a décidé autrement, en repoussant, sans examiner l'affaire au fond, la demande de plusieurs syndicats, pour le motif suivant : « Attendu que, comme Muzet, les autres demandeurs se présentent tout d'abord, en l'instance, à titre de présidents de leurs chambres syndicales respectives et au nom d'icelles ; attendu que, si la loi du 21 mars 1884 donne aux syndicats professionnels le droit d'ester, ces syndicats *ne peuvent être valablement représentés en justice que par un mandataire habilité, quant à ce, soit par leur règlement soit par une délibération* ; attendu que les demandeurs n'ont point, quant à présent, justifié d'un tel mandat ; qu'en l'état, et sans examiner au fond la demande introduite au nom des chambres syndicales dénommées en l'exploit d'assignation, il convient de la déclarer non recevable » (1).

Mais cette manière de voir est contraire à la fois aux principes de notre droit et à la jurisprudence (2), d'après lesquels il faut considérer comme ayant qualité pour représenter une personne morale, en vertu d'un mandat légal

---

(1) Trib. comm. de la Seine, 9 août 1887, *La Loi*, 29 et 30 août 1887.
(2) Arg. art. 937 et 940 du C. civ., et art. 398 du C. de pr. civ. En ce sens, Chambéry, 20 juill. 1872, D. P. 73. 2. 9.

tacite, la personne qui est chargée de l'administration ou de ia direction de cet être juridique, et qui est partant responsable des conséquences de son inaction.

Cette dernière solution a triomphé, à propos d'un syndicat professionnel, dans un arrêt de la cour de Lyon du 3 juin 1890, confirmant un jugement du tribunal correctionnel de Saint-Etienne, arrêt qui admet l'intervention en justice d'un syndicat en en donnant cette raison : « Attendu qu'il résulte des documents fournis aux débats que le président d'honneur du syndicat des pharmaciens de la Loire et de la Haute-Loire fait partie du bureau de l'administration du syndicat ; — que, dès lors, Péronnet, président d'honneur pour l'année 1888, avait qualité pour agir » (1).

Un syndicat agricole sera donc valablement représenté en justice par un mandataire *ad litem*, désigné dans les statuts ou dans une délibération de l'assemblée ; à défaut de désignation générale ou spéciale, par son président, ou ceux qui, sous une dénomination quelconque, remplissent les fonctions de directeurs ou administrateurs.

§ 4. — Lieu où un syndicat agricole doit être assigné.

Si le syndicat agricole n'embrasse qu'une circonscription restreinte, une commune, un canton, par exemple, la question ne saurait présenter de difficulté ; le syndicat est évidemment justiciable du tribunal dans le ressort duquel il est établi.

Mais il peut se faire que la circonscription du syndicat comprenne divers pays dépendant d'arrondissements judiciaires différents ; le syndicat ne pourra-t-il pas, dans ce cas, être assigné ailleurs que devant la tribunal de son siège

---

(1) Trib. corr. de St-Etienne, 17 déc. 1889, et C. de Lyon, 3 juin 1890, D. P. 91. 2. 9.

social ? C'est, croyons-nous, avant tout une question de fait ; si une agglomération de membres du syndicat est assez importante et forme une section distincte, si celle-ci a sur place une installation et des ressources suffisantes pour pourvoir aux besoins locaux du syndicat, en un mot, si l'association possède là une succursale, les tiers pourront valablement assigner le syndicat devant le tribunal du lieu, bien qu'il ne soit pas celui du principal établissement.

En effet, il paraît logique d'appliquer à notre cas la jurisprudence admise pour les succursales des congrégations religieuses, ou les succursales des maisons de commerce, des sociétés d'assurances et des compagnies de chemin de fer, puisque l'établissement d'une succursale, où la personne morale fait des opérations nombreuses et est représentée par des mandataires spéciaux, équivaut, en réalité, à une élection de domicile faite par la personne morale, et devient attributif de juridiction.

§ 5. — Exercice de l'action en justice pour les syndicats agricoles.

L'exercice d'une action n'est possible, pour les syndicats, comme pour tout autre plaideur, que si celui qui veut jouer le rôle de demandeur ou de défendeur, non seulement est capable d'ester en justice, mais encore a *intérêt* et *qualité* pour agir. Nous devons étudier successivement les cas dans lesquels un syndicat agricole a ou n'a pas *intérêt*, et les cas où il a ou n'a pas *qualité*.

I. — CAS OU UN SYNDICAT AGRICOLE A UN INTÉRÊT LUI PERMETTANT D'AGIR.

Le syndicat doit avoir, pour intenter une action ou y défendre, un intérêt juridique à invoquer, sans quoi l'accès des tribunaux lui serait légalement interdit : « Pas d'intérêt, pas d'action ».

L'intérêt dont il s'agit peut être un intérêt *moral*, un intérêt d'honneur aussi bien qu'un intérêt *pécuniaire*. Mais il faut qu'il concerne le syndicat, et non pas un particulier, celui-ci fût-il membre du syndicat ; le syndicat qui n'a pas un intérêt personnel dans la question soumise au juge, n'a pas d'action en justice à exercer, du moins pour son propre compte ; nous réservons le point de savoir s'il ne peut pas quelquefois exercer certaines actions appartenant à autrui, mais en agissant alors du chef de ses membres et comme leur représentant.

La nécessité d'un intérêt est un principe dont nous signalerons quelques applications importantes :

1° Un syndicat agricole n'a pas le droit d'intervenir dans un procès qui se débat entre un membre du syndicat et un autre membre, si ce procès est étranger aux intérêts collectifs de la profession. En effet, le syndicat a pour objet la défense d'intérêts collectifs, et il n'a nullement pour mission de prendre parti pour un de ses syndiqués dans une question d'ordre purement particulier et individuel, surtout contre un autre syndiqué. Dans un procès de ce genre, le syndicat n'a pas d'action parce qu'il n'a pas d'intérêt.

2° Un syndicat agricole n'a pas même le droit d'intervenir pour un syndiqué contre une personne étrangère au syndicat, si le litige ne s'élève pas au-dessus des intérêts particuliers pour toucher aux intérêts de la profession.

3° Un syndicat agricole ne peut pas intervenir même dans un débat où la profession peut être vaguement intéressée, mais où les intérêts de la collectivité représentée par le syndicat ne sont pas directement en jeu.

L'interprétation d'un contrat de bail à ferme, par exemple, ou d'un contrat de vente de produits agricoles, intéresse incontestablement, de plus ou moins loin, la profession d'agriculteur. Qui osera dire, cependant, qu'un syndicat agricole puisse intervenir dans un procès de ce genre, sous prétexte que la solution aura une portée très étendue et tirera à conséquence pour cette profession ?

On a cité comme exemple de procès où un syndicat agricole ne pourrait pas intervenir pour un semblable motif, l'instance engagée par un boucher contre un cultivateur, à propos de la vente d'un animal atteint d'une maladie contagieuse. Sans doute, les agriculteurs, en général, sont intéressés à la solution de la question de savoir si telle maladie constitue un vice rédhibitoire, ou encore si, en pareil cas, le fait de vendre à un acheteur connu comme boucher, n'implique pas une convention tacite de garantie. Toutefois, il n'y a pas là un intérêt de nature à légitimer l'intervention d'un syndicat agricole. Ainsi qu'on l'a fait justement remarquer (1), « comment un syndicat pourrait-il devenir partie dans un procès de ce genre ? Ce n'est pas assurément en prenant le lieu et place du membre attaqué, en se substituant à lui ; la vieille maxime « nul ne plaide par procureur » s'y oppose... ; ce n'est pas, non plus, par voie d'intervention ; on ne peut intervenir dans un procès entre particuliers que quand on a un lien de droit avec l'une des parties engagées, et que ce lien de droit a de plus un rapport direct avec le litige pendant, ou encore quand le droit d'intervention vous est expressément réservé par la loi, ce qui n'est pas le cas » (2).

D'ailleurs, suivant l'observation du même auteur, l'intervention du syndicat dans une contestation de cette nature

---

(1) Georges TURLIN, *Moniteur des Syndicats agricoles*, 7 déc. 1890.
(2) En ce sens, trib. paix de Saint-Nazaire, 15 mars 1894 (*Droit*, 29 mars 1894).

serait sans utilité, si elle était admissible, puisque les jugements n'ont d'effet qu'à l'égard des parties en cause, et que le même conflit pourrait renaître le lendemain à propos de nouveaux faits, sans que la victoire du syndicat profitât en rien à la profession.

Il est des cas cependant où l'intervention du syndicat peut être vraiment utile à la profession par les résultats ainsi obtenus. C'est lorsqu'il s'agit de coopérer à la répression d'infractions qui causent un préjudice matériel ou moral à l'ensemble des personnes appartenant à la même profession. Le syndicat a-t-il alors un intérêt suffisant pour se porter partie civile ? Cela dépend des circonstances, nous voulons dire de l'intérêt ou direct et précis, ou simplement vague et indéterminé, partant juridiquement négligeable, dont le syndicat peut justifier.

Ainsi on devrait appliquer à un syndicat agricole la solution suivante qui a été consacrée à propos d'une *association syndicale* de propriétaires, le principe étant évidemment le même dans les deux cas : une association de propriétaires d'étangs peut poursuivre la répression d'un acte de nature à détruire le poisson dans les eaux des membres de l'association, parce que ce fait « présente un caractère suffisant d'intérêt collectif pour les propriétaires syndiqués » (1).

Il a été jugé également, et cette fois pour un *syndicat* constitué sur les bases de la loi de 1884, qu'une association de propriétaires et de fermiers d'étangs peut agir valablement en justice contre des usiniers qui laissent écouler dans ces étangs des eaux de nature à nuire au poisson, parce que cette action judiciaire a pour but, « non pas de donner uniquement satisfaction à des intérêts purement individuels, mais bien d'assurer, *dans un intérêt professionnel et géné-*

---

(1) Ch. crim., 24 avril 1896, D. P. 97. 1. 471.

ral, la reproduction et la conservation du poisson » (1).

Par contre, l'intervention du syndicat ne présenterait plus un intérêt assez réel pour être recevable, s'il s'agissait de faits qui ne causent pas un préjudice appréciable, soit à l'ensemble de la collectivité syndicale, soit tout au moins à un groupe de syndiqués, représentant un intérêt collectif au sein de l'association.

Ainsi, un syndicat constitué pour la défense des intérêts viticoles de la Gironde, n'a pas été admis à se porter partie civile dans une poursuite correctionnelle contre des personnes qui étaient prévenues d'avoir, dans la ville de Bordeaux, vendu des vins additionnés d'eau, mais qui n'étaient pas prévenues de les avoir vendus comme *vins de Bordeaux* ou de la Gironde (2). Cette circonstance que les viticulteurs de la Gironde n'avaient pas à souffrir de ce délit plus que les viticulteurs français en général, a justement fait déclarer le syndicat non recevable en son intervention, par suite du défaut d'intérêt.

II. — Cas dans lesquels un syndicat agricole a qualité pour agir

Le plaideur ne doit pas justifier seulement d'un *intérêt*, il faut qu'il ait *qualité*, c'est-à-dire qu'il soit personnellement, ou bien le titulaire du droit ou le débiteur de l'obligation, ou bien le représentant régulier de celui qui est le maître du droit ou le débiteur : « Pas de qualité, pas d'action ».

Les cas dans lesquels le syndicat est personnellement intéressé ne présentent guère de difficulté. Beaucoup plus

(1) Ch. req., 5 janvier 1897, D. P. 97. 1. 120.
(2) C. de Bordeaux, 4 juin 1897, D. P. 98. 2. 129.

délicate est la question de savoir si le syndicat peut, et dans quels cas, exercer une action née dans la personne d'un ou de plusieurs de ses membres.

Nous distinguerons donc les deux situations.

Actions personnelles au syndicat. — Un syndicat agricole a assurément qualité pour agir toutes les fois que sont en jeu les droits dépendant de sa personnalité juridique, de son patrimoine social, ou même relatifs à sa considération et à sa bonne renommée; en d'autres termes, toutes les fois qu'il s'agit de droits ou d'obligations *du syndicat*, considéré comme personne distincte de celle de ses membres.

Il aura pleine liberté, par exemple, d'exiger en justice de ses propres membres le versement de leurs cotisations, de réclamer des indemnités à raison d'atteintes portées à sa réputation par des diffamations ou des injures, de défendre la légalité de sa constitution, de faire respecter ses propriétés tant mobilières qu'immobilières, de poursuivre le paiement de ses créances diverses, etc. Dans chacune de ces hypothèses, le syndicat a des intérêts pécuniaires ou moraux engagés, et il doit pouvoir user de la faculté d'ester en justice, qui lui a été reconnue par la loi. Le droit d'agir est d'autant plus certain ici que le plus souvent les membres eux-mêmes ne pourraient suppléer le syndicat dans l'exercice de l'action, aucun droit individuel n'étant directement lésé et les actions dont nous parlons étant nées au profit du syndicat, être collectif.

Cet intérêt commun, mais personnel au syndicat, qui donne qualité à celui-ci pour agir, peut coexister avec un intérêt particulier, personnel à un ou plusieurs membres de l'association, et il va sans dire qu'alors le droit du syndicat n'aura pas à souffrir du droit d'agir des membres ; la personne morale du syndicat figurera dans l'instance à côté du syndiqué ou des syndiqués personnellement intéressés.

Ainsi, rien n'empêchera un syndicat, atteint comme collectivité par un délit, de se porter partie civile à côté du syndiqué, qui, ayant très particulièrement à souffrir du même fait délictueux, veut en poursuivre personnellement la réparation.

Il n'en serait autrement que si les statuts du syndicat avaient eux-mêmes circonscrit le droit d'action en justice de celui-ci, en limitant son rôle de défense à certaines affaires, et si l'intérêt en question ne rentrait pas dans ces limites (1).

III. — EXERCICE PAR LE SYNDICAT D'ACTIONS
D'UN INTÉRÊT COLLECTIF APPARTENANT A SES MEMBRES

Le syndicat peut-il, indépendamment des actions nées dans sa personne, ester en justice pour exercer des actions qui sont nées dans la personne d'un ou de plusieurs de ses membres ?

En principe, il n'est pas douteux que le syndicat, pleinement capable de contracter comme toute personne, ne puisse jouer le rôle subalterne d'un *mandataire* dans un procès ; c'est-à-dire rendre au véritable plaideur, à celui qui sera seul en nom dans les actes de la procédure et les qualités du jugement, le service de faire pour lui les démarches, auxquelles se réduit, chez nous, l'utilité du mandat *ad litem*. Le mandant figurera personnellement, en vertu de la maxime « nul en France ne plaide par procureur », et le syndicat mandataire, qui doit se contenter de fournir ses « poursuites et diligences », ne sera nommé qu'à ce seul titre.

Cette manière pour un syndicat de paraître dans le pro-

---

(1) V., à propos d'un syndicat de marchands de vins, C. de Nancy, 4 janvier 1896, D. P. 97.2.68.

cès où un de ses membres est demandeur ou défendeur, ne soulève aucune autre difficulté que celle de savoir, si, en agissant ainsi, un syndicat ne sort pas, en fait, des bornes que lui assigne sa destination légale, autrement dit son caractère exclusivement professionnel, question dont la solution dépend de la nature même du procès où le syndicat se fait le mandataire des syndiqués.

Mais le moment est venu de nous demander si un syndicat a, dans certains cas, au moins, qualité pour exercer des actions n'appartenant qu'à ses membres ; s'il peut utiliser, au profit de ces derniers, sa capacité d'ester en justice, alors que l'association n'est pas personnellement en cause.

Cette question divise les auteurs et la jurisprudence (1).

On trouve de nombreux jugements et arrêts rendus dans les deux sens, c'est-à-dire les uns pour l'extension, les autres pour la limitation du droit d'action en justice des syndicats professionnels. Néanmoins, il semble qu'après avoir quelque temps hésité, la jurisprudence se montre maintenant franchement favorable à une substitution possible, dans les instances en justice, de l'action collective du syndicat à l'action individuelle de ses membres, ou tout au moins à une juxtaposition, à l'exercice simultané de ces deux actions. Ce mouvement très remarquable est constaté par les auteurs qui, comme M. Planiol (2), se montrent opposés à une pareille extension du droit d'ester en justice des syndicats professionnels.

Du côté de l'interprétation restrictive du droit d'action en justice des syndicats, on peut citer :

(1) V. consultation de M. Waldeck-Rousseau, *Rec. de proc. civ.*, 1887, p. 52 et s., et deux notes de M. Planiol (D. P. 95.2.553 et D. P. 98.2.129).

(2) V. note sous arrêt de la Cour de Bordeaux du 4 juin 1897, D P. 98. 2. 129.

1° Un arrêt de la cour d'appel d'Aix (1), refusant à un syndicat de négociants en tissus une action en concurrence déloyale contre un commerçant qui, par ses manœuvres dolosives, avait porté atteinte aux intérêts des autres commerçants pris dans leur ensemble.

2° Un jugement du tribunal civil de Nice (2), repoussant l'action du syndicat, parce qu'elle avait pour but, non de sauvegarder et de défendre les intérêts généraux de la profession exclusivement indiqués dans l'art. 3 de la loi de 1884, mais de sauvegarder et de défendre les intérêts privés de chacun des membres qui composent le syndicat.

3° Un jugement du tribunal civil d'Evreux (3) ; cette décision a refusé d'admettre le *Syndicat de défense agricole de l'Eure*, ayant cependant pour objet, aux termes de ses statuts, « la défense de tous les intérêts agricoles des associés et particulièrement *la réparation poursuivie à l'amiable ou judiciairement* des dommages causés aux terres, jardins, et vergers, et à leurs produits, soit par le fait de l'homme, soit par le fait des animaux et du gibier », à poursuivre judiciairement la réparation du préjudice causé par les lapins d'un bois voisin, aux récoltes croissant en des terres exploitées par des agriculteurs membres du syndicat ; et cela, en se basant sur ce que, pour ester en justice, il faut que « les actions exercées par le syndicat aient pour objet un intérêt général et collectif, et non les intérêts particuliers des membres syndiqués ».

4° Un jugement du tribunal civil d'Arras (4), s:atuant

---

(1) C. d'Aix, 26 janvier 1887, *Rev. des Soc.*, 1887, p. 254.
(2) Trib. de Nice, 19 mars 1887, *Rev. des Soc.*, 1890, p. 39.
(3) Trib. d'Evreux, 21 octobre 1887, S. 88. 2. 119, *Rev. des Soc.*, 1889, p. 53.
(4) Trib. civil d'Arras, 13 juin 1888, S. 88. 2. 142 ; D. P. 90. 3. 55; *Rev. des Soc.*, 1889, p. 439.

d'une manière analogue, mais posant ce principe, peut-être encore plus restrictif, « qu'un syndicat n'est recevable que dans les instances où le jugement à intervenir est de nature à intéresser l'association, *sans pouvoir profiter ou préjudicier à l'un ou plusieurs de ses membres* à l'exclusion des autres ».

5° Enfin un arrêt de la cour de Dijon, rendu dans l'affaire du *Syndicat des ouvriers tisseurs* de Chauffailles et confirmé par un arrêt de rejet de la Cour de Cassation (1); ces arrêts ont décidé qu'un syndicat ayant stipulé d'un patron « au nom des ouvriers de l'usine » des réductions d'heures de travail et des augmentations de salaires, ne peut puiser dans les manquements à cette convention à laquelle il n'a pas été partie personnellement, le principe d'une action en dommages-intérêts contre le patron.

Beaucoup plus nombreuses et plus significatives pour l'avenir sont les décisions judiciaires intervenues en faveur de l'extension du droit d'ester en justice qu'ont les syndicats professionnels ; plus significatives, disons-nous, car les décisions qui limitent le droit d'action des syndicats sont presque toutes antérieures, par leur date, au nouveau courant qui s'est dessiné dans la jurisprudence, et à la loi de 1892 qui accuse la même tendance chez le législateur lui-même.

Parmi les décisions judiciaires favorables à l'intervention des syndicats dans des causes intéressant le patrimoine de leurs membres et pouvant donner lieu à leur action individuelle, il faut citer en première ligne de nombreux jugements ou arrêts rendus au profit de syndicats de pharmaciens, qui réclamaient des dommages-intérêts à des tiers

---

(1) C. de Dijon, 23 juillet 1890, et Civ. rej, 1er fév. 1893, D. P. 93. 1.241. et note.

pour exercice illégal de la pharmacie. Les membres de ces syndicats auraient bien eu le droit de se porter partie civile individuellement au procès, car l'exercice illégal de la pharmacie les lésait chacun personnellement, mais ils avaient préféré substituer l'action collective du syndicat à leur action séparée.

De ces diverses décisions, les unes ont admis l'intervention de syndicats de pharmaciens quand il y avait eu exercice illégal *dans la ville même* (Paris, 20 janv. 1886, D. P. 86. 2. 170 ; Paris, 17 nov. 1887, *Revue des Sociétés*, 1888, p. 184 ; Rouen, 21 juin 1888, S. 91. 1. 557 ; Caen, 1er mai 1890, S. 92. 2. 14 ; Crim. rej., 5 janv. 1894, S. 95. 1. 382, D. P. 98. 2. 129) ; les autres ont reconnu légitime l'action intentée pour le même motif par le syndicat des pharmaciens *du département* (Lyon, 8 et 15 mars 1888, D. P. 89. 2. 258 ; trib. de Saint-Etienne, 17 déc. 1889, conf. par Lyon, 3 juin 1890, D. P. 91. 2. 29, S. 91. 1. 559 ; Paris, 16 déc. 1891, D. P. 93. 2. 400 ; Grenoble, 7 juillet 1892, D. P. 92. 2. 582). Le tribunal de la Seine a également reconnu au *Syndicat des chirurgiens-dentistes de France*, constitué en vertu de la loi du 30 nov. 1892 sur l'exercice de la médecine, le droit de se porter partie civile à raison d'une infraction commise *en France* (1).

La cour de Bourges a rendu un arrêt analogue en faveur du *Syndicat des propriétaires et concessionnaires d'eaux minérales* (2). C'est encore, toujours dans le même sens : la cour d'Amiens qui a décidé qu'un syndicat de pisciculteurs (aff. du *Syndicat des poissonniers de la Somme*) a qualité pour demander des mesures destinées à arrêter la contamination, par des eaux usinières, d'étangs appartenant à tous

---

(1) Trib. Seine, 21 mai 1895, S. 96. 2. 21.
(2) C. de Bourges, 1er août 1894, S. 96. 2. 101, D. P. 98. 2. 129.

les syndiqués et communiquant entre eux (1) ; le Conseil d'Etat, qui, à deux reprises, a jugé qu'un syndicat avait le droit de lui déférer, par la voie du recours pour excès de pouvoir, un règlement de police relatif à la profession exercée par ses membres (2) ; le tribunal de commerce de la Seine, qui a autorisé un syndicat professionnel à faire tierce-opposition à un jugement du tribunal de commerce permettant une vente aux enchères de marchandises neuves par commissaire-priseur, dès lors que cette vente cause du tort aux intérêts du commerce que ce syndicat représente (3) ; enfin un arrêt de la cour d'Angers confirmé par la cour de Cassation, et un jugement du tribunal de commerce de Reims, confirmé par la cour de Paris, qui accordent au *Syndicat du commerce des vins de Champagne* des dommages-intérêts contre un fabricant de vins de Saumur qui avait donné à ses produits le nom de « Champagne » (4).

Nous faisons une place à part à quatre décisions récentes, qui, tout en refusant à des syndicats, eu égard aux circonstances, le droit d'intervenir dans un procès, ne sauraient cependant être considérées comme contraires à l'extension de la capacité d'ester en justice pour les syndicats :

1° Un jugement du tribunal de commerce de la Seine (5), qui fait une distinction et décide que, sans doute, le *Syndicat des employés d'omnibus* ayant traité avec la Compagnie gé-

---

(1) C. d'Amiens, 13 mars 1895, D. P. 95. 2. 553 ; S. 96. 2. 189.

(2) C. d'Etat, 25 mars 1887, D. P. 88. 3. 57, S. 89. 3.7 ; et 3 juin 1892, D. P. 93. 3. 102, S. 94. 3. 54.

(3) Trib. comm. Seine, 1er mai 1886, *Journ. des trib. de comm.,* 1887, p. 214.

(4) C. d'Angers, 11 avril 1889, et sur pourv. Crim. rej., 26 juil. 1889, D. P. 90. 1. 239 ; trib. comm. de Reims, 17 juil. 1891, conf. par C. de Paris, 18 nov. 1892, D. P. 93. 2. 147, S. 93. 2. 74.

(5) Trib. comm. Seine, 4 fév. 1892, *Gaz. des Trib.,* 5 fév. 1892.

nérale des omnibus, n'est pas recevable à poursuivre contre
elle le payement d'heures supplémentaires qu'elle aurait
fait faire, contrairement aux clauses du contrat, à plusieurs
employés, membres du syndicat; mais que ce syndicat a
qualité pour faire condamner la compagnie à respecter dorénavant, à peine de dommages-intérêts, le traité passé
avec lui.

2° Un arrêt de la cour de Douai (1) rejetant l'appel d'un
syndicat agricole dans l'espèce suivante : ce syndicat avait
transmis à un marchand d'engrais 48 commandes de ses
membres, en stipulant une indemnité de 10 francs par jour
de retard. Les livraisons ne furent pas faites au jour convenu. Le président, qui avait le droit, d'après les statuts,
de représenter le syndicat dans les instances relatives aux
achats d'engrais, réclama 10.802 francs à titre de dommages-intérêts : il obtint une somme minime, et en appela.
L'arrêt de la cour de Douai le déboute de son appel, non pas
parce que le syndicat n'avait pas le droit d'agir en justice,
mais parce qu'il faudrait examiner les intérêts particuliers
de chaque mandant et qu'aucun d'eux, pris individuellement, n'atteint le taux du premier ressort.

3° Un arrêt de la cour de Nancy (2), qui repousse l'intervention d'un syndicat, parce que les statuts eux-mêmes
avaient limité à certains cas son droit d'agir.

4° Un arrêt déjà cité de la cour de Bordeaux (3), rendu
contre l'*Association syndicale des propriétaires-viticulteurs
de la Gironde*. Cet arrêt ne conteste pas le droit pour un
syndicat de viticulteurs d'exercer collectivemeut une action
en indemnité, que pourrait exercer individuellement cha-

---

(1) C. de Douai, 9 mars 1892, *Revue des Sociétés*, 1892, p. 252.
(2) C. de Nancy, 4 janvier 1896, D. P. 97. 2. 68 ; S. 96. 2. 244.
(3) C. de Bordeaux, 5 juin 1897, D. P. 98. 2. 129.

cun des membres ; mais il repousse la demande uniquement comme non fondée, dans l'espèce, sur un véritable
dommage.

Les quatre décisions que nous venons de citer, motivées
par des raisons toutes spéciales, tirées des faits de la cause,
ne sauraient donc infirmer ce fait que la jurisprudence française, prise dans son ensemble, permet aujourd'hui de *syn-
dicaliser* les actions en justice. Mais dans quels cas exactement et pour la défense de quels intérêts le syndicat professionnel peut-il exercer des actions du chef de ses membres ?

Il est évident qu'il ne peut se substituer à un de ses
membres pour agir à sa place, dans des instances ou étrangères à sa profession, ou n'intéressant que ce seul membre.
Le syndicat, défenseur des intérêts communs, n'est pas le
gardien des droits individuels de chacun de ses adhérents.

Mais il arrive souvent que l'on se trouve en présence
d'intérêts et de droits d'une nature mixte : ils sont bien
propres à quelques syndiqués, en ce sens que ces derniers
seuls éprouvent, en cas de violation de ces droits, un préjudice immédiat, une lésion directe dans leur patrimoine :
mais si, le procès perdu, ils seront les premiers à en subir
les conséquences, ils ne seront pas les seuls, et leurs cosyn-
diqués, ou du moins certains d'entre eux, en ressentiront
le fâcheux contre-coup.

Il est donc des litiges à la solution desquels quelques individualités apparaissent tout d'abord comme seules inté-
ressées, mais où sont en jeu indirectement, si l'on va au
fond des choses, les intérêts de la totalité ou du moins de
tout un groupe de membres du syndicat. Faut-il, pour cette
seule raison que le dommage immédiat est supporté par des
individus, interdire à la collectivité, qui ne peut y être in-
différente, de prendre elle-même en mains la défense de

ses associés, ce qui revient, en définitive, à se garantir elle-même en les sauvegardant ?

Nous ne le croyons pas, et nous estimons qu'un syndicat a qualité pour ester en justice, non seulement dans les questions relatives à son patrimoine ou à sa personnalité juridique, mais encore dans les questions mixtes, c'est-à-dire intéressant à la fois, directement ou non, certains de ses membres et une collectivité de syndiqués ou le syndicat tout entier. Il aura cette faculté, quand même le litige est susceptible de donner lieu à des actions individuelles.

Cette théorie, qui nous paraît bien être celle de la jurisprudence la plus récente, est aussi celle du législateur, qui l'a consacrée par la loi du 30 novembre 1892 sur l'exercice de la médecine. Cette loi, dans son article 17, reconnaît formellement aux syndicats régulièrement formés entre médecins, chirurgiens-dentistes et sages-femmes, le droit de poursuivre devant les tribunaux le délit d'exercice illégal de la médecine, de l'art dentaire ou de la pratique des accouchements. La question ne saurait donc faire de doute pour les syndicats médicaux, qui ont pleins pouvoirs pour provoquer la répression des délits d'exercice illégal de la médecine, et nous avons vu un nombre déjà considérable de décisions judiciaires qui ont fait application du même principe aux syndicats de pharmaciens ; elles n'exigent point, d'ailleurs, que tous les pharmaciens syndiqués, répartis parfois dans l'étendue d'un département, aient souffert des actes illégaux relevés par le syndicat. L'atteinte portée, dans une localité, aux intérêts d'un ou de plusieurs pharmaciens, entraîne pour la collectivité un préjudice matériel ou moral, immédiat ou médiat, suffisant pour justifier la substitution de l'action collective du syndicat à l'action individuelle d'un ou de quelques-uns de ses membres.

D'après M. Planiol (1), il est vrai, « la loi de 1892 sur les médecins ne peut pas servir d'argument pour justifier toute cette jurisprudence, parce que cette loi est elle-même la suite et la conséquence des arrêts antérieurs. Du moment où les tribunaux autorisaient les syndicats de pharmaciens à exercer l'action civile à la place de leurs membres, on ne pouvait pas traiter plus mal les syndicats de docteurs-médecins. La faculté que ceux-ci ont obtenue du législateur est donc une simple application d'une solution déjà admise en jurisprudence ».

Mais que le législateur de 1882 se soit incliné devant une jurisprudence critiquable, ou que la jurisprudence ait, elle-même, interprété exactement la pensée du législateur de 1884, précisée depuis par celui de 1892, peu importe. L'essentiel est que la pensée de la jurisprudence et celle du législateur se soient rencontrées. Si c'est le législateur de 1892 qui s'est laissé gagner à la théorie de la jurisprudence, c'est qu'il en a trouvé bonnes les conséquences.

Au fond, et la jurisprudence et le législateur de 1892 nous paraissent s'être conformés à la pensée du législateur de 1884 : l'article 3 de la loi de 1884 reconnaît aux syndicats le droit de « défendre » les intérêts de la profession, l'article 6 leur reconnaît ensuite le droit « d'ester en justice »; d'où cette conclusion que le syndicat peut ester en justice toutes les fois qu'il s'agit de « défendre » les intérêts professionnels, alors même, ajouterons-nous par interprétation, que ces intérêts pourraient être défendus aussi par les syndiqués individuellement.

Les travaux préparatoires de la loi de 1884 ne peuvent que nous confirmer dans cette interprétation. M. Allain-Targé, dans son premier rapport à la Chambre des députés, s'exprime ainsi en parlant du but que poursuivent les ou-

---

(1) Note sous arrêt de la C. de Bordeaux précité, D. P. 98. 2. 131

vriers en fondant des syndicats professionnels : « Ceux-ci s'associent pour trouver, comme les patrons, dans une chambre syndicale, *un appui,* des conseils, des *mandataires* ou des arbitres *pour leurs réclamations collectives ou particulières* » (1). D'après M. Tolain les syndicats ne peuvent remplir leur rôle que s'ils sont « *capables de faire respecter leurs droits par la force que donne la collectivité* » (2).

Il y a donc des droits qu'il est utile de faire respecter en les aidant par la force que donne la collectivité, et l'action en justice exercée par le syndicat est précisément un des moyens de faire respecter davantage certains droits qui, intéressant une collectivité, ne peuvent être utilement défendus que par cette collectivité.

On pourrait objecter que tout avantage revendiqué au nom d'une profession, d'un syndicat, d'une collectivité, se résout en un avantage pour ses membres ; mais, comme on l'a justement fait remarquer (3), « à ce compte, il faudrait nier qu'il y eût un intérêt social, car ordinairement aussi sa fin dernière est le bien des particuliers. Non, il est bien certain qu'il y a des intérêts communs, des lésions communes ».

A cet égard, l'action syndicale est naturellement indiquée, et c'est presque la seule pratique, bien que théoriquement les syndiqués intéressés jouissent d'une action individuelle. Supposons, par exemple, que cinquante médecins d'une grande ville soient réduits à poursuivre séparément un modeste guérisseur pour exercice illégal de la médecine. Un tribunal ne pourra-t-il pas hésiter à admettre un tel luxe de procédure, alors que la lésion causée au patrimoine de cha-

---

(1) Ledru et Worms.—*Op. cit.,* rapport de M. Allain-Targé, p. 200.
(2) *Ibid.,* rapport de M. Tolain au Sénat, p. 334.
(3) Emmanuel Voron, *Le rôle des syndicats professionnels devant la justice (Rev. cathol. des Inst. et du Droit,* 1897, t. II, p. 51).

cun est comme imperceptible ? Quant aux particuliers, ils hésiteront encore davantage à s'engager dans de pareils procès.

Mais si l'action, au lieu d'incomber à chaque médecin en particulier, est exercée collectivement par un syndicat, l'embarras du tribunal disparaîtra, le dommage pourra être apprécié exactement et une réparation proportionnée deviendra possible. Il en sera de même pour les syndicats de pharmaciens, de chirugiens-dentistes, et en général pour tous les syndicats commerciaux, industriels ou agricoles intéressés à la répression de fraudes ou d'actes de concurrence déloyale. N'est-ce pas, d'ailleurs, défendre des intérêts généraux que « tenter de mettre de la probité dans le commerce et de prévenir le public contre la fraude » (1) ?

C'est précisément pour des cas semblables, où les dommages supportés par chaque individu pris isolément sont difficilement appréciables, étant trop minimes ou leur estimation manquant de toute précision, mais qui, envisagés dans la collectivité des individus, deviennent d'une appréciation facile, que l'action en justice avait besoin d'être rendue plus efficace. Il n'est pas téméraire de croire que le législateur de 1884, en conférant aux syndicats, dans l'article 6, le droit d'ester en justice, a prévu cette manière particulière de défendre les intérêts professionnels.

Mais, dira-t-on, ce sont des particuliers, ce sont des patrimoines privés, qui souffrent le préjudice, et c'est le patrimoine du syndicat qui profitera de l'indemnité : l'action donnée au syndicat ne se justifie donc pas. — D'abord, répondrons-nous, rien n'empêche le syndicat de faire profiter de l'indemnité les membres particulièrement lésés. Ensuite, même en

---

(1) Note de M. Hubert-Valleroux, sous arrêt de la cour d'Aix du 26 janvier 1887, *Revue des Sociétés*, 1887, p. 256.

supposant que le patrimoine syndical soit seul à en bénéficier, où est le mal ? Le syndiqué qui préfèrerait agir individuellement, n'en a-t-il pas la liberté ?

Enfin, contre l'extension du droit d'action en justice des syndicats, M. Planiol, tout en constatant que la légitimité de l'action syndicale ou collective est définitivement reconnue par la jurisprudence, se demande si celle-ci « ne contient pas quelques distinctions ou réserves, quelques éléments restrictifs capables d'être opposés comme une limite aux progrès et aux envahissements de l'action syndicale »(1). Et il signale ces deux restrictions :

1° Certains arrêts, comme celui de la cour d'Amiens, en admettant l'action collective, s'appliquent à établir qu'en fait *tous* les syndiqués avaient été lésés ; des jugements comme ceux des tribunaux d'Evreux et d'Arras, repoussent l'intervention des syndicats dans des hypothèses où ils constatent que *quelques-uns* seulement des syndiqués étaient intéressés à l'affaire.

Si cette restriction était réellement adoptée par la jurisprudence dans son ensemble, nous renoncerions à l'expliquer. Car une action a le caractère collectif ou elle ne l'a pas : « Si l'on admet qu'une association professionelle ait le pouvoir de prendre en main la cause de tous ses membres, et de substituer son action collective à leurs actions individuelles lorsqu'ils sont tous intéressés, comment le fait que quelques associés se trouveraient en dehors du litige, pourrait-il supprimer la capacité de l'association ? » (2) Comment pourrait-on justifier une distinction de cette nature ?

D'ailleurs, admettons (ce qui resterait à prouver) que des décisions comme celles de la cour d'Amiens, des tribu-

---

(1) Note sous arrêt de la C. de Bordeaux précité, D. P. 98. 2. 131.
(2) Brémond, *Revue crit. de lég. et de jur.*, 1899, p. 143.

naux d'Arras et d'Evreux, aient été uniquement fondées sur cette constatation, que les syndiqués avaient *tous* subi ou, au contraire, qu'ils n'avaient pas *tous* subi une lésion dans leur patrimoine. Il n'en est pas moins vrai que de nombreuses décisions judiciaires ont admis, avec raison, l'action collective, en justice, de syndicats de pharmaciens, de médecins, de chirurgiens-dentistes, bien que *tous* les pharmaciens, tous les médecins, tous les chirurgiens-dentistes faisant partie de ces associations n'eussent pas été lésés. Pourquoi en serait-il autrement pour les syndicats agricoles, industriels ou commerciaux ? La jurisprudence ne nous apparaît donc pas, dans son ensemble, apporter, de ce chef, une limitation à l'exercice collectif des actions par le syndicat.

2° Il existerait, dit-on, une autre restriction résultant d'un arrêt, déjà cité (1), de la cour de Cassation, du 1er février 1893, et qui confirme un arrêt de la cour de Dijon (aff. du *Syndicat des Tisseurs de Chauffailles*), en opposition, d'ailleurs, avec les autres arrêts émanant soit de la cour de Cassation, soit des cours d'appel et qui admettent, en pareil cas, l'intervention des syndicats.

Ces derniers arrêts ont tous statué sur l'exercice de l'action civile : le syndicat, représentant les intérêts collectifs d'une profession, réclamait contre des faits délictueux ou, tout au moins, illicites aux yeux de la loi civile ; les membres du syndicat étaient lésés et fondaient leur action sur l'article 1382 du Code civil. On a consenti à admettre l'intervention du syndicat en cette matière.

Mais dans l'affaire du syndicat de Chauffailles, il s'agissait d'un contrat, relatif aux salaires, non observé par des patrons. On croit pouvoir s'appuyer sur cette différence d'espèce, pour dire qu'aux yeux de la jurisprudence un

---

(1) V. D. P. 93. 1.241.

syndicat a bien qualité pour se plaindre des faits illicites qui portent atteinte aux intérêts d'une profession, mais *n'a pas qualité pour réclamer contre la violation d'un contrat,* dans la conclusion duquel il n'a pu que jouer le rôle d'intermédiaire.

Mais cette interprétation de l'arrêt nous paraît très peu solide. Rien ne prouve que la cour de Cassation ait attaché une telle importance à ce fait que, dans l'espèce, il s'agissait de la violation d'un contrat. On en jugera mieux en examinant la question d'un peu plus près.

Un contrat était intervenu, en effet, entre le patron et ses ouvrières, représentées par le syndicat, et il y avait eu violation du contrat de la part du patron ; mais voici comment : d'après le contrat, les ateliers devaient être fermés le samedi à quatre heures du soir ; mais quelques ouvrières trouvèrent plus de profit à ne quitter l'usine, le samedi, qu'à cinq heures au lieu de quatre : ce qui leur permettait de procéder au nettoyage de leurs métiers. Bien entendu, c'était de leur plein gré qu'elles agissaient ainsi ; on ne leur en faisait aucune obligation. Le syndicat, croyant voir là une infraction aux engagements souscrits par le patron, basa, sur cette prétendue violation du contrat, une demande en dommages-intérêts à son profit. Or, le syndicat avait-il un intérêt dans la question ? Pas le moins du monde ; il n'avait supporté aucun dommage, en tant que syndicat ; tout au plus, son amour-propre était-il engagé à ce que l'on ne se passât pas de lui pour substituer une convention à une autre. Il ne pouvait pas raisonnablement demander la réparation d'un préjudice qu'il n'avait pas subi ; il ne pouvait pas davantage exercer son action au nom des ouvrières, qui avaient librement consenti à modifier le contrat. Il en eût été autrement, croyons-nous, si la convention avait été violée par ordre du patron ; et il est très probable que, dans ce cas, et la cour de Dijon et la cour de Cassation auraient reconnu légitime l'intervention du syndicat (1).

La prétendue opposition entre les arrêts relatifs à la poursuite de faits illicites, et les arrêts relatifs à l'exécution d'un contrat n'est pas établie, et il n'y a pas lieu de voir là une limitation introduite par la jurisprudence dans le droit des syndicats d'agir en justice pour leurs membres.

Pour terminer cette longue discussion, nous devons donc conclure qu'un syndicat agricole aura, dans certains cas, le droit de substituer ou de juxtaposer son action collective à l'action née dans la personne d'un ou de plusieurs de ses membres. Ces cas sont ceux où, comme dans les procès cités plus haut en matière d'exercice illégal de la médecine, le litige présente un caractère *mixte*, en ce sens que la solution intéresse simultanément, d'une part, des syndiqués pris individuellement, et, d'autre part, la totalité du syndicat ou une collectivité de syndiqués sur laquelle réfléchiront les conséquences du jugement.

SECTION III. — Capacité d'acquérir des syndicats agricoles

Les syndicats agricoles, ayant la personnalité civile, peuvent, comme toute personne physique ou morale, posséder des biens mobiliers ou immobiliers; ils peuvent gérer en toute liberté leur patrimoine; ils jouissent naturellement, en effet, de tous les droits qui découlent de la qualité de personne juridique, à l'exception toutefois de ceux qui leur sont expressément retirés par un texte de loi.

(1) En ce sens, BRÉMOND.—*Loc. cit.*, p. 140; et VORON. — *Le Rôle des Syndicats professionnels devant la justice (Rev. cath. des Inst. et du Droit*, 1897, t. I, p. 426).

Or, la capacité de posséder et d'administrer leur patrimoine n'a pas été enlevée aux syndicats; au contraire, l'art. 6, § 2, de la loi la leur reconnaît expressément : « Ils pourront, dit-il, employer les sommes provenant des cotisations ». Cependant, le législateur a jugé bon d'introduire une restriction à cette capacité générale, relativement aux immeubles : « Toutefois, dit le même article, ils ne pourront acquérir d'autres immeubles que ceux qui seront nécessaires à leurs réunions, à leurs bibliothèques et à des cours d'instruction professionnelle ». Etudions donc le droit d'acquérir et de posséder qui appartient aux syndicats agricoles, avec ses limitations légales dont il faudra préciser la portée.

§ I. — Composition du patrimoine syndical

Bien que l'article 6 de la loi de 1884 ne parle que des sommes provenant des cotisations, il est bien évident que les cotisations ne sont pas le seul élément du patrimoine des syndicats; il est même des syndicats qui, n'exigeant pas de cotisations de leurs membres, manquent de cet élément. Mais il faut reconnaître que le cas se présente rarement, et qu'en règle générale, le versement périodique de cotisations est une des ressources les plus importantes des syndicats.

A côté de cette contribution, constituant les *ressources ordinaires* du budget syndical, viennent se placer les *ressources extraordinaires*; ce sont, par exemple :

1° Les amendes encourues par les membres du syndicat pour infractions prévues par les statuts;

2° Les sommes versées d'avance, et une fois pour toutes, par des syndiqués pour se décharger des cotisations périodiques;

3° Les intérêts ou arrérages des sommes placées par le syndicat;

4° Les majorations ou retenues opérées, en vue des frais généraux, sur le prix des marchandises achetées ou vendues par l'intermédiaire du syndicat agricole pour le compte des syndiqués ;

5° Les sommes payées par les membres du syndicat, à titre d'indemnité ou de frais d'entretien, pour certains services, tel que le prêt de machines agricoles ;

6° Les versements faits par des membres du syndicat, à ses caisses de secours mutuels, de crédit, d'assurances, de retraite, etc., fonds qui, pour être affectés à des services divers, n'en font pas moins partie de son patrimoine.

Si, comme nous proposerons de l'admettre, les syndicats ne sont pas exclus du droit d'aquérir à titre gratuit, d'autres sources de revenus importantes seront encore à signaler :

1° Les souscriptions des membres dits « honoraires » ou « fondateurs » ;

2° Les donations ou legs, en nature ou en espèces, provenant soit des membres du syndicat, soit de personnes qui lui sont étrangères ;

3° Les subventions accordées soit par l'Etat, soit par les départements et les communes, par l'intermédiaire des conseils généraux ou municipaux, soit par les sociétés privées, comme les sociétés d'agriculture (1).

§ 2. — Emploi du patrimoine syndical

Avec les divers éléments dont nous venons de donner une rapide énumération, il est possible que le patrimoine du

_____

(1) Le projet de loi, déposé au nom du gouvernement, le 14 novembre 1899, propose de modifier ainsi l'art. 6 de la loi de 1884 : « ... Ils (les syndicats) ont le droit d'ester en justice et d'*acquérir sans autorisation, à titre gratuit ou à titre onereux, des biens, meubles ou immeubles*... ».

syndicat devienne d'une certaine importance. Une partie sera consacrée à couvrir les frais généraux, à rétribuer les employés ; mais, une fois prélevée la somme nécessaire pour ces dépenses, que devra-t-on faire du reliquat ? La loi impose-t-elle au syndicat un emploi déterminé de ses fonds ?

Le législateur s'est contenté de poser ce principe : « Ils pourront employer les sommes provenant des cotisations », laissant à chaque syndicat le soin d'administrer ses fonds à sa guise, et c'est à titre d'exemple que la circulaire ministérielle cite quelques-uns des modes d'emploi du patrimoine syndical : « Placement, secours individuels en cas de maladie, de chômage ; achats de livres, d'instruments, fondation de cours d'enseignement professionnel, etc. » (1).

Quant aux acquisitions que le syndicat peut faire, nous devons établir une distinction entre les meubles et les immeubles, certaines acquisitions d'immeubles étant interdites aux associations professionnelles.

Acquisitions mobilières. — A cet égard, le syndicat agricole jouit d'une pleine liberté. De même qu'il peut momentanément ne pas faire emploi de ses ressources afin de se constituer un fonds de réserve qui lui permettra plus tard de fonder, par exemple, des caisses de retraites, de secours ou de crédit agricole à l'usage des membres du syndicat, il a le droit d'en disposer pour une œuvre rentrant dans l'objet licite du syndicat, ou de chercher à en tirer immédiatement des revenus, en les plaçant en titres, nominatifs ou au porteur, de rentes, d'actions ou d'obligations. Il peut revendre ces valeurs quand il le juge convenable.

Il a la faculté, comme toute personne et même parfois à

---

(1) Circ. minist. 25 août 1884.

un titre privilégié, de faire des dépôts à la caisse des Dépôts et Consignations, aux caisses d'épargne postales et autres.

Relativement à la caisse des Dépôts et Consignations, une décision du 16 décembre 1891 reconnaît aux syndicats professionnels, dont les statuts comportent la distribution de secours ou la constitution de retraites en faveur de leurs membres, la faculté de déposer à cette caisse leurs fonds disponibles, au compte « Etablissements publics et autres établissements assimilés ».

L'article 4 de la loi du 20 juillet 1895, sur les caisses d'épargne, dispose que les syndicats sont autorisés à verser à la Caisse nationale d'épargne une somme maximum de 15,000 fr. ; tandis qu'avant cette loi le maximum de leurs versements n'était que de 8,000 fr., et que le maximum des versements individuels est de 1,500 fr. De plus, la limitation du montant des versements annuels n'est pas applicable à ces associations.

Les syndicats agricoles peuvent aussi prêter de l'argent soit à des particuliers, soit à des sociétés et prendre, de ce chef, des hypothèques sur les immeubles de leurs débiteurs.

On s'est demandé, cependant, si cette garantie était réellement accessible aux syndicats : l'hypothèque entraîne, en effet, le droit de surenchère dont l'exercice peut transformer le créancier en adjudicataire de l'immeuble. Mais, ainsi qu'on l'a fait remarquer, en cas de surenchère il n'est pas sûr que l'adjudicataire soit le syndicat ; un autre que lui peut couvrir la surenchère, et si l'adjudication est prononcée au profit du syndicat, elle ne deviendra illégale que si ce dernier donne à l'immeuble une affectation autre que celles que la loi autorise ; et, dans ce dernier cas, le ministère public aura toujours le droit d'exiger la revente de l'immeuble et le prix en sera versé dans la caisse du syndicat : l'hypothèque aura donc toujours servi à quelque chose (1).

Les syndicats agricoles ne doivent pas, nous le verrons, se livrer à des opérations commerciales ; mais peuvent-ils prendre des parts de sociétés commerciales ? Il faut distinguer : si la participation à une société commerciale implique la qualité de commerçant, le syndicat agricole ne saurait figurer au nombre des associés. Ainsi il ne pourrait pas, croyons-nous, entrer, en tant que syndicat, dans une société commerciale en nom collectif ; mais si la qualité de membre de la société n'entraîne par la qualité de commerçant, ce qui arrive dans les sociétés anonymes ou en commandite, il n'est pas possible de lui refuser le droit d'en faire partie.

Acquisitions immobilières. — Le législateur, qui n'a pas redouté la richesse mobilière des syndicats, n'a posé aucune limitation, pour l'acquisition des meubles ; mais il s'est montré plus timoré à l'égard des immeubles, et l'article 6, § 3, de la loi de 1884 dispose : « Toutefois, ils ne pourront acquérir d'autres immeubles que ceux qui seront nécessaires à leurs réunions, à leurs bibliothèques et à des cours d'instruction professionnelle ».

Il est difficile de bien préciser le mobile auquel le législateur a obéi en imposant une telle limitation aux acquisitions des syndicats. Il semble avoir cédé vaguement à des préoccupations traditionnelles chez le législateur français, mais qui ne correspondent guère aux besoins de notre temps. Est-ce un souvenir du degré bien différent d'importance qu'on attachait autrefois aux meubles et aux immeubles dans la composition du patrimoine ? Mais ce n'est plus aujourd'hui qu'il est permis de dire : « *Mobilium vilis pos-*

---

(1) En ce sens, GLOTIN. — *Op. cit.*, p. 223.

sessio ». Ou bien l'esprit du législateur était-il encore hanté par le spectre des biens de mainmorte, et craignait-il par-dessus tout, de la part des syndicats, des acquisitions immo-dérées de biens-fonds, entravant la circulation de la richesse ?

Toujours est-il que la limitation existe, indiscutable. On peut la critiquer. Nous nous bornerons à en interpréter le sens (1).

La restriction que l'article 6, § 3, apporte au droit des syndicats doit être entendue de la manière la plus favorable à la liberté, toute personne juridique (physique ou morale) ayant naturellement, sauf exception, la capacité de contrac-ter et d'acquérir comme elle l'entend.

Il faut donc donner un sens très large aux mots « immeu-bles nécessaires à leurs réunions, à leurs bibliothèques et à des cours d'instruction professionnelle », et ne pas ren-fermer étroitement cette faculté limitée d'acquérir des immeubles aux trois cas littéralement prévus par l'article 6. En effet, toutes les acquisitions immobilières nécessaires au fonctionnement normal du syndicat doivent être, selon nous, considérées comme licites ; ainsi la loi permet expres-sément aux syndicats d'administrer des offices de renseigne-ment et des bureaux de placement; mais elle autorise impli-citement l'installation de bien d'autres services. Pour peu que le syndicat étende le nombre de ses adhérents et le chiffre des opérations rentrant dans son objet, de vastes locaux lui deviendront nécessaires ; et certainement il est dans l'esprit de la loi que ce syndicat puisse librement

---

(1) Dans le projet actuel du gouvernement (14 nov. 1899), le droit d'acquisition immobilière des syndicats est affranchi de toute limita-tion (nouvel art. 6).

acquérir et posséder des immeubles suffisants pour établir tous ses services chez lui.

De même la loi parle d'immeubles nécessaires « à leurs réunions » ; de quelles réunions s'agit-il ici ? Sans doute les syndicats ont le droit de posséder des immeubles pour leurs assemblées générales ; mais ce n'est pas assez. Il faut que les syndiqués puissent se retrouver dans d'autres réunions, afin d'entretenir et de resserrer les liens résultant de la profession : « Que deviendrait une association qui n'aurait pas un centre où ses membres pourraient se voir, se rencontrer souvent pour s'entretenir familièrement de leurs intérêts et de ceux de l'association » (1) ?

On est amené ainsi à reconnaître aux syndicats le droit d'utiliser leurs immeubles comme salles communes, ouvertes aux seuls membres de l'association, mais pour des usages très divers, compris d'ailleurs dans la vie professionnelle largement entendue. Là on verra affichés les règlements et avis syndicaux ; là on trouvera un bureau ouvert aux membres qui voudront s'inscrire pour l'emprunt des instruments agricoles, pour les achats et ventes, un local où se traitent les affaires entre syndiqués, où s'échangent les offres et les demandes, où l'on se procure enfin une foule de renseignements utiles. Le cabinet de lecture y peut trouver sa place, et même la salle où les syndiqués venus de loin pourront se procurer des consommations. S'il leur arrivait de se récréer en commun, chez eux ; de s'y livrer, à l'occasion, à quelques jeux, en quoi cet usage de la maison syndicale serait-il répréhensible ? Qu'on n'oppose pas l'article 291 du Code pénal, car il est précisément un de ceux que l'article 1er de la loi du 21 mars 1884 déclare inapplicables aux syndicats professionnels.

(1) DE GAILHARD-BANCEL. — La Loi, 11 fév. 1886.

Un syndicat a le droit de posséder les immeubles nécessaires à ses cours d'instruction professionnelle : pour les syndicats industriels ou commerciaux, l'exercice de ce droit ne présente pas de difficulté ; les cours d'instruction professionnels organisés par ces syndicats, cours soit théoriques, soit pratiques, n'exigent pas des locaux bien vastes, et la salle de réunion ou une salle annexe suffira, en général, pour permettre aux professeurs de donner leur enseignement.

Mais il n'en est plus ainsi pour les syndicats agricoles : l'enseignement de l'agriculture consiste autant, sinon plus, dans des travaux pratiques accomplis sur le terrain, que dans des leçons données du haut d'une chaire ; un cours de greffage des arbres fruitiers, un cours de taille de la vigne ne peuvent se comprendre sans un transport des élèves sur des lieux complantés de vignes ou d'arbres fruitiers.

Il faut donc des champs d'expérience afin que les maîtres, chargés par le syndicat de l'enseignement agricole, puissent joindre l'exemple au précepte et rendre ainsi leurs leçons plus profitables à leurs élèves. Les champs d'expérience ont une autre utilité en servant aux essais de cultures nouvelles, à l'acclimatation de plants étrangers, à l'étude des engrais chimiques et des différents modes de fumures, etc. Nous croyons qu'un syndicat agricole achètera et possèdera valablement toutes les constructions et tous les terrains qui lui seront nécessaires, suivant ce qui vient d'être dit, pour l'utilité et la défense des intérêts agricoles, constituant essentiellement l'objet des syndicats dont nous nous occupons.

Voici encore une question qui se poserait à propos des immeubles nécessaires aux cours d'instruction professionnelle : un orphelinat agricole pourrait-il être considéré comme une institution d'enseignement professionnel, et un syndicat agricole, fondant un établissement de ce genre, pourrait-il acquérir et posséder des immeubles avec cette seule destination ?

Nous ne le croyons pas ; car si l'enseignement de l'agriculture est donné dans les orphelinats agricoles, ce n'est qu'accessoirement : la pensée dominante qui préside à la fondation d'une œuvre semblable, c'est une pensée de bienfaisance, celle de venir en aide à des enfants abandonnés. La profession enseignée à ces enfants, n'est, aux yeux des fondateurs, qu'un moyen d'arriver à ce but charitable. Un syndicat agricole sortirait, ce nous semble, de son rôle légal, en possédant un immeuble uniquement destiné à une œuvre de bienfaisance. Mais le même syndicat pourrait très bien posséder un immeuble pour en faire une ferme-école où l'on admettrait spécialement les enfants des membres du syndicat, ou même des enfants de non-syndiqués : une ferme-école nous paraît, en effet, réaliser une des meilleures formes qu'on puisse donner aux « cours d'instruction professionnelle ».

La circulaire ministérielle du 25 août 1884, en parlant des immeubles que les syndicats peuvent valablement posséder, s'exprime ainsi : « Ces immeubles ne doivent pas être détournés de leur destination. Les syndicats contreviendraient à la loi s'ils en tiraient un profit pécuniaire direct ou indirect par location ou autrement ». D'après M. Boullaire (1) : « Pour les syndicats agricoles, les immeubles consacrés à leur usage personnel sont susceptibles d'une certaine extension. Ils pourront comprendre des bureaux, des magasins et des locaux spéciaux pour les animaux et les marchandises qu'ils détiennent à raison de leurs opérations ».

Ces deux interprétations nous semblent conciliables. Sans doute, un syndicat ne peut pas se rendre propriétaire de

(1) Boullaire. — *Op. cit.*, p. 96.

maisons d'habitation pour les convertir en immeubles de rapport, en les louant soit à des syndiqués, soit à des étrangers au syndicat; de tels placements lui sont interdits, et l'on comprend parfaitement qu'il ne puisse acquérir des immeubles dans ce but. D'ailleurs, si c'est une œuvre sociale qu'il veut organiser au profit de ses membres, comme celle des logements économiques, par exemple, rien ne l'empêche d'encourager, même de ses deniers, ni de provoquer la formation de sociétés coopératives ou autres, qui jouiront à cet égard d'une entière liberté (1).

Mais si on allait jusqu'à empêcher un syndicat d'utiliser *accessoirement* un immeuble, construit ou acquis en vue de ses réunions, de ses bibliothèques ou de ses cours d'instruction professionnelle, en louant les parties inoccupées de l'immeuble, ou ses salles de réunion et de cours les jours où elles ne sont pas utilisées par le syndicat, nous croyons, avec M. Glotin, que ce serait aller trop loin ; un syndicat n'est pas, en général, assez riche pour pouvoir immobiliser ses fonds dans un immeuble exclusivement affecté à ses réunions ou à ses cours, et dont certaines parties deviendraient absolument improductives. Le législateur n'a pas voulu interdire une utilisation purement secondaire.

Nous ferons la même distinction pour le cas où un syndicat agricole possède un immeuble servant d'entrepôt ou de magasin de marchandises. Les syndicats agricoles peuvent servir d'intermédiaires désintéressés pour vendre les produits de leurs membres et acheter des produits agricoles, des instruments de culture, pour les répartir entre leurs membres ; ils seront, par suite, dans la nécessité d'avoir des magasins ou entrepôts pour contenir ces objets.

(1) En ce sens, MONGIN.— *Loc. cit.*, p. 99, et BRUNOT, *Revue générale d'administration*, 1885, t. I, p. 32.

Selon nous, un syndicat ne peut pas, comme paraît l'admettre M. Boullaire, acquérir ou construire un immeuble destiné *principalement* à servir d'entrepôt ou de magasin, mais il peut très bien utiliser *accessoirement*, pour entreposer les marchandises achetées ou les produits à vendre, des immeubles destinés principalement à un des objets prévus par l'article 6, réunions, cours ou bibliothèques. La loi, en effet, en décidant que les syndicats ne peuvent posséder que les immeubles *nécessaires* à cette triple fin, n'interdit pas de tirer parti des immeubles appartenant à autrui ; pourquoi ne pourraient-ils pas se servir accessoirement, pour ces mêmes entrepôts, d'immeubles destinés principalement à leurs cours, réunions ou bibliothèques ? D'ailleurs, dans la pratique, c'est cette interprétation qui semble le plus généralement adoptée, et les pouvoirs publics l'ont, eux-mêmes, en quelque sorte consacrée. En effet, à l'inauguration solennelle des bâtiments construits par le syndicat agricole de Beligneux (Ain), pour servir à la fois de salle de réunions et d'entrepôt, le Ministre de l'Agriculture et le Préfet de l'Ain étaient officiellement représentés.

Nous concluons qu'un syndicat agricole ne peut posséder valablement que les immeubles nécessaires à son fonctionnement, ce fonctionnement étant d'ailleurs entendu dans un sens très large, aussi large que le peut comporter une restriction malheureuse mais certaine, écrite dans la loi de 1884, relativement à la faculté, pour les syndicats, de posséder des immeubles.

§ 3. — Capacité d'acquérir à titre gratuit

Il est un mode d'acquérir que nous n'avons fait qu'indiquer jusqu'ici et qui soulève de vives controverses, c'est l'acquisition à titre gratuit. Les syndicats agricoles peuvent.

ils recevoir à titre gratuit des meubles ou des immeubles, et, s'ils le peuvent, les acquisitions faites à ce titre sont-elles soumises à la nécessité d'une autorisation de l'administration ?

Il est inutile de s'arrêter sur l'intérêt économique que présente, pour les associations professionnelles, la question de la capacité d'acquérir à titre gratuit. Pour rendre tous les services, tant matériels que moraux, qu'on est en droit d'attendre d'eux, les syndicats ont besoin d'un capital considérable, que les cotisations destinées surtout à couvrir les frais généraux, sont impuissantes à fournir.

Le droit d'acquérir à titre gratuit a été contesté absolument aux syndicats par quelques auteurs (Vavasseur: *Sociétés civiles et commerciales*, 4ᵉ édit., nᵒˢ 27 ter et s.; Hubert-Valleroux : *Les corporations d'arts et métiers et les syndicats professionnels*, p. 368; *Revue des Soc.*, 1886 p. 231-235 ; *Bulletin de la Société de lég. comp.*, 1886, p. 81 ; et *Revue des Soc.*, 1896, p. 432 et 433 ; Victor du Bled: *Loc. cit.*, p. 109). Il a été admis, en matière mobilière seulement, par deux auteurs (Veyan : *Loi sur les syndicats professionnels*, p. 181, et Brunot, *Rev. gén. d'Adm.* 1885, p. 26-32), et enfin admis avec la même étendue que la capacité d'acquérir à titre onéreux, par la plupart des interprètes (Marcel Mongin: *Loc. cit.*, p. 99-102 et note sous jugement du trib. civ. de la Seine du 16 juillet 1896, *Pand. franc.* 1897, 2. 193 ; Boullaire : *Op. cit.*, p. 98 ; Gain : *Op. cit.*, nᵒˢ 182-187; Glotin : *Op. cit.*, p. 227 et s.; Bry : *Op. cit.*, p. 264; Marcel Planiol, *Note sous arrêt de la C. de Cass. du 26 mai 1894*, D. P. 95. 1. 221 ; Pic : *Op. cit.*, p. 134; Théodore Tissier, *Répertoire du Droit administratif de Béquet*, vᵒ *Dons et legs*, nᵒˢ 208 et 209; Brémond, *Rev. crit. de lég. et de jur.*, 1899, p. 151 ; Dalloz, *Rép. Suppl.* vᵒ *Travail*, nᵒˢ 864 et s.).

La difficulté provient de ce que la loi du 21 mars 1884 ne confère pas expressément aux syndicats professionnels la capacité d'acquérir à titre gratuit ; la circulaire ministérielle du 25 août 1884 n'y fait pas davantage allusion. Dans le silence du législateur que faut-il décider ?

D'après nous, les syndicats professionnels ont la capacité d'acquérir à titre gratuit tout aussi bien qu'à titre onéreux. En effet, ils ont la personnalité civile et nous les avons assimilés aux personnes morales privées. De droit commun, les personnes civiles ont la capacité nécessaire pour mener à bien, par tous les moyens, l'œuvre qui leur a fait attribuer la personnalité civile, c'est-à-dire qu'elles jouissent en principe de tous les droits dont jouit une personne juridique ordinaire, à l'exception seulement de ceux qui lui sont expressément enlevés par un texte : elles ont donc naturellement la capacité d'acquérir à titre gratuit, comme elles possèdent tous les autres droits relatifs au patrimoine.

La seule faculté qui soit enlevée aux syndicats par une disposition formelle étant celle d'acquérir, à titre onéreux ou à titre gratuit, les *immeubles* qui ne seraient pas nécessaires à leur fonctionnement normal, ils ont le droit de faire toutes les autres acquisitions à titre onéreux ou à titre gratuit, mobilières ou immobilières, du moment qu'on ne les leur interdit pas. Nous sommes d'autant plus enclin à cette décision que la loi de 1884, on ne saurait trop le répéter, est une loi de liberté et qu'elle doit toujours être interprétée dans le sens le plus favorable au développement des syndicats.

Mais tel n'est pas l'avis de quelques auteurs qui, contre la capacité d'acquérir à titre gratuit des syndicats professionnels, ont invoqué, soit leur caractère de personnes morales privées, soit le texte même, soit les travaux préparatoires de la loi de 1884.

1° Capacité des personnes morales privées en matière d'acquisition à titre gratuit. — Pour ceux qui classent les syndicats professionnels parmi les *établissements d'utilité publique*, la capacité d'acquérir à titre gratuit de ces associations résulte de ce classement ; l'article 910 du Code civil reconnaît, en effet, à ces établissements la capacité dont il s'agit, toutefois en la subordonnant à une autorisation.

Mais nous avons rangé les syndicats professionnels au nombre des personnes morales privées, et il faut se demander si celles-ci sont capables d'acquérir à titre gratuit.

D'après une théorie soutenue notamment par M. Labbé, dans une note placée sous un jugement du tribunal civil de la Seine (1), les personnes morales privées, telles que les sociétés civiles et commerciales, seraient naturellement incapables de recevoir à titre gratuit. « La personnification des sociétés, dit M. Labbé, n'est qu'une forte concentration de droits individuels ; elle est une fiction de personnalité ; elle n'est pas la création d'un être moral absolument distinct des individus qui sont ses membres, ses agents, ses instruments... Elle est une fiction, un voile qui cache un temps le fait de la copropriété, voile qui se dissipe à la dissolution pour laisser reparaître la réalité, c'est-à-dire la juxtaposition de ces droits individuels en état d'indivision ». D'où cette conséquence qu'en cas de donation, c'est l'associé qui serait le véritable donataire, la société jouant le rôle de personne interposée. La donation serait donc nulle et ne pourrait valoir que si une condition spéciale imposait aux associés de placer la donation comme apport dans la société. « La société est une réunion fortement nouée d'intérêts privés appartenant à des personnes individuelles. La libéralité

_____

(1) Trib. civ. de la Seine, 30 mars 1881, S. 81. 2. 249. V. aussi *Rev. crit. de lég. et de jur.*, 1882, p. 345 et s.

enrichira ces personnes : c'est à elles qu'elle doit être adressée d'une façon directe et franchement ».

Cette théorie, spéciale à M. Labbé et à quelques auteurs, est repoussée par le plus grand nombre et par la jurisprudence. Elle est, en effet, contraire au texte de l'article 902 du Code civil, qui ne fait aucune distinction entre les personnes susceptibles de recevoir une libéralité : « *Toutes personnes* peuvent disposer et recevoir, soit par donations entre-vifs, soit par testament, *excepté celles que la loi en déclare incapables* ».

Donc toutes personnes, morales ou physiques (la loi ne distingue pas) sont, en principe, capables de recevoir à titre gratuit, et il faudrait un texte de loi précis pour leur enlever cette capacité. C'est, d'ailleurs, cette doctrine que nous trouvons exprimée par le Conseil d'Etat dans un avis du 12 janvier 1854 (1). « Considérant que, aux termes de l'article 1er de la loi du 14 juillet 1819, tout étranger a qualité pour recevoir des biens situés en France ; — que ladite loi n'a fait *aucune exception en ce qui concerne les personnes civiles...* » Et le Conseil d'Etat, se basant sur cette considération, tirait la conclusion qu'une personne étrangère quelconque, même une personne morale, a la capacité d'acquérir à titre gratuit. Si une personne morale étrangère a ce droit, comment pourrait-on le refuser à une personne morale française ?

Telle est aussi l'opinion admise par la jurisprudence et consacrée spécialement en faveur des sociétés commerciales par un jugement du tribunal civil de la Seine (2), qui s'exprime ainsi : « Attendu qu'elles peuvent acquérir et

---

(1) D. P. 56. 3. 16.
(2) Trib. civ. de la Seine, 30 mars 1881, S. 81. 2. 249 ; D. P. 83. 3. 31.

posséder ; qu'aux termes de l'article 902 du Code civil, elles peuvent recevoir, soit par donation entre-vifs, soit par testament... »

Mais admettons, si l'on veut, que les sociétés civiles et même les sociétés commerciales soient incapables de recevoir à titre gratuit : cette incapacité doit-elle entraîner en même temps l'incapacité des syndicats professionnels ? Nous ne le croyons pas. C'est qu'en effet, si les syndicats professionnels sont, à l'instar des sociétés civiles et commerciales, des personnes morales privées, si nous les avons rangés de préférence dans cette catégorie de personnes civiles, ils n'en sont pas moins des personnes morales privées d'une nature toute particulière, qui doivent comporter l'application d'un régime particulier.

Il ne saurait, en effet, être question d'assimiler les associations professionnelles aux sociétés dont nous venons de parler. Dans une société commerciale, le donateur peut avoir eu l'intention de gratifier non la société, mais les associés, qui sont peut-être de ses amis ; on comprend donc, à la rigueur, que la personnalité de la société ne soit qu'un voile qui couvre les droits des associés et que la société commerciale, donataire, ne soit, en réalité, qu'une personne interposée. Mais il n'en est pas ainsi pour un syndicat : le donateur ne peut connaître les membres du syndicat comme il connaîtrait les associés d'une société ; le personnel du syndicat est mobile par excellence : tout membre a le droit de se retirer à tout instant, et il suffit de satisfaire aux conditions professionnelles voulues par la loi et aux conditions spéciales imposées par les statuts pour être admis à faire partie d'un syndicat. Si quelqu'un donne à un syndicat, ce n'est donc pas en vue de tel ou tel membre qui l'est aujourd'hui et demain peut-être ne le sera plus ; mais bien en vue du syndicat, personne morale.

De plus, on chercherait vainement dans le syndicat, comme on les trouve dans la société, des parts individuelles, des intérêts, des actions, des distributions de dividendes : le résultat de la donation est donc indifférent, en principe, pour les syndiqués ; ils ne s'enrichiront pas, immédiatement du moins, d'autant. Sans doute, au cas d'une dissolution, les personnes qui se trouveront à ce moment membres d'un syndicat, en se partageant l'actif, bénéficieront de l'accroissement qui aura été la conséquence des libéralités adressées au syndicat; mais remarquons que le personnel du syndicat pourra être, à ce moment, complètement renouvelé, et que la dissolution, qui entraîne, d'après nous, le partage de l'actif entre les membres, est un cas de force majeure que ne prévoit pas le donateur au moment où il fait la donation, ou qu'il prévoit peut-être, mais dont il cherche précisément à reculer l'échéance le plus possible, puisqu'en augmentant l'actif social du syndicat il veut lui donner le moyen de prolonger son existence.

C'est donc bien le syndicat que le donateur veut gratifier et non les membres du syndicat, c'est donc bien le syndicat qui bénéficie de la donation et non les syndiqués; le syndicat ne joue pas en réalité le rôle d'une personne interposée. Toutes les conditions de validité se trouvant réunies au moment où la donation intervient, il en résulte que la donation est et demeure valable (1).

2° *Texte de la loi du 21 mars 1884.* — Les principes généraux de notre droit ne s'opposant pas à la capacité d'acquérir à titre gratuit des syndicats professionnels, on a cherché d'autres arguments et on s'est appuyé particulière-

---

(1) En ce sens, CÉSAR-BRU. — *Du droit pour les syndicats professionnels d'acquérir* (Revue genérale du Droit, 1891, p. 199).

ment, pour leur refuser cette capacité, sur le texte même et les travaux préparatoires de la loi du 21 mars 1884.

Parlons d'abord du texte : l'art. 6, a-t-on dit, est le seul qui ait pour objet la détermination des droits du syndicat, c'est lui qui en présente l'énumération : droit d'ester en justice, droit de percevoir des cotisations ; mais il ne fait pas la moindre allusion à la faculté d'acquérir à titre gratuit. Les seules acquisitions que prévoie l'art. 6 sont celles qui se font avec les sommes provenant des cotisations, ce sont donc des acquisitions à titre onéreux ; encore l'alinéa 3 du même article vient-il apporter une restriction à ce droit d'acquérir à titre onéreux en l'enfermant dans certaines limites : si la loi de 1884 avait voulu donner aux syndicats un droit aussi important, elle l'aurait certainement consacré autrement que par un sous-entendu.

A cela il est facile de répondre qu'il est beaucoup d'autres droits que tout le monde s'accorde à reconnaître aux syndicats : droits de louer, emprunter, échanger, hypothéquer leurs immeubles, etc., et qui pourtant ne sont pas énoncés dans l'art. 6 ; l'énumération faite par cet article n'est donc pas limitative ; pour qu'il y eût réellement prohibition d'acquérir à titre gratuit, il faudrait que cette prohibition fût exprimée dans l'article 6. Il y a plus ; ce même article 6 peut être invoqué à l'appui de notre système : « Les syndicats, dit-il, ne pourront *acquérir* d'autres immeubles... » Or, le mot « acquérir » est un terme générique qui s'emploie aussi bien pour les acquisitions à titre gratuit que pour les acquisitions à titre onéreux ; si le législateur avait voulu écarter la capacité de recevoir des libéralités, il se serait servi d'une autre expression. Mais, objecte-t-on, l'art. 6 ne parle que de *l'emploi des cotisations*, il ne prévoit donc pas d'autres ressources ; eh bien, si l'art. 6 ne parle que des cotisations, c'est uniquement parce qu'elles constituent les ressources ordinaires du syndicat. Cette indication n'a rien d'exclusif.

L'art. 8 vient confirmer cette interprétation : « Lorsque les biens auront été acquis contrairement aux dispositions de l'art. 6, la nullité de *l'acquisition* ou de la *libéralité* pourra être demandée par le procureur de la République ou par les intéressés. Dans le cas d'acquisition à titre onéreux, les *immeubles* seront vendus, et le prix en sera déposé à la caisse de l'association. Dans le cas de libéralité, les *biens* feront retour aux disposants ou à leurs héritiers ou ayants-cause ». Il résulte bien de la lecture de cet article que la condition essentielle pour qu'une libéralité soit nulle, c'est qu'elle ait pour objet des biens acquis contrairement aux dispositions de l'art. 6, c'est-à-dire des immeubles qui ne seraient pas nécessaires au fonctionnement normal du syndicat : si les biens servent aux usages indiqués par l'art. 4, ils sont valablement possédés par le syndicat, qu'ils proviennent d'une acquisition à titre onéreux ou à titre gratuit.

Il est vrai qu'on a cru trouver dans le même art. 8 une autre objection à notre système, une prétendue opposition entre les mots *biens* et *immeubles* : quand le législateur parle des acquisitions à titre onéreux, il se sert du mot *immeubles* ; quand il parle des libéralités, il se sert du mot *biens*, qui comprend les meubles aussi bien que les immeubles ; cela prouverait, dit-on, que les syndicats peuvent sans doute acquérir certains immeubles à titre onéreux, mais que toute acquisition à titre gratuit, mobilière ou immobilière, leur est interdite. Il nous suffira de répondre que le législateur s'est encore servi une autre fois du mot *biens*, c'est au début de ce même article 8, et pourtant personne n'oserait en tirer cette déduction qu'il peut y avoir des acquisitions de *meubles* à titre onéreux contraires aux dispositions de l'art. 6. Le mot « biens » venant après le mot « immeubles » n'est donc pas mis en opposition avec ce dernier par le législateur.

Enfin l'art. 9 nous fournit un argument décisif : « Les tribunaux pourront, en outre, dit-il..., prononcer la nullité des acquisitions d'immeubles faites en violation des dispositions de l'art. 6 ». Il y aurait donc une contradiction indéniable entre le texte de l'art. 8 interprété comme interdisant aux syndicats *toutes acquisitions à titre gratuit*, tant de meubles que d'immeubles, et le texte de l'art. 9 qui ne prononce la nullité qu'à l'égard des acquisitions *immobilières* à titre gratuit. Une pareille inconséquence n'est pas possible.

3º *Travaux préparatoires de la loi de 1884.* — Dans le système qui refuse aux syndicats le droit de recevoir des libéralités, on s'est appuyé principalement sur les travaux préparatoires de la loi de 1884, et c'est presque exclusivement sur eux que repose toute l'argumentation de M. Hubert-Valleroux. Ce n'est pas que le savant jurisconsulte ait une confiance absolue dans les armes qu'on peut tirer de ces documents, car il en fait lui-même ressortir la faiblesse en répondant ainsi à un argument emprunté aux travaux préparatoires: « La raison serait solide s'il s'agissait d'une loi discutée par un même parlement et d'une façon suivie, mais il faut se souvenir que le projet devenu la loi du 21 mars 1884, est resté sur le chantier pendant huit ans, discuté à diverses reprises par plusieurs législations successives et que rien n'a été plus confus que ces débats, si bien qu'il n'y a guère à tirer des travaux préparatoires » (1).

_____

(1) HUBERT-VALLEROUX. — Note sous jugement du trib. civ. de la Seine du 16 juillet 1896, *Rev. des Soc.*, 96, p. 433.

Il est permis cependant de n'être pas aussi pessimiste que M. Hubert-Valleroux sur la valeur probante des documents auxquels il emprunte le fondement de son argumentation : nous croyons que les travaux préparatoires de la loi de 1884 ont une certaine importance comme document, mais nous pensons aussi qu'entre deux opinions successives du législateur, c'est de la dernière émise qu'il faut tenir le plus grand compte. Or :

1º L'art. 6 actuel ne parle que de l'emploi des cotisations et de l'acquisition de certains immeubles. Cette rédaction, adoptée définitivement par la Chambre en 1883, l'avait déjà été par elle en 1881, mais dans un sens tout différent. Elle avait été acceptée, en effet, après audition d'un rapport fait au nom de la commission de la Chambre par M. Allain-Targé, qui s'exprimait en ces termes : « Nous avons réduit à leur minimum les droits des nouvelles personnes civiles, votre commission n'étant pas favorable au rétablissement de la mainmorte » (1). Le Sénat pensa bien que le silence gardé par le projet relativement à la faculté de recevoir des libéralités équivalait à une dénégation de cette faculté; mais il crut utile de le déclarer expressément; car il introduisit, le 31 juillet 1882, dans le même article, une disposition ainsi conçue : « Il leur est interdit de recevoir des dons et d'acquérir autrement qu'à titre onéreux ». Le projet de loi revint devant la Chambre des Députés : la commission qui fut chargée de l'examiner proposa de supprimer la phrase additionnelle à l'art. 6, introduite par le Sénat; le nouveau rapporteur, M. Lagrange, en présentant son rapport le 6 mars 1883, motiva ainsi sa proposition : « La commission n'a pas cru devoir enlever aux syndicats déclarés *la faculté de recevoir des dons*. Il est à présumer que, dans la pratique, les biblio-

---

(1) Rapport de M. Allain-Targé, Ledru et Worms.—*Op.cit.*, p. 211.

thèques syndicales et les écoles professionnelles recevront de nombreux dons de livres, d'outils, d'instruments. 'Il serait injuste de les obliger à dépenser, pour l'acquisition de ces objets, des fonds qui peuvent utilement grossir les ressources des caisses de retraite et de secours mutuels ». Ces conclusions de la commission furent votées par la Chambre le 18 juin 1883 et, l'année suivante, par le Sénat qui, en les ratifiant, consacrait ainsi le droit pour les syndicats de recevoir des libéralités.

2° L'art. 8 actuel, dans sa rédaction primitive, telle qu'elle avait été adoptée par le Sénat, portait : « *Toute donation* et *tout legs* d'immeubles à un syndicat professionnel sont nuls : la nullité en sera prononcée... Les immeubles acquis en violation du paragraphe 3 de l'art. 4 (aujourd'hui l'art. 6) et ceux qui perdraient la destination prévue audit paragraphe seront vendus ». C'est à cette rédaction, qui ne pouvait vraiment laisser aucun doute sur l'incapacité d'acquérir à titre gratuit, que le Sénat a substitué la rédaction actuelle, beaucoup moins absolue : « *Lorsque les biens auront été acquis contrairement aux dispositions de l'art. 6*, la nullité de l'acquisition ou de la libéralité pourra être demandée... » Ce changement n'est-il pas significatif en notre faveur ?

3° Le texte primitif de l'art. 9, conséquence logique du texte primitif de l'art. 8, autorisait les tribunaux à prononcer, en même temps que la dissolution du syndicat, « la nullité des donations ou legs, et ordonner la vente des immeubles acquis en violation des dispositions de l'art. 4 (aujourd'hui art. 6) ». Le texte actuel de l'art. 4 permet seulement aux tribunaux de prononcer, en même temps que la dissolution, « la nullité des acquisitions d'immeubles faites en violation des dispositions de l'art. 6 ».

4° Dans le système adverse, on oppose, en faveur

de l'incapacité de recevoir à titre gratuit des syndicats, le rejet par la Chambre d'un amendement de M. de Mun et de plusieurs députés. Or, cet amendement était ainsi conçu : « *Outre les cas prévus au précédent article*, les syndicats professionnels mixtes, réunissant les patrons et les ouvriers d'un même métier ou de métiers similaires, pourront recevoir des dons et legs même immobiliers et acquérir tels immeubles qu'il leur conviendra *pour la création de logements d'ouvriers, d'asiles pour les enfants et pour la vieillesse et de maison de secours pour les malades* ». Puis, pour expliquer le rejet de cet amendement et les dispositions de la Chambre, on nous cite ces paroles de M. Floquet, rapporteur de la commission : « Si l'amendement avait pour but d'autoriser à exister les syndicats mixtes, il n'était pas nécessaire : les termes de la loi les rendent possibles. S'il avait pour but d'étendre à tous les syndicats certaines facultés, certaines conditions d'état civil et de personnalité civile qui n'auraient pas été énumérées dans la loi..., la commission aurait à examiner jusqu'à quel point elle pourrait aller. *Mais l'amendement veut autre chose : donner certains droits spéciaux, certains privilèges à une catégorie particulière d'associations professionnelles* ». Et le rapporteur concluait au rejet de l'amendement. Or, cette règle unique, à laquelle la Chambre n'a pas voulu qu'il fût apporté d'exception, quelle est-elle ? Est-ce l'incapacité absolue ou la capacité limitée d'acquérir à titre gratuit ?

Sans doute, si l'amendement avait été rejeté en 1881, on aurait pu en induire la volonté de la Chambre de ne pas accorder aux syndicats mixtes la capacité de recevoir des libéralités qui aurait été alors un privilège. Mais, en 1883, nous croyons l'avoir suffisamment prouvé, les intentions de la Chambre n'étaient plus les mêmes : la règle générale, applicable à toutes les associations professionnelles, c'était la capacité d'acquérir à titre gratuit avec certaines restrictions concernant les immeubles. La Chambre n'a pas voulu, c'est très vrai, accorder un privilège aux syndicats mixtes, mais ce privilège consistait et ne pouvait consister, en 1883, que dans la suppression de tout ou partie des restrictions à la faculté d'acquérir concernant les immeubles. Or, c'est ce droit extraordinaire que la Chambre n'a pas voulu, à tort ou à raison, accorder aux syndicats mixtes. Le rejet de l'amendement de M. de Mun, loin, par conséquent, de renverser notre système, vient fournir un argument de plus en sa faveur.

En résumé, l'examen des principes généraux du droit et de la nature spéciale des syndicats professionnels, en même temps que du texte et des travaux préparatoires de la loi, nous conduit à reconnaître aux syndicats professionnels, une capacité d'acquérir, à titre gratuit, illimitée, relativement aux meubles, et limitée, quant aux immeubles, à ce qui est nécessaire au fonctionnement normal du syndicat.

Depuis 1884, l'extension de la capacité des syndicats professionnels en matière d'acquisition à titre gratuit, justement réclamée, a donné lieu à plusieurs projets.

M. Dussaussoy a demandé (1) qu'on reconnût formellement le droit d'acquérir à titre gratuit, sans distinction entre les meubles et les immeubles, mais en subordonnant l'acquisition à une autorisation préfectorale.

M. de Mun a présenté une proposition (2) reproduisant simplement son amendement, rejeté par la Chambre lors de la discussion de la loi de 1884.

Enfin, on a vu plus haut que tout récemment, le gouvernement, par l'organe de M. Waldeck-Rousseau, a déposé

---

(1) J. Off., 5 fév. 1895, Doc. parl., Ch., n° 1164, p. 229.
(2) J. Off., 25 nov. 1895, Doc. parl., Ch., n° 1625.

un projet reconnaissant aux syndicats le droit d'acquérir sans aucune autorisation, à titre gratuit ou à titre onéreux, des biens meubles ou immeubles, et sans limitation.

§ 4. — Les syndicats agricoles peuvent-ils acquérir à titre gratuit sans une autorisation administrative ?

Le droit d'acquérir à titre gratuit étant reconnu aux syndicats agricoles, il nous reste une autre question à résoudre : les syndicats agricoles peuvent-ils l'exercer sans être obligés d'avoir au préalable recours à une autorisation administrative, ou bien l'art. 910 leur est-il applicable ?

Cet article est ainsi conçu : « Les dispositions entre-vifs ou par testament, au profit des hospices, des pauvres d'une commune ou d'*établissements d'utilité publique*, n'auront leur effet qu'autant qu'elles seront autorisées par une ordonnance royale (un décret du président de la République) ».

A la simple lecture du texte, il nous semble que l'on doit décider que les syndicats ne sont pas soumis, pour l'acceptation de leurs libéralités, à l'autorisation administrative, si l'on admet, ce que nous croyons avoir démontré, qu'ils ne peuvent à aucun titre être rangés parmi les établissements d'utilité publique ; et que, par suite, le régime spécial de ces établissements, dont l'art. 910 nous fournit une particularité, ne leur est pas applicable.

Pour nous, en effet, les syndicats professionnels sont de simples personnes morales privées qui ne contractent, de par la loi de 1884, aucune attache administrative, et ne sauraient en conséquence tomber sous l'application de l'art. 910.

De plus, l'art. 910 est un texte exceptionnel, qui déroge au principe général posé par l'art. 902 du Code civil, d'après lequel toutes personnes juridiques, physiques ou

morales, peuvent disposer et recevoir, et, comme tel, il doit
être interprété restrictivement.

Il est vrai que l'opinion contraire a été soutenue par
M. Demolombe (1) : « On peut donc dire, affirme-t-il, que
l'art. 910 pose le principe général de l'autorisation pour les
dispositions faites au profit des personnes civiles légalement
reconnues ; et l'application qu'il en fait aux hospices, aux
pauvres d'une commune et aux établissements d'utilité
publique n'est nullement limitative ». Mais c'est là une
opinion personnelle à quelques auteurs (2) et qui n'a pas
été adoptée par la jurisprudence. Le droit commun, en effet,
est contenu, non pas dans l'article 910, mais dans l'article
902 : il faudrait donc un texte spécial pour apporter, au préjudice des syndicats professionnels, une dérogation, aussi
grave que la nécessité d'une autorisation administrative, à
un principe aussi général que celui qui est posé par l'article
902 (3). Or, la loi de 1884, pas plus que les travaux préparatoires, ne fait la moindre allusion à une pareille nécessité ;
tout au contraire, le texte même de la loi fournit un argument en faveur de notre système : l'art. 8, en effet, suppose
que des biens ont été acquis contrairement aux dispositions
de l'art. 6, et il dit que la nullité de l'acquisition ou de la
libéralité pourra être demandée par le procureur de la République ou par les intéressés. Ce texte serait-il bien utile,
tout au moins en ce qui concerne les acquisitions à titre
gratuit, si celles-ci devaient être soumises à l'autorisation

---

(1) Demolombe, *Cours de Code Napoléon*, T. XVIII, n° 595, p. 596.
(2) En ce sens, GAIN. —*Op.cit.*, p. 174 et TISSIER.— *Loc. cit.*, n° 358. V.
à ce sujet Marcel MONGIN. note sous jug. du trib. civ. de la Seine
du 16 juil. 1896, *Pand. franc.*,97. 2. 193.
(3) En ce sens, Boullaire.— *Op. cit.*, p. 100; CÉSAR-BRU. — *Revue générale du droit*, 1892, p. 209 ; BRY.— *Op. cit.*,p. 267; BRÉMOND. — *Rev.
crit. de lég. et de jur.*, 1899, p. 154.

préalable de l'administration? L'intervention judiciaire, survenant après l'intervention obligatoire et décisive de l'administration, serait presque une superfétation dans une matière où le contrôle administratif eût suffi largement à faire respecter la défense. On peut être sûr, en effet, que l'administration n'eût pas laissé passer des libéralités immobilières faites au mépris de la loi organique des syndicats. Pour que l'art. 8 ait une sérieuse signification, il faut donc adopter notre interprétation et ne pas obliger, en l'absence d'un texte précis, les syndicats à soumettre leurs libéralités à l'autorisation préable de l'autorité administrative. D'ailleurs, la circulaire ministérielle garde le silence sur ce point; et si les libéralités faites aux syndicats avaient dû être autorisées administrativement, elle n'eût pas manqué de le dire.

Nous concluons donc que l'art. 910 n'est pas applicable aux syndicats professionnels.

Mais si, au lieu de considérer, ainsi que nous l'avons fait, les syndicats professionnels comme des personnes morales privées, on les range parmi les établissements d'utilité publique, c'est la théorie contraire qui semble, à première vue, devoir être adoptée. En effet, le texte de l'art. 910 est formel: il embrasse tous les établissements d'utilité publique, sans distinction; pour que les syndicats professionnels ne fussent pas soumis au régime organisé par cet article, il faudrait que la loi spéciale qui les gouverne, les en affranchît expressément; or, la loi de 1884 est muette sur le point qui nous occupe. Sans doute la législation des syndicats n'est pas, à tous égards, semblable à celle des établissements d'utilité publique, certains de leurs actes échappent à la surveillance de l'administration ; mais le contrôle des libéralités est le droit commun pour tous les établissements d'utilité publique, et les syndicats professionnels doivent d'autant moins y échapper que le législateur a été évidemment guidé par la crainte de voir se reconstituer des biens de mainmorte. Il est vrai que l'art. 6 apporte une limitation à la capacité indéfinie d'acquérir, mais elle ne concerne que les immeubles, et le danger, s'il y en avait un, n'en existerait pas moins pour les meubles. Il en est d'ailleurs, a-t-on dit, des syndicats comme des sociétés de secours mutuels approuvées : leur incapacité (absolue avant la loi du 1er avril 1898) de recevoir des libéralités immobilières, ne les empêche nullement d'être soumises pour leurs dons et legs mobiliers à l'autorisation administrative.

Ces arguments, développés longuement par M. Sauzet(1), n'ont pas convaincu MM. Pic (2) et Glotin (3) eux-mêmes, qui, cependant, considèrent les syndicats professionnels comme des établissements d'utilité publique; ces auteurs arrivent, eux aussi, à décider que les syndicats peuvent acquérir à titre gratuit, sans autorisation préalable de l'administration. Et voici sur quoi ils s'appuient.

Sans doute l'art. 910 pose un principe général, mais à ce principe il peut être dérogé par des lois particulières, et la loi de 1884 y a certainement dérogé pour les syndicats. Le contrôle de l'administration, qui s'exerce d'une façon permanente pour les établissements publics ordinaires, est remplacé, pour les syndicats, par le contrôle beaucoup plus intermittent et plus discret de l'autorité judiciaire; l'administration n'intervient même pas pour donner l'existence aux syndicats professionnels, à plus forte raison son intervention n'est-elle pas nécessaire pour la validité de certains

---

(1) Marc SAUZET. — *Revue critique de lég. et de jur.*, 1888, p. 405 et s.

(2) PIC. — *Op. cit.*, p. 136.

(3) GLOTIN. — *Op. cit.*, p. 236 et s.

actes juridiques accomplis par eux. D'ailleurs, le législateur a manifesté à maintes reprises, au cours des travaux préparatoires, la crainte que l'ingérence administrative ne détournât les travailleurs de l'association, en éveillant leur défiance. C'est principalement dans le but d'empêcher la reconstitution de la mainmorte immobilière que l'art. 910 a été édicté; or, l'art. 6, § 3, pare suffisamment à ce danger en imposant certaines limites aux acquisitions immobilières. Enfin, ou l'article 8 est incompréhensible, ou il signifie que l'autorisation administrative n'est pas nécessaire. En effet, toutes les fois que les libéralités ne seront pas conformes à l'art. 6, l'administration devra refuser l'autorisation : les tribunaux n'auraient donc pas à intervenir, et l'art. 8 serait inutile.

Que l'on considère les syndicats professionnels comme des établissements d'utilité publique, ou qu'on les range dans la catégorie des personnes morales privées, la conclusion est donc la même : les syndicats agricoles peuvent recevoir des libéralités, mobilières ou immobilières, sans être soumis à la nécessité de l'autorisation administrative.

§ 5. — La jurisprudence et la capacité d'acquérir à titre gratuit des syndicats professionnels.

Le tribunal de la Seine (2ᵉ chambre), dans un jugement du 16 juillet 1896 (1), a reconnu à un syndicat professionnel la capacité de recevoir une libéralité, et cela sans autorisation de l'administration. Ce litige a fourni à la justice ordinaire et à l'administration, l'occasion d'émettre leur avis sur ces deux questions importantes pour l'avenir et le développe-

---

(1) *Revue des Sociétés*, 1896, p. 432 et note ; D. P. 98. 2. 138.

ment des syndicats, celles de la capacité de recevoir des libéralités et de la capacité de les recevoir sans autorisation (1).
Aussi, jugeons-nous utile de nous arrêter quelque peu sur
les circonstances dans lesquelles la décision est intervenue
et sur les conséquences qu'il est permis d'en déduire.

Le sieur Montchaussée, de son vivant tapissier à Paris,
décédé en 1888, avait légué à la Chambre syndicale des patrons tapissiers deux rentes de 365 francs chacune, pour
être servies, l'une à un vieil ouvrier tapissier, l'autre à
une vieille ouvrière de la même industrie. La chambre
syndicale des patrons tapissiers, en sa qualité de légataire,
forma une demande pour obtenir du gouvernement l'autorisation d'accepter le legs.

Le Conseil d'Etat, ne voulant pas prendre parti sur toutes
les difficultés que ce legs soulevait, se contenta d'émettre
l'avis suivant :

« Le Conseil d'Etat qui, sur le renvoi ordonné par le ministre du Commerce, de l'Industrie et des Colonies, a pris
connaissance d'un projet de décret tendant à autoriser la
Chambre syndicale des tapissiers à accepter le legs de deux
rentes annuelles et perpétuelles, chacune de 365 francs, qui
lui a été fait par le sieur Montchaussé ou Monchaussée
(Paul-Théobald), suivant testament olographe du 10 décembre 1886 ; — Vu la loi du 21 mars 1884, articles 6 et 8 ;

« Considérant que les droits conférés aux syndicats professionnels ont été limitativement déterminés par la loi du
21 mars 1884 ; — Considérant qu'aucune disposition de

---

(1) Un jugement du trib. civ. d'Alençon du 16 janv. 1894, avait
bien déjà reconnu à un syndicat, mais sans discussion, la capacité
de recevoir un legs : « Attendu... qu'*il est certain* que le syndicat
professionnel peut acquérir, *à titre gratuit* comme onéreux... » (*Rev.
des Sociétés*, 94, p. 356 et note).

cette loi ne permet au gouvernement d'autoriser l'acceptation du legs fait à la Chambre syndicale des tapissiers par
le sieur Montchaussé ou Monchaussée ; — Est d'avis qu'il
n'y a lieu d'adopter l'article 1er du projet de décret »
(M. Léon Béquet, rapporteur) (1).

En somme, d'après le Conseil d'Etat, aucune disposition
de la loi de 1884 ne permet au gouvernement d'autoriser le
syndicat des tapissiers à accepter le legs ; mais la loi de 1884
s'y oppose-t-elle ? Les syndicats professionnels ont-ils la
capacité d'acquérir à titre gratuit, ou ne l'ont-ils pas ? S'ils
ont cette capacité, le gouvernement a-t-il à intervenir pour
autoriser l'acceptation des libéralités qui leur sont adressées? Autant de questions qu'il était du plus vif intérêt de
trancher, mais sur lesquelles l'avis du Conseil d'Etat, rendu
à la façon des oracles antiques, évite soigneusement de se
prononcer.

Le Conseil d'Etat, en déclarant qu'à son avis le gouvernement n'avait pas à autoriser l'acceptation, pouvait vouloir
dire deux choses : ou bien que les syndicats ne sont pas
soumis à la nécessité de demander au gouvernement son
autorisation pour leurs libéralités; ou bien, au contraire, que
l'autorisation ne peut être accordée pour l'acceptation d'un
tel legs, qui, s'adressant dans l'espèce, à des personnes
étrangères au syndicat, a été fait dans des conditions qui
ne permettent pas au syndicat de le recevoir.

Naturellement, c'est à cette dernière interprétation que se
rallièrent subsidiairement les héritiers; et ils se refusèrent à
exécuter les deux legs de leur auteur, en se basant sur l'incapacité des syndicats professionnels de recevoir des libéralités, et sur ce que, en fait, la chambre syndicale n'avait pas

_____

(1) Avis du C. d'Etat, 30 juillet 1891, (n° 87.096), *Répertoire du
droit administratif*, v° *Dons et legs*, n° 208.

obtenu du gouvernement l'autorisation indispensable aux établissements publics pour leurs acquisitions à titre gratuit.

Devant le refus des héritiers Montchaussée d'exécuter les legs, le syndicat des tapissiers prit le parti de former une demande en délivrance : le tribunal de la Seine avait pleine liberté pour examiner les diverses questions que soulevait cette demande puisque, à la suite de l'avis du Conseil d'Etat, aucun décret n'avait été signé. A la date du 16 juillet 1896, le tribunal a rendu un jugement accordant au syndicat la délivrance des legs, et dont voici les principaux considérants:

« Attendu .. qu'il y a donc lieu d'examiner au fond : 1° si la chambre syndicale a qualité pour recevoir un legs ; 2° si, cette capacité étant reconnue, la validité du legs serait subordonnée à l'autorisation administrative par application de l'art. 910 C. civ.;

« Attendu que la loi du 21 mars 1884, en autorisant entre personnes exerçant la même profession, des syndicats ou associations ayant pour objet l'étude ou la défense des intérêts économiques, commerciaux et agricoles, a attribué à ces associations le caractère de personnes civiles, par le fait même de leur constitution, sans qu'aucune formalité fût nécessaire pour l'obtention de cette personnalité;

« Qu'elle leur reconnaît expressément le droit d'ester en justice et d'acquérir des biens, limitant seulement ce dernier droit, en ce qui concerne les immeubles, à ceux qui sont nécessaires à leurs réunions, à leurs bibliothèques, et à des cours d'instruction professionnelle ;

« Attendu que le texte adopté par le Sénat en 1882 contenait une disposition expresse qui interdisait aux syndicats professionnels de recevoir des dons et d'acquérir autrement qu'à titre onéreux ; que cette interdiction a été intentionnellement éliminée du projet voté en 1883 par la Chambre des

députés, projet qui, soumis de nouveau au Sénat, est devenu sans modifications sur ce point, le texte définitif de la
loi du 21 mars 1884; que les syndicats ont donc, comme
conséquence de leur personnalité civile et en vertu de la loi
organique qui les a institués, la capacité d'acquérir à titre
gratuit;

« Attendu que ces associations ne sauraient être assimilées
aux sociétés privées, qui ont pour objet essentiel aux termes
de l'article 1832 C. civ., de mettre quelque chose en commun en vue de partager le bénéfice qui pourra en résulter ;
que devant nécessairement et à peine de dissolution se consacrer à l'étude et à la défense des intérêts de certaines collectivités, elles ont un caractère d'utilité publique qui a déterminé le législateur à les soustraire à l'application des
anciennes lois restrictives de la liberté d'association ;

« Mais que ce caractère n'implique point à leur égard la
nécessité d'obtenir l'autorisation du gouvernement pour
recueillir les dons et legs; que la loi nouvelle, de même
qu'elle leur permettait de se former sans aucun des modes
d'autorisation requis pour la fondation des autres établissements publics, a affranchi leur fonctionnement de toute
tutelle et n'a institué aucune procédure pour autoriser les
acquisitions à titre gratuit qu'elles pourraient faire;

« Attendu que, pour sauvegarder la sécurité publique et
les droits de l'Etat, cette même loi a cru devoir substituer à
l'intervention préventive de l'administration la seule action
répressive des tribunaux au cas d'infraction aux statuts ;

« Attendu qu'il y a, entre les intérêts des ouvriers et ceux
des patrons, une solidarité suffisante pour qu'un syndicat de
patrons puisse accepter un legs destiné à venir en aide à
d'anciens ouvriers, sans faire un acte étranger à l'objet même
de son institution ;

« Attendu que cette interprétation de la loi n'a rien de

contraire aux termes de l'avis du Conseil d'Etat qui, en se fondant sur le texte même de la loi du 21 mars 1884, a dit n'y avoir lieu d'adopter un projet de décret tendant à autoriser l'acceptation des legs faits par Montchaussée au syndicat des tapissiers ;

« Par ces motifs,

« Dit la chambre syndicale recevable en sa demande, etc...»

Le tribunal de la Seine avait à examiner ces deux questions : un syndicat peut-il acquérir à titre gratuit? cette capacité étant admise, l'autorisation administrative lui est-elle nécessaire pour l'acceptation d'une libéralité ?

Il n'a pas hésité à se prononcer pour la solution donnée plus haut à ces questions. Il s'est appuyé, pour reconnaître à un syndicat la capacité d'acquérir à titre gratuit, sur deux arguments. L'un est tiré de la concession faite par la loi de 1884, aux syndicats professionnels, de la personnalité civile : ayant la personnalité civile, les syndicats ont la capacité d'acquérir des biens, à titre onéreux ou à titre gratuit, et cette capacité ne subit pas d'autre limitation que celle qui résulte des termes exprès de la loi. L'autre est emprunté aux travaux préparatoires : la suppression, au cours des débats, du passage du projet de loi primitif qui refusait aux syndicats la faculté d'acquérir à titre gratuit, est bien la preuve évidente de l'intention du législateur de ne pas limiter aux seules acquisitions à titre onéreux la capacité d'acquérir des syndicats professionnels.

Le tribunal de la Seine, cette première question étant résolue, s'est demandé si pour l'acceptation d'un legs par un syndicat, l'autorisation administrative est nécessaire. Il est arrivé à la même conclusion que nous, tout en raisonnant d'une toute autre manière.

D'après lui, les syndicats professionnels sont, non pas des personnes morales privées, mais des établissements d'utilité publique. Il lui aurait suffi de le déclarer; mais il essaye de le prouver, en se basant sur les considérations suivantes : 1° les syndicats diffèrent des sociétés civiles, ce que nous nous empressons de reconnaître, tout en faisant remarquer que les sociétés civiles ne représentent qu'un petit nombre des personnes morales privées ; 2° les syndicats doivent se consacrer à l'étude et à la défense des intérêts de certaines collectivités ; 3° ce serait en reconnaissant leur caractère d'utilité publique que le législateur aurait été amené à les soustraire à l'application des lois restrictives de la liberté d'association.

Ne nous arrêtons pas à ces deux derniers arguments que nous avons réfutés par avance en traitant du caractère de la personnalité civile des syndicats professionnels. Tout en attribuant le caractère d'établissements d'utilité publique aux syndicats, le tribunal de la Seine dispense les libéralités faites à ces associations de la nécessité d'une autorisation administrative. Et voici pourquoi, d'après le jugement:

1° La loi nouvelle, en ne soumettant pas la fondation des syndicats à la nécessité d'une autorisation, comme le droit commun le fait pour les autres établissements d'utilité publique, affranchit par là même leur fonctionnement de toute tutelle administrative ;

2° D'ailleurs, si elle avait soumis les libéralités faites aux syndicats, à la nécessité d'une autorisation préalable de l'administration, elle n'aurait pas manqué d'instituer une procédure pour cette autorisation ; or, on n'en trouve aucune trace dans la loi ;

3° Enfin [la formalité d'une autorisation était inutile, l'intervention préventive de l'administration étant remplacée, comme cela résulte de l'art. 8, par l'action répressive des tribunaux judiciaires.

En résumé, d'après le tribunal de la Seine, les syndicats

professionnels ont pleine capacité pour acquérir à titre gratuit, et leurs libéralités ne sont pas soumises à la nécessité d'une autorisation, bien qu'ils doivent être rangés parmi les établissements d'utilité publique. Ce jugement peut donc être invoqué avec une grande force en faveur du système que nous avons adopté ; car si, tout en rangeant les syndicats parmi les établissements d'utilité publique, on dispense les libéralités qui leur sont adressées de toute autorisation préalable de l'administration, à combien plus forte raison doit-on les en dispenser, si, avec nous, on considère les syndicats comme des personnes morales privées, d'une nature spéciale.

Ce jugement est encore très important à un autre titre : il autorise, en effet, un syndicat de patrons tapissiers à recueillir deux legs destinés, non pas à poursuivre l'étude ou la défense des intérêts de la profession, mais à venir en aide à d'anciens ouvriers, alors que ces ouvriers ne sont ni ne peuvent être actuellement membres du syndicat, et qu'ils n'exercent plus la profession. Ce tribunal a jugé, avec raison, croyons-nous, que l'objet des syndicats professionnels doit être entendu aussi largement que possible ; et, nous autorisant de ce précédent, nous déciderons qu'un syndicat agricole a parfaitement le droit de recevoir des libéralités (rentes ou capital) destinées à venir en aide à de vieux agriculteurs, que ces agriculteurs soient ou non membres du syndicat, qu'ils exercent encore ou non la profession (1).

---

(1) Dans son audience du 3 août 1899, la première chambre du tribunal civil de la Seine a rendu un jugement analogue, basé sur les mêmes motifs, et accordant à la société dite *Réunion des fabricants de bronze de France*, transformée en syndicat professionnel, la délivrance d'un legs à elle faite. Ce jugement proclame à nouveau la capacité des syndicats professionnels de recevoir à titre gratuit, et cela sans autorisation du gouvernement (V. *Gaz. Pal.*, oct. 99, p. 403).

§ 6. — Sanctions des restrictions apportées par la loi à la faculté d'acquérir des syndicats agricoles.

Nous avons vu que si le patrimoine mobilier des sydicats agricoles peut s'accroître indéfiniment, il n'en saurait être de même de leur patrimoine immobilier. L'article 6 de la loi de 1884 décide, en effet, que les syndicats « ne pourront acquérir d'autres immeubles que ceux qui seront nécessaires à leurs réunions, à leurs bibliothèques et à des cours d'instruction professionnelle » ; c'est-à-dire que leur patrimoine immobilier est limité aux immeubles nécessaires au fonctionnement normal du syndicat.

Mais, en fait, qu'arrivera-t-il si le patrimoine d'un syndicat s'enrichit d'immeubles autres que ceux que le législateur l'autorise à posséder ? Comment la loi sanctionne-t-elle les infractions aux limitations qu'elle impose en matière d'acquisitions immobilières ?

La loi a organisé deux modes de sanction : une sanction pénale et une sanction civile.

1° SANCTION PÉNALE

Toute acquisition d'immeubles, à titre onéreux ou à titre gratuit, toute possession d'immeubles en dehors des limites tracées par la loi, constituent un délit qui peut donner lieu à une amende prononcée contre les administrateurs, et qui peut aussi entraîner, accessoirement à l'amende, la dissolution du syndicat.

C'est l'art. 9 qui le décide en faisant rentrer les infractions aux dispositions de l'art 6 (article qui apporte une limitation à la faculté d'acquérir des immeubles), parmi celles qui doivent être poursuivies contre les directeurs et administrateurs du syndicat et punies d'une amende de 16 à 200 francs.

Nous renvoyons, pour tout ce qui concerne l'amende et la peine accessoire de la dissolution du syndicat, aux explications que nous avons déjà fournies à ce sujet, à propos des sanctions des conditions de légalité des syndicats agricoles.

Disons seulement que ce sera aux tribunaux judiciaires à examiner, dans chaque espèce, si les infractions sont assez considérables et dénotent une suffisante intention de violer la loi, pour pouvoir entraîner une peine aussi grave que la dissolution du syndicat.

2º SANCTION CIVILE

La sanction civile des infractions aux dispositions de l'art. 6 est organisée par l'art. 8 qui s'exprime ainsi : « Lorsque les biens auront été acquis contrairement aux dispositions de l'art. 6, la nullité de l'acquisition ou de la libéralité pourra être demandée par le procureur de la République ou par les intéressés. Dans le cas d'acquisition à titre onéreux, les immeubles seront vendus, et le prix en sera déposé à la caisse de l'association. Dans le cas de libéralité, les biens feront retour aux disposants, ou à leurs héritiers ou ayants-cause ».

A la première lecture du texte de l'art. 8, il semble qu'il n'y ait pas lieu d'examiner si l'immeuble a été acquis à titre gratuit ou à titre onéreux; la sanction paraît être la même dans les deux hypothèses : la nullité; la loi dit, en effet, que « la nullité de *l'acquisition ou de la libéralité* pourra être demandée... » La sanction serait donc la même, en apparence, mais elle ne produirait cependant pas les mêmes effets pour les acquisitions à titre onéreux et les acquisitions à titre gratuit.

Toutefois, lorsqu'on examine de plus près le texte de

l'art. 8, lorsqu'on va au fond des choses, on ne tarde pas à s'apercevoir que ce ne sont pas seulement les conséquences de la sanction qui diffèrent dans les deux hypothèses. C'est la sanction elle-même, qui est bien la nullité dans un cas et qui ne peut être exactement qualifiée de nullité dans l'autre.

Nous devons donc considérer, séparément, la sanction civile relative aux acquisitions à titre onéreux et celle relative aux acquisitions à titre gratuit.

A. — *Acquisitions à titre onéreux*

Dans le cas d'acquisitions illégales à titre onéreux la sanction est, non pas la nullité, mais l'obligation de revendre l'immeuble.

« Les immeubles seront vendus, dit l'art. 8, et le prix en sera déposé à la caisse de l'association ». S'il y avait vraiment nullité, le contrat de vente devrait être annulé et les immeubles devraient rentrer dans le patrimoine du vendeur, sauf, bien entendu, le droit du syndicat de réclamer le remboursement du prix, s'il avait été payé au vendeur; mais il n'en est pas ainsi: la conséquence de la violation de la loi sera la nécessité de la revente au profit de la caisse du syndicat. C'est donc l'emploi de l'immeuble qui est condamné ; c'est son affectation qui est annulée, et non pas son acquisition.

Entre le vendeur et le syndicat acheteur, le contrat de vente produit son plein et entier effet: à tel point que le syndicat ne pourrait invoquer la nullité pour refuser de payer le prix entre les mains du vendeur, et que le vendeur ne pourrait pas davantage invoquer la nullité du contrat pour rentrer en possession de l'immeuble ; l'immeuble ne lui appartient plus, il s'en est irrévocablement dessaisi. Et l'on devrait décider que dans le cas où, avant la poursuite pa le procureur de la République ou même avant la prononciation du jugement, le syndicat revendrait lui-même l'immeuble, l'échangerait contre des valeurs mobilières, ou même en ferait la donation, la sanction civile organisée par l'art. 8, pas plus d'ailleurs que la sanction pénale, ne pourrait être appliquée contre lui (1). Encore une fois, ce n'est pas l'acquisition de l'immeuble qui est illégale, c'est son affectation.

Il est pourtant certains cas dans lesquels le contrat lui-même pourra être annulé. Par exemple, le soi-disant syndicat acquéreur n'est pas une association professionnelle par sa composition ou par son objet, c'est une association illicite se cachant sous le voile d'un syndicat : cette association n'a pas la personnalité civile ; elle n'a donc pas pu contracter valablement, et la vente doit être annulée. Ou bien le contrat intervenu entre le syndicat et le vendeur n'est un contrat à titre onéreux qu'en apparence; au fond, c'est une donation déguisée : il doit donc être traité comme une donation et non pas comme une vente ; or, comme on va le voir, la donation faite en dehors des limites tracées par l'art. 6 est nulle. Ou bien encore le syndicat avait accepté dans le contrat cette clause formelle, que l'immeuble serait affecté à une destination permise par la loi, et le vendeur avait consenti à vendre sur cette promesse ; et voici que, violant la condition du contrat, le syndicat affecte l'immeuble à une toute autre destination : le vendeur aura incontestablement le droit de réclamer la résolution de la vente pour rentrer en possession de son immeuble.

Mais ce ne sont là que des hypothèses exceptionnelles, qui ne sauraient infirmer le principe que nous avons posé : la sanction à l'égard des acquisitions immobilières à titre

---

(1) En ce sens, Marcel MONGIN. — *Loc. cit.*, p. 105.

onéreux, faites illégalement par un syndicat, est, non pas la nullité, mais la revente obligatoire de l'immeuble.

Au surplus, l'incapacité de posséder des immeubles, même acquis à titre onéreux, au delà de la limitation légale, persiste à l'égard du syndicat, indépendamment de toute prescription; et la revente pourra toujours être exigée.

B. — *Acquisitions à titre gratuit.*

Lorsqu'un syndicat acquiert des immeubles, non plus à titre onéreux, mais à titre gratuit, en dehors des limites imposées par la loi, la sanction est très différente ; et l'expression employée par l'article 8 est bien exacte : la libéralité est entièrement nulle, et « les biens feront retour aux disposants ou à leurs héritiers ou ayants-cause ». Le contrat de donation intervenu entre le donateur et le syndicat donataire est considéré comme n'ayant jamais existé.

La nullité des acquisitions immobilières à titre gratuit, illégalement faites par un syndicat, est une nullité d'ordre public en ce qui concerne leur affectation ; il en résulte que cette nullité ne saurait être couverte par aucun laps de temps, si long soit-il. Sans doute, une possession non interrompue de trente ans par le syndicat, rendrait la transmission de l'immeuble définitive, en ce sens que le donateur, ses héritiers ou ayants-cause ne pourraient plus faire annuler la donation ; mais le procureur de la République aurait toujours le droit, même après trente ans, de provoquer la revente de l'immeuble comme étant illégalement possédé par le syndicat.

La nullité de ces sortes d'acquisitions étant absolue, il en résulte que les contrats dont les biens auraient été l'objet de la part du syndicat, ne sauraient être valablement opposés au donateur ou à ses ayants-cause ; l'immeuble doit rentrer dans leur patrimoine, entièrement libre de toutes charges : servitudes, hypothèques, etc. La propriété n'avait pas été transmise : le syndicat ne pouvait donc ni la transmettre en totalité, ni en transférer des démembrements.

Qu'arriverait-il, si le donateur ou ses ayants-cause se refusaient à reprendre possession de l'immeuble illégalement acquis ou possédé par le syndicat ? Nous croyons qu'il faudrait voir, dans ce fait, l'intention évidente du donateur ou de ses ayants-cause, de gratifier, malgré tout, et au besoin en argent, le syndicat ; le procureur de la République pourrait donc poursuivre, et le syndicat lui-même pourrait réclamer la vente judiciaire de l'immeuble, dont le prix serait versé à la caisse syndicale (1).

Par qui peut être demandée la revente ou invoquée la nullité de l'acquisition ? — « La nullité de l'acquisition ou de la libéralité pourra, dit l'article 8, être demandée par le procureur de la République ou par les intéressés ». Il semble, d'après ce texte, que la revente et la nullité des acquisitions immobilières puissent toujours être poursuivies soit par le procureur de la République, soit par les intéressés ; mais il n'en est rien, et il faut soigneusement distinguer entre les acquisitions à titre onéreux et les acquisitions à titre gratuit.

Dans le cas d'acquisition à titre onéreux, la sanction est, nous l'avons vu, non pas la nullité, mais la revente de l'immeuble : du moment que ce n'est pas la vente qui est nulle, mais seulement l'entrée de l'immeuble en nature dans le patrimoine du syndicat, il ne saurait y avoir d'« intéressés ». Le vendeur ou ses ayants-cause, le syndicat acheteur ou ses

---

(1) En ce sens, PIC. — *Op. cit.*, p. 141 ; *Contrà*, GLOTIN. — *Op. cit.*, p. 284.

ayants-cause auraient intérêt à provoquer la revente de l'immeuble, s'ils pouvaient en faire annuler la vente ; mais l'*acquisition immobilière* seule étant nulle et non le *contrat de vente*, la conséquence logique est qu'ils ne peuvent agir, car « sans intérêt, pas d'action ».

C'est donc au procureur de la République, et au procureur de la République seul, qu'il appartient de provoquer la revente judiciaire de l'immeuble acquis illégalement à titre onéreux par un syndicat.

Dans le cas d'acquisition à titre gratuit, au contraire, il y a bien vraiment nullité du contrat de donation intervenu ; il s'ensuit que, dans cette hypothèse, il y a des « intéressés » : le donateur, ses héritiers ou ayants-cause, le syndicat lui-même ou ses ayants-cause, si la donation comporte des conditions onéreuses. Tout intéressé aura le droit (auquel il ne peut, du reste, renoncer, la nullité étant d'ordre public), de faire déclarer la nullité de la libéralité ; le procureur de la République jouit aussi de ce droit que l'article 8 lui reconnaît expressément.

Devant quel tribunal la demande peut-elle être portée ? — Dans le cas d'acquisition *à titre onéreux*, le procureur de la République peut poursuivre, comme action principale, devant le tribunal civil, la revente de l'immeuble ; et même il ne peut la poursuivre que devant ce tribunal, si l'action pénale qu'entraîne en même temps toute infraction aux dispositions de l'art. 6, se trouve éteinte par la prescription, ou si le ministère public avait omis de demander la revente accessoirement à la poursuite correctionnelle. Le même magistrat peut encore demander la revente au tribunal correctionnel, quand ce tribunal a été saisi par lui d'une poursuite au principal contre les administrateurs ou directeurs du syndicat, pour contravention aux dispositions de l'art. 6, qu'ils sont chargés de faire observer.

Dans le cas d'acquisition *à titre gratuit*, les intéressés et le procureur de la République peuvent intenter l'action en nullité devant le tribunal civil, comme action principale. Le procureur de la République a, en outre, la faculté de réclamer la nullité de la donation devant le tribunal correctionnel, accessoirement à une poursuite au principal contre les administrateurs ou directeurs du syndicat, pour violation de l'art. 6. Mais, si les administrateurs n'étaient pas condamnés, le tribunal correctionnel ne pourrait prononcer la nullité de la donation, et le procureur de la République devrait former une nouvelle demande en nullité devant le tribunal civil.

Dans les deux cas, les tribunaux civils ou correctionnels compétents sont les tribunaux de l'arrondissement dans lequel le syndicat a un siège social ; ou, si les immeubles sont situés dans un autre arrondissement, les tribunaux de la situation des immeubles.

SECTION IV. — Capacité de contracter des syndicats agricoles

I. — Etendue de cette capacité

Les syndicats agricoles ayant la personnalité civile avec toutes les facultés légales qui en découlent, ont, par suite, le droit de contracter. Comme toute personne juridique, ils ont ou peuvent avoir un patrimoine susceptible de tous les accroissements, diminutions ou transformations qu'ils jugent convenables; et, pour cela, tous les actes de la vie civile rentrent, en principe, dans leurs attributions naturelles. La capacité complète des syndicats professionnels, en matière de contrats, a été, à plusieurs reprises, affirmée au cours des travaux préparatoires de la loi de 1884; et la circulaire interprétative du ministre de l'intérieur dissipe tous les doutes qui pourraient naître à ce sujet dans les esprits : « Aucune disposition ne défend aux syndicats, dit M. Waldeck-Rousseau, ni de prendre des immeubles à bail, quel qu'en soit le nombre et quelle que soit la durée des baux, ni de prêter, ni d'emprunter, ni de vendre, échanger ou hypothéquer leurs immeubles. Ils font un libre emploi des sommes provenant des cotisations.. Ces divers actes ne sont soumis à aucune autorisation administrative ».

Les syndicats agricoles peuvent donc faire, sans autorisation, tous contrats indistinctement, pourvu que ces contrats soient, directement ou indirectement, relatifs à l'étude et à la défense des intérêts généraux de l'agriculture, ou tout au moins des intérêts collectifs agricoles de leurs membres, et qu'ils ne soient pas interdits par la loi ou par une disposition expresse des statuts.

Cette dernière restriction s'explique tout naturellement : le syndicat, considéré comme personne morale distincte de chacun de ses membres, est un mandataire vis-à-vis des syndiqués; les directeurs ou administrateurs du syndicat, chargés de le représenter dans tous les actes de la vie civile, ne sont pas autre chose que des mandataires des syndiqués, et, comme tels, ils ne sauraient dépasser les limites de leur mandat. Si donc les statuts disposent que le syndicat ne peut prendre des immeubles à bail, ou constituer des servitudes sur ses immeubles, les directeurs ou administrateurs ne sauraient valablement engager le syndicat par des contrats de cette nature. Avant toute chose, c'est aux statuts qu'il faut se reporter pour déterminer exactement le régime et le fonctionnement du syndicat.

Le principe que nous avons posé, de la capacité de contracter des syndicats professionnels, ne comporte-t-il pas de limitations? On a cru devoir lui en tracer quelques-unes, et cette interprétation restrictive a soulevé de vives controverses pour deux ordres de contrats : les uns qui intéressent plus spécialement les syndicats ouvriers (ce sont les contrats relatifs aux conditions du travail, nous en dirons quelques mots tout à l'heure), les autres, qui se trouvent pratiqués plus spécialement par les syndicats agricoles : ce sont certains contrats, comme ceux d'achat et de vente, passés en vue d'opérations en apparence lucratives. Examinons quels sont, parmi ces contrats, ceux que les syndicats doivent résolument écarter, et ceux, au contraire, qu'ils peuvent très légitimement conclure dans l'intérêt tout à la fois de l'agriculture et de leurs membres.

II. — LES SYNDICATS AGRICOLES PEUVENT-ILS FAIRE DES OPÉRATIONS DANS UN BUT LUCRATIF ?

Un grand nombre de syndicats agricoles se sont constitués et se constituent encore aujourd'hui, dans le but, sans doute, de poursuivre l'étude et la défense des intérêts agricoles, mais aussi avec cet objectif plus immédiat et qu'ils visent spécialement dans leurs statuts, de centraliser les demandes d'achat de denrées et objets divers nécessaires ou utiles à l'agriculture, et de favoriser ou développer la vente des produits agricoles provenant de leurs membres.

A propos de la légalité des actes de ce genre accomplis par les syndicats agricoles, beaucoup d'auteurs se sont demandé à quel criterium se reconnaîtront les opérations pouvant être légitimement faites par les syndicats, et celles qui leur sont interdites ; et ils ont proposé la distinction suivante : les syndicats ne peuvent faire des opérations de nature commerciale, des actes de commerce; ils ne peuvent se livrer qu'à des opérations de nature civile.

Nous croyons, quant à nous, que cette distinction ne repose pas sur un assez solide fondement : s'il est vrai que les syndicats ne doivent pas, en principe, se livrer à des opérations commerciales et passer des contrats en vue de cet objet, ce n'est pas tant à cause de la nature commerciale de ces actes, que du but lucratif, de l'intention de réaliser des bénéfices qui le plus souvent les accompagne : cette intention de lucre ne se rencontre pas forcément dans tous les actes de commerce, dans toutes les opérations dites commerciales; et, par contre, elle peut fort bien être la cause déterminante de beaucoup d'opérations dites civiles, d'actes non commerciaux de leur nature.

Si donc l'on refuse aux syndicats agricoles le droit de faire certains actes, de passer certains contrats, l'on doit se fonder pour cela non pas sur la nature, la qualification légale de ces actes et de ces contrats, mais sur le but de lucre qui est la cause déterminante et la fin de ces contrats et de ces actes.

D'autres systèmes ont été soutenus relativement aux opérations que les syndicats agricoles ont le droit de faire : d'après M. Boullaire (1), les syndicats pourraient faire des actes de commerce, pourvu que ce ne soit qu'accidentellement, dans le but d'accomplir leur mission économique et professionnelle; mais un syndicat agricole qui se constituerait dans le but d'exercer le commerce, d'obtenir des bénéfices et d'enrichir ses adhérents, ou qui, sans écrire cette intention dans ses statuts, dirigerait dans ce sens l'ensemble de ses opérations, serait en réalité une société commerciale constituée en dehors des prescriptions légales et qui tombe-

---

(1) BOULLAIRE. —*Op. cit.*, p. 124.

rait sous le coup des pénalités sévères organisées par la loi
du 24 juillet 1867. Il est facile de répondre que l'on ne voit
pas très bien la raison de distinguer entre des actes de commerce accidentels et des actes de commerce habituels : si
des actes ne rentrent pas dans l'objet des syndicats agricoles,
peu importe qu'ils ne se produisent que de loin en loin, ou
qu'ils soient habituels et pour ainsi dire quotidiens ; la loi
est toujours violée dans un cas comme dans l'autre. D'ailleurs, dans le système de M. Boullaire, il appartiendrait aux
tribunaux judiciaires d'apprécier si les actes de commerce
sont suffisamment répétés pour constituer l'habitude du
commerce : la loi de 1884 ouvrirait donc ainsi une porte à
l'arbitraire et à tous les inconvénients qui en résultent !

D'après M. Hubert-Valleroux (1), la loi du 21 mars 1884
a pour point de départ une modification du droit pénal : elle
a permis d'abord de former des associations professionnelles
sans autorisation préalable, et ensuite elle leur a reconnu la
personnalité juridique pour accomplir leur rôle. Mais ce
rôle, quel peut-il être ? S'occuper d'enseignement professionnel et du placement de leurs membres, organiser des
caisses de secours et d'assurance (en dehors de leur propre
caisse), convenir des meilleures pratiques à suivre dans la
profession, adresser des réclamations aux pouvoirs publics,
signaler et même poursuivre les fraudes qui nuisent au métier. A cela doit se borner la mission des syndicats: ils ne
peuvent se livrer à des opérations qui les engagent vis-à-vis
des tiers, qui emportent une responsabilité pécuniaire quelconque à leur endroit; ou du moins ils ne peuvent se livrer
à ces sortes d'opérations que dans quelques cas rares, et

---

(1) HUBERT-VALLEROUX. — *Les achats et ventes des syndicats agricoles, (Revue cath. des Institutions et du Droit,*1895, t. I, p. 441).

« qui n'ont point de comparaison avec les engagements fréquents qu'entraînent des opérations de commerce ».

Si donc les syndicats veulent sortir de leur rôle véritable pour acheter et pour vendre, c'est-à-dire pour faire tout autre chose que ce qu'a prévu la loi du 22 mars 1884, leurs fondateurs ne peuvent atteindre ce résultat qu'en formant, en dehors des syndicats, des sociétés civiles ou commerciales et en observant les règles prescrites pour l'espèce particulière qu'ils auront choisie.

M. Hubert-Valleroux, tout en partant d'un principe différent de celui de M. Boullaire, arrive donc au fond à la même conclusion: les syndicats peuvent s'engager vis-à-vis des tiers dans quelques cas exceptionnels; mais en contractant des engagements fréquents, ils sortent de leur rôle. La distinction posée par l'éminent économiste nous paraît donc critiquable au même titre que celle de M. Boullaire; et on ne peut s'empêcher de remarquer, avec M. Voron, (1) qu'elle n'a aucune valeur juridique. « La licéité d'un acte peut dépendre de son objet, mais pas d'une question de plus ou de moins, de sa rareté ou de sa fréquence ».

D'après nous, il ne résulte nullement des principes généraux de notre droit et des termes mêmes de la loi de 1884, que les syndicats ne puissent faire des actes de commerce, par ce seul motif que ce sont des actes de commerce. La loi du 21 mars 1884 confère aux syndicats professionnels la personnalité civile: cette capacité juridique est complète et il faudrait un texte spécial pour qu'elle dût subir quelques restrictions ; l'article 6, il est vrai, fait une énumération de certains actes que peuvent accomplir les syndicats, mais l'on s'accorde généralement à reconnaître que cette énu-

---

(1) VORON. — *A propos de la capacité des syndicats professionnels,* (*Revue cath. des Inst. et du Droit,* 1895, t. I, p. 541).

mération n'a d'autre but que de fixer des règles nouvelles
pour les opérations qui y figurent, ou de résoudre quelques
difficultés que pourraient faire naître ces opérations.

En définitive, la loi du 21 mars 1884 ne fixe d'autre limitation
à la capacité civile des syndicats que celle édictée par l'article
3, que nous avons étudié à propos des conditions de légalité
des syndicats agricoles : « Les syndicats professionnels ont
exclusivement pour objet l'étude et la défense des intérêts
économiques, industriels, commerciaux et agricoles ». L'interdiction de faire des actes de commerce ne résulte donc
aucunement de la loi du 21 mars 1884, et il se peut très bien
que des actes de commerce soient faits par les syndicats
comme rentrant dans l'étude et la défense des intérêts agricoles, qui est l'objet des syndicats.

Ainsi l'article 632 du Code de commerce range
parmi les actes de commerce : « entre toutes personnes les lettres de change ». Si les actes de commerce étaient interdits aux syndicats comme tels, il faudrait refuser à ces associations le droit d'endosser des
lettres de change ; or, personne ne va jusque-là. De
même, l'article 632 du Code de commerce répute actes de
commerce « toute entreprise de fournitures, *d'agences, bureaux d'affaires*, établissements de ventes à l'encan, specta-
cles publics » : si les syndicats agricoles ne pouvaient faire aucun des actes réputés légalement actes de commerce, il faudrait
leur refuser le droit de créer des bureaux de renseignements
ou de placements ; or, c'est la loi de 1884 elle-même qui nous
dit le contraire en disposant, dans son article 6, que les syndicats professionnels pourront librement créer et administrer
des offices de renseignements pour les offres et les demandes de travail. Les syndicats auraient bien eu, sans cette
disposition expresse de l'article 6, le droit de fonder des bureaux de renseignements ou de placements, mais ils n'au-

raient pu se soustraire, si la loi ne les en avait dispensés par l'introduction du mot « librement », à l'observation du décret du 25 mars 1852 qui régit ces sortes de bureaux; c'est là toute la portée de l'article 6. Or, on sait que la tenue d'offices de placements et de renseignements, ainsi que « toute entreprise d'agences, de bureaux d'affaires », est considérée par notre Code de commerce comme acte commercial.

Si donc un grand nombre d'actes de commerce ne peuvent être faits par des syndicats agricoles, ce n'est pas à cause de leur qualité légale d'actes de commerce, mais pour un tout autre motif : c'est qu'ils ne sauraient rentrer dans l'objet des syndicats agricoles, très large sans doute, mais limité cependant par l'article 3 à l'étude et à la défense des intérêts agricoles.

Un syndicat peut se livrer très légitimement à toute opération répondant à cet objet, mais ne tendant pas à réaliser un gain, des bénéfices pécuniaires : tout acte, tout contrat, dont le but est soit l'administration du patrimoine syndical, soit la défense de l'intérêt professionnel, rentre absolument dans son cadre.

Mais les opérations à but lucratif qui rendent le syndicat partie directement intéressée, alors même que ces opérations seraient analogues à celles dont les membres du syndicat font leur profession, la recherche de bénéfices au profit du syndicat personnellement, de tels actes, le syndicat ne peut les faire, sous peine de violer l'article 3, quelle que soit d'ailleurs la qualification que l'on donne à ces opérations, qu'on les appelle actes de commerce ou actes civils. Nous avons vu, en effet, que les actes de commerce ne sont pas tous des opérations à but lucratif, et nous verrons bientôt que beaucoup d'actes civils tendent à la réalisation de bénéfices et sont par suite, interdits aux syndicats.

Nous ne prétendons pas, d'ailleurs, soustraire les syndicats agricoles aux conséquences qu'entraîne pour tout contractant, personne physique ou personne civile, l'accomplissement d'actes de commerce. Un syndicat agricole, qui ferait habituellement des actes de commerce, se placerait dans cette situation :

1º Il se verrait opposer la législation commerciale dont les prescriptions s'imposent à quiconque fait le commerce, même indûment, telles que la tenue des livres de commerce, certaines conditions de publicité, etc;

2º Les contestations relatives à ces actes seraient de la compétence des tribunaux de commerce;

3º Il serait exposé à voir prononcer contre lui la faillite;

4º Les agents du fisc interviendraient valablement à l'effet de le soumettre à l'impôt onéreux de la patente dont sont évidemment dispensés les syndicats qui ne sortent point de leurs opérations normales.

Mais il n'en demeure pas moins vrai que, si certains actes de commerce sont interdits aux syndicats agricoles, ce n'est pas en leur seule qualité d'actes de commerce, mais comme dénotant, chez le syndicat qui s'y livrerait, une intention de réaliser des bénéfices, la poursuite d'un but lucratif, en un mot quelque chose d'incompatible avec l'objet précis que doivent se proposer les syndicats agricoles, tel qu'il est désigné et limité par l'article 3 de la loi du 21 mars 1884.

Par suite, pour décider si telle ou telle opération peut être légitimement entreprise par un syndicat agricole, nous examinerons, non pas, comme le font presque tous les auteurs, si c'est un acte de commerce ou un acte purement civil, mais si c'est une opération à but lucratif ou non; les opérations sans but lucratif seules peuvent être légitimement entreprises par les syndicats agricoles.

III.— Des actes qui ne peuvent être faits par les syndicats agricoles comme étant des opérations a but lucratif.

Il ne nous reste plus qu'à faire l'application du principe que nous venons de poser. Toutes les opérations civiles ou commerciales, qui tendent à la réalisation de bénéfices, tous les actes à but lucratif sortent du domaine des syndicats agricoles.

Ces syndicats ont, d'ailleurs, pleine latitude pour placer les fonds composant le patrimoine syndical en valeurs même industrielles. D'un autre côté, les membres de ces syndicats ont, individuellement, liberté entière de réaliser des opérations à but lucratif, en constituant entre eux des sociétés civiles ou commerciales, ou des sociétés coopératives, sauf à se soumettre aux règles prescrites pour les unes et les autres par les codes civil et de commerce et les lois particulières. Mais ces sociétés restent absolument indépendantes du syndicat, et leur patrimoine ne peut à aucun titre se confondre avec le patrimoine syndical.

L'application du principe que toute opération à but lucratif est interdite aux syndicats agricoles nous conduit à trancher ainsi qu'il suit un certain nombre de questions :

1° Un syndicat agricole ne peut pas, en tant que syndicat et en vue d'augmenter le patrimoine syndical, acheter des immeubles, terrains de culture ou terrains bâtis, dans le but de les revendre ou de les louer avec bénéfice. Il est vrai que les achats immobiliers, et par suite toutes les spéculations qui reposent sur la possession d'immeubles et dont nous donnerons ci-après quelques exemples, se heurtent à un obstacle légal, indépendant de leur but lucratif, à raison de la disposition de l'article 6, § 3, restreignant à

certains immeubles la capacité d'acquérir des syndicats
professionnels : mais, comme on l'a remarqué avec raison (1),
cet obstacle ne fait pour elles que se superposer à celui
qui résulte d'autre part de leur but lucratif.

2° Un syndicat agricole ne pourrait pas, et pour les mêmes
raisons, exploiter des carrières, des eaux thermales ou des
mines. Et pourtant, la jurisprudence admet que l'exploitation d'une mine par le concessionnaire ou par ses ayants-
droit, a le caractère d'une opération civile et non d'une opération commerciale. Si donc elle ne reconnaît pas aux syndicats professionnels le droit d'exploiter des mines, carrières ou eaux thermales, c'est que cette exploitation est à but
éminemment lucratif, et que, parsuite, elle ne peut être exercée par une association que si celle-ci est soumise à la législ-
lation sur les sociétés. Il y a donc deux raisons, au lieu d'une,
pour refuser aux syndicats le droit de se livrer à de telles
exploitations : il ne peut, en effet, ni posséder des immeubles
en dehors des limites fixées par l'article 6, ni faire des opérations dans un but de lucre.

C'est la doctrine admise par la jurisprudence ; le tribunal
de Saint-Etienne et la cour de Lyon, notamment, l'ont consacrée dans l'affaire du syndicat des mineurs de la Loire,
dit de la *Mine aux mineurs*, où il s'agissait de l'exploitation, par des ouvriers syndiqués, d'une mine abandonnée
par la compagnie concessionnaire : « Attendu, dit, entre
autres choses, le jugement de Saint-Etienne (2), que la
seconde condition était, pour le syndicat, de se substituer
complètement aux lieu et place de la compagnie concessionnaire et qu'il faut reconnaître que pour y arriver le défendeur n'a encore pris aucune mesure efficace; qu'il paraît

---

(1) D. *Rép., Suppl.*, v° *Travail*, n° 879.
(2) Trb. civ. de Saint-Etienne, 29 mai 1889, *Revue des Soc.*, 1889,
p. 414.

ne pas avoir compris que son obligation ne sera remplie que le jour où, *dépouillant cette apparence de syndicat* destiné à exploiter les mines. *il aura formé une société civile régulière...*, qu'une exploitation de cette nature est, en effet, *interdite aux syndicats professionnels...*, accorde au syndicat un délai de six mois pour régulariser sa situation ». Le syndicat des mineurs s'étant conformé à cette injonction et ayant constitué une société coopérative régulière, la cour de Lyon (1) repoussa, comme n'ayant pas de raison d'être, les prétentions de la compagnie de Rive-de-Gier réclamant le délaissement de la concession abandonnée au syndicat : « Considérant, porte l'arrêt de la Cour, que, depuis le jugement dont est appel, l'ancienne association des mineurs, que la société des Houillères persiste à qualifier improprement de *syndicat*, s'est *constituée en société anonyme civile à capital variable...* ».

3° Un syndicat agricole ne pourrait pas exploiter des journaux ou bulletins, même agricoles, dans le but de réaliser des bénéfices au moyen des abonnements et des annonces.

Cette solution paraît être la plus conforme à la jurisprudence, qui qualifie, en effet, d'opération commerciale l'exploitation de certains journaux, lorsque la composition de ces journaux n'exige, dans son ensemble ou dans sa partie principale, aucun travail intellectuel, et a pour but une publicité faite dans l'intérêt des tiers qui traitent avec l'entreprise. Il a été jugé spécialement qu'il y a opération commerciale lorsqu'une partie considérable de la feuille que l'on publie est destinée à recevoir, moyennant rétribution, des réclames, annonces, insertions, que les tiers peuvent avoir intérêt à porter à la connaissance du public pour leurs besoins commerciaux ou autres ; les contrats que nécessite cette partie matérielle du

(1) C. de Lyon, 26 mars 1891, D. P. 91. 2. 201.

journal en deviennent dans ce cas l'élément principal, et en font une véritable marchandise achetée pour être revendue, dans le sens de l'art 632 du Code de commerce (1).

Pour nous, une telle exploitation est interdite à un syndicat agricole, non pas comme rentrant précisément dans l'énumération des actes de commerce faite par l'art. 632, mais parce que c'est réellement une opération à but lucratif; en effet, le but poursuivi, en pareil cas, n'est pas tant de répandre dans le public certaines idées ou certains conseils, que de se procurer de l'argent au moyen de la publicité donnée aux annonces, réclames et insertions. Toutefois, la même prohibition n'existerait pas à l'égard d'une publication périodique dont les produits ne seraient pas un objet de spéculation, mais serviraient simplement à indemniser le syndicat de ses frais de rédaction, impression et envoi.

4° Un syndicat agricole ne pourrait pas acheter des boissons pour les revendre en détail à des personnes étrangères au syndicat ou même pour les revendre *avec bénéfice* à des sociétaires.

Quant aux personnes étrangères, la Cour de cassation (2), dans l'affaire du syndicat agricole de Poligny, invoque précisément ce fait, non retenu par la cour de Besançon (3), « que le procès-verbal régulier et non argué de faux dressé par deux agents de la Régie des contributions indirectes, constate que parmi les personnes qui prenaient leur repas au jour indiqué au procès-verbal, se trouvaient des personnes étrangères au syndicat ». Quant aux sociétaires eux-mêmes, la revente que le syndicat leur ferait avec bénéfice

---

(1) Trib. com. de Marseille, 24 janv. 1870, D. P. 70. 3. 76.
(2) C. de Cass., 28 nov. 1889, D. P. 90. 1.336.
(3) C. de Besançon, 1er août 1889, S. 89. 2. 192 ; D. P. 90. 2. 152.

serait une opération interdite ; mais la revente sans bénéfice serait permise, sauf, toutefois, au syndicat à se conformer aux dispositions de la loi régissant les débits de boissons, indépendamment de tout but lucratif.

Ainsi, la Cour de cassation déclare que, quand bien même il n'y aurait pas de consommateurs étrangers au syndicat, un syndicat agricole qui débite habituellement aux sociétaires, moyennant rétribution, dans le local loué par son président, du vin acheté par ce dernier pour le compte de ce syndicat, doit être assimilé aux personnes qui exercent les professions dénommées en l'art. 50 de la loi du 28 avril 1816 et assujetti à la formalité de la *déclaration préalable*; sans qu'il y ait lieu de rechercher si le syndicat, en débitant ainsi des boissons, a eu en vue la réalisation d'un bénéfice. La Cour insiste particulièrement sur ce point que, quels que fussent les consommateurs, le prix des objets consommés était payé par ceux qui participaient à la consommation et non remboursé par les cotisations des sociétaires. La Cour de cassation avait d'ailleurs déjà décidé que les dispositions de l'art. 50 de la loi du 28 avril 1816 étant générales et absolues, sont applicables à la société coopérative qui achète en gros des boissons pour les revendre en détail à ses associés, sans qu'il y ait à se préoccuper du point de savoir si la société a agi ou non dans un esprit de spéculation (1). Il en est ainsi surtout alors qu'aucun des associés n'étant forcé de s'approvisionner de boissons achetées à la société, les livraisons de boissons ont le caractère, non d'une répartition entre les associés dans un intérêt commun, mais bien d'une vente (2).

(1) Cass., 20 juin 1873, D. P. 73. D. P. 73. 1. 392; S. 73. 1.488.
(2) Cass., 27 nov. 1880, S. 81. 1. 240.

Nous devons donc conclure qu'un syndicat agricole peut très bien établir un lieu de réunion-buvette, à la condition de n'y admettre que des membres du syndicat, et de ne pas poursuivre la réalisation de bénéfices par la vente en détail de boissons à ses membres. Mais, même dans ce cas, il ne saurait, d'après une jurisprudence constante de la cour de Cassation, se soustraire à la nécessité de la déclaration, qui est independante de la question de spéculation.

5° Un syndicat agricole ne pourrait acheter en gros des engrais, des semences, ou des instruments et machines agricoles quelconques, pour les revendre *avec bénéfice* à des personnes étrangères au syndicat, car un pareil acte constitue une opération lucrative au premier chef; mais il faut aller plus loin et interdire cette spéculation, même quand la revente devrait être faite uniquement parmi les membres du syndicat. Il n'y en aurait pas moins, en effet, des bénéfices retirés par la personne morale, ce que la loi n'a pas autorisé : le syndicat ne peut majorer ses prix que dans la proportion nécessaire pour qu'il rentre dans ses frais.

6° Un syndicat agricole ne peut pas acheter des instruments ou machines agricoles pour en louer l'usage à des personnes étrangères au syndicat et même à ses membres, *en tirant un bénéfice* de cette location .

On remarquera, du reste, que, dans les deux hypothèses précédentes, peu importe que les administrateurs du syndicat se proposent de faire un emploi des bénéfices en rapport avec le but assigné par la loi aux syndicats professionnels : l'esprit de la loi est, avant tout, d'écarter des associations professionnelles toute intention de lucre; et une spéculation, pour s'exercer exclusivement sur des personnes faisant partie du syndicat, n'en conserve pas moins ce caractère lucratif que le législateur de 1884 a voulu proscrire en matière d'associations professionnelles (1).

7° Les syndicats n'étant pas constitués pour poursuivre la réalisation de bénéfices, mais simplement pour défendre les intérêts de la profession, le capital social des syndicats ne peut être divisé en actions ou parts d'intérêts : la cotisation que paye chaque associé, cotisation qui n'est même pas indispensable pour le fonctionnement du syndicat et dont certains syndicats se passent très légitimement, ne peut pas être considérée comme un apport, et le syndiqué, tant que dure l'association, n'a droit ni à une part du capital, ni à une distribution de dividendes. Il est vrai que, à la dissolution du syndicat, les membres affiliés à ce moment pourront avoir le droit de se partager entre eux le patrimoine du syndicat : mais ce droit ne prendra naissance qu'au jour de la dissolution et à la condition seulement que les statuts, qui ont pleine liberté pour cela, n'aient pas réglé différemment la dévolution des biens du syndicat dissous (2). On ne peut donc assimiler sur ce point les syndicats aux sociétés coopératives qui sont, on le voit, toutes différentes.

8° Un syndicat agricole ne pourrait acquérir un brevet d'invention, un dessin de fabrique ou une marque de fabrique dans le but, soit de les revendre avec bénéfice, soit de les exploiter en leur faisant produire des revenus ; mais nous lui reconnaissons très volontiers le droit de déposer et de posséder à titre privatif, une marque de fabrique, destinée à être apposée sur les produits agricoles provenant des

---

(1) Le projet de 1899 est plus hardi : il ne craint pas d'autoriser les syndicats à faire des actes de commerce par l'intermédiaire de sociétés à responsabilité limitée dont les syndicats posséderaient les actions (art. 6).

(2) En ce sens, BOULLAIRE. — *Op. cit.*, p. 130.

membres du syndicat et vendus par son intermédiaire, afin, de garantir aux acheteurs l'authenticité de leur provenance: c'est là une opération essentiellement désintéressée et qui par suite nous semble rentrer parfaitement dans l'objet d'un syndicat professionnel agricole.

9° Un syndicat agricole pourrait-il, comme tel, soumissionner les fournitures de produits agricoles faisant l'objet des adjudications des administrations publiques ou privées? Un certain nombre de syndicats agricoles avaient essayé de participer aux adjudications publiques de l'armée, de la marine et de diverses administrations, pour leur fournir le blé, l'avoine, le vin, le fourrage que récoltent leurs adhérents, les produits agricoles trouvant ainsi un plus large écoulement. Plusieurs syndicats, entre autres le syndicat agricole d'Ille-et-Vilaine et le syndicat agricole de l'arrondissement de Meaux, avaient pu ainsi se charger de fournitures militaires. Mais un avis du conseil d'Etat du 11 février 1890 est venu entraver ce nouveau débouché des produits de l'agriculture. A la demande de plusieurs syndicats, faite au ministre de la Guerre, d'être autorisés à concourir aux adjudications de fournitures de denrées pour le service des subsistances militaires, le conseil d'Etat a répondu en se prononçant contre l'admission des syndicats « tant que la jurisprudence ne sera pas fixée sur la nature et l'étendue du rôle qu'ils peuvent jouer dans la vie civile et commerciale » (1).

Il nous semble, cependant, que, sans porter aucune atteinte à la théorie généralement admise qu'un acte, pour pouvoir être légitimement fait par un syndicat, doit revêtir le caractère d'acte civil et non commercial, le conseil d'Etat aurait dû autoriser les syndicats agricoles à participer aux

---

(1) Léon EYMARD.— *Les syndicats agricoles: leur œuvre professionnelle, économique, sociale*, 1898, p. 39.

adjudications publiques, la jurisprudence étant unanime à reconnaître la non-commercialité des ventes consenties par les propriétaires-cultivateurs ou les fermiers, de produits par eux recueillis dans une exploitation rurale (1), même au cas où ces produits seraient vendus après avoir été *travail-lés*, alors que le travail auquel ils ont été soumis ne prend pas l'importance d'une entreprise de manufacture, c'est-à-dire d'une entreprise distincte, par ses moyens d'exécution, d'une simple exploitation rurale.

A plus forte raison doit-il en être ainsi, si l'on admet avec nous que pour qu'un acte ne puisse être fait par le syndicat, il faut que cet acte constitue une opération à but lucratif : or, le syndicat en soumissionnant pour le compte de ses membres n'agit certainement pas dans un but de spéculation. Nous admettrions donc, malgré l'avis du conseil d'Etat, la légalité de la participation des syndicats agricoles aux adjudications publiques de fournitures.

Quoi qu'il en soit, les membres du syndicat ont toujours le droit de constituer entre eux des sociétés spéciales à cet effet, établies dans une des formes prévues par l'art. 19 du Code de commerce ou par la loi du 24 juillet 1867 (2).

10e Enfin ce n'est pas seulement la revente à des tiers et même à ses membres avec bénéfice qui est interdite à un syndicat agricole ; c'est encore la perception d'une commission sur ses membres pour prix du service rendu par son intervention : la commission est assurément, en effet, une opération à but lucratif.

A tous les actes que nous venons d'énumérer, et, en

---

(1) Comp. D. *Rép. Suppl.*, v° *Acte de commerce*, n°ˢ 102 et s.
(2) V. au sujet du droit des syndicats d'ouvriers de soumissionner les adjudications d'administrations publiques, les conditions de faveur établies pour ces syndicats par le décret des 4-5 juin 1888 et la loi du 25 juillet 1893.

général à toutes opérations à but lucratif, les syndicats sont incapables de s'adonner légalement. Leurs membres qui tiendront à réaliser des bénéfices et à les accroître par la puissance de l'association devront donc constituer des sociétés soumises au régime organisé par les codes civil et de commerce et la loi de 1867, sociétés civiles ou commerciales.

IV. — CONSÉQUENCES DES OPÉRATIONS FAITES PAR LES SYNDICATS AGRICOLES EN DEHORS DES LIMITES DE LEUR CAPACITÉ DE CONTRACTER.

Il peut arriver, en fait, que des syndicats agricoles, malgré l'interdiction de se livrer à des opérations à but lucratif, se permettent certains actes qui révèlent l'intention de réaliser des bénéfices. Cette violation de la loi ne peut rester impunie ; elle expose les syndicats et leurs représentants à une sanction pénale, sans soustraire les syndicats, comme personnes morales, aux effets juridiques de leurs actes suivant le droit commun. Il ne saurait être question ici d'une incapacité qui, comme pour les mineurs, par exemple, tournerait à l'avantage de l'incapable.

Nous connaissons déjà la sanction pénale. C'est celle qu'édicte l'article 9 de la loi de 1884 : en cas d'infractions aux articles 2, 3, 4, 5 et 6, les administrateurs ou directeurs du syndicat sont passibles d'une amende de 16 à 200 francs, et la dissolution du syndicat pourrait être prononcée accessoirement à la condamnation des directeurs ou administrateurs ; mais il faudrait, suivant nous, pour que la dissolution fût prononcée, que les opérations entachées d'illégalité faites par les syndicats fussent bien graves, réitérées, et que l'intention de violer la loi apparût nettement.

D'autre part, le syndicat qui s'est livré à des opérations à but lucratif ne peut pas en demander la nullité, mais est obligé de subir les conséquences de ses actes.

Le syndicat jouit de la personnalité civile ; comme toute personne juridique, il a la capacité de s'obliger : quand bien même il s'est engagé en dehors des limites qui lui ont été tracées, il n'en est pas moins obligé, et les tiers qui ont traité avec lui ont le droit de poursuivre l'exécution de ses obligations sur le patrimoine syndical, mais à l'exclusion du patrimoine des syndiqués, sauf dans le cas où la responsabilité personnelle des administrateurs ou des membres du syndicat serait engagée.

De plus, si les opérations à but lucratif auxquelles le syndicat s'est livré, sont en même temps des actes de commerce, le syndicat est soumis pour ces obligations à la loi commerciale avec toutes les suites ordinaires de la commercialité ; les obligations contractées par le syndicat sont pleinement valables.

C'est ce qu'a décidé la cour d'Angers dans l'espèce suivante: le syndicat des agriculteurs du Maine avait passé avec des tiers un marché à prix ferme, relatif à l'acquisition d'engrais et autres produits, livrables pendant une longue période de temps, et avait convenu qu'il serait fait entre lui et le vendeur un certain partage de bénéfices sur le montant des ventes de marchandises. Survint un procès, le syndicat déclina la compétence du tribunal de commerce du Mans ; mais le tribunal se reconnut compétent, et la cour (1) lui donna raison, attendu que ce marché constituait bien un acte de commerce.

Le tribunal de commerce de Marseille (2) s'est reconnu

---

(1) C. d'Angers, 29 oct. 1894, D. P. 95. 2. 88.
(2) Trib. comm. Marseille, 2 fév. 1897, *Revue des Sociétés*, 1897, p. 407.

compétent dans un cas analogue : deux individus ayant vendu au syndicat agricole de Rodez une certaine quantité de maïs, lui en réclamèrent le paiement : le syndicat proposa une exception d'incompétence, mais le tribunal repoussa ce déclinatoire en se basant sur ce qu'il résultait des circonstances de la cause que le syndicat avait fait exceptionnellement acte de commerce : « attendu, dit le tribunal... qu'en principe les syndicats ne peuvent se livrer à aucune opération commerciale et que la présomption est que leurs actes n'ont pas ce caractère ; attendu que dans l'espèce le syndicat agricole de Rodez a fait un achat de marchandises qui ne paraît pas être dans l'essence de ses attributions... ». Le tribunal ne dit pas si cet achat de marchandises était un achat pour revendre avec bénéfice; mais cela est probable, car sans cette circonstance on n'aurait pas dû le considérer comme un acte de commerce.

La thèse de l'irresponsabilité des syndicats semble cependant avoir été adoptée par le tribunal correctionnel de Saint-Etienne (1). D'après lui, l'autorisation accordée aux syndicats par l'art. 3 de la loi 1884, de s'occuper de l'étude et de la défense des intérêts économiques, industriels, commerciaux et agricoles, ne saurait être étendue à des cas autres que ceux qui ont été nominativement et spécialement indiqués par le législateur. Ce principe posé, voici les conclusions qu'en tire le tribunal : si un syndicat professionnel sort des attributions limitées qui lui ont été concédées par la loi susvisée, et se livre, par exemple, à des opérations commerciales, ces opérations, qui lui sont interdites, sont nulles comme contraires à l'ordre public et ne peuvent être génératrices d'aucune obligation valable.

---

(1) Trib. corr. de Saint-Etienne, 24 déc. 1897, *Le Droit*, 5 fév. 1898.

Le principe de l'irresponsabilité des syndicats en tant que personnes civiles, quant aux obligations par eux contractées en dehors de leur capacité, a été soutenu particulièrement par M. Hubert-Valleroux : c'est du moins la conclusion qui nous semble devoir être tirée de plusieurs articles publiés par ce savant auteur (1). D'après lui, les obligations contractées par un syndicat en dehors des limites tracées par la loi, sont nulles, inexistantes même, à l'égard du syndicat, considéré en tant que personnalité distincte de celle de ses membres; mais, en cas pareil, les membres du syndicat « forment une société de fait, société civile, puisque les membres d'un syndicat agricole ne sont pas commerçants ; s'ils l'étaient, ils formeraient une société en nom collectif. Dans une société civile, les dettes sociales se partagent par tête, solution assez étrange, mais qui est celle du Code civil et qui s'impose par conséquent. Telle est donc la responsabilité éventuelle des membres des syndicats agricoles lorsque ces syndicats font des opérations d'achat, soit directement pour leur compte, soit à titre de commissionnaires et pour leurs membres ».

La doctrine de M. Hubert-Valleroux nous paraît beaucoup trop absolue et point assez juridique. Sans doute, dans certaines espèces, les tribunaux ont jugé (2) et pourront encore juger à bon droit que le soi-disant syndicat n'est en réalité qu'une société civile ou commerciale ; cela

---

(1) V. notam. note sous arrêt de C. de Toulouse du 26 mars 1899, Revue des Sociétés, 1899, p.403, et note sous jugement précité du trib. comm. de Marseille, Revue des Sociétés, 1897, p. 407 ; Les achats et ventes des syndicats agricoles,(Revue cath. des Inst. et du Droit, 1895, t. 1, p. 440).

(2) En ce sens, trib. comm. Marseille, 13 sept. 1887, Gaz. Pal., tab. quinq., 87-92, v° Compétence commerciale, nos 225 et s., trib. paix de Lille, 28 janv. 1895, Gaz. Pal., 95. 1. Suppl. 13.

résulterait principalement de la division du patrimoine du syndicat en actions ou parts d'intérêts, et de ce que les bénéfices provenant des opérations faites par l'intermédiaire du syndicat seraient, non pas versés dans la caisse du syndicat, mais distribués aux prétendus syndiqués sous forme de dividendes. Il appartient, en effet, aux tribunaux de lever le masque qui cache aux yeux du public la réalité de tel ou tel contrat, et de lui donner sa véritable qualification en lui retirant celle que lui ont faussement donnée les parties, et de lui faire produire les effets qu'il comporte. Il est inadmissible que des personnes, pour frauder leurs créanciers, se réunissent en un prétendu syndicat, afin de pouvoir, en cas de poursuites pour des obligations contractées, s'y soustraire en s'abritant derrière la personnalité du syndicat, seul responsable.

Mais c'est là un cas heureusement très rare. Le plus souvent les tribunaux se trouvent en présence d'un syndicat véritable, professionnel par sa composition et par son objet, mais qui, de bonne foi, aura cru pouvoir se permettre certains actes qui ne rentrent pourtant pas dans les limites tracées par la loi. M. Hubert–Valleroux néanmoins ne distingue pas : pour lui, dès qu'un syndicat a conclu une opération en dehors de ces limites, il se forme, quant à cette opération, une société civile de fait entre les syndiqués, et les syndiqués seuls, à l'exclusion du syndicat lui-même, sont responsables sur leurs biens des conséquences de l'opération entreprise par le syndicat.

Nous avouons n'être pas convaincu par ce raisonnement : le syndicat a la personnalité civile, il a donc la capacité de contracter ; c'est lui, nous le supposons, qui contracte un engagement, lui, personne juridique distincte de celle de ses membres ; et ce seraient les syndiqués, dont la plupart sont sans doute restés complètement en dehors de l'opération, que l'on voudrait rendre responsables des conséquences d'actes auxquels ils n'ont pris aucune part ! A côté de cela, les engagements contractés par le syndicat seraient nuls et non avenus ; bien plus, ils seraient même considérés comme inexistants. Comment peut-on juridiquement expliquer une pareille substitution ?

Que fait-on, dans ce système, du principe constant que les nullités sont de droit étroit? Si la loi de 1884 avait considéré comme nuls ou inexistants les actes accomplis par les syndicats en dehors des limites de leur capacité, elle aurait pris soin de le dire ; une seule fois elle parle de nullité, c'est dans l'article 9, quand elle autorise les tribunaux à prononcer la nullité des acquisitions d'immeubles faites en violation de l'article 6 : encore savons-nous qu'il n'y a véritablement nullité de l'acquisition que si elle est à titre gratuit, et que cette nullité a été édictée seulement parce que le législateur craignait de voir les syndicats reconstituer une mainmorte immobilière.

Et qu'on ne dise pas que le patrimoine propre du syndicat serait insuffisant pour garantir l'exécution des obligations par lui contractées. D'abord, tous les syndicats ne sont pas dénués de biens ; de plus, quand même cela serait, les tiers, avec lesquels le syndicat a contracté, auraient pu prendre leurs informations sur la valeur du crédit syndical : c'est même vraisemblement ce qu'ils ont fait, et ils ont peut-être contracté avec le syndicat, personne juridique, alors qu'ils n'auraient point voulu le faire avec les membres du syndicat pris individuellement. Pourquoi substituer au syndicat la personne d'autres contractants, qu'on peut avoir précisément entendu écarter ? L'intérêt bien compris des tiers eux-mêmes demande donc que les engagements extra-légaux du syndicat soient maintenus. Un tel système ne pourrait se soutenir qu'à la condition de classer les syndicats dans la catégorie des établissements d'utilité publique, ce qui nous a paru inadmissible.

Du reste, cette manière de voir n'est pas une innovation dans notre droit. Il y a d'autres personnes qui ne peuvent faire des actes de commerce : les avocats, les avoués, les notaires, par exemple. Si, malgré l'interdiction, ces personnes se livrent à des opérations commerciales, elles peuvent encourir incontestablement des peines disciplinaires ; mais elles sont, par le fait, soumises à la législation commerciale, les engagements qu'elles ont contractés n'en sont pas moins valables et les tiers ont le droit de recourir aux tribunaux pour en obtenir l'exécution (1). La situation des syndicats agricoles qui contractent en dehors des limites tracées par l'art. 3, présente une grande analogie avec celle de ces personnes ; sans doute les administrateurs du syndicat peuvent être frappés d'une amende pour infraction aux dispositions de la loi ; mais le syndicat est soumis, quant à ces obligations, s'il y a lieu, à la législation commerciale, avec toutes les conséquences qu'elle entraîne; les engagements contractés par lui, personne juridique, demeurent valables et les tiers peuvent en poursuivre l'exécution, non pas sur les biens des membres du syndicat, étrangers légalement à l'opération, mais sur le patrimoine propre du syndicat, seul responsable en principe (2).

---

(1) V. D. *Rép. Suppl.*, vº *Acte de commerce*, nᵒˢ 219 et 268; et spécialement pour les notaires, Cass., 15 janvier 1895, S. 95. 1. 80. V. aussi note sous arrêt de la C. d'Angers, 24 oct. 1894, S. 95. 2. 80.

(2) Voir à ce sujet les très intéressantes observations de M. Voron, dans la *Rev. des Inst. et du Droit* : *A propos de la capacité des syndicats professionnels*, 1895, t. I, p. 539.

V. — Des actes qui peuvent être légitimement faits par les syndicats agricoles. Opérations sans but lucratif

Si un syndicat agricole ne peut faire légitimement aucune opération à but lucratif, par contre toutes les opérations ne tendant pas à la réalisation de bénéfices destinés à la caisse du syndicat lui sont permises, pourvu, bien entendu, qu'elles présentent un intérêt professionnel.

Il est vrai que les syndiqués auront souvent avantage, pour éviter toute contestation, à constituer entre eux des sociétés civiles, commerciales ou coopératives, soumises à la législation spéciale des sociétés; mais la question n'est pas de savoir si les syndicats ont plus ou moins à gagner à tels ou tels actes, elle est de préciser à quels actes ils peuvent légitimement s'adonner: et la réponse, c'est qu'ils peuvent faire, dans un intérêt professionnel, toute opération sans but lucratif, qu'elle soit civile ou commerciale. Nous disons commerciale: nous avons vu, en effet, que certaines opérations, qualifiées par la loi d'actes de commerce, ne comportent pas nécessairement un but de spéculation: ainsi l'apposition d'une signature sur une lettre de change, la tenue de bureaux de renseignements ou de placements, etc.

La question de la légalité des opérations sans but lucratif réalisées par les syndicats, s'est posée à propos des achats et ventes en gros faits par les syndicats agricoles, pour le compte de leurs membres, en vue de leur épargner des pertes ou d'augmenter leurs profits par la suppression des intermédiaires. De nombreux syndicats s'étant constitués spécialement en vue de cet objet, les intermédiaires directement atteints soulevèrent de vives protestations et réclamèrent énergiquement auprès des pouvoirs publics afin d'amener la suppression d'un état de choses qui leur causait un notable préjudice. Parmi eux, la « Chambre syndicale des produits chimiques », plus touchée que les autres, car ses membres n'avaient pas été sans se ressentir de la baisse de près de moitié du prix des engrais, se signala par la vigueur de ses doléances, et la Chambre de commerce de Paris n'hésita pas à s'en faire l'écho, en transmettant ces plaintes au gouvernement. Le ministre de l'agriculture fit ouvrir par les préfets une enquête sur les agissements reprochés aux syndicats agricoles. Les résultats de cette enquête une fois connus, le ministre du commerce, M. Pierre Legrand, répondit, le 27 mai 1888, au président de la Chambre de commerce de Paris par une lettre dont nous extrayons les passages suivants : « Il paraît établi que les diverses associations qui ont motivé les réclamations parvenues à mon administration se sont bornées à créer des offices pour l'achat de matières premières ou de machines utiles à l'agriculture, de manière à les obtenir à meilleur marché et de meilleure qualité au profit de leurs membres ; que ces associations sont administrées gratuitement et n'ont retiré aucun bénéfice de leur entreprise, faisant simplement profiter les sociétaires de tous les avantages du mode d'achat ; et que si parfois elles ont majoré, dans une faible mesure, le prix d'acquisition des produits, rien ne permet d'affirmer que cette majoration ait eu d'autre but que de couvrir les frais de gestion. Elles auraient agi par conséquent d'une manière désintéressée...

« Ces considérations ont déterminé M. le ministre des finances à ne pas assujettir les syndicats agricoles à l'impôt de la patente ».

M. Legrand invoquait ensuite l'esprit très large de la circulaire interprétative d'une loi aussi libérale que la loi de 1884 :

« Il serait superflu, Monsieur le président, d'insister sur la précision de cette circulaire, tout y indique la largeur des vues du gouvernement à l'égard des syndicats. Et quand M. le ministre de l'Intérieur, en énumérant les créations permises à ces associations, mentionnait par exemple, les offices de renseignements, les bureaux de placements, etc., il ne suivait pas plus étroitement le texte légal que les syndicats qui entendent créer à leur siège social des offices pour étudier le cours des marchés, et pour assurer à leurs membres, dans de meilleures conditions de prix et de qualité, l'acquisition des matières premières, graines, engrais, outils, machines agricoles, etc., qui leur sont nécessaires.

« On peut dire que *la loi de 1884, si elle ne conférait pas le droit de faire des opérations semblables, ne pourrait être pour les agriculteurs l'objet d'aucune application vraiment pratique.* Les populations agricoles n'ont pas les mêmes intérêts et les mêmes besoins que les travailleurs des centres commerciaux et industriels ».

Cette opinion a aujourd'hui définitivement triomphé, et nous en avons trouvé la preuve dans ce passage du rapport sur la proposition Méline, relative à l'organisation du crédit agricole et populaire (1) : « Il est admis aujourd'hui, dit M. Mir, que les syndicats agricoles peuvent servir d'intermédiaire entre le fournisseur et le cultivateur pour faciliter à ce dernier, aux meilleures conditions possibles, les achats de semences, d'engrais, d'outils, et la vente des produits agricoles ».

Un syndicat agricole a donc le droit d'acheter, pour le compte de ses membres, les matières et instruments utiles à l'agriculture, et de vendre également pour le

_____

(1) J. *Off.*, Doc. parl., Chambre, 1892, p. 207.

compte de ses membres, les produits agricoles; mais à une condition, c'est que son rôle soit celui d'un intermédiaire absolument désintéressé, et que ces opérations ne soient pas pour lui une occasion de s'enrichir. Il nous reste à examiner de plus près la nature de ces diverses opérations.

I. — Achat des matières et objets utiles à l'agriculture

Le syndicat agricole qui veut supprimer les intermédiaires entre les syndiqués et leurs fournisseurs pour l'achat des matières et objets utiles à l'agriculture, s'y prend comme il l'entend, et cela importe peu, avec les fournisseurs ; mais voyons comment il peut procéder du côté des syndiqués.

Ce syndicat a, à son choix, deux manières d'agir principales : 1º l'achat pour le compte du syndicat et suivi de revente ; 2º l'exécution d'un mandat pour le compte direct des membres.

1º *Achat par le syndicat de matières et objets utiles à l'agriculture, pour les revendre à ses membres.* — Ce procédé est le moins fréquemment employé : il expose, en effet, le syndicat qui le pratique à l'obligation de garder pour son compte des marchandises dont il n'a que faire, qui peuvent, avec le temps, se détériorer et même perdre toute leur valeur; il nécessite des fonds ou du crédit ; enfin, le syndicat qui achète d'avance des marchandises est obligé d'avoir à sa disposition, ce qui n'est pas toujours facile, des magasins ou des dépôts où il puisse mettre en sûreté les marchandises par lui achetées, et par suite un ou plusieurs employés chargés de la garde de ces marchandises.

Par contre, ce procédé a l'avantage de permettre au syndicat de faire faire à ses membres de très heureuses opérations;

le syndicat peut, en effet, profiter d'un moment de baisse du marché, ou d'une mise en vente dans de bonnes conditions, d'une liquidation, par exemple, pour acheter à bas prix des quantités considérables de marchandises qu'il enferme dans ses magasins pour les écouler, à prix coûtant, au fur et à mesure des besoins de ses membres.

Si nous analysons les deux contrats successifs qui interviennent, dans ce cas, entre le syndicat et le fournisseur, d'abord, puis entre le syndicat et ses membres, nous y reconnaissons, de la part du syndicat, un achat pour revendre, mais qui ne constitue ni un acte de commerce ni une opération à but lucratif.

Nous supposons, en effet, que le syndicat revend les marchandises qu'il a achetées au prix qu'il les a payées ; il peut même majorer ce prix d'un certain chiffre, d'un tant pour cent, par exemple, correspondant aux sommes qu'il a été obligé de débourser pour payer les frais de transport, d'emmagasinage, de garde et d'entretien, de manutention et de délivrance, de correspondance, et représentant aussi le déchet de route, la perte résultant des pesées de détail, de la dessication, de l'évaporation, etc ; le contrat n'en conserve pas moins son caractère de gratuité, et le but de spéculation et de réalisation de bénéfices n'apparaît en aucune façon.

C'est cette solution que la jurisprudence a adoptée, depuis fort longtemps, pour les sociétés coopératives et pour les comices agricoles. Il a été décidé (1) que ne peuvent être assimilées à des achats pour revendre ayant le caractère commercial, les opérations d'une *association coopérative de consommation*, qui se borne à livrer à ses sociétaires les objets qu'elle a achetés pour eux et qu'elle leur remet à des conditions convenues à l'avance dans l'intérêt exclusif des associés.

_____

(1) C. de Bourges, 19 janvier 1869, D. P. 69. 2. 133.

Il en est ainsi alors même que les statuts auraient prévu, pour en réglementer l'emploi, l'éventualité de certains bénéfices; la fixation d'un prix de livraison supérieur au prix d'achat, ne peut, en effet, retirer aux opérations de la société le caractère non commercial qui résulte de ce que cette société consomme elle-même les denrées qu'elle a achetées. Par application de la même règle, il a été décidé (1) qu'il n'y a pas acte de commerce de la part du *comice agricole* qui fait des opérations d'achat et de vente de bestiaux en dehors de toute pensée de lucre et pour favoriser les progrès de l'agriculture.

La jurisprudence a fait l'application du même principe aux *syndicats agricoles*. C'est ainsi que le tribunal de commerce de Marseille a jugé (2) « qu'un syndicat agricole n'a aucun caractère commercial et ne fait pas acte de commerce en achetant des semences et engrais qu'il rétrocède à ses adhérents ; le tribunal de commerce n'est donc pas compétent pour connaître des achats ainsi faits ». La cour de Bordeaux (3) a également décidé que le trésorier d'un syndicat qui achète des denrées pour les céder aux membres du syndicat, au prix coûtant, ne fait pas acte de commerce, et peut, dès lors, décliner la compétence du tribunal de commerce à raison de cet acte, alors même qu'il aurait autorisé son vendeur à tirer des traites sur lui.

Mais le contrat perdrait son caractère de gratuité et ne serait plus légitimement fait par le syndicat, si c'était un achat pour revendre avec bénéfice réel, ou si le chiffre élevé de la majoration du prix d'achat ne correspondait pas approximativement aux frais déboursés par le syndicat. C'est

---

(1) C. de Paris, 13 juillet 1875, D. P. 76. 2. 190.
(2) 19 juillet 1889, *Rec. de Marseille*, 89. 1.296.
(3) C. de Bordeaux, 16 avril 1888, D. P. 90. 2. 70.

ce qu'a décidé avec raison la cour d'Angers, dans son arrêt précité du 29 octobre 1894 (1), dont nous extrayons le considérant suivant : « Attendu qu'il résulte du prix courant imprimé du syndicat des Agriculteurs du Maine pour l'automne 1893 *que les prix sont suffisamment majorés pour constituer un bénéfice* dont se contenteraient beaucoup de commerçants... ».

Le syndicat agricole qui achète à l'avance et sans mandat spécial, une certaine quantité de marchandises, pour les revendre au fur et à mesure des besoins et des demandes de ses membres, est donc personnellement *acheteur*. Il en résulte qu'en cas de procès intenté par le vendeur relativement aux marchandises cédées par lui au syndicat, c'est le syndicat, seul responsable, qui devra figurer au procès, et non les membres, qui ne sont pas responsables. Vis-à-vis des syndiqués, le syndicat est personnellement *vendeur*; il s'ensuit qu'il doit la garantie de la chose vendue.

A l'achat des matières et objets utiles à l'agriculture, fait en vue de les revendre aux syndiqués, nous assimilerons l'achat de machines et instruments agricoles fait par les syndicats, non plus pour les revendre, mais pour les louer à ses membres (2); toutefois, pour que cette combinaison puisse être légitimement réalisée par un syndicat agricole, il faut qu'elle ne cache pas une opération à but lucratif, c'est-à-dire que le syndicat ne doit pas chercher à se procurer des bénéfices par ses locations. Rien n'empêche, d'ailleurs, qu'il se fasse payer par des membres du syndicat, qui ont recours à ses bons offices, une certaine somme correspondant à la fois à l'amortissement du capital immobilisé pour l'acquisition des machines et instruments, à l'usure, à l'entretien,

---

(1) C. d'Angers, 29 octobre 1894, D. P. 95. 2. 88.
(2) En ce sens, BRY. — *Op. cit.*, p. 270.

et à la rénumération du mécanicien employé à diriger la machine.

Par ces achats d'instruments destinés à être prêtés gratuitement ou reloués sans un réel bénéfice, le syndicat agricole peut rendre de grands services en mettant le gros matériel d'exploitation à la portée des petits cultivateurs et des petites bourses.

Quelques syndicats agricoles, ayant des avances, prêtent gratuitement les machines agricoles à leurs membres; mais c'est là l'exception : la plupart les leur louent. Parfois ils organisent en dehors d'eux des sociétés coopératives spéciales et communales. « Le type le plus répandu, dit M. de Rocquigny (1), est la société coopérative de battage des récoltes fondée pour l'acquisition et l'utilisation d'un matériel de battage à vapeur qui coûte ordinairement de 5,000 à 10,000 francs. Ce genre d'association qui combat efficacement les inconvénients inhérents à la petite propriété, est susceptible de s'étendre aux défoncements extraordinaires, à la moisson des céréales, à la distillation, etc., par l'achat collectif de charrues défonceuses, de moissonneuses-lieuses, d'alambics, etc. » Enfin, depuis quelques années, il s'est fondé, spécialement dans la région pyrénéenne où les caisses rurales, système Raiffeisen-Durand, sont très développées, un certain nombre de syndicats, dits « syndicats communaux d'industrie agricole », et destinés à acheter et exploiter les machines. Ils utilisent pour cela les capitaux des caisses rurales, en leur empruntant, avec le cautionnement solidaire des sociétaires du syndicat comme garantie, les sommes indispensables pour l'achat des machines (2).

---

(1) DE ROCQUIGNY. — Les syndicats agricoles en France, (Réforme sociale, 1895, t. II, p. 295).

(2) EYMARD. — Op. cit., p. 25.

2° *Mandat donné au syndicat agricole, par ses membres, d'acheter pour leur compte les matières et ustensiles agricoles.* — Ce procédé est le plus fréquemment employé : le syndicat qui le met en pratique ne court aucun risque ; il joue simplement le rôle d'intermédiaire désintéressé, de mandataire entre les fournisseurs et les syndiqués acheteurs.

Afin de ne pas s'embarrasser d'un stock considérable de marchandises ou d'instruments et machines agricoles, il n'agit que s'il a des ordres. Par suite, des magasins ou dépôts ne sont pas nécessaires, et tous les frais de garde et d'entretien, d'emmagasinage, de manutention et de délivrance, sans oublier la rémunération des employés préposés à cet effet, sont supprimés. Le syndicat, par l'organe de son président ou d'un administrateur, reçoit les commandes de ceux de ses membres qui désirent acheter telle quantité d'engrais, de semences ou de sucre pour vendanges, par exemple ; il centralise les commandes, puis il délègue son président ou un des administrateurs qui s'adresse aux divers fournisseurs, leur fait connaître le nombre et la quotité des commandes que le syndicat a groupées, débat les prix avec eux et finalement traite avec celui qui s'engage à fournir la meilleure qualité au meilleur marché. Le rôle du syndicat peut s'arrêter là : il se peut, en effet, que les marchandises achetées soient livrables directement entre les mains des syndiqués qui les ont commandées, et que le paiement doive s'effectuer directement par ces derniers sans passer par l'intermédiaire du syndicat.

Mais il se peut aussi que le mandat donné au syndicat par les syndiqués qui font des commandes soit plus étendu : ceux-ci peuvent se décharger sur le syndicat du soin de transporter et recevoir les marchandises et d'effectuer le paiement entre les mains des fournisseurs. En pareil cas, y-a-t-il bien encore simple contrat de mandat ou faut-il y voir une véritable commission ?

Nous croyons que l'opération que fait alors le syndicat est un mandat très étendu à la vérité, mais rien de plus. En effet, il est de l'essence de la commission que le commissionnaire ait droit à recevoir de son commettant, sans même en avoir fait une stipulation expresse, un salaire, qui est dit « droit de commission », et jouisse d'un privilège pour le remboursement de ses avances et le payement de ce droit de commission. Or, l'entreprise de commission, qui est rangée par l'article 632 du Code de commerce au nombre des actes de commerce, est une opération à but lucratif; par suite, le syndicat qui achète pour le compte de ses membres ne saurait jouer le rôle de commissionnaire, puisqu'il ne peut agir dans un but de spéculation et que, spécialement lorsqu'il achète pour le compte de ses membres, il ne peut garder pour lui un profit, mais seulement l'équivalent de ses déboursés.

Le syndicat est donc forcément un mandataire, et il faut lui appliquer toutes les règles du mandat gratuit, puisqu'il ne peut faire de bénéfice; notamment cette disposition de l'art. 1992 du code civil : « Le mandataire répond non seulement du dol, mais encore des fautes qu'il commet dans sa gestion. Néanmoins la responsabilité relative aux fautes est appliquée moins rigoureusement à celui *dont le mandat est gratuit* qu'à celui qui reçoit un salaire ».

Le syndicat, pour être un mandataire gratuit, n'en a pas moins droit comme tout mandataire, même gratuit, au remboursement des avances et des frais par lui faits pour l'exécution du mandat (art. 1999 C. civ.), et à une indemnité pour les pertes qu'il aurait essuyées à l'occasion de sa gestion, sans imprudence qui lui fût imputable (art. 2000). Il peut donc, dans la mesure nécessaire pour se payer de ces frais, majorer les prix à lui consentis par les fournisseurs, sans qu'il y ait lieu de voir dans cette majoration une opération à but lucratif.

Enfin, le mandat donné à un syndicat par plusieurs syndiqués qui groupent leurs commandes afin d'obtenir des conditions plus avantageuses, devrait être, selon nous, considéré comme un mandat donné pour une affaire commune, et, par suite, ils pourraient se voir opposer l'art. 2002 qui s'exprime ainsi: « Lorsque le mandataire a été constitué par plusieurs personnes pour une affaire commune, chacune d'elles est tenue solidairement envers lui de tous les effets du mandat ».

Le droit, pour les syndicats agricoles, d'acheter en gros les matières premières et les instruments nécessaires ou utiles à l'agriculture, pour le compte de leurs membres, a été consacré par la jurisprudence, qui voit dans cette opération l'exercice d'un mandat gratuit par le syndicat. C'est ainsi que la cour de Toulouse (1) a jugé qu'un syndicat agricole ne fait pas acte de commerce lorsqu'il se procure, aux conditions les plus favorables et en traitant directement avec les fabricants, les matières premières nécessaires à l'agriculture, notamment les engrais chimiques, et qu'il les revend à ses seuls membres, en faisant subir « aux matières achetées, pour réaliser cet objet et pour recouvrer les frais, une faible majoration qui représente simplement les déboursés ».

Dans le cas où un syndicat agricole s'est substitué un préposé qu'il a autorisé à prélever cette majoration pour se couvrir de son salaire et de son loyer, ce mandataire salarié ne saurait être considéré comme un commissionnaire. En conséquence, les tribunaux de commerce sont incompétents

(1) C. de Toulouse, 26 mars 1889, D. P. 9 2.144.

pour connaître du litige qui s'élève entre ce mandataire et un tiers au sujet des marchandises livrées (1).

La cour de Douai, cependant, s'est refusée à consacrer le droit pour les syndicats, d'acheter en gros pour le compte de leurs membres et elle a, par suite, décidé que les syndicats reconnus par la loi de 1884, n'ayant pas pour but l'achat en commun, le président d'un syndicat qui achète en gros pour le compte de ses coassociés des denrées livrables à chacun d'eux en particulier et payables par eux, agit simplement comme mandataire de ses coassociés et non comme représentant du syndicat. Il en résulte que l'action en réclamation contre le fournisseur en faute appartient, non pas au président comme représentant du syndicat, mais seulement aux associés en leur nom particulier (2).

Mais l'opinion généralement admise, en doctrine et en jurisprudence, est celle que nous avons soutenue : c'est qu'un syndicat agricole fait une opération qui rentre parfaitement dans ses attributions, telles qu'elles sont limitées par l'article 3, en achetant, pour le compte de ses membres, des matières premières et objets nécessaires ou utiles à l'agriculture, lorsque cet achat ne constitue pas une opération à but lucratif pour le syndicat. Cette manière de voir est d'ailleurs partagée par la lettre du ministre du commerce au président de la Chambre de commerce de Paris dont nous avons parlé : elle reconnaît, en effet, aux syndicats agricoles le droit non seulement de faire ces achats pour le compte de leurs membres, mais encore de créer à leur siège social des offices destinés spécialement à ces sortes d'opérations.

(1) Même arrêt.
(2) C. de Douai, 8 mars 1892, *Rev. des Soc.*, 1892, p. 252.

II. — Vente des produits agricoles, par l'intermédiaire des syndicats, pour le compte des syndiqués.

La vente des produits agricoles provenant des membres du syndicat doit-elle être rangée au nombre des actes que les syndicats agricoles peuvent légitimement faire sans dépasser les limites assignées par l'article 3 ? Nous croyons pouvoir, avec certitude, répondre affirmativement. Oui, l'écoulement des produits de l'agriculture au moyen de la vente collective opérée par l'intermédiaire du syndicat, est vraiment un acte « de défense » des intérêts agricoles.

« Créés pour la défense des intérêts professionnels, les syndicats agricoles ne pouvaient, dit M. de Rocquigny (1), se désintéresser de l'écoulement des récoltes de leurs adhérents. » Un grand nombre de syndicats agricoles ont fondé dans ce but des sociétés coopératives destinées à assurer l'écoulement, soit de tous les produits agricoles, soit d'une nature spéciale de produits : parmi les plus intéressantes, nous devons citer l' « Union des producteurs et des consommateurs » organisée par les soins de l' « Union du Sud-Est des Syndicats agricoles », pour faciliter aux agriculteurs la vente des animaux de boucherie.

Mais il est d'autres syndicats qui se sont chargés d'assurer directement, sans recourir pour cela à des sociétés coopératives spéciales et annexées aux syndicats, la vente des produits de leurs membres. Un auteur, qui a étudié particulièrement le rôle économique des syndicats agricoles, M. Eymard, ramène à trois moyens-types les procédés employés par ces syndicats pour écouler les produits de leurs

---

(1) DE ROCQUIGNY. — *La coopération de production dans l'agriculture*, p. 129.

associés : le premier est celui des syndicats qui fixent le prix auquel les produits, apportés au siège social par les syndiqués, leur sont immédiatement achetés par le syndicat qui se charge d'en opérer la revente, ou qui achètent les produits au cours moyen du marché du jour, et les revendent ensuite à leur compte. Le second procédé fait, des syndicats qui le mettent en pratique, des courtiers qui apportent surtout leur garantie morale aux marchés passés entre les syndiqués et les acheteurs. Enfin, une troisième catégorie de syndicats se contentent de faciliter la vente des produits de leurs membres en leur recherchant et en leur procurant des débouchés nouveaux (1).

La première pratique, seule, nous intéresse ici, parce que c'est seulement des syndicats qui s'y livrent que l'on peut dire réellement qu'ils *vendent* pour le compte de leurs membres. Nous croyons que ce procédé peut être très légitimement employé par tous les syndicats, sans même qu'ils aient besoin de recourir pour cela à des sociétés coopératives, à une seule condition, c'est qu'en le faisant, ils ne réalisent pas de bénéfices : l'achat pour revendre, en effet, ne constitue pas, à lui seul, un acte de commerce ; pour que cet achat puisse être considéré comme une opération commerciale, il faut que l'intention de spéculation apparaisse clairement chez celui qui achète pour revendre. Or, l'opération que fait ici le syndicat en achetant les produits de ses membres, est-elle autre chose qu'un achat pour revendre, sans profit, avec cette particularité que le syndicat, acheteur vis-à-vis de ses membres, ne paie le plus souvent entre leurs mains le prix des produits qu'il leur a achetés qu'après qu'il les a lui-même revendus ?

---

(1) EYMARD.— *Op. cit.*, p. 36 et s.

Pour éviter toute apparence de spéculation à la vente, par l'intermédiaire des syndicats, des produits de leurs membres, il suffira donc qu'en comparant le prix des produits revendus à des tiers et payé par eux au syndicat et le prix de ces mêmes produits payé aux syndiqués par l'entremise du syndicat, on puisse apercevoir distinctement la gratuité du service rendu par le syndicat à ses membres en leur achetant leurs produits pour les revendre.

D'ailleurs, la perception d'une somme modique, correspondant aux frais occasionnés par le contrat, ainsi que par la garde, l'entretien et le transport des marchandises ou produits qui en sont l'objet, n'imprimerait pas à cette opération un caractère spéculatif de nature à l'entacher d'illégalité.

3. — Autres opérations pouvant être légitimement faites par les syndicats agricoles

Nous avons insisté longuement sur les acquisitions de matières premières et objets nécessaires ou utiles à l'agriculture et les ventes des produits agricoles, passées par les syndicats agricoles pour le compte de leurs membres : ce sont là, en effet, les opérations les plus usuelles, et celles qui ont soulevé, au début du moins, le plus de controverses.

Il va sans dire que le rôle des syndicats ne se borne pas forcément à ces opérations, et que l'étude et la défense des intérêts de l'agriculture peuvent très légitimement les conduire à s'occuper de beaucoup d'autres objets et à conclure beaucoup d'autres contrats.

Leur zèle à venir en aide à leurs membres et à défendre les intérêts de la profession agricole ne rencontre d'autres limites que celles tracées par la loi de 1884 elle-même : c'est-à-dire qu'ils doivent se résigner à ne pas faire d'autres acquisitions immobilières que celles que leur permet l'article 6. entendu dans le sens large que nous lui avons donné plus haut, et qu'aucun de leurs actes ne doit être inspiré par un mobile de spéculation. qui serait contraire à leur caractère d'association essentiellement désintéressée.

Ainsi nous avons décidé qu'un syndicat agricole ne pourrait exploiter un journal ou bulletin agricole dans le but de réaliser des bénéfices; mais il pourrait sans difficulté, et un certain nombre de syndicats sont entrés dans cette voie, publier un journal ou une revue agricole dans l'intention d'étudier et de défendre les intérêts de l'agriculture et de ses membres.

C'est ce qu'a jugé la cour de Toulouse (1) dans une affaire intéressant, non un syndicat agricole, mais un syndicat de pharmaciens, qui publiait une revue exclusivement consacrée à des discussions d'un intérêt professionnel : « Attendu, au surplus, dit la cour, qu'à admettre le caractère commercial de la société, il ne s'ensuivrait pas que le *Bulletin*. . dût être considéré comme une entreprise commerciale ; qu'il n'y a qu'à examiner tous les fascicules mensuels pour constater qu'ils sont consacrés à des discussions scientifiques, à des formules de préparation de médicaments et à une revue de jurisprudence pharmaceutique ; qu'il est constant que c'est sous la direction désintéressée de X.., avec la surveillance de la commission de rédaction et le concours de rédacteurs non rétribués, que la publication a lieu ; qu'il n'y a rien là de pareil à une affaire de librairie ; qu'enfin l'insertion, sur des pages annexes, d'annonces industrielles se rattachant au commerce de la pharmacie n'enlève pas à l'opération son caractère civil... ».

_____

(1) Cour de Toulouse, 26 oct. 1886, D. *Rép. Suppl.*, vᵒ *Travail*, nᵒ 879, note.

C'est donc à bon droit qu'un syndicat agricole, ou plusieurs syndicats réunis publient un bulletin ou une revue d'agriculture : ils doivent le faire gratuitement, sans doute, en ce sens que la publication ne soit pas pour eux une « affaire », une source de profits ; mais il ne leur est aucunement interdit de rentrer dans leurs déboursés et ils ont le droit de percevoir un prix d'abonnement, et même un prix d'insertion pour les annonces ou réclames de maisons qui proposent aux agriculteurs la fourniture de produits, d'instruments ou de machines nécessaires ou utiles à l'agriculture.

Encore une fois, nous ne citons cette opération qu'à titre d'exemple et parce qu'il est significatif. Mais les syndicats agricoles peuvent faire tous les actes, conclure tous les contrats ayant pour objet l'étude ou la défense des intérêts généraux de l'agriculture et des agriculteurs leurs membres, à la condition que ces opérations ne tendent pas à la réalisation de bénéfices au profit du syndicat, ce qui serait contraire à l'article 3, et qu'elles ne constituent pas des placements en immeubles spécialement interdits par l'article 6.

La capacité du syndicat est limitée, avons-nous dit, par l'objet même de l'association qui est exclusivement professionnel. Appliquons ce principe à la question suivante :

Un syndicat agricole, qui ne pourrait pas, on l'a vu, acheter en gros pour les revendre à ses membres *avec bénéfice*, les objets de consommation, les denrées, dont l'utilité se rattache aux besoins généraux de l'existence de l'homme, quelle que soit la profession à laquelle il s'adonne, et non pas spécialement aux besoins de la profession d'agriculteur, pourrait-il du moins revendre ces mêmes objets *sans bénéfice*? On a répondu que non (1), et nous croyons que c'est avec

_____

(1) D. *Rép. Suppl.*, v° *Travail*, n° 884.

raison. Pour qu'une opération puisse être faite par un syndicat agricole ou autre, il ne suffit pas qu'elle soit désintéressée, qu'elle ne tende pas à la réalisation de bénéfices, il faut encore qu'elle soit professionnelle : or, ce n'est pas en sa qualité d'agriculteur que le syndiqué est intéressé à acheter au prix le plus bas possible les denrées de première nécessité, mais c'est en sa simple qualité d'homme soumis au besoin de nourriture ; ce besoin lui est commun avec tous les êtres vivants et non pas seulement avec les agriculteurs ; en le satisfaisant, en se procurant les objets de consommation nécessaires pour cela, il ne fait donc pas un acte professionnel.

Mais, dira-t-on peut-être, augmenter la rémunération du travail de l'agriculteur, c'est bien un acte professionnel : n'en est-il pas de même de l'augmentation de la puissance d'achat de l'argent par lui gagné, procurée au moyen de la baisse du prix des objets de consommation ? Nous croyons néanmoins qu'il n'y a pas là un acte professionnel : car si le plus ou moins grand rendement du travail de l'agriculteur peut dépendre de moyens exclusivement propres à la profession, l'augmentation de la puissance d'achat de l'argent par la diminution du prix des denrées alimentaires, dépend de procédés qui ne sont pas plus spéciaux à cette profession qu'à une autre. Par suite, les membres d'un syndicat agricole qui voudront se procurer au meilleur marché possible les objets de consommation à l'usage de l'homme, feront bien de constituer entre eux des sociétés coopératives de consommation, au lieu de recourir à l'intermédiaire du syndicat.

VI. — Contrats relatifs aux conditions du travail.

Il est une catégorie de contrats qui soulèvent des questions délicates, quant à leur application aux syndicats, et que nous devons signaler en passant, bien qu'ils intéressent plus spécialement les syndicats ouvriers : ce sont les contrats relatifs aux conditions du travail.

Les syndicats ouvriers peuvent incontestablement s'occuper des conditions du travail de leurs membres, discuter dans leurs assemblées les questions relatives à la réglementation de cette matière, comme le minimum de salaire, la limitation des heures de travail, la responsabilité en cas d'accident, etc. Tout cela n'est autre chose que l'étude et la défense des intérêts de la profession, étude et défense qui sont reconnues formellement comme des droits pour les syndicats, par l'article 3 de la loi de 1884.

Mais le droit des syndicats d'ouvriers est-il plus étendu encore ? Peuvent-ils traiter directement avec les patrons et stipuler d'eux les conditions du travail, comme la durée de la journée, le quantum du salaire des ouvriers appartenant aux syndicats, et réclamer devant les tribunaux l'exécution de la convention passée avec les patrons dans ce but ?

D'après M. Glotin (1), une convention de cette nature touche essentiellement aux intérêts généraux et économiques dont la défense est dévolue aux syndicats professionnels par la loi de 1884 ; aussi le syndicat d'ouvriers doit-il pouvoir réclamer aux patrons, devant la juridiction compétente, l'exécution de cette convention au profit de ses membres. Cet auteur prétend même qu'une telle convention oblige les membres futurs du syndicat, car c'est l'être moral qui a contracté, et les modifications qui surviennent dans sa composition n'ont sur lui aucune influence. MM. Hubert-Valleroux et Pic (2) soutiennent une opinion à peu près analogue.

---

(1) GLOTIN.— *Op. cit.*, p. 240 et 241.
(2) HUBERT-VALLEROUX, — *Revue des Sociétés*, 1893, p. 172, *ad notam* ; PIC. — *Op. cit.*, p. 142.

La jurisprudence est beaucoup moins affirmative : dans ses décisions confuses et contradictoires, semble cependant apparaître une distinction : les syndicats pourraient agir relativement à la réglementation des conditions du travail, comme mandataires des ouvriers syndiqués, mais non pas comme parties contractantes.

Dans l'affaire de la Chambre syndicale des tisseurs de Chauffailles, la cour de Dijon (1) reconnaît avec raison, que « s'il est incontestable que la fixation du taux des salaires et la réglementation des heures de travail rentrent dans la catégorie des intérêts généraux pour la sauvegarde desquels un syndicat professionnel d'ouvriers peut se constituer ; que si, par suite, les membres de la Chambre syndicale de Chauffailles ont pu intervenir pour faire, *au nom des ouvrières syndiquées*, la convention du 14 sept. 1889, il est certain toutefois, que le syndicat ne peut, *en son nom*, exercer les *droits et actions* qui, à la suite d'une prétendue inexécution de cette convention, *appartiennent individuellement et personnellement à une partie de ses adhérents* ». L'arrêt en conclut que le syndicat n'est pas recevable à poursuivre, autrement qu'au nom des ouvrières individuellement lésées, les prétendus manquements d'un patron à un contrat dans lequel le syndicat n'a pu jouer que le rôle d'intermédiaire, tout au plus de mandataire, et non pas de partie contractante. — La cour de Cassation a confirmé cet arrêt par une décision du 1er février 1893, en insistant spécialement sur ce point que, si les ouvrières pouvaient puiser dans la convention, le cas échéant, le principe d'une action individuelle en dommages-intérêts, *le syndicat, qui n'est intervenu que pour accepter en leur nom les offres qui leur étaient faites*, n'avait

---

(1) C. de Dijon, 23 juil. 1890, D. P. 93. 1. 241.

pas été, de son chef, partie au contrat, et n'avait par conséquent aucun droit pour en revendiquer les effets ».

Un jugement du tribunal de commerce de la Seine (1) a, il est vrai, à la suite d'une convention passée entre un syndicat et un patron, et sur l'action intentée par ce syndicat pour violation de cette convention, condamné le patron à ramener dans le mois la durée du travail de ses employés au nombre d'heures fixé dans la convention passée avec le syndicat, sous peine de payer *à celui-ci* « la somme de 100 fr. par jour de retard pendant un mois après lequel il sera fait droit ». Mais le même jugement repousse comme mal fondée la demande en dommages-intérêts formulée par ce syndicat pour les heures supplémentaires imposées, malgré la convention, aux employés, membres du syndicats, parce que le syndicat n'a pu être partie contractante au contrat de louage.

En somme, la jurisprudence est très hésitante : les syndicats ont certainement le droit de stipuler des patrons, les conditions du travail de leurs ouvriers syndiqués, au nom et comme intermédiaires ou mandataires de ces ouvriers ; mais ont-ils le droit de stipuler en leur nom, en tant que syndicats ? Certains tribunaux leur dénient ce droit ; d'autres le leur reconnaissent, mais en ajoutant que ce droit est dépourvu de sanction, c'est-à-dire que, si les patrons ne tiennent pas l'engagement qu'ils ont contracté avec un syndicat, le syndicat ne peut de ce chef réclamer des dommages-intérêts aux patrons, parce qu'il n'a pas éprouvé un dommage personnel.

Nous croyons, quant à nous, qu'il y aurait un moyen de faire disparaître ces hésitations, ce serait d'appliquer simplement le *criterium* que nous avons proposé pour reconnaître

---

(1) Trib. comm. de la Seine, 4 févr. 1892, *Gazette des Tribunaux*, 5 fév. 1892.

les actes pouvant être légitimement faits par les syndicats
agricoles de ceux qui ne leur sont pas permis : les contrats
relatifs aux conditions du travail passés par le syndicat
constituent-ils une opération à but lucratif, le syndicat agit-
il comme une sorte d'entrepreneur collectif, fournissant des
travailleurs à tant d'heures de travail par jour et à tel taux
de salaire, les contrats sont faits en violation de l'article 3,
comme poursuivant un but de spéculation, et non en violation de l'article 6, qui établit la capacité juridique des
syndicats et n'y apporte d'autres limitations que celles que
nous avons déjà examinées. Que si, au contraire, le syndicat stipule les conditions du travail, en son nom, il est vrai,
comme partie contractante, mais d'une façon absolument
désintéressée, dans des termes qui ne permettent pas de lui
supposer le moindre mobile de spéculation, les contrats passés dans ce but sont légitimement faits par lui, car ils rentrent
bien dans l'objet des syndicats, tel qu'il est fixé par l'article 3, l'étude ou la défense des intérêts de la profession.

SECTION V. — Institutions annexes prévues ou non prévues par la loi.

L'article 6 de la loi du 21 mars 1884, dans ses paragraphes 4, 5 et 6, énumère certaines institutions que les
syndicats sont encouragés à fonder ; mais cette énumération n'est nullement limitative : le législateur, en leur con-
sacrant une place à part dans la loi, n'a pas prétendu enfermer l'activité des syndicats dans un cercle aussi restreint ;
il a voulu simplement appeler l'attention sur des points qui,
sans son intervention, seraient restés obscurs, trancher des
difficultés qu'aurait pu soulever l'application de la loi, ou
poser des règlements nouveaux.

Droit pour les syndicats agricoles de fonder des caisses de secours mutuels et de retraites.

La fondation par les syndicats de caisses de secours mutuels et de retraites au profit de leurs membres est spécialement prévue par l'article 6, paragraphe 4, de la loi de 1884, ainsi conçu : « Ils pourront, sans autorisation, mais en se conformant aux autres dispositions de la loi, constituer entre leurs membres des caisses spéciales de secours mutuels et de retraites ». Nous allons examiner quelle innovation la loi de 1884 a introduite pour les sociétés de secours mutuels et les caisses de retraites fondées par les syndicats au profit de leurs membres, et quelle est la situation de ces sociétés et de ces caisses, depuis la nouvelle loi du 1er avril 1898 sur les sociétés de secours mutuels.

1° *Loi de 1884 : Les syndicats peuvent fonder sans autosation des sociétés de secours mutuels.* — Jusqu'à la loi du 1er avril 1898, les sociétés de secours mutuels étaient soumises à la loi du 15 juillet 1850, complétée par le décret réglementaire du 14 juin 1851, et au décret-loi du 26 mars 1852. Alors, comme aujourd'hui, on distinguait trois sortes de sociétés de secours mutuels :

1° *Les sociétés libres* : elles pouvaient s'établir sans autorisation, si elles ne comprenaient pas plus de vingt membres ; au delà de vingt membres, elles devaient recourir à une autorisation préalable, comme toutes les associations. Ces sociétés n'avaient pas la personnalité civile.

2° *Les sociétés approuvées* : elles étaient soumises à l'approbation préfectorale, intervenant après l'accomplissement de certaines formalités ; elles possédaient la personnalité civile, mais une personnalité restreinte : elles pouvaient acquérir des meubles ; quant aux immeubles, elles ne pouvaient que les prendre à bail.

3o *Les sociétés reconnues* : elles étaient reconnues par un décret rendu en la forme des règlements d'administration publique, et possédaient, comme les établissements d'utilité publique, la personnalité civile complète.

Qu'avait voulu dire le législateur en décidant que les syndicats pourraient constituer entre leurs membres des caisses de secours mutuels sans autorisation, mais en se conformant aux autres dispositions de la loi ?

D'après quelques auteurs (1), l'effet produit par la loi était de ranger les sociétés de secours mutuels fondées par les syndicats parmi les sociétés *approuvées*. L'autorisation dont elle dispensait ces sociétés n'était autre chose que l'approbation préfectorale des statuts exigée par le décret-loi du 26 mars 1852 pour toute société de secours mutuels *approuvée*, et non l'autorisation prescrite par l'article 291 du Code pénal. D'ailleurs, en même temps que des sociétés de secours mutuels, la loi de 1884 parle des caisses de retraites. Or, le décret du 26 mars 1852 ne donne qu'aux sociétés *approuvées* le droit de créer des caisses de retraites. Les sociétés de secours mutuels fondées par les syndicats devaient donc être assimilées aux sociétés *approuvées* : ce qui n'empêchait pas que, pour participer aux avantages dont jouissaient ces dernières, les sociétés syndicales ne dussent se conformer, en outre de l'approbation préfectorale, aux autres prescriptions des lois relatives aux sociétés de secours mutuels, et aussi de la loi de 1884, qui décide que ces sociétés doivent avoir une individualité propre et une administration distincte (argument à tirer de l'expression «caisses spéciales»), et qu'elles ne peuvent se recruter en dehors des membres du syndicat.

---

(1) Notamment, Pic.— *Op. cit.*, p. 118 ; Glotin.— *Op. cit.*, p. 260.

Mais l'opinion généralement admise et qui nous semble la plus vraisemblable (1), était que le législateur avait simplement accordé aux syndicats professionnels le droit de fonder *sans autorisation* des sociétés libres, ou approuvées, de secours mutuels, jusque-là soumises à la nécessité d'une autorisation préalable en vertu de l'art. 291 du Code pénal, et des caisses de retraites; et que les mots «en se conformant aux autres dispositions de la loi» signifiaient notamment que pour jouir des droits accordés aux sociétés de secours mutuels approuvées et reconnues, les sociétés de secours mutuels fondées par les syndicats, devaient accomplir les formalités prescrites par les lois qui visent spécialement les sociétés approuvées et reconnues. En effet, le décret-loi du 26 mars 1852 qualifie, non d'autorisation, mais *d'approbation*, l'acte par lequel le préfet ratifie les statuts d'une société de secours mutuels ; et on ne peut raisonnablement substituer à ce terme qui a dû être pesé, celui d'autorisation.

D'autre part, ranger les sociétés de secours mutuels fondées par les syndicats, parmi les sociétés *approuvées*, c'eût été leur accorder, sans un texte, la personnalité civile, puisque les sociétés approuvées avaient la personnalité civile et que les sociétés libres ne l'avaient pas, et cela en écartant la la garantie à laquelle la loi subordonnait le don de cette personnalité : l'approbation des statuts examinés par le préfet. Or, le législateur n'avait certainement pas eu une telle intention.

Enfin cette opinion pouvait invoquer à son appui l'avis de M. Waldeck-Rousseau, dans sa circulaire interprétative de la loi de 1884 : « Il a été expressément entendu, dit-il, que

(1) En ce sens, Marcel MONGIN. — *Loc. cit.*, p. 101 et 102; CHAREYRE. — *Loc. cit.*, n° 84; BOULLAIRE.— *Op. cit.*, p. 167; GAIN. — *Op. cit.*, p. 187; REVON. -- *Op. cit.*, p. 322 ; BRY. — *Op. cit.*, p. 271.

la loi du 21 mars dernier laissait subsister (sauf la nécessité
de l'autorisation préalable) toute la législation relative à ces
sociétés. Si donc rien ne s'oppose à ce que les membres d'un
syndicat professionnel forment entre eux des sociétés de secours mutuels avec ou sans caisse de secours mutuels, il
demeure évident que ceux qui voudraient bénéficier des
avantages réservés aux sociétés de secours mutuels *approuvées* ou *reconnues*, devraient se pourvoir conformément aux
lois spéciales sur la matière » (1).

2° *Loi du 1er avril 1898* : *Les syndicats bénéficient des
avantages de la nouvelle loi sur les sociétés de secours mutuels en se conformant à ses prescriptions.* — De nombreuses critiques s'étaient élevées contre le régime établi
pour les sociétés de secours mutuels par la loi du 15
juillet 1850, le décret du 26 mars 1852, et le décret du
26 avril 1856 (2). Aussi, dès le 19 novembre 1881, M. Hip-
polyte Maze déposa sur le bureau de la Chambre une proposition de loi relative aux sociétés de secours mutuels,
considérées en elles-mêmes et dans leurs rapports avec la
caisse nationale des retraites de la vieillesse (3).

C'est cette proposition qui, modifiée successivement et
d'une législature à l'autre, par la Chambre des députés et le
Sénat, a fini par aboutir, le 22 mars 1898 (4).

Avant d'examiner quelle situation est faite par la nouvelle
loi aux syndicats professionnels, qui veulent fonder des sociétés de secours mutuels au profit de leurs membres, voyons

---

(1) Circ. min. 25 août 1884.
(2) V. sur ce point et sur la nouvelle loi, Henri REVERDY. — *Les
sociétés de secours mutuels et la nouvelle loi du 1er avril 1898 (Rev.
cath. des Inst. et du Droit*, 1898, t. II, p. 463 et s., 486 et s., et 1899
t. I. p. 63 et s.)
(3) *J. Off.*, 1882, Ch., Doc. parl., p. 2569.
(4) *J. Off.*, 23 mars 1898, Ch., Déb. parl., p. 1327.

rapidement les avantages accordés par cette loi aux sociétés de secours mutuels en général. .

Pour avoir droit à la qualification de société de secours mutuels et aux avantages qui en résultent, il faut poursuivre un des buts énumérés par la loi (article premier) ; il est vrai que ces buts sont nombreux et très variés.

Les sociétés de secours mutuels peuvent comprendre des membres participants et des membres honoraires ; ces derniers payent des cotisations ou font des dons, mais ne doivent pas prendre part aux bénéfices attribués aux membres participants.

Les femmes peuvent être membres de sociétés de secours mutuels et en créer sans l'assistance de leur mari ; les mineurs peuvent en faire partie sans l'intervention de leur représentant légal (article 3).

L'obligation de demander l'autorisation du gouvernement pour constituer des sociétés de secours mutuels, est remplacée par l'obligation de déposer, un mois avant le fonctionnement de la société, les statuts de l'association et la liste des noms et adresses de toutes les personnes qui, sous un titre quelconque, sont chargées à l'origine de l'administration ou de la direction (article 4).

Les sociétés de secours mutuels, tout en conservant d'ailleurs chacune leur autonomie, peuvent établir entre elles des unions (article 8).

Les infractions aux dispositions de la loi sont poursuivies contre les administrateurs et directeurs et punies d'une amende de 1 à 15 francs.

Le droit de dissoudre les sociétés de secours mutuels détournées de leur but, droit qui appartenait auparavant au pouvoir exécutif, est confié aujourd'hui aux tribunaux judiciaires ; encore faut-il, pour la dissolution, que la société persiste à ne pas se conformer aux prescriptions de la loi ou aux dispositions de ses statuts, malgré un avertissement préalable donné par un arrêté du préfet, et qu'il se soit écoulé au moins trois mois depuis cet arrêté (article 10).

La loi établit certains privilèges en faveur des sociétés de secours mutuels : les secours, pensions, contrats. d'assurances, livrets, et généralement toutes sommes et tous titres à remettre par ces sociétés à leurs membres participants, sont incessibles et insaisissables, jusqu'à concurrence de 360 fr. par an pour les rentes, et de 3.000 fr. pour les capitaux assurés (art. 12).

Les sociétés de secours mutuels peuvent ester en justice par leur président ou son délégué muni d'un mandat spécial, et peuvent obtenir l'assistance judiciaire (art. 13).

Aujourd'hui comme avant la loi de 1898, il y a trois catégories de sociétés de secours mutuels : les sociétés libres, les sociétés approuvées et les sociétés reconnues comme établissements d'utilité publique.

Les sociétés *libres* sont toutes dispensées de l'obligation de se munir de l'autorisation gouvernementale: elles reçoivent, de par la loi, une capacité civile, presque illimitée, quant au droit de posséder des meubles, et limitée, quant aux immeubles, à ceux exclusivement affectés à leurs services (art 15).

Les sociétés qui veulent être *approuvées* le sont par arrêté du ministre de l'intérieur, mais le refus d'approbation doit être motivé et est susceptible d'un recours devant le conseil d'Etat (art. 16). La loi étend considérablement la capacité des sociétés approuvées : elles peuvent posséder des objets mobiliers d'une manière illimitée, sauf à effectuer obligatoirement leurs placements en certaines valeurs ; elles peuvent posséder des immeubles pour les services de la société et même posséder des immeubles comme placement jusqu'à concurrence des trois quarts de leur avoir, les vendre et les échanger (art. 20). Elles jouissent de divers privilèges fiscaux. En échange des avantages découlant pour elles de l'approbation, les sociétés approuvées doivent adresser dans les trois premiers mois de chaque année, au ministre de l'intérieur, le compte-rendu de leur situation morale et financière, et sont tenues de communiquer, sans déplacement, leurs pièces comptables de toute nature aux préfets ou sous-préfets ou à leurs délégués (art. 29).

Quant aux sociétés *reconnues* comme établissements d'utilité publique, elles restent soumises à l'ancien régime ; mais, comme les sociétés libres et les sociétés approuvées ont une capacité judirique très étendue, il s'ensuit que la reconnaissance d'utilité publique ne procure plus de grands avantages.

Il nous reste à examiner la situation faite par la loi, dont nous venons de parcourir les dispositions les plus importantes, aux syndicats professionnels qui établissent des caisses de secours mutuels au profit de leurs adhérents.

Si la loi de 1898 n'avait pas spécialement prévu les sociétés de secours mutuels fondées par les syndicats professionnels, on aurait pu se demander si elle leur était applicable. Mais il n'en a pas été ainsi. Lors de la première discussion devant la Chambre des Députés, MM Faberot, Toussaint et Renou ont proposé un article additionnel ainsi conçu : « Les syndicats ouvriers constitués légalement, aux termes de la loi du 21 mars 1884, qui ont prévu dans leurs statuts les secours mutuels entre leurs membres adhérents, bénéficieront de la présente loi ». Le gouvernement répondit que cette assimilation était de droit, et qu'il acceptait l'amendement à la condition qu'on ajoutât aux mots « de la présente loi », ceux-ci : « à la condition de se conformer à ses prescriptions ». Cette disposition additionnelle fut adoptée (1).

---

(1) *J. Off.*, 2 juin 1895, Ch , Déb. parl., p. 818 et 819.

Lors de la seconde délibération devant la Chambre, on substitua aux mots « syndicats ouvriers » l'expression beaucoup plus générale « syndicats professionnels »,et au membre de phrase « bénéficieront de la présente loi »,celui-ci : « bénéficieront des avantages de la présente loi ». M. Julien Goujon essaya de prouver l'inutilité de l'art. 40. Pourquoi, objectait-il, assujettir les syndicats à une nouvelle déclaration, puisqu'ils ont dû en faire une en tant que syndicats ? M. Audiffred, rapporteur, répondit, ce qui était inexact, que lorsque les syndicats professionnels voulaient, jusqu'à la nouvelle loi, fonder une société de secours mutuels, ils devaient, d'une part, demander l'approbation, et, d'autre part, se soumettre au contrôle permanent du ministère de l'intérieur ; mais que la loi nouvelle supprimait à la fois cette tutelle et ce contrôle permanent, et les remplaçait par l'obligation d'obéir à ses prescriptions.

Avec ce changement et sur ces observations, l'art. 40 fut adopté par la Chambre et, après avoir été admis sans nouvelle modification par le Sénat, passa définitivement dans la loi.

Les syndicats professionnels doivent-ils nécessairement avoir prévu dans leurs statuts la constitution de sociétés de secours mutuels, pour pouvoir en créer ? Nous croyons que telle n'a pas été l'intention du législateur et que le régime établi par la loi de 1898 pour les sociétés de secours mutuels, est fait aussi bien pour les syndicats qui n'ont pas prévu dans leurs statuts la constitution de ces sociétés et qui, au cours de leur fonctionnement, décident d'en fonder, que pour les autres.

Il ne faudrait pas davantage attribuer à l'article 40 une portée temporaire, bien qu'il se trouve placé au milieu des

---

(1) *J. Off.*, 5 juin 1897, Ch., Déb. parl., p. 1408 et 1409.

« dispositions transitoires ». Il a été proposé comme article *additionnel* et non comme disposition transitoire, et il ne présente pas, du reste, le caractère habituel de ces sortes de dispositions qui fixent ordinairement un terme à leur application.

L'article 40 fera peut-être naître une difficulté d'une nature encore plus grave. On pourrait prétendre que l'art. 6 de la loi de 1884 n'est nullement modifié, et que les syndicats professionnels ne sont pas toujours tenus de se soumettre à la nouvelle loi : ils y sont tenus, dira-t-on, s'ils veulent jouir de ses avantages ; mais s'ils y renoncent, ils sont libres de rester sous le régime organisé par la loi de 1884 pour les sociétés de secours mutuels fondées par les syndicats. Ainsi l'art. 6 de la loi de 1884 et l'art. 40 de la loi de 1898 viseraient deux situations distinctes : le premier concernerait le cas où un syndicat voudrait fonder une caisse annexe de secours mutuels, tout en continuant à jouir des avantages de la loi de 1884 ; l'article 40, au contraire, donnerait aux syndicats la faculté de faire eux-mêmes, personnellement et directement, de la mutualité, sans être obligés de recourir à la personnalité d'une société distincte ; la loi de 1898 créerait donc simplement un type nouveau de sociétés de secours mutuels pouvant être fondées par les syndicats, mais en laissant subsister les anciens (1).

---

(1) Cette opinion a été soutenue dans un rapport fait à la session de 1899 de l' « Union centrale des Syndicats des Agriculteurs de France », par M. Voron. D'après lui, l'intention du législateur, parlant par la bouche de M. Faberot, un des auteurs de l'amendement, paraît assez claire : « Il veut que mutualité et syndicat ne fassent qu'un. Il veut que les chambres syndicales soient alimentées par les subventions ». M. Voron arrive à cette conclusion : « Si les syndicats veulent créer des sociétés annexes, la loi de 1884 s'applique. Veulent-ils faire de la mutualité par eux-mêmes, ils le peuvent, l'article 40 de la loi de

Pour nous, telle ne nous paraît pas avoir été l'intention du législateur ; il a voulu faire une loi générale, régissant toutes les sociétés de secours mutuels, quels que soient leurs fondateurs. La loi n'aurait pas fait allusion aux syndicats professionnels, qu'elle n'en aurait pas moins été applicable, c'était l'avis du gouvernement, aux sociétés de secours mutuels fondées par eux, comme elle l'est à toutes les autres ; à plus forte raison doit-on décider ainsi, après l'introduction d'un article visant spécialement ces sociétés.

D'ailleurs, la loi de 1898 marque, sans doute, un progrès sur les dispositions qui régissaient anciennement les sociétés de secours mutuels ; elle leur accorde de grands avantages, elle augmente considérablement leur capacité, en un mot elle procède d'une idée de liberté analogue à celle qui a fait voter la loi si libérale de 1884 sur les syndicats professionnels ; mais elle ordonne, en même temps, d'utiles mesures de prudence ; elle oblige les sociétés de secours mutuels à communiquer leur situation et leur comptabilité. Or, pourquoi certaines sociétés de secours mutuels, parce qu'elles sont fondées par des syndicats, pourraient-elles se soustraire à ces mesures de protection qui ont été édictées, soit dans l'intérêt général, soit dans l'intérêt même des sociétés de secours mutuels, et que n'avait pas prescrites la loi de 1884 ?

Au reste, l'art. 41 de la loi du 1er avril 1898 est formel : « Toutes les dispositions contraires à la présente loi, sont abrogées ». Si donc les syndicats professionnels pouvaient faire de la mutualité sans contrôle, ils violeraient l'art. 40 et l'art. 41. En réalité, c'est toute la législation sur les so-

---

1898 le leur permet » (*Corresp. mens. de l'Union centrale des Syndicats des Agriculteurs de France*, 1er avril 1899, p. 18).

ciétés de secours mutuels qui est devenue applicable aux sociétés de cette espèce fondées par les syndicats.

Mais, alors, dira-t-on, il ne reste rien de l'art. 6, § 4, de la loi de 1884. — Assurément, la disposition qui donne le droit aux syndicats de fonder sans autorisation des caisses de secours mutuels n'a plus de portée, puisque toutes les sociétés de secours mutuels sont aujourd'hui dispensées de toute autorisation; mais il ne subsiste pas moins de la loi de 1884 relativement à ces sociétés, toutes les dispositions qui ne sont pas incompatibles avec la nouvelle loi.

Ainsi les sociétés de secours mutuels fondées par les syndicats ne doivent admettre que des adhérents aux syndicats, l'article 6 disant qu'ils peuvent constituer « entre leurs membres » des caisses de secours mutuels; c'est là une conséquence du principe posé par l'article 3 que les syndicats ont pour objet l'étude et la défense des intérêts de la profession. Pour rester syndicale et pouvoir rentrer dans les attributions légitimes d'un syndicat professionnel, une société de secours mutuels doit ne se recruter que parmi les membres du syndicat; mais elle peut très bien, sans violer la loi, comme nous le verrons bientôt, conserver ceux de ses membres qui se retirent du syndicat, après avoir contribué à l'actif de la caisse de secours mutuels par des cotisations ou des versements de fonds (article 7, § 2).

De même encore, les caisses syndicales de secours mutuels et de retraites doivent rester « spéciales », c'est-à-dire que, comme elles ont une capacité juridique distincte de celle du syndicat, elles doivent avoir un patrimoine, une administration, une gestion distincts de ceux du syndicat.

Que ces caisses fondées par les syndicats aient une administration distincte, cela se comprend, puisque les syndiqués ne font pas obligatoirement partie de la société de secours mutuels ou de la caisse de retraites fondée par leur syndicat, et que d'autre part les syndiqués démissionnaires qui ont contribué à l'actif de ces caisses ont droit à en demeurer membres. Il doit en être de même de la gestion du patrimoine syndical et du patrimoine de ces caisses : « Il résulte tant du texte de la loi que des discussions, dit la circulaire, que les sociétés de secours mutuels doivent posséder une individualité propre et avoir une administration et une caisse particulières. Il en est de même des sociétés de retraites, qui peuvent bien se greffer sur les sociétés de secours mutuels et faire caisse commune avec elles, mais dont le patrimoine ne doit pas se confondre avec celui des syndicats. D'ailleurs, une telle confusion serait fatale à la prospérité de ces œuvres et des syndicats eux-mêmes. Mais le syndicat demeure libre de prélever sur son propre fonds des secours individuels et purement gracieux (1) ».

Enfin, dans le cas où un syndicat n'observerait pas les prescriptions de la nouvelle loi sur les sociétés de secours mutuels, la société établie par lui encourrait sans doute les sanctions établies par cette loi ; mais, en outre, les administrateurs du syndicat pourraient être poursuivis et la dissolution du syndicat pourrait être prononcée, en cas d'infractions très graves, accessoirement à la condamnation des administrateurs, pour violation de l'article 3 de la loi du 21 mars 1884, qui dit que les syndicats ont exclusivement pour objet l'étude et la défense des intérêts de la profession.

Telles sont les principales particularités de la situation faite aux sociétés de secours mutuels et caisses de retraites établies par les syndicats professionnels au profit de leurs membres, autant du moins qu'elle nous paraît résulter de la combinaison de la loi du 21 mars 1884 et de celle du 1er avril 1898.

---

(1) Circ. min. 25 août 1884.

Placement des agriculteurs par les syndicats agricoles

Le paragraphe 5 de l'article 6 de la loi de 1884 dit que les syndicats « pourront librement créer et administrer des offices de renseignements pour les offres et les demandes de travail ».

Pourquoi le législateur de 1884 a-t-il tenu à proclamer le droit pour les syndicats de s'occuper du placement de leurs membres ? On pourrait croire la mention inutile, ce genre de services étant réellement de ceux dont il semble le plus naturel qu'un syndicat puisse poursuivre la réalisation, sans dépasser les limites tracées par l'article 3 ; mais il n'en est rien. Si le législateur a prévu spécialement les offices de renseignements syndicaux pour offres et demandes de travail, c'est qu'il a voulu écarter pour ces institutions établies par les syndicats, l'application du décret du 25 mars 1852 qui régit encore aujourd'hui les bureaux de placement. Aux termes de ce décret, un bureau de placement ne peut être établi sans une permission spéciale donnée par l'autorité municipale dans les départements, et à Paris par le préfet de police. De plus, ces établissements sont sous la surveillance permanente de l'autorité municipale qui règlemente les tarifs des commissions qui peuvent être perçues par les tenanciers des bureaux de placement.

C'est précisément la nécessité de cette permission et la surveillance permanente de l'autorité municipale que le paragraphe 5 de l'art. 6 supprime pour les bureaux de placements fondés par les syndicats, en décidant que les syndicats peuvent créer et administrer *librement* des offices de renseignements pour les offres et les demandes de travail.

Un syndicat agricole peut donc fonder sans autorisation, un bureau de placement pour les agriculteurs; nous disons pour les agriculteurs seulement, car si le bureau s'occupait d'autres placements, le syndicat cesserait d'être véritablement professionnel.

Le syndicat agricole qui intervient en cette matière, doit le faire d'une manière désintéressée. Nous voulons dire par là qu'il ne doit pas se proposer la réalisation de bénéfices en prélevant de fortes commissions sur les agriculteurs placés par son intermédiaire, mais il pourrait légitimement percevoir une légère somme en rapport avec les frais de correspondance, de rémunération d'employés, etc., lui permettant seulement de rentrer dans ses déboursés.

Un syndicat agricole ne peut-il placer que ses membres? D'aucuns l'ont soutenu, prétendant que les bureaux de placement établis par les syndicats sont faits exclusivement pour leurs adhérents ; nous ne sommes pas de cet avis.

Des personnes étrangères au syndicat ont le droit de s'adresser à un syndicat agricole pour offrir leurs services à des membres du syndicat, et inversement des personnes étrangères au syndicat peuvent recourir à son intermédiaire pour demander des travailleurs agricoles syndiqués ; nous croyons même que celui qui offre des services et celui qui en demande peuvent, tout en étant l'un et l'autre étrangers au syndicat, mettre à profit son concours désintéressé, à une condition, c'est qu'ils soient tous les deux agriculteurs (1); un syndicat ne saurait, en effet, violer la loi de 1884, en plaçant des personnes non affiliées à ce syndicat ; il est créé pour l'étude et la défense des intérêts de la profession et

---

(1) Jugé en ce sens qu'un syndicat ne saurait être valablement créé pour l'usage de personnes *d'un autre corps d'état* qui, sous ce couvert, cherchent dans leur intérêt personnel, à fonder un bureau de placement. Trib. civ. de Bordeaux, 8 février 1889 (*Revue des Sociétés*, 1889, p. 264).

non pas seulement pour les intérêts particuliers de ses membres; un syndicat agricole qui s'occupe de placer des agriculteurs, fait bien une œuvre professionnelle, quand bien même ces agriculteurs ne lui sont pas affiliés. D'ailleurs, on ne peut s'empêcher de remarquer la différence des expressions employées par le législateur, pour les sociétés de secours mutuels et pour les bureaux de placement institués par les syndicats professionnels; quand il s'agit de caisses de secours mutuels, l'art. 6 dit que les syndicats pourront en constituer *entre leurs membres*; mais cette restriction n'est pas renouvelée quand il s'agit des offices de renseignements; c'est apparemment parce que le législateur a voulu que ces bureaux pussent être ouverts à tous les membres de la profession *sans distinction*.

Ce régime de faveur établi par la loi de 1884 pour les bureaux de placement syndicaux, n'a pas paru suffisant aux syndicats ouvriers et spécialemeut aux syndicats adhérents des Bourses de travail; ils réclament avec énergie là suppression des bureaux de placement payants tenus par des particuliers, auxquels ils reprochent de prélever de trop fortes commissions sur les personnes qui s'adressent à eux pour des emplois, et d'être intéressés à ne leur fournir que de mauvaises places, qu'ils leur font attendre longtemps (1).

A la suite de cette campagne contre les bureaux de placements tenus par des particuliers, le Parlement a été saisi de plusieurs propositions de loi tendant à modifier le régime de ces bureaux.

Une proposition de MM. Mesureur et Millerand, d'après laquelle les bureaux de placement devraient être supprimés à mesure que les syndicats ou les Bourses de travail s'occu-

_____

(1) V. Eugène MOINDROT. — *Des réformes à introduire dans la législation des syndicats professionnels*, 1898, p. 178 et s.

peraient de placer gratuitement les ouvriers (1), a été combattue par le rapporteur, M. Albert Ferry, et n'a pas été reprise par ses auteurs.

MM. Dumay et Mesureur ont déposé, en 1891, une proposition tendant à conférer aux syndicats le privilège du placement des ouvriers, par la suppression de l'industrie des placeurs, (2) proposition vivement combattue par M. Yves Guyot, le 8 mai 1893, èt renvoyée à la commission de la Chambre.

Enfin, M. Guillemin a, de son côté, déposé une proposition à laquelle le gouvernement s'est rallié, et dont la Chambre a adopté le texte en principe, tout en lui faisant subir de légères modifications (3) : elle laisse subsister parallèlement aux bureaux de placement gratuits les bureaux de placement payants, qu'elle réglemente avec soin.

En vertu de l'article 2, « ne sont soumis à aucune autorisation, seuls les bureaux de placement gratuits créés par les municipalités, *par les syndicats professionnels* ouvriers, patronaux ou mixtes, les Bourses de travail, les compagnonnages, les sociétés de secours mutuels, les associations charitables et les sociétés de bienfaisance ». Mais, d'après l'article 3, tous « les bureaux de placement gratuits énumérés à l'article précédent sauf ceux qui sont créés par les municipalités », donc *même les bureaux de placement syndicaux*, « sont astreints au dépôt d'une déclaration préalable effectuée à la mairie de la commune où ils sont établis. La déclaration devra être renouvelée à tout changement de local du bureau ». Si cette proposition était adoptée, les bureaux de

---

(1) *J. Off.*, 7 juil. 1888, Ann. n° 2912, p. 963.
(2) *Economiste français*, 1892, t. II, p. 776 et 803.
(3) *J. Off.*, Ch., Déb. parl., séances des 19 et 24 mars, 2 et 9 avril 1897.

placement syndicaux continueraient, comme bureaux gratuits, à jouir de la dispense d'autorisation ; ils seraient assujettis seulement à la déclaration préalable.

Droit pour les syndicats agricoles d'être consultés, de donner leur avis, et de fonder des tribunaux syndicaux d'arbitrage.

Les paragraphes 6 et 7 de l'article 6 de la loi de 1884 sont ainsi conçus :

« Ils pourront être consultés sur tous les différends et toutes les questions se rattachant à leur spécialité.

« Dans les affaires contentieuses, les avis du syndicat seront tenus à la disposition des parties, qui pourront en prendre communication et copie. »

Ces deux paragraphes visent deux hypothèses distinctes.

La première est celle où un syndicat, en dehors de tout débat judiciaire, donne son avis aux pouvoirs publics, à des corps constitués, à des commissions officielles, à des établissements publics ou privés, à des compagnies de chemins de fer, à des banques et sociétés de crédit, etc., soit que cet avis lui soit demandé à titre consultatif, soit que le syndicat l'émette de sa propre initiative. Sa manière de voir prend la forme non seulement d'avis proprement dits, mais de vœux, de réclamations, de pétitions, auprès du gouvernement où des représentants du pays, de résolutions ou de déclarations, etc., portées à la connaissance du public.

Cette hypothèse ne soulève aucune difficulté ; l'intervention des syndicats peut se produire à propos des sujets les plus variés : traités de commerce, tarifs de transports, expositions, modifications dans le régime et le mode de perception des impôts, création de voies ferrées ou de canaux, réformes dans la législation. Une seule condition est nécessaire, c'est que, par leur nature, les questions soulevées présentent un intérêt véritablement professionnel. On a vu le gouvernement, à plusieurs reprises, consulter des chambres syndicales ou des unions de syndicats, sur des difficultés que faisaient naître des questions industrielles, commerciales ou agricoles. Les commissions parlementaires ont souvent accueilli et quelquefois provoqué le témoignage des syndicats: c'est ainsi que la commission parlementaire dite « de l'enseignement » a entendu, en 1891, au sujet de l'enseignement de l'agriculture, les principaux représentants des syndicats agricoles, et spécialement M. Duport, président, et M. Guinand, vice-président de « l'Union du Sud-Est des Syndicats agricoles » au nom des syndicats affiliés à cette Union. Enfin, c'est grâce surtout aux réclamations énergiques et réitérées des syndicats agricoles que les droits de douanes ont été relevés, que la question de la représentation effective de l'agriculture est sur le point d'aboutir, que la réforme de l'impôt foncier qui pèse si lourdement sur les propriétaires ruraux, fait son chemin.

Quant au dernier paragraphe de l'article 6, il vise une hypothèse qui avait soulevé de vives controverses, et il a pour but de les trancher. Bien avant la loi de 1884, les Chambres syndicales ouvrières, qui étaient alors tolérées, mais qui n'avaient pas encore d'existence aux yeux de la loi, étaient appelées par les tribunaux de commerce et spécialement par celui de la Seine, à donner leur avis sur des questions litigieuses, notamment sur les difficultés qui se produisaient entre les patrons et les ouvriers. Ces chambres syndicales désignaient un de leurs membres, un spécialiste, pour faire un rapport sur chaque question, comme l'aurait fait un expert ou un arbitre-rapporteur, et elles transmettaient aux tribunaux de commerce cet avis, qui, le plus souvent, était adopté. Ce système présentait le double avantage de faire trancher, par des personnes compétentes, des affaires difficiles et souvent embrouillées, et d'éviter de grands frais.

Mais, en 1874, le ministre de la justice, M. Tailhand, adressa aux tribunaux de commerce une circulaire leur dénonçant cette pratique comme irrégulière : il se fondait sur l'existence précaire des chambres syndicales qui n'étaient pas reconnues par la loi, et sur l'impossibilité d'observer en pareil cas, l'article 429 du Code de procédure civile, qui exige la désignation personnelle et une prestation de serment des arbitres ou experts.

Aussi, les tribunaux de commerce, au lieu de renvoyer directement une affaire à une chambre syndicale prise comme arbitre-rapporteur, désignèrent-ils nommément parmi ses membres une ou plusieurs personnes auxquelles ils demandaient leur avis : l'article 429 du Code de procédure civile était ainsi exactement observé.

La loi de 1884 est survenue, donnant la consécration légale aux chambres syndicales, mais ne modifiant nullement l'article 429 du Code de procédure civile. Il en résulte que les tribunaux peuvent *consulter* les syndicats sur des affaires litigieuses, leur demander leur avis (1) ; mais un syndicat ne peut, ni rendre une sentence, ni même faire un rapport en matière contentieuse. Ce qui ne veut pas dire qu'un tribunal ne puisse désigner de préférence comme experts ou comme arbitres-rapporteurs, des membres de tel ou tel syndicat, que leurs connaissances techniques indiquent tout naturellement pour ces fonctions.

C'est là ce que signifie l'article 6 ; et c'est d'après cette

_____

(1) C'est ainsi qu'un jugement du tribunal de commerce de la Seine, du 20 octobre 1890, contient la mention suivante: « Vu l'*avis* du syndicat professionnel des cuirs et peaux... »

interprétation que confirme d'ailleurs l'examen des travaux
préparatoires, que le ministre de la justice, consulté sur le
sens à donner à cette disposition de la loi de 1884, a répondu, le 7 juillet 1885, au président du tribunal de commerce de la Seine : « Même depuis la loi nouvelle, dit le
ministre, le renvoi d'une affaire devant une chambre syndicale désignée comme arbitre, ne peut être considéré
comme légalement autorisé. Les chambres peuvent seulement être consultées sur des questions techniques soulevées
dans les différends portés devant les tribunaux, et elles ont
à cette occasion le droit d'émettre des avis. Leurs pouvoirs
ne vont pas au-delà, et elles ne peuvent, dans les affaires
qui leur sont renvoyées par les tribunaux, faire acte de juridiction ». Par une sage précaution du législateur, les avis
qu'un syndicat aura été appelé à donner dans des *affaires
contentieuses*, doivent rester « à la disposition des parties
qui pourront en prendre communication et copie ».

Mais si, en matière contentieuse, les syndicats ne peuvent
être désignés comme arbitres par les tribunaux, et ont seulement le droit de donner leur avis lorsque les tribunaux le
leur demandent, les membres des syndicats peuvent-ils du
moins s'en remettre spontanément pour le jugement de
leurs difficultés, à la décision rendue par un syndicat pris
comme arbitre ?

Sans doute, un syndicat en tant que personne morale, ne
saurait être investi d'une mission qui ne peut incomber qu'à
une ou plusieurs personnes naturelles ; mais certains de ses
membres désignés quelquefois à cet effet par les statuts,
d'après leurs fonctions syndicales, les membres du bureau,
par exemple, peuvent être choisis librement par des parties
comme arbitres de leurs différends ; mais en tant qu'individualités, qui devront être personnellement désignées dans le
compromis. Ce n'est qu'une application particulière du

droit de « compromettre » reconnu par l'article 1003 du Code de procédure civile.

Le compromis peut être fait par procès-verbal devant les arbitres choisis, ou par acte devant notaire, ou sous signature privée. Il n'est valable qu'à la condition de désigner les objets en litige et les noms des arbitres (articles 1005 et 1006 du Code de procédure civile). Aussi faut-il décider que les statuts d'un syndicat agricole ne pourraient contenir une clause en vertu de laquelle les personnes entrant dans le syndicat soumettraient obligatoirement à un tribunal arbitral recruté ·dans le syndicat, toutes les contestations qui s'élèveraient entre elles, relativement à tel ou tel point. Cette clause violerait directement l'article 1006, qui défend de compromettre sans préciser l'objet du litige, et par suite serait nulle.

Les membres du syndicat ou les membres du bureau d'un syndicat pris comme arbitres, devront décider en principe d'après les règles du droit ; mais les parties peuvent, d'un commun accord, leur donner le pouvoir de ne pas s'y conformer exactement et de juger *ex æquo et bono,* comme amiables-compositeurs (article 1019 du Code de procédure civile). Elles peuvent, à plus forte raison, stipuler, ainsi que l'article 1009 leur en laisse la faculté, que l'on ne suivra pas les délais et les formes de la procédure ordinaire.

Les articles 1020 et suivants du Code de procédure civile déterminent les formalités qui sont nécessaires pour rendre exécutoires les décisions prises par les tribunaux arbitraux : ordonnance du président du tribunal, dépôt au greffe, expédition, enregistrement. Ces formalités sont longues et coûteuses ; aussi, les statuts de beaucoup de syndicats contiennent-ils une clause en vertu de laquelle les syndiqués qui, après avoir accepté la juridiction du tribunal arbitral recruté dans le syndicat, refuseraient d'exécuter sa décision, seront exclus de l'association (1). Une clause de cette nature nous paraît très licite.

Un grand nombre de syndicats ont organisé des tribunaux arbitraux (2); nous citerons, à titre d'exemple, les syndicats de Belleville-sur-Saône et du Bois-d'Oingt, dans le Rhône, et les syndicats affiliés à l' « Union Beaujolaise » qui possèdent des tribunaux arbitraux de cinq membres, dont trois choisis parmi les anciens magistrats, avocats ou avoués, et les deux autres parmi les agriculteurs.

Enfin, il existe auprès de quelques grands syndicats agricoles et auprès de toutes, ou presque toutes les Unions de syndicats agricoles, des *comités de contentieux* où se réunissent fréquemment des jurisconsultes, dans le but, soit d'examiner et de résoudre les difficultés que rencontre tel ou tel syndicat dans l'accomplissement de son œuvre, soit de prévenir ces difficultés au moyen de conseils pratiques, soit d'étudier les lois nouvelles qui peuvent intéresser les agriculteurs, et de rechercher les moyens d'en tirer parti, soit enfin de discuter les réformes législatives que l'on pourrait solliciter des pouvoirs publics dans l'intérêt de l'agriculture en général et des syndicats agricoles en particulier. Le « Comité de contentieux et de législation de l'Union du Sud-Est », notamment, mérite d'être signalé pour les études

---

(1) Ainsi l'article 18 des statuts-types adoptés par la Société des Agriculteurs de France s'exprime ainsi relativement aux tribunaux arbitraux : « Elle (la chambre syndicale) examine les affaires contentieuses qui lui sont renvoyées par le président, ou qui sont portées directement devant elle par les membres du syndicat; elle les concilie, si faire se peut, ou rend à leur égard sa sentence. Cette sentence est sans appel et n'est pas soumise à l'exequatur du tribunal; dans le cas où l'une des parties se refuserait de l'exécuter, cette partie serait exclue du Syndicat » (De GAILHARD-BANCEL, *Petit manuel pratique des syndicats agricoles*, 1894, p. 52).

(2) V. EYMARD. — *Op. cit.*, p. 172.

remarquables auxquelles il s'est livré, afin de faire profiter les agriculteurs des innovations introduites dans les lois, et pour les consultations nombreuses qu'il donne aux syndicats unis ; dernièrement encore, il était pris comme arbitre entre un président de syndicat et une coopérative.

Le rôle des syndicats agricoles, au point de vue non seulement des améliorations législatives et de l'administration de la justice en matière d'agriculture, mais encore du maintien de l'entente entre les agriculteurs dans les campagnes, peut donc être très considérable.

Les syndicats agricoles et les institutions de prévoyance

Les syndicats agricoles, qui ont pour objet l'étude et la défense, par tous les moyens, des intérêts de l'agriculture, peuvent, assurément, fonder des institutions de prévoyance au profit de leurs membres ; c'est même « un devoir social, pour les syndicats agricoles, de travailler à propager dans les campagnes, l'esprit de prévoyance qui relève et moralise les cultivateurs, les défend contre les coups du sort et leur apporte la confiance indispensable à la continuité de leurs efforts » (1).

Les risques que courent les agriculteurs sont très nombreux ; ils peuvent être atteints soit dans leurs personnes, soit dans leurs biens. Dans leurs personnes, ils peuvent être frappés par les accidents, les maladies et la mort ; du côté de leurs biens, leurs animaux courent des risques d'épidémie et de mortalité ; leurs récoltes sont exposées aux gelées, à la grêle, aux inondations ; leurs maisons à l'incendie. Parmi ces risques divers, il en est contre lesquels la pré-

---

(1) DE ROCQUIGNY. — *Discours prononcé au Congrès des Syndicats agricoles*, tenu à Lyon, en 1894.

voyance reste à peu près impuissante, dans l'état actuel de nos habitudes sociales : ce sont les gelées, les cyclones, les inondations ; contre les autres, au contraire, il est des moyens plus faciles de se ménager des dédommagements.

Les syndicats agricoles qui veulent propager l'esprit de prévoyance chez leurs membres s'y prennent de différentes manières. Ils peuvent d'abord recourir aux services de compagnies d'assurances déjà existantes, surtout lorsque les risques qu'il s'agit de couvrir demandent, pour s'équilibrer, à être répartis entre un grand nombre de personnes : c'est le cas pour la grêle, risque dont l'assurance présente d'énormes aléas. Le rôle des syndicats est alors, soit de désigner à leurs adhérents, parmi tant de compagnies diverses, celles qui sont les plus sûres et qui offrent le plus de garanties, soit de servir d'intermédiaires désintéressés entre les membres et les compagnies, et de diminuer pour eux les frais, parfois considérables, d'assurance, en obtenant des compagnies d'importantes remises ou réductions de tarifs en faveur des syndiqués.

Un second moyen est à la portée des syndicats agricoles : c'est de fonder, au profit de leurs membres et comme annexes des syndicats, de véritables sociétés d'assurances mutuelles, ayant une personnalité juridique à elles propre et distincte de celle du syndicat, soumises enfin aux dispositions de la loi du 24 juillet 1867 sur les sociétés et au règlement d'administration publique du 22 janvier 1868. Les sociétés d'assurances mutuelles qui n'ont pas la vie humaine pour objet, par exemple les sociétés d'assurances contre la mortalité du bétail, la grêle, l'incendie et autres fléaux, peuvent se fonder sans autorisation ; mais elles sont assujetties à des formalités assez compliquées. Les sociétés d'assurances mutuelles étant des sociétés dans lesquelles plusieurs personnes mettent en commun certains risques et se garantissent réciproquement des dommages causés, mais ne se proposent en réalité aucun profit ou bénéfice, il en résulte qu'elles n'ont pas le caractère commercial et que leurs opérations relèvent de la juridiction, non pas des tribunaux de commerce, mais des tribunaux civils.

Enfin, un troisième procédé s'offre à l'esprit d'initiative des syndicats agricoles : il consiste à créer, dans le syndicat même, des caisses mutuelles d'assurances. Le syndicat alors ne s'adresse pas à des compagnies d'assurances, il ne fonde pas davantage des sociétés d'assurances mutuelles annexes, mais c'est lui-même qui réalise l'assurance, sans emprunter la capacité juridique d'une société distincte du syndicat.

Le syndicat opère pour cela d'une manière très simple : voici par exemple comment procèdent les syndicats qui ont accepté la forme proposée par la commission de « l'Union du Sud-Est des syndicats agricoles », chargée d'élaborer des statuts-types (1) : le syndicat agricole, qui veut faire participer ses membres aux avantages d'un service d'assurance-incendie, d'assurance-accidents, d'assurance-bétail, etc., centralise à part, dans un compte de prévoyance, les fonds qu'on lui verse dans ce but particulier, il fait un règlement qui doit être suivi par ceux de ses membres qui veulent bénéficier des avantages de ce compte spécial. En plus de la cotisation générale que payent tous les membres dans la plupart des syndicats, il perçoit de ceux de ses adhérents qui veulent être assurés par lui, une cotisation spéciale, versée à ce qu'on appelle un *compte de prévoyance*.

Il n'y a pas deux personnes civiles juxtaposées : le syndicat et une société d'assurance, mais une personne civile, le syndicat, qui suffit à représenter à la fois l'ensemble des syndiqués

---

(1) Léon Riboud. — *La prévoyance contre la mortalité du bétail dans l'Union du Sud-Est des syndicats agricoles*, 1897, p. 14.

et le groupe spécial des participants à l'assurance. Ceux-ci, en tant que collectivité, seront représentés en justice par la même personne que les statuts chargent d'agir au nom du syndicat, et, dans le silence des statuts à cet égard, par le président ; enfin c'est le trésorier du syndicat qui aura en même temps la caisse commune et le compte spécial de prévoyance sous sa surveillance.

On s'est demandé si ce mode d'assurance qui fait du syndicat lui-même l'assureur, était licite, et quelle base juridique on pouvait assigner à ce contrat. La question s'est posée à propos des caisses d'assurances syndicales contre la mortalité du bétail, mais on peut la répéter pour toutes les caisses d'assurances mutuelles établies par les syndicats ; ce que l'on décide pour l'une, on doit le décider pour les autres : il n'y a pas de raisons de poser des distinctions.

Il va sans dire que si les syndicats agricoles ont le droit d'établir des comptes spéciaux d'assurances, ils puisent ce droit dans la loi du 21 mars 1884 qui les régit ; mais de quel article de cette loi peut-on induire que ce procédé rentre bien dans les attributions légitimes des syndicats agricoles ?

On a longtemps soutenu que c'est sur l'article 6, § 4, de la loi du 21 mars 1884 que les syndicats agricoles peuvent baser juridiquement la faculté à laquelle ils prétendent de créer des caisses d'assurances ou de secours mutuels contre la mortalité du bétail, fonctionnant librement et administrées par le syndicat lui-même, sans qu'il soit obligé pour cela de recourir à la capacité juridique d'une société distincte du syndicat. Cette interprétation avait été pleinement adoptée par les deux sections réunies de l' « Economie du bétail » et de la « Législation rurale » de la *Société des Agriculteurs de France*, dans un modèle de statuts rédigé et publié en 1896 en vue de faciliter aux syndicats l'organisation de l'assurance contre la mortalité du bétail, au moyen de la mutualité. Un grand nombre de syndicats agricoles à leur suite fondèrent des caisses d'assu rances mutuelles en prenant pour base l'art. 6, § 4, de la loi de 1884, ainsi conçu : « Ils (les syndicats) pourront, sans autorisation, mais en se conformant aux autres dispositions de la loi, constituer entre leurs membres des caisses de se- cours mutuels et de retraite ».

Mais, dans un rapport, fait au nom de la commission chargée par l'Union du Sud-Est d'examiner comment on pourrait organiser la prévoyance contre la mortalité des bestiaux (1), M. Léon Riboud fit justement remarquer que le texte de l'art. 6 dont on se prévalait, était inapplicable en en l'espèce. Ce texte vise, en effet, les sociétés de secours mutuels alors régies par la loi du 15 juillet 1850, complétée par le décret-loi du 26 mars 1852 ; or, le signe caractéristi- que de ces sociétés de secours mutuels était qu'elles avaient pour but « d'assurer des secours temporaires aux sociétaires malades, blessés ou infirmes et de pourvoir à leurs frais fu- néraires» (art. 6 du décret-loi du 26 mars 1852). Ces sociétés étaient donc essentiellement des sociétés concernant la vie humaine. C'est donc à tort qu'on invoquait, pour donner le droit aux syndicats de fonder des caisses d'assurances mu- tuelles contre la mortalité du bétail, l'art. 6, §4, de la loi du 21 mars 1884. Aussi, si l'on voulait s'appuyer sur la loi de 1884, fallait-il trouver un autre texte: c'est simplement l'art. 3 qui, d'après ce jurisconsulte, autoriserait les membres des syndicats à se garantir mutuellement des dommages pou- vant résulter de la mortalité du bétail ; l'art. 3, en effet, donne aux syndicats une mission très large en leur propo-

---

(1) Ce rapport a été présenté à l'Assemblée générale de l'*Union du Sud-Est* en 1896, à l'Assemblée générale de l'*Union centrale des*

sant « l'étude et la défense des intérêts économiques, industriels, commerciaux et agricoles ». Se protéger avec le
moins de frais possible, contre les chances de perte du bétail, n'est-ce pas là un intérêt agricole au premier chef ? Or,
rien dans la loi de 1884, ni dans les travaux préparatoires
ne prouve que pour distribuer à ses membres des indemnités à raison de pertes de cette nature, le syndicat soit obligé
de fonder des sociétés spéciales ; cela serait bien peu confor
me, d'ailleurs, à l'esprit si libéral qui animait le législateur
de 1884. Le syndicat se trouve en présence d'un intérêt
agricole que la loi le charge de défendre : s'il peut le faire
par ses propres forces, pourquoi l'obliger à créer une société distincte ?

On en conclut qu'un syndicat agricole a le droit, en se
fondant sur l'article 3 de la loi de 1884, d'organiser, accessoirement à ses autres opérations professionnelles, au profit de ceux de ses membres qui le désireront, un système de
prévoyance contre la mortalité du bétail; d'ouvrir, par
exemple, un compte spécial d'assurance-bétail.

Une fois engagé dans cette voie, on est allé plus loin et on
s'est demandé pourquoi un syndicat agricole ne pourrait
pas, toujours en se retranchant derrière l'article 3 de la loi
de 1884, faire à titre principal ce qu'il peut faire d'une manière accessoire : dans les deux cas, en effet, on se trouve en
présence d'un intérêt agricole identique ; il n'y a pas de raison pour appliquer dans l'un l'article 3, et ne pas l'appliquer dans l'autre. On aura ainsi un syndicat spécial de prévoyance contre la mortalité du bétail, comme on aurait
un syndicat spécial de prévoyance contre l'incendie, etc. Cette

---

agriculteurs de France en 1897, et au 3ᵉ Congrès des Syndicats agricoles, à Orléans. Dans ces trois assemblées, les conclusions de la
commission ont été adoptées.

organisation pourra être très utile, surtout s'il n'y a pas, dans la localité. de syndicat agricole, ou si le syndicat agricole existant ne veut pas entreprendre ce genre d'opérations. D'ailleurs, nous avons bien déjà des syndicats agricoles spéciaux d'industrie agricole, de défense des vignes contre les gelées de printemps, d'élevage, etc. ; personne ne s'en étonne, et l'on a raison. Les syndicats spéciaux de prévoyance contre la mortalité du bétail, se proposant comme but déterminé et unique la garantie mutuelle de leurs membres contre les risques de mortalité de leur bétail, ne sont pas plus extraordinaires.

Cette application nouvelle de la loi de 1884, pouvant paraître hardie au premier abord, on a eu l'idée de demander l'avis de deux jurisconsultes éminents, MM. Lyon-Caen et Waldeck-Rousseau (1).

M. Lyon-Caen se déclare personnellement partisan de la liberté d'association et souhaite la suppression de toutes les entraves apportées au droit de s'associer. Mais au point de vue de la légalité, M. Lyon-Caen ne croit pas que les membres des syndicats agricoles puissent former entre eux une association d'assurances mutuelles contre la mortalité du bétail autrement qu'en se conformant au décret du 22 janvier 1868. Rien dans la loi, ni dans les travaux préparatoires, n'indique que les syndicats pourront faire des assurances mutuelles sans observer les formalités ordinaires auxquelles sont soumises les associations d'assurances mutuelles. D'ailleurs si le législateur a tenu à ce que ces associations fussent réglementées, c'est qu'il a pensé qu'une trop grande liberté pouvait leur être dangereuse : est-ce que les

---

(1) Voir le texte de ces consultations dans la circulaire 19 du *Musée Social*, (*Base juridique des Institutions de prévoyance contre la mortalité du bétail*).

dangers seraient supprimés par cela seul que les mutualiste appartiennent à des syndicats agricoles ? La volonté du législateur de rendre obligatoires pour les syndicats les dispositions des lois spéciales toutes les fois qu'ils se livreraient à des opérations règlementées par celles-ci est d'autant plus probable qu'il a inséré dans le texte de la loi une disposition expresse (art. 6, parag. 4) pour dispenser de l'autorisation du gouvernement les syndicats qui fonderaient des caisses de secours mutuels pour leurs membres. « Le syndicat, ajoute M. Lyon-Caen, peut seulement, en rapprochant les syndiqués, faciliter la formation d'une association mutuelle du genre de celle dont vous parlez ; tout le système de nos lois sur les sociétés et les associations serait bouleversé, s'il en était autrement ».

Examinant cependant la situation qui pourra être faite aux syndicats agricoles pratiquant à leurs risques l'assurance mutuelle, sans se conformer au décret de 1868 : « Je ne pense pas, en réalité, dit M. Lyon-Caen, que ces risques soient bien grands », étant donné le courant d'opinion actuellement très favorable aux syndicats agricoles.

Tout autre est l'avis de l'un des principaux auteurs de la loi du 21 mars 1884, M. Waldeck-Rousseau. Comme M. Léon Riboud, M. Waldeck-Rousseau attribue à une interprétation inexacte de la loi de 1884 l'idée de rattacher à l'article 6, paragraphe 4, la constitution d'associations d'assurances mutuelles contre la mortalité du bétail.

« Le texte et la discussion de l'art. 6 ne laissent place, dit-il, à aucune hésitation sur ce point. Présenté sous une autre forme, il donna lieu à des explications de la part de MM. Batbie, Clément et Tirard, qui établissent qu'il s'agissait des sociétés de secours mutuels et que le débat s'est engagé sur le point de savoir dans quelle mesure il convenait de modifier la législation de 1850 et 1852, qui n'a rien de commun avec les assurances. »

Au reste, tandis que l'art. 3 de la loi de 1884 a eu pour objet la détermination de la capacité juridique des syndicats par la nature professionnelle des actes, l'art. 6 leur reconnaît certaines attributions nécessaires n'ayant aucun rapport avec la capacité professionnelle : droit d'acquérir des immeubles, droit d'ester en justice, droit de fonder des sociétés de secours mutuels, tous actes de la vie commune, mais qui n'ont rien de professionnel.

« C'est donc essentiellement dans l'art. 3 qu'il faut chercher quels actes sont, d'une façon générale. permis aux syndicats. Ici la capacité est limitée non par une énumération des actes, mais par leur caractère et leur nature.

« *Il faut et il suffit qu'ils aient un caractère professionnel et commun aux adhérents au syndicat.*

« Que ce soit un intérêt touchant à la profession agricole d'atténuer les risques de la mortalité du bétail, ce n'est pas douteux. Que ce soit un intérêt commun à tous les membres du syndicat, ce n'est pas plus contestable. Le fait par les membres d'un syndicat agricole de s'organiser en vue de se garantir mutuellement contre un évènement qui menace la profession, rentre certainement dans l'ordre des faits assignés aux syndicats par la loi.

« Peut-on dire que c'est là une opération active sortant du cadre de l'étude des intérêts économiques ? L'objection serait sans valeur. L'art. 3 parle non seulement d'étude, mais de *défense des intérêts... agricoles.* Toute la discussion prouve que, loin de vouloir enfermer les associations professionnelles dans le cercle des études abstraites, on souhaitait les en faire sortir, et la pratique adoptée sur des points divers est conforme à cette interprétation, puisque, sans aller plus loin chercher des exemples, on voit que l'achat des matières premières, la vente des produits, l'établissement de comptoirs d'achats ou de ventes, sont considérés comme les actes les plus légitimes. »

M. Waldeck-Rousseau répond ensuite à ceux, qui, comme M. Lyon-Caen, font remarquer que la matière des assurances mutuelles est réglementée par une législation générale en ce qu'elle s'applique à l'ensemble des citoyens : « La loi de 1884, dit-il, est une loi spéciale qui s'applique à une catégorie particulière : les syndiqués professionnels. Elle est, à vrai dire, une loi d'exception. Elle permet de former aux conditions qu'elle précise, des associations en vue d'objets déterminés. L'assurance rentrant dans ces objets, ce serait détruire la loi de 1884 que de soutenir qu'elle ne se suffit pas à elle-même. »

Enfin l'ancien ministre de l'intérieur, après avoir fait remarquer que les associations dont nous parlons se distinguent des associations ordinaires d'assurances mutuelles par ce caractère essentiel qu'elles ne peuvent se constituer qu'entre personnes exerçant la même profession ou des professions similaires ou connexes, déclare, en forme de conclusion :

« Je n'hésite pas à penser que les syndicats agricoles peuvent faire rentrer l'assurance mutuelle des bestiaux parmi les objets de leur constitution et que, de même, un syndicat d'agriculteurs peut se former dans le but spécial d'établir, entre ses membres ce même mode d'assurance. »

A l'appui de cette interprétation, au caractère si nettement libéral, nous pouvons invoquer des faits tout récents, que nous tenons à signaler, bien persuadé que l'importance n'en échappera à personne (1).

_____

(1) V. *Nouvelliste de Lyon*, 27 mai 1899.

Une société agricole d'assurances mutuelles contre la mortalité du bétail, composée d'environ 5o agriculteurs, s'était vu infliger une amende de 13oo francs pour n'avoir pas fait, comme le prescrit la loi du 24 juillet 1867, complétée par le décret-loi du 22 janvier 1868, une déclaration au bureau de l'enregistrement.

L'administration prétendait assimiler ces petites associations aux sociétés d'assurances mutuelles et contestait aux agriculteurs le droit de se garantir mutuellement contre les risques de la mortalité du bétail, en se plaçant sous l'égide de la loi du 21 mars 1884.

M. Perrier s'étant fait l'interprète, à la Chambre des Députés, des doléances de cette société, M. Viger, ministre de l'agriculture, répondit, aux applaudissements de la Chambre, par la déclaration suivante : « Quant à la petite société signalée par M. Perrier et qui a été frappée d'un droit d'enregistrement très élevé, cette société a eu tort de se constituer conformément à la loi de 1867. *Si elle s'était formée en syndicat, conformément à la loi de 1884, elle n'aurait eu aucun droit à payer* » (1).

Cette déclaration ne suffit pas à convaincre certaines administrations publiques : on dénonça au ministère de la justice, plusieurs associations d'assurances mutuelles contre la mortalité du bétail qui s'étaient formées dans le département de la Meuse en prenant la forme de syndicats, et l'on obtint du garde des sceaux l'envoi aux parquets d'instructions tendant à inviter ces associations à se conformer aux dispositions de la loi du 24 juillet 1867 et du décret-loi du 22 janvier 1868.

Au reçu de ces instructions, les associations visées protestèrent énergiquement et firent intervenir M. Sommeiller,

---

(1) *J. Off.*, 26 février 1899, Déb. parl., Chambre, p. 5o3.

député de la Meuse, auprès de M. Viger, ministre de l'agriculture, qui répondit bientôt par la lettre suivante (1):

« Par lettre en date du 10 mars dernier, vous avez bien voulu appeler mon attention sur la situation des sociétés d'assurances mutuelles contre la mortalité du bétail, récemment créées dans votre circonscription, et me faire connaître que, conformément aux instructions de M. le garde des sceaux, ministre de la justice, M. le procureur de la République de l'arrondissement de Montmédy, *contestait à ces associations le droit de se constituer en vertu de la loi de 1884 sur les syndicats professionnels.*

« Je me suis empressé, Monsieur le député et cher collègue, de saisir de la question mon collègue, M. le ministre de la justice, en lui faisant remarquer que l'obligation pour les petites sociétés locales de s'astreindre aux formalités compliquées et coûteuses du décret de 1868, aurait inévitablement pour *conséquence de paralyser le développement de l'assurance agricole en France.*

« Je suis heureux de vous faire connaître que M. le garde des sceaux, *entrant dans les vues de mon administration*, et désireux de n'apporter aucune entrave à la création des sociétés d'assurances mutuelles agricoles, vient d'adresser de nouvelles instructions à MM. les procureurs généraux et notamment à M. le procureur général de Nancy, en les priant de *considérer comme non avenues les instructions antérieures.*

« Je me félicite de pouvoir porter à votre connaissance une décision qui donne satisfaction au désir que vous avez bien voulu m'exprimer.

« Agréez, etc. »

---

(1) Lettre du 17 avril 1899.

M. Viger n'avait d'ailleurs pas attendu ces circonstances pour accorder, à diverses reprises, aux comptes de prévoyance ou aux caisses d'assurances mutuelles contre la mortalité du bétail, organisés par les syndicats agricoles, des subventions prélevées sur les fonds disponibles du chapitre 38 du budget de l'agriculture, jusqu'alors affectés exclusivement aux secours pour pertes matérielles et événements malheureux.

Dans la séance du Sénat du 29 juin 1899, la question des assurances mutuelles syndicales a fait l'objet d'une nouvelle déclaration du gouvernement par l'organe de M. Jean Dupuy, ministre de l'agriculture (1) :

« Afin de faire cesser, dit-il, toute ambiguïté, nous avons proposé un projet de loi en un article unique, aux termes duquel toutes les sociétés d'assurances mutuelles *agricoles* pourront former, d'après la loi de 1884, des *syndicats professionnels*.

« Il suffira qu'il s'agisse d'une société d'assurance mutuelle *agricole* pour que, en réalité, elle soit regardée comme un véritable *syndicat professionnel* ».

Si nous avons insisté aussi longuement sur les associations d'assurances mutuelles contre la mortalité du bétail créées par les syndicats agricoles, c'est qu'il y a là une application toute nouvelle, en même temps que très importante, de la loi du 21 mars 1884, et que les conséquences de l'interprétation libérale, qui semble aujourd'hui définitivement admise, peuvent être incalculables.

Les assurances contre les risques de la mortalité du bétail ne sont, en effet, qu'une des nombreuses institutions de prévoyance que les syndicats peuvent organiser; déjà l'on soutient que les syndicats peuvent faire du secours mutuel

_____

(1) *J. Off.*, 30 juin 1899, Déb. parl., Sén., p. 791.

sans observer les dispositions de la législation qui régit spécialement les sociétés de cette nature. D'après nous, il est vrai, les termes mêmes de la nouvelle loi de 1898 ne permettent pas aux syndicats agricoles de se soustraire à ses prescriptions en matière de *secours mutuels* proprement dits ; mais, en dehors de ces institutions soumises à un régime spécial, combien d'autres associations de prévoyance ne peut-on fonder ? La nouvelle sphère d'action que l'interprétation libérale de la loi de 1884 ouvre à l'initiative des syndicats agricoles est donc très vaste, et nous pouvons espérer que de cette initiative sortiront des applications aussi heureuses qu'inattendues du principe de mutualité.

Le crédit à l'agriculture par les syndicats agricoles

Depuis bien des années, l'agriculture traverse une crise redoutable et dont il est difficile de prévoir l'issue. C'est un fait dont la constatation est devenue banale à force d'être répétée, que trop souvent les récoltes, le bétail ne trouvent plus à se vendre, en d'autres termes ne peuvent être convertis en argent qu'à des prix nullement rémunérateurs ; que, dans certains pays, le revenu de la terre a baissé de moitié, et l'on peut constater, en généralisant ce que l'on a dit à propos du blé, que s'il est toujours possible de faire de la culture avec de l'argent, il ne l'est plus guère de faire de l'argent par la culture telle qu'on l'a pratiquée jusqu'ici.

Le crédit agricole est un des remèdes proposés pour conjurer les effet de cette crise. La disette des capitaux est un des maux dont souffre le plus l'agriculture ; l'organisation du crédit agricole a pour but de les lui procurer (1).

---

(1) V. sur la question du crédit agricole : Louis DURAND. — *Le Crédit agricole en France et à l'étranger*.

Depuis quelque temps les capitaux font défaut aux agriculteurs : par suite de la modicité des frais de transport, la Russie, l'Amérique, l'Australie et tous les pays neufs nous inondent de leurs produits, et, malgré l'établissement de droits protecteurs, l'on a vu descendre le blé de vingt-huit ou trente francs à dix-sept ou dix-huit; beaucoup d'autres produits agricoles subissent un avilissement semblable. Il faut donc améliorer ou changer nos modes de culture; et pour cela des capitaux sont nécessaires.

Avant le formidable développement qu'ont pris en ces dernières années les versements aux caisses d'épargne, avant la multiplication extraordinaire des valeurs de Bourse, on trouvait encore de l'argent à emprunter à la campagne. Aujourd'hui on préfère, pour les placements, les fonds d'Etat ; on se dispute les actions de compagnies étrangères; on aime mieux déposer ses économies dans les caisses d'épargne que les avancer à la terre, et l'on ne songe pas que l'on contribue ainsi à augmenter de plus en plus le nombre des dépôts confiés à l'Etat, résultat justement critiqué par tous les économistes.

On prêterait, sans doute, volontiers aux agriculteurs, s'ils pouvaient offrir de meilleures garanties. Celle qui résulte de la simple signature pouvant être considérée le plus souvent comme insuffisante, le prêteur a recours d'ordinaire pour se garantir, soit au gage, soit à l'hypothèque, soit au cautionnement.

Mais le gage n'est reconnu valable par la loi que si le débiteur se dessaisit entre les mains du créancier de l'objet donné en garantie. Si cet objet se trouve être un instrument de culture ou du bétail nécessaire pour l'exploitation, il n'est pas possible à l'agriculteur de s'en priver sans renoncer à son travail. Le gage rural est donc bien peu pratique.

La loi récente sur les warrants agricoles n'a pas réussi à

mettre le gage à la portée des cultivateurs, et n'a pas eu de résultats pratiques.

L'hypothèque constitue une bonne garantie, mais elle n'est pas à la portée de tous, n'étant admise, dans notre droit, que pour les immeubles et les navires : le propriétaire foncier peut emprunter sur hypothèque ; quant aux petits locataires ou fermiers, ce moyen de crédit ne leur est pas accessible. Enfin on sait ce que coûte un contrat d'hypothèque par acte notarié : les frais de constitution et de mainlevée grèvent trop lourdement le débiteur, surtout quand l'emprunt est à courte échéance, et remboursable avant huit ou neuf ans.

Reste le cautionnement; mais un voisin, un ami même peut très légitimement hésiter à donner cette garantie, car, si persuadé que l'on soit de la solvabilité de celui qu'on cautionne, il n'en reste pas moins de sérieuses chances de perte à courir pour celui qui contracte l'engagement personnel de payer à défaut du débiteur principal.

Voilà pourquoi les capitaux manquent à l'agriculteur, et pourquoi il faut trouver un mode de crédit spécial pour les lui procurer. Mais en organisant le crédit agricole, on doit se proposer avant tout de le réserver aux hommes d'ordre, de travail et de probité qui en ont besoin en vue de certains emplois déterminés et urgents des capitaux obtenus, par exemple, afin de permettre au cultivateur d'attendre le moment favorable pour vendre ses récoltes, acheter le bœuf ou le mulet indispensable pour effectuer tel ou tel travail, réaliser une économie évidente, par exemple en substituant l'instrument perfectionné au mauvais outil, en créant une fosse à purin, etc. Même pour la vieille culture, la culture routinière, simpliste, il faut des *avances*, dans une mesure plus faible sans doute, mais pourtant nécessaire; à plus forte raison pour la culture intensive. Fournir des capitaux utilement aux agriculteurs, tel est le but normal du crédit agricole.

L'organisation de ce crédit particulier est d'autant plus indispensable que les établissements ordinaires de crédit sont incapables de le fournir. Le crédit agricole, en effet, se spécialise : premièrement, par la nature de sa clientèle, qui ne peut être connue très loin, et, en second lieu, par la durée de ses contrats, qui sont presque toujours à long terme.

Supposons qu'un cultivateur s'adresse à un banquier : ce banquier recherche les affaires fréquentes, multipliées, surtout quand elles sont de peu d'importance; une affaire isolée et d'un chiffre modeste ne l'intéresse guère. Voulût-il pourtant tenter cette opération, et prêter à un agriculteur, il lui faudrait avant tout se procurer des renseignements aussi exacts que possible sur le degré de solvabilité de celui auquel il prête, parce que, si solvable que celui-ci puisse être, le banquier n'est pas toujours à même de le savoir personnellement.

Les voisins de l'emprunteur, chez lesquels on fait prendre des renseignements, sont plus portés à rendre service à leur concitoyen, même insolvable, qu'à être utile à un banquier qui leur est indifférent. Celui-ci a donc à se défier beaucoup de telles informations.

De plus, un commerçant fait accepter sa signature avec un délai, en général, de trois mois, mais pour l'agriculteur, ce délai serait presque toujours trop court. Les sommes qu'il a mises dans la culture ne pourront être de nouveau utilisées qu'après le complet achèvement de l'opération agricole qu'il aura engagée et dont la durée peut varier de neuf mois à cinq ans, selon qu'il s'agit de blé, par exemple, ou, au contraire, de vignes et d'arbres fruitiers.

La constitution des banques commerciales ne leur permet pas de faire des avances d'une durée aussi prolongée.

Les dépôts qui leur servent pour leurs prêts peuvent être retirés d'un moment à l'autre ; il faut donc que ces prêts soient d'une réalisation rapide. En général, les banques commerciales escomptent des effets à une échéance maxima de quatre-vingt-dix jours, et des effets à plus long terme ne trouveraient pas preneur auprès d'elles. Les banques ordinaires ne peuvent donc escompter les effets agricoles.

D'autre part, le banquier qui avance le montant d'un effet de commerce a besoin de compter sur le paiement à la date précise de l'échéance ; si le commerçant ne se met pas en mesure de payer, on le déclare en état de cessation de paiements, liquidation judiciaire ou faillite ; si l'on veut obtenir une condamnation contre le débiteur commerçant, on s'adresse aux tribunaux de commerce, dont la juridiction est autrement plus prompte et moins dispendieuse que la juridiction ordinaire, que l'on serait obligé, au contraire, d'employer contre l'agriculteur en retard de paiement.

La rigueur de l'échéance à court délai peut enfin faire craindre à l'agriculteur une vente de sa récolte dans un mauvais moment ; acculé de deux côtés à une opération financière désastreuse, il se verra dans la dure nécessité de choisir entre sacrifier sa récolte à n'importe quel prix, ou avoir recours aux usuriers qui lui feront payer cher leurs complaisances.

Ainsi le crédit commercial diffère essentiellement du crédit agricole qu'il s'agit de réaliser. Examinons donc si l'on a fait quelque chose pour faciliter le crédit aux agriculteurs et quelle part les syndicats agricoles ont prise et peuvent prendre dans l'organisation du crédit agricole.

Le crédit réel et les syndicats agricoles

Lorsqu'un négociant a besoin d'obtenir des avances, notre législation commerciale lui permet de warranter ses marchandises en les déposant dans des magasins généraux. On s'est demandé si les agriculteurs ne pourraient pas, eux aussi, tout en conservant la propriété de leurs récoltes, se faire prêter de l'argent, proportionnellement à la valeur des produits qu'ils déposeraient à cet effet dans des magasins généraux.

Diverses combinaisons émanant de particuliers ou de membres du Parlement ont été mises en avant dans ce but. Deux membres de l'Union des syndicats agricoles de Normandie ont développé un projet de création de sept *magasins généraux* d'arrondissement pour le département d'Ille-et-Vilaine, qui auraient été organisés avec le concours des syndicats agricoles de la région. Les agriculteurs y auraient emmagasiné certains de leurs produits, et on leur eût délivré sur ces produits des warrants négociables dans les caisses rurales et dans les banques, jusqu'à concurrence de 60 ou 80 % de la valeur; ils auraient pu, d'autre part, se procurer dans les mêmes magasins, à des prix peu élevés, d'autres produits qui leur auraient été nécessaires et qui auraient été déposés par d'autres agriculteurs. Mais ce système n'a pas été mis en pratique (1).

M. Martinon, député, avait, de son côté, déposé un projet tendant à l'institution de *docks-greniers,* où les cultivateurs auraient consigné leur blé contre la délivrance d'un certificat de dépôt négociable : ils auraient pu ainsi faire argent de leurs récoltes sans être obligés de les vendre à un moment défavorable (2).

Le syndicat agricole d'Anjou mérite d'être signalé pour l'heureuse initiative qu'il a prise. Les membres de ce syndi-

---

(1) Eymard. — *Op. cit.*, p. 118.
(2) V. propos. de loi Martinon, présentée à la Ch. des Dép., le 28 oct 1897, *J. Off.*, déc. 1898., Annexe n° 2.751.

cat, qui ont besoin d'avances, peuvent déposer leurs blés aux docks d'Angers, avec l'assentiment du bureau du syndicat, qui leur délivre, en attendant et moyennant un intérêt de 5 %, les 4/5 de la valeur de la récolte. Le blé est emmagasiné sous le nom du syndicat qui se charge de le vendre dans le trimestre; le syndicat prend à son compte les frais d'assurance et de warrant (1).

Enfin la loi du 18 juillet 1898 est venue organiser les warrants agricoles dans le but d'offrir aux agriculteurs, sous une forme différente, les avantages qui, pour les négociants, résultent du dépôt de leurs marchandises dans les docks. Un grand obstacle s'opposait à l'extension de ce bénéfice à l'agriculture: il provenait de l'art. 2076 du Code civil qui ne permet d'engager des effets mobiliers qu'à la condition d'en nantir les créanciers: or, pour le cultivateur, se dessaisir de ses objets mobiliers, c'est se mettre dans l'impossibilité de continuer son exploitation.

« Il est nombre de circonstances, faisait remarquer justement M. Méline (2), dans lesquelles l'agriculteur aurait intérêt à se procurer les sommes nécessaires à la bonne marche de son exploitation, sans être obligé de vendre les produits dont il peut disposer à des cours inférieurs à ceux qu'il pourrait espérer.

« C'est ainsi, par exemple, que la nécessité dans laquelle se trouvent beaucoup de cultivateurs de se procurer, après la moisson, l'argent nécessaire pour satisfaire leurs engagements, détermine, à cette époque, l'apport de quantités importantes de blé sur le marché. Il en résulte invariablement, chaque année, une baisse, suivie deux ou trois mois après, d'une hausse des prix. Il suffirait de procurer à l'agriculteur

---

(1) EYMARD. — *Op. cit.*, p. 120.
(2) *J. Off.*, 22 et 23 fév. 1898, Annexe n° 2.750, p. 63.

les moyens de se créer des ressources sur nantissement de récoltes, pour éviter cette surabondance des offres et la faiblesse des cours qui lui cause un si grave préjudice ».

C'est cette réforme qu'a tentée la loi du 18 juillet 1898, en donnant à l'agriculteur, et à lui seulement, le droit de constituer, à son propre domicile, un warrant sur certains de ses produits agricoles récoltés (art. 1er). Comme les effets de commerce, le warrant agricole est négociable et peut circuler par voie d'endossement (art. 9), et les établissements publics de crédit qui, d'après leurs statuts, ne peuvent prêter que sur plusieurs signatures, sont autorisés à recevoir les warrants agricoles comme effets de commerce avec dispense d'une des signatures (art. 8).

Nous ne savons quels résultats on peut attendre de cette nouvelle loi ; on lui reproche, et avec raison, de n'avoir fait figurer, dans son énumération limitative des produits agricoles succeptibles d'être warrantés, ni le bétail, ni le matériel agricole, qui souvent entrent pour une bonne part dans l'avoir des agriculteurs. On lui reproche surtout le silence gardé par elle sur le droit d'opposer le nantissement à un tiers possesseur de bonne foi, en d'autres termes, sur le point de savoir si le prêt sur warrant agricole est garanti ou non par un *droit de suite* en même temps que par un droit de préférence.

Dans tous les cas, le rôle des syndicats, quant aux warrants agricoles, est de faire connaître aux agriculteurs ce nouveau moyen mis à leur disposition par la loi, de tirer parti de leurs récoltes, le *warrantage sans dessaisissement,* et de les aider, s'il y a lieu, à le pratiquer.

Le crédit personnel et les syndicats agricoles

C'est au développement du crédit personnel des agriculteurs que peuvent se consacrer le plus utilement les syndicats agricoles. Pour atteindre ce but, trois procédés ont été plus spécialement employés par les syndicats agricoles : la création de sociétés anonymes à capital variable soumises à la loi de 1867, la fondation de caisses rurales Raiffeisen-Durand et l'organisation des sociétés de crédit agricole mutuel, basées sur la loi du 5 novembre 1894.

1° *Sociétés anonymes à capital variable.* — Le premier type est celui qui a été expérimenté particulièrement et avec succès par le syndicat agricole de Poligny (Jura). Ce syndicat a fondé en 1885 au profit de ses membres une association de crédit mutuel, distincte du syndicat, sous la forme d'une société anonyme à capital variable. Cette société est dans une situation assez prospère : mais cela tient apparemment à ce qu'elle a pu profiter de certains concours non moins efficaces que désintéressés. En effet, si elle a des actionnaires-sociétaires, souscrivant des actions de 50 francs, pouvant emprunter à la société et dont le dividende illimité dépend des bénéfices, elle possède des actionnaires-fondateurs, souscrivant des actions de 500 francs, qui s'interdisent de demander du crédit à la société et dont le dividende ne peut dépasser le maximum de 3 o/o.

Pour jouir des avantages de la société, il faut faire partie du syndicat agricole en même temps que de la société de crédit mutuel ; et pour devenir membre de la société, il suffit de souscrire une action de 50 francs. Cette société procure le crédit à ses membres à peu près de la même façon qu'une banque ordinaire.

On peut citer comme se rapprochant de la société du crédit mutuel agricole de Poligny, la banque populaire agricole de Saint-Laurent-du-Cher : c'est une banque cantonale. Son capital a été formé par l'émission d'actions toutes de 5o francs; le maximun des prêts consentis varie suivant la nature des opérations pour lesquelles il est demandé et la valeur des garanties offertes. Trois ans après sa fondation, le mouvement d'affaires de cette banque s'élevait à près de deux millions (1).

2° *Fondation de caisses rurales par les syndicats.* — Le second procédé employé par les syndicats est la fondation de caisses rurales système Raiffeisen-Durand, créées pour l'usage exclusif de leurs membres, et néanmoins ne se confondant pas avec le syndicat.

On sait sur quel principe reposent les caisses rurales, celui de la solidarité, de la responsabilité réciproque entre associés, en cas d'insolvabilité de l'un d'entre eux, responsabilité *illimitée* dans le système Raiffeisen, et, au contraire, limitée dans les autres.

C'est ce même principe qui a constamment guidé non seulement Raiffeisen qui a établi la solidarité indéfinie, mais Schulze-Delitsch, qui en a fait une application moins hardie : tous deux ont contribué à vulgariser le crédit agricole en Allemagne, et ont couvert ce pays de plus de huit mille institutions de crédit dont les opérations se chiffrent par centaines de millions; c'est ce principe qu'ont suivi également MM. Luzzati et Wollemborg dans la création des sociétés rurales et de banques populaires en Italie, et M. Louis Durand, en France, dans la propagation des caisses rurales système Raiffeisen, actuellement au nombre de 740 dans notre pays (2).

---

(1) EYMARD. — *Op. cit.*, p. 105.
(2) V. *Bulletin mensuel de l'Union des Caisses rurales et ouvrières à responsabilité illimitée*, juin 1899, p. 43.

Les caisses rurales Raiffeisen-Durand sont des sociétés en nom collectif et à capital variable.

En nom collectif, disons-nous, c'est-à-dire que tous les associés répondent solidairement et indéfiniment sur tout ce qu'ils possèdent, de tout le passif de la société.

La responsabilité des emprunts s'imposant à tous les membres, il importe de ne recevoir comme sociétaires que des hommes estimés et estimables, jouissant du respect de tous, à raison de leur honnêteté et de leur amour pour le travail; aussi est-il bon que tout le monde se connaisse, et, à ce titre, ce sont les syndicats agricoles à circonscription peu étendue qui peuvent, le plus utilement, s'annexer une caisse rurale.

La caisse rurale a pour principe de ne prêter qu'à ses membres et pour un usage déterminé; tous les emprunts doivent être garantis par une caution.

La société est à capital variable; mais, à vrai dire, on peut se contenter d'un capital roulant presque insignifiant. On n'exige point des sociétaires le versement d'un droit d'entrée.

Il y a pourtant un fonds de réserve qui se forme peu à peu, fonds qui est la propriété de tous, mais reste inaliénable. Il se constitue au moyen de bénéfices opérés par la caisse sur les prêts : la caisse reçoit de ses emprunteurs un intérêt de 4 ou 4 1/2 o/o, tandis qu'elle-même ne sert à ceux dont elle emprunte les capitaux qu'un intérêt de 3 ou 3 1/2 o/o. La différence entre ces deux taux est affectée au paiement des frais d'administration et à la constitution progressive d'un fonds de réserve; si jamais la caisse venait à faire des pertes, cette différence servirait encore à combler le déficit. Quant au fonds de réserve, lorsqu'il aura pris des proportions relativement surabondantes, il pourra être consacré en partie à des améliorations ou à des travaux d'utilité collective.

Tel est le fonctionnement, aussi simple que pratique, des caisses Raiffeisen-Durand. Parmi les 740 caisses existant déjà en France, un certain nombre ont été fondées comme institutions annexes des syndicats agricoles, et leurs résultats, tant matériels que moraux, sont considérables.

3° *Sociétés de crédit du type de la loi de 1894.* — Enfin, il est une troisième sorte de sociétés se proposant comme but le crédit agricole, à la fondation desquelles les syndicats peuvent s'employer, ce sont les sociétés de crédit agricoles régies par la loi du 5 novembre 1894 (1). Ce n'est pas cette loi qui habilite les syndicats à faire des opérations de crédit agricole ; les syndicats puisaient ce droit dans la loi même de 1884, qui leur confie l'étude et la défense des intérêts de la profession ; mais la loi de 1894 apporte quelques modifications heureuses à la législation du droit commun en matière de sociétés, au profit des sociétés de crédit établies par les syndicats agricoles pour l'usage de leurs membres.

L'idée qui a présidé à l'élaboration de cette loi a été d'organiser le crédit agricole par en bas, en s'adressant pour cela aux syndicats agricoles ; M. Labiche, dans son rapport au Sénat, le 3 mars 1894 (2), nous l'explique ainsi : « La connaissance insuffisante, dit-il, de la situation et de la valeur

---

(1) V. sur cette loi, A. POIDEBARD, dans *Rép. encycl. du Droit français,* v° *Société*, n°s 1090 et s. ; D. *Rep. Suppl.*, v° *Sociétes de crédit foncier, agricole et mobilier,* n°s 122 et s.; Louis DURAND. —*Les syndicats agricoles et la nouvelle loi sur le crédit agricole (Rev. cath. des Inst. et du Droit,* 1895, t. I, p. 60 et s.); BENOÎT-LÉVY, *Lois nouvelles,* 1895, p. 110 et 133 ; ARTHUYS, *Rev. crit. de législ.,* 1895.

(2) *J. Off.,* 28 et 29 mai 1894, *Annexes*, p. 87, n° 43.

morale professionnelle des agriculteurs, des chances de succès de leur entreprise, a été, jusqu'à présent, la principale
cause de l'échec, en France, des grandes banques agricoles.
Au contraire, les institutions de crédit agricole ont réussi
en Allemagne, en Italie, partout enfin où l'on a commencé
par donner au crédit une base solide, en l'organisant par en
bas d'abord, c'est-à-dire par de petites banques locales, en
situation de déterminer, sous leur responsabilité, le crédit
que peut mériter chaque agriculteur... Ces considérations
et les expériences faites dans les pays étrangers nous paraissent justifier le projet de loi qui vous est soumis. Nous
avons le ferme espoir de trouver chez un certain nombre
de membres des syndicats agricoles, dont le développement et les services ont dépassé toutes les espérances, l'initiative nécessaire pour doter notre agriculture des institutions de crédit qui, en Allemagne et en Italie, ont donné
aux agriculteurs de ces pays de si puissants moyens d'action ».

La loi de 1894 n'a pas été adoptée sans que de profondes
modifications aient été apportées au projet primitif. M. Méline, qui l'avait déposé en 1892, proposait de donner aux
syndicats professionnels le droit de se transformer eux-
mêmes en sociétés de crédit, et cette faculté n'aurait pas été
réservée seulement aux syndicats agricoles, mais tous les
syndicats professionnels sans distinction auraient pu en bénéficier.

C'eût été là une atteinte très grave portée à la loi
de 1884; aussi les syndicats agricoles eux-mêmes, effrayés
des conséquences qu'entraînerait pour eux leur transfor-
mation en sociétés commerciales, réclamèrent-ils énergiquement, et l'on fit droit à leurs réclamations. Il fut décidé
que la loi ne s'appliquerait qu'au personnel des syndicats
agricoles; mais que ces syndicats ne pourraient pas se

transformer eux-mêmes en sociétés de crédit. Ce sont les syndiqués, en tant qu'individus, qui peuvent organiser des sociétés de crédit agricole du type spécial de la loi de 1894, comme ils peuvent, du reste, en organiser d'autres.

De plus, le silence des statuts qui, dans le projet primitif, suffisait pour entraîner la responsabilité solidaire des associés, n'a plus cet effet rigoureux; d'après la loi de 1894, pour établir la responsabilité solidaire des associés, il faudrait une clause spéciale.

Enfin, si suivant le projet primitif, une comptabilité simplement *régulière* était seule exigée; d'après l'art. 4 actuel, les livres doivent être tenus « conformément aux prescriptions du Code de commerce ».

Les critiques n'ont pas été ménagées à la loi du 5 novembre 1894. Bien avant qu'elle fût définitivement votée, M. Buffet, au Sénat, avait soutenu qu'elle ne pouvait être d'aucune utilité : « Aujourd'hui, disait-il, quel obstacle légal y a-t-il à la création de sociétés, d'unions de crédit ? Il n'y en a aucun. Le projet ne crée rien, n'organise rien. Après le vote de la loi, les cultivateurs pourront nous reprocher d'avoir fait une loi sans portée et qui ne leur procure pas le moindre avantage, car ils pouvaient faire avant la loi tout ce qu'on paraît les autoriser à faire après son adoption. Je crois donc que cette loi est inutile si on n'en tient pas compte, mauvaise si l'on veut s'y conformer. »

Voyons, en parcourant rapidement les dispositions de la loi, si ces critiques sont justifiées.

La caractéristique des sociétés de crédit agricole régies par la loi de 1894, c'est qu'elles ne s'adressent qu'aux membres des syndicats agricoles : elles peuvent être constituées par la totalité des membres d'un ou de plusieurs syndicats agricoles, ou par une partie seulement des membres de ces syndicats. Pour être membre d'une société de crédit agricole, il faut faire partie d'un syndicat agricole; pour recourir à ses services, il n'est pas nécessaire d'être membre de la société de crédit, il suffit d'être membre d'un syndicat agricole. De plus, les opérations de ces sociétés doivent se rattacher aux intérêts agricoles, intérêts entendus d'ailleurs dans un sens très large : « tout ce qui concerne l'industrie agricole » (art. 1er).

Le paragraphe 2 de l'art. 1er énumère quelques-unes des opérations que peuvent faire les sociétés de crédit agricole : dépôts, recouvrements, emprunts. Cette énumération n'est nullement limitative.

Le paragraphe 3 de l'art. 1er dit que le capital social « ne peut être formé par des souscriptions d'*actions* », que les souscriptions faites par les membres « formeront des *parts* »: mais c'est là simplement une différence de dénomination.

Toutes les sociétés fondées sous les auspices de la loi de 1894 ne sont constituées qu'après versement du quart du capital souscrit, tandis que d'après la législation commune, il aurait suffi, pour les sociétés à capital variable, du versement d'un dixième.

Le capital des sociétés de crédit agricole à capital variable ne peut être réduit au-dessous du montant du capital de fondation, tandis que, d'après le droit commun, le capital des sociétés à capital variable peut, par suite de la retraite de leurs membres, se trouver réduit au dixième de son chiffre primitif.

Les articles 2 et 3 déterminent les points qui peuvent être réglés par les statuts de ces sociétés. En aucun cas il ne pourra être distribué de dividendes aux sociétaires. Il leur sera seulement servi un intérêt correspondant à la part qu'ils ont dans la composition du capital social.

A la dissolution de la société, le fonds de réserve et le surplus de l'actif seront partagés entre les sociétaires proportionnellement à leur souscription, « à moins que les statuts n'en aient affecté l'emploi à une œuvre d'intérêt agricole ».

L'art. 4 déclare que les sociétés de crédit agricole régies par la loi de 1894 sont des sociétés *commerciales*; faut-il s'en étonner ? le législateur n'a fait qu'appliquer ici les principes de notre droit sur la commercialité des actes. Toutefois, malgré leur nature de sociétés commerciales, l'art. 4 dispose que ces sociétés sont « exemptes du droit de patente, ainsi que de l'impôt sur les valeurs mobilières ». Cette dispense paraît être une grande faveur pour ces sociétés ; mais, en réalité, elle ne constitue pas un véritable privilège : la dispense s'explique d'elle-même au profit de sociétés dans lesquelles il n'y a pas de bénéfices à espérer pour les membres ; l'exemption de la patente est accordée ici par extension de ce qui a été admis pour les sociétés coopératives et l'exemption de l'impôt sur les valeurs mobilières est une conséquence de l'exclusion des dividendes.

La loi règle ensuite les conditions de publicité auxquelles sont soumises les sociétés de crédit agricole : avant toute opération il faut déposer, en double exemplaire, au greffe de la justice de paix où la société a son siège principal, les statuts avec la liste complète des administrateurs, directeurs et sociétaires, indiquant leurs noms, profession, domicile et le montant de chaque souscription. En outre, chaque année, dans la première quinzaine de février, il faut déposer, en double exemplaire, au greffe de la justice de paix du canton, la liste des membres faisant partie de la société à cette date et le tableau sommaire des recettes et des dépenses, ainsi que des opérations effectuées dans le courant de l'année précédente.

Le juge de paix devra déposer un des deux exemplaires des pièces reçues au greffe du tribunal de commerce de l'arrondissement, où tout requérant pourra en prendre communication. L'autre exemplaire demeurera au greffe de la justice de paix.

On s'est demandé, la loi étant muette sur ce point, si les pièces déposées devaient être sur papier timbré. Les ministres des finances et de la justice ont fait répondre, par une circulaire du directeur général de l'enregistrement, publiée en 1895, que ce n'était pas nécessaire pour les actes non réguliers ; la formalité du timbre serait donc nécessaire pour les actes réguliers. Mais la circulaire, pas plus que la loi, ne tranche la question de savoir si l'original même des actes est dispensé du timbre, et non pas seulement les pièces déposées : dans le doute nous croyons que ces actes doivent être faits sur papier timbré suivant le droit commun.

La loi dit qu'il sera délivré récépissé des pièces déposées. Mais ces récépissés sont-ils sujets à la formalité de l'enregistrement ? Nous ne le pensons pas, et nous ne soumettrions pas davantage les récépissés au droit de greffe, les greffiers n'ayant pas à *dresser acte* des dépôts qui leur sont faits, mais seulement à en délivrer des récépissés.

Enfin l'art. 6 garantit, par des sanctions pénales et civiles, l'observation des règles qu'elle prescrit, et il renchérit considérablement sur les sanctions posées par la loi de 1867. En cas de violation des statuts ou des dispositions de la loi, les administrateurs ou directeurs sont rendus personnellement responsables du préjudice résultant de cette violation. En cas de fausse déclaration relative aux statuts ou aux noms et qualités des administrateurs, directeurs ou sociétaires, l'amende à laquelle peuvent être condamnés les administrateurs et directeurs varie de 16 à 500 francs ; pour toutes autres violations des statuts ou de la loi, l'amende est de 16 à 200 francs. Le tribunal pourra, en outre, à la diligence du procureur de la République, prononcer la dissolution de la société. Mais le texte ne prévoit pas le cas où les statuts auront omis de régler les points sur lesquels la loi leur laisse toute liberté : il n'y aurait pas de sanction, parce qu'il n'y a pas violation des statuts.

Somme toute, la loi du 5 novembre 1894, dont les règles ne brillent pas par la clarté, accorde aux sociétés de crédit agricole qui se constituent sous son égide certains avantages dont il ne faudrait point d'ailleurs s'exagérer l'importance, comme la dispense de la patente et de l'impôt sur le revenu, et la simplification des formalités de publicité. On a aggravé, par contre, la situation de ces sociétés en leur imposant des formalités gênantes et assez difficiles à remplir, et en attachant des sanctions sévères à la violation des prescriptions de la loi.

D'ailleurs, ces prescriptions ne sont pas les seules que les sociétés de crédit agricole, qui se fondent sous les auspices de la loi de 1894, sont tenues d'observer ; elles doivent, en outre, se conformer aux règles du droit commun et spécialement à la loi du 24 juillet 1867, à celles du moins de ses dispositions auxquelles la loi du 5 novembre 1894 n'a pas formellement dérogé.

Certains auteurs ont, il est vrai, prétendu que la loi du 5 novembre 1894 se suffit à elle-même, et qu'on ne doit pas nécessairement recourir, pour la compléter, à la loi de 1867 ; une fois en règle avec la législation de 1894, les sociétés de crédit agricole auraient pleine liberté (1). Ils se sont appuyés sur certaines délibérations faites au cours des travaux préparatoires. M. Mir, spécialement, dans son son rapport à

---

(1) En ce sens, Boullaire, *Bulletin de la Société des Agriculteurs de France*, fév. 1895; Benoît-Lévy. — *Loc. cit.*, et *Manuel des Sociétés de crédit agricole*, nº 18; Arthuys, *Rev. crit.*, 1895, p. 348.

la Chambre des députés, s'est exprimé ainsi : « Les syndicats professionnels pourront, *par le simple dépôt* des statuts à la sous-préfecture, se constituer en société ayant le droit de faire les actes de crédit qui se rattacheraient exclusivement à leurs opérations syndicales ; *aux mêmes conditions et sans l'accomplissement des formalités exigées par le code de commerce ou la loi de 1867*, ils pourront également constituer des *syndicats de crédit*. Nous créons un *type nouveau* de sociétés commerciales de crédit mutuel dont les formalités sont réduites à leur plus simple expression ».

Mais cette théorie a été battue en brèche par M. Louis Durand (1), auquel se sont ralliés presque tous les auteurs (2). M. Durand a signalé avec raison les termes dont se sert l'art. 5 de la loi du 5 novembre 1894: « Les conditions de publicité prescrites pour les sociétés commerciales ordinaires sont *remplacées* par les dispositions suivantes ». Or, les conditions de publicité des sociétés commerciales ordinaires se trouvent indiquées dans le titre IV de la loi du 24 juillet 1867. Si la loi de 1894 se suffisait à elle-même, pourquoi le législateur aurait-il éprouvé le besoin de déroger à ce titre? En écartant le titre IV, il déclare par le fait même, que pour toutes les questions à l'égard desquelles il n'est pas intervenu une disposition contraire de la loi de 1894, il faut se reporter aux autres titres de la loi de 1867 qui sont le droit commun des sociétés. Eh bien, aucune disposition de la loi de 1894 ne règle les conditions de fondation, la forme du contrat social, etc ; c'est donc

(1) Louis Durand, *Bulletin mensuel de l'Union des caisses rurales et ouvrières à responsabilité illimitée*, nos de décembre 1894, mars, août et septembre 1895, etc.

(2) En ce sens, D. *Rép., Suppl.*, vo *Sociétés de Crédit foncier*, no 125; A. POIDEBARD. — *Loc. cit.*, no 1092.

que pour tous ces points, la loi de 1894 a voulu que l'on se reportât à la loi du 24 juillet 1867.

Cette interprétation est d'ailleurs confirmée par les travaux préparatoires. Dans son rapport au Sénat, M. Labiche s'exprimait ainsi : « Tandis que la proposition adoptée par la Chambre constituait une dérogation à la loi de 1884 sur les syndicats professionnels, le projet qui vous est soumis par votre commission a un caractère différent. Il n'apporte aucune modification à la loi sur les syndicats. Il édicte seulement *quelques dispositions complétant la loi du 24 juillet 1867 sur les sociétés* » (1). « Ce que nous voulons, dit à son tour M. Viger, ministre de l'agriculture, c'est, *en atténuant les formalités de la loi de 1867*,... faciliter la création, etc. ». (2). Quant aux déclarations faites au cours des travaux préparatoires que l'on cite comme paraissant contraires à cette interprétation, elles ne peuvent rien prouver, puisqu'elles ont été prononcées lors de la discussion du projet primitif, qui tendait à transformer le syndicat professionnel lui-même en société de crédit.

Ajoutons que le Comité de législation et du contentieux de l'Union du Sud-Est des Syndicats agricoles s'est livré à une minutieuse étude de la loi de 1894 et que ses conclusions sont pleinement conformes à celles de M. Louis Durand (3).

Les syndicats agricoles n'auraient donc pas grand intérêt à se placer sous l'égide de la loi du 5 novembre 1894, pour fonder des sociétés de crédit agricole, si ces sociétés ne te-

---

(1) *J.Off.*, Doc., Sénat, 1894, p. 87.
(2) *J. Off.*, 22 mai 1894, Déb. parl., Sénat, p. 442.
(3) Voir la consultation de ce Comité dans le *Bulletin de l'Union des caisses rurales et ouvrières à responsabilité illimitée*, juin 1899, p. 41 et s.

naient pas de la loi du 17 novembre 1897, qui proroge le privilège de la Banque de France, la possibilité de recevoir, sans payer d'intérêts, les avances nécessaires pour la constitution de leur fonds de roulement, par l'intermédiaire des *caisses régionales* de crédit agricole qu'organise la loi du 31 mars 1899.

La loi du 17 novembre 1897 (1) touche à la question du crédit agricole par les syndicats dans deux de ses articles, l'art. 2 et l'art. 18.

L'art. 2 dispose que les syndicats agricoles pourront être admis à l'escompte de la Banque de France; mais cette disposition n'était pas nécessaire, la Banque de France n'avait nullement besoin d'une autorisation spéciale pour escompter le papier des syndicats agricoles : le gouvernement a d'ailleurs reconnu, au cours des travaux préparatoires, « qu'il n'avait voulu que constater d'une manière plus particulière dans les statuts de la Banque, l'état de choses existant ».

L'art. 18 est ainsi conçu : « Les sommes versées par la Banque par application des art. 5 et 7 seront réservées et portées à un compte spécial du Trésor jusqu'à ce qu'une loi ait établi les conditions de création et de fonctionnement d'un ou de plusieurs établissements de crédit agricole ».

Il s'agit ici de l'avance de quarante millions que la Banque de France s'est engagée à mettre à la disposition de l'État, sans intérêt, et d'une redevance annuelle, de deux millions au minimum qu'elle doit lui payer, charges que l'État a imposées à la Banque comme condition du renouvellement de son privilège, en exécution de la convention passée le 31 octobre 1896 entre M. Cochery, ministre des Finances, et M. Magnin, gouverneur de la Banque de

---

(1) *Lois annotées* de 1898, p. 473 et s.

France. L'art. 18 affecte ces sommes à l'organisation du crédit agricole; mais il laisse à une loi postérieure le soin de désigner ou de créer le ou les établissements de crédit agricole qui pourront bénéficier des avances et redevances versées par la Banque de France à l'Etat.

C'est la loi du 31 mars 1899 qui est venue donner à la précédente son complément. Elle est intitulée « loi ayant pour but l'institution des caisses régionales de crédit agricole mutuel et les encouragements à leur donner ainsi qu'aux sociétés et aux banques locales de crédit agricole mutuel ».

La loi du 31 mars 1899 ne crée donc aucune banque, mais elle réglemente la fondation de caisses régionales de crédit agricole mutuel et indique les opérations qu'elles peuvent faire et avec quelles sociétés.

L'art. 1er dispose que l'avance de quarante millions et la redevance annuelle à verser au Trésor par la Banque de France, sont mises à la disposition du gouvernement, pour être attribuées, à titre d'avances sans intérêts, aux caisses régionales de crédit agricole mutuel qui seront constituées d'après les dispositions de la loi du 5 novembre 1894.

Les caisses régionales doivent donc être des sociétés *mutuelles*; elles sont soumises, évidemment, aux prescriptions de la loi du 5 novembre 1894 et de celle du 31 mars 1899; mais nous pensons qu'elles doivent se conformer également à celles de la loi du 24 juillet 1867 et de la législation du droit commun, en général, auxquelles il n'a pas été dérogé par ces nouvelles lois spéciales, soit expressément, soit tacitement (1).

Les caisses *régionales*, d'après l'article 2, ont pour but de

---

(1) En ce sens, la Consultation précitée du *Comité de lég. et du content. de l'Union du Sud-Est.*

faciliter les opérations concernant l'industrie agricole, effectuées par les membres des sociétés locales de crédit agricole mutuel de leur circonscription et garanties par ces sociétés. Il a été formellement déclaré, lors de la discussion de cet article, que par ces mots « *sociétés locales de crédit agricole* » mutuel on doit comprendre non seulement les sociétés fondées sous l'empire de la loi de 1894, mais également celles établies sous l'empire de la loi de 1867.

Les opérations des caisses régionales consistent exclusivement dans l'escompte des effets souscrits par les membres des sociétés locales et endossés par ces sociétés, et dans les avances faites à ces sociétés pour la constitution de leurs fonds de roulement.

Ces avances gratuites ne peuvent excéder le montant du capital versé, et elles sont remboursables dans un délai maximum de cinq ans. Elles sont renouvelables, mais devront être immédiatement remboursées en cas de violation des statuts ou de modifications diminuant les garanties de remboursement (art. 3).

La répartition des avances entre les caisses régionales est faite par le ministre de l'agriculture sur l'avis d'une commission spéciale nommée par décret (art. 4).

Un autre décret, rendu sur l'avis de cette commission spéciale, fixera les moyens de contrôle et de surveillance à exercer sur les caisses régionales (art. 5).

Ces caisses devront déposer leurs statuts au ministère de l'agriculture ; comme elles sont régies également par la loi du 5 novembre 1894, elles doivent aussi effectuer ce dépôt au greffe de la justice de paix de leur canton.

L'art. 5 laisse pleins pouvoirs aux statuts pour fixer la circonscription territoriale des caisses, l'étendue de leurs opérations, leur mode d'administration, la composition du capital social, la proportion dans laquelle chaque sociétaire peut contribuer à sa constitution, les conditions de retrait; le nombre des parts, dont les deux tiers au moins seront réservés de préférence aux « sociétés locales », par conséquent aux sociétés régies par la loi de 1867 tout aussi bien qu'aux autres; l'intérêt à allouer aux parts et qui ne peut être supérieur à 5 o/o du capital versé ; le maximum des dépôts à recevoir en comptes-courants et le maximum des bons à émettre, dépôts et bons qui ne pourront dépasser les trois quarts du montant des effets en portefeuille ; enfin les règles applicables aux modifications des statuts et à la liquidation de la société.

La loi du 31 mars 1899 n'édicte pas de sanctions spéciales: il faut donc distinguer entre les infractions à la loi du 24 juillet 1867, les infractions à la loi du 5 novembre 1894 et les infractions à la loi du 31 mars 1899.

Les infractions à la loi du 24 juillet 1867 peuvent entraîner soit la nulllité, soit des amendes, soit des responsabilités civiles.

La violation des statuts ou des prescriptions de la loi du 5 novembre 1894 engage la responsabilité personnelle des administrateurs, les expose à une amende de 16 à 200 francs, qui peut être portée à 500 francs en cas de fausse déclaration relative aux statuts ou aux noms à déposer, sans préjudice de la faculté pour le tribunal de prononcer, à la demande du procureur de la République, la dissolution de la société. De plus, en cas de violation des statuts ou de modifications diminuant les garanties de remboursement, les avances peuvent, d'après l'art. 3 de la loi de 1899, être retirées.

Enfin la violation des dispositions de la loi du 31 mars 1899 ne fait encourir que des responsabilités civiles.

CHAPITRE III

REPRÉSENTATION LÉGALE DU SYNDICAT AGRICOLE

Dans tous les actes de la vie civile que les syndicats agricoles peuvent légitimement accomplir, les administrateurs ou directeurs sont les représentants naturels de l'association.

Les statuts de chaque syndicat peuvent déterminer exactement les attributions de leurs administrateurs ou directeurs, tracer les limites qu'ils ne pourront franchir sous peine d'engager leur responsabilité personnelle ; écarter même à certains égards la responsabilité des administrateurs. Mais il est une responsabilité à laquelle les statuts ne peuvent porter aucune modification, c'est la responsabilité pénale. Nous avons vu, en effet, et nous n'en parlons ici que pour le rappeler, que c'est contre les directeurs ou administrateurs du syndicat que sont poursuivies les infractions aux dispositions des articles 2, 3, 4, 5 et 6 de la loi du 21 mars 1884, et qu'ils encourent une amende de 16 à 200 fr., susceptible d'être portée à 500 francs en cas de fausse déclaration relative aux statuts et aux noms et qualités des administrateurs ou directeurs.

Mais comment doit-on mesurer la responsabilité civile des administrateurs ou directeurs ?

Il faut l'apprécier en faisant, à leur égard, une application des principes généraux du mandat et de la société ; ils nous conduiront à poser les règles suivantes :

1° Les administrateurs ou directeurs ne sont pas engagés personnellement par les actes qu'ils ont accomplis dans les limites que leur assignent les statuts ou la loi : le syndicat seul est responsable et il ne saurait se soustraire à cette responsabilité.

2° Les administrateurs ou directeurs n'engagent pas le syndicat par les actes qui excèdent leurs pouvoirs : le syndicat a le droit d'opposer la nullité de l'engagement conclu par ses administrateurs en son nom, mais en dehors de leur mandat ; il n'aurait plus ce droit si les tiers pouvaient invoquer contre lui un fait constituant de sa part une ratification expresse ou tacite (art. 1998 du Code civil) : la ratification rétroagit au jour où l'acte a été accompli ; elle produit les effets d'un mandat rétrospectif.

3° Les administrateurs ou directeurs qui agissent en dehors des limites de leurs pouvoirs, sont personnellement engagés dans deux cas : 1° lorsqu'ils se sont eux-mêmes soumis à la garantie, par exemple en se portant fort pour le syndicat, et que celui-ci ne veut pas ratifier ; 2° lorsqu'ils n'ont pas donné aux tiers avec lesquels ils ont traité une connaissance suffisante de la nature de leurs pouvoirs (art. 1997 du Code civil). Quand les statuts s'expliquent sur l'étendue exacte des pouvoirs des administrateurs, les tiers ne peuvent invoquer la nullité des engagements par eux conclus, parce qu'ils n'avaient qu'à prendre connaissance des statuts déposés à la mairie ; mais lorsque l'acte accompli par les administrateurs n'est pas spécialement prévu par les statuts, les administrateurs sont engagés s'ils ont volontairement laissé ignorer les limites de leurs pouvoirs; car, suivant l'observation de M. Bédarride « les tiers doivent supposer que l'administrateur qui traite avec eux a les pouvoirs suffisants, et il n'y a pas à hésiter entre les tiers confiants et de bonne foi et un administrateur coupab¹ d'avoir sciemment excédé ses pouvoirs ».

4º Les administrateurs ou directeurs sont responsables envers le syndicat des conséquences de la non-exécution du mandat par eux accepté, et peuvent être condamnés à des dommages-intérêts au profit du syndicat; ils répondent également vis-à-vis du syndicat des fautes ou fraudes par eux commises dans l'exécution de leur mandat; néanmoins, comme les fonctions d'administrateurs ou de directeurs de syndicats sont d'ordinaire absolument gratuites, il convient de leur appliquer cette disposition de l'art. 1992 du Code civil : « Le mandataire répond non seulement du dol, mais encore des fautes qu'il commet dans sa gestion. *Néanmoins la responsabilité relative aux fautes est appliquée moins rigoureusement à celui dont le mandat est gratuit qu'à celui qui reçoit un salaire* ».

5º Les administrateurs ou directeurs du syndicat sont responsables envers un membre quelconque du syndicat, lorsque, par leur faute ou par leur dol, ils lui ont personnellement causé un préjudice (art. 1382 C. civ.).

6º Les administrateurs ou directeurs du syndicat répondent personnellement envers un tiers quelconque du préjudice résultant pour ce dernier de fautes, quasi-délits ou délits commis dans l'exercice de leurs fonctions, même au nom et dans l'intérêt du syndicat. Par application de ce principe, la cour de Bourges a condamné à des dommages-intérêts envers un patron, le trésorier général d'un syndicat qui, pour recruter des adhérents à cette association et à la grève par lui organisée, avait fait envahir le chantier du patron par les grévistes, et contraint, par menaces et voies de fait, les ouvriers à abandonner le travail (1). Le tribunal de Moutiers a également décidé que les administrateurs des syndicats professionnels sont personnellement responsables, vis-à-vis d'un tiers, des pertes subies par celui-ci, quand, dans l'administration, ils ont commis des délits, quasi-délits ou actes quelconques, de la nature de ceux visés par les articles 1382 et 1383 du Code civil. Ce tiers peut donc poursuivre contre eux le recouvrement de la créance qu'il avait contre le syndicat tombé en déconfiture (2).

Mais les administrateurs du syndicat poursuivis par un tiers, pour des fautes, délits ou quasi-délits qu'ils ont commis dans l'exercice de leurs fonctions *au nom et dans l'intérêt du syndicat*, ont le droit de se retourner contre le syndicat qui a autorisé de tels actes, et de faire intervenir sa responsabilité civile à titre de commettant. M. Marcel Planiol, dans une note sous l'arrêt précité de la cour de Bourges, a prétendu le contraire. D'après lui, les syndicats seraient absolument irresponsables. En effet, si on pouvait poursuivre le syndicat, la sanction serait illusoire : « Quels moyens de contrainte peut-on employer contre une personne ordinairement sans solvabilité, comme le sont la plupart des syndicats ouvriers qui ne possèdent rien ? et surtout contre une personne de cette sorte qui peut se dissoudre du soir au lendemain ? Un syndicat dissous ne laisse pas après lui d'héritiers responsables, et il peut être remplacé à bref délai par un syndicat nouveau qui n'aura rien à démêler avec le passif de l'ancien. Le jour où cette responsabilité leur deviendra une charge, les ouvriers sauront bien s'y soustraire si l'on s'en tient là ».

---

(1) C. de Bourges, 19 juin 1894, D. P. 94. 2. 441.
(2) Trib. civ. de Moutiers, 28 janv. 1892, *France judiciaire*, 1892, p. 350.

Aussi, pour que la sanction ne soit pas illusoire, faut-il une autre responsabilité. Ce sera, selon les cas, ou bien celle de tous les membres du syndicat, si tous ont concouru à une délibération illicite, ou bien celle seulement des membres qui auront pris part à cette délibération, si elle n'a pas eu lieu tous les membres étant présents, ou bien enfin la responsabilité des membres du bureau uniquement, si eux seuls ont voté une mesure dont les suites ont été préjudiciables à des tiers.

Nous partageons complètement l'opinion de M. Planiol sur ce point ; toutes ces personnes sont, en effet, plus ou moins coupables des conséquences dommageables d'une décision à laquelle elles ont contribué activement ; elles auraient pu protester lors de la délibération, lors de l'assemblée générale : elles ne l'ont pas fait ; elles n'ont à s'en prendre qu'à elles-mêmes, si l'on se retourne contre elles pour exiger une réparation. Et, comme il serait assez difficile de discerner la contribution exacte de chacune à la faute encourue, la responsabilité solidaire de toutes s'impose. Comme le fait très justement remarquer M. Planiol, « la circonstance que des ouvriers se sont syndiqués ne peut pas les affranchir des conséquences de leurs délits, car la liberté de s'associer ne leur a pas été donnée pour cela ».

Mais où nous ne sommes plus d'accord avec M. Planiol, c'est lorsque ce savant professeur soutient que « les personnes morales ne peuvent pas commettre de délits », que « ce sont des fictions instituées pour la commodité de certains actes juridiques, mais qui ne peuvent pas servir de paravent pour les auteurs d'actes délictueux ». Sans doute, le but du syndicat n'est pas de permettre à ses membres, en s'abritant derrière sa personnalité, d'échapper à la répression de leurs fautes ou délits ; mais là n'est pas la question. Le problème est de savoir s'il n'y a pas, pour ces fautes ou délits, deux responsabilités distinctes : la responsabilité personnelle des membres du syndicat et la responsabilité personnelle du syndicat lui-même. Or, nous ne voyons pas pour quelle raison la responsabilité du syndicat ne coexisterait pas avec celle de ses membres. Que le syndicat, personne morale, ne puisse encourir de responsabilité pénale, qu'il ne puisse aller en prison, cela est évident : une personne physique seule est susceptible de ce genre de punition ; mais il n'en est plus de même de la responsabilité civile : le syndicat, personne juridique, a la capacité de s'engager par ses contrats et ses quasi-contrats ; pourquoi ne serait-il pas capable de s'engager civilement par ses délits et ses quasi-délits ? Il a, d'ailleurs, un patrimoine, des biens qui garantiront le paiement des dommages-intérêts auxquels il peut être condamné ; ce patrimoine sera parfois peu considérable, il est vrai, mais ce n'est pas une raison pour sacrifier la thèse juridique de la responsabilité personnelle du syndicat en tant que personne civile, venant s'ajouter à la responsabilité personnelle et distincte de ses membres (1).

La jurisprudence a, d'ailleurs, fait maintes fois l'application du principe de la responsabilité personnelle du syndicat, personne morale, en condamnant au paiement de dommages-intérêts, des syndicats, pour avoir usé, contre un patron, de la grève ou de la menace de grève en vue d'obtenir le renvoi de tel ou tel ouvrier, parce qu'il s'était retiré du syndicat ou refusait d'obéir à ses injonctions. Ces faits avaient été relevés à la charge « du syndicat », ou « des ouvriers syndiqués », ou « des membres du syndicat » ou « de la chambre syndicale » (2). Le tribunal civil de Lyon a

(1) En ce sens, BRÉMOND, *Rev. crit. de lég. et de jur.*, mars 1899, p. 136.

(2) Civ. Cass., 22 juin 1892, D. P. 92. 1.449 ; Lyon, 2 mars 1893,

condamné solidairement le journal « Le Peuple » et le syndicat des maçons pour réparation du préjudice causé à un
patron par des agissements quasi-délictueux, notamment
par la publication, dans ce journal, d'insinuations malveil-
lantes invitant les ouvriers à déguerpir de son chantier,
d'injures et de menaces contre ceux qui continueraient à
travailler chez lui (1).

D. P. 94.2.305, 15 mai 1895, D. P. 95. 2. 310,et 10 août 1895, *Bulletin
de l'Office du travail*, 1895, p. 601; Nancy, 4 mai 1892, D. P. 92
2.433 ; tribun. civ. de la Seine, 4 juillet 1895, D. P. 95. 2.312 et 6
nov. 1895, *Bulletin de l'Office du Travail*, 1896, p. 61.

(1) Trib. civ. de Lyon, 17 juin 1898, *Rev. des Soc.* 1899, p. 78.

CHAPITRE IV

RAPPORTS DES MEMBRES AVEC L'ASSOCIATION

Tout membre d'un syndicat agricole, par le fait même de son affiliation à cette association, acquiert des droits et contracte des obligations ; mais tout membre d'un syndicat agricole ne fait pas nécessairement partie des institutions annexes, fondées par le syndicat. Nous allons donc envisager séparément les droits et obligations des syndiqués vis-à-vis de *l'association principale*, et les droits et obligations des syndiqués vis-à-vis des *institutions annexes* aux syndicats agricoles.

Droits et obligations des syndiqués vis-à-vis de l'association principale.

L'admission des membres dans un syndicat agricole est réglée par les statuts qui peuvent imposer, ainsi que nous l'avons vu, telle condition que bon leur semble à cette affiliation. Rappelons cependant que sont interdites les conditions illicites ou immorales, ce qui n'est que l'application du droit commun, et spécialement toute dérogation aux règles relatives à la composition ou à l'objet d'un syndicat professionnel agricole, tels qu'ils sont fixés par les articles 2 et 3 de la loi de 1884.

En outre, un individu n'a pas le droit, parce qu'il satisfait à toutes les conditions d'aptitude que doivent remplir les membres d'un syndicat agricole, d'exiger son admission dans le syndicat. Ce dernier est libre, dans les limites tracées par les statuts, d'admettre ou de ne pas admettre les agriculteurs qui viennent solliciter leur affiliation, tout comme ceux-ci sont absolument libres de demander ou de ne pas demander à entrer dans le syndicat.

Mais du jour où un agriculteur est admis dans un syndicat jusqu'au jour où il s'en retire, il doit, comme syndiqué, observer les prescriptions contenues dans les statuts qui forment un véritable contrat entre les syndiqués et le syndicat. C'est ainsi que si les statuts du syndicat imposent à tous les membres le paiement d'une cotisation, un syndiqué ne saurait, en invoquant une raison quelconque, par exemple, le fait de n'avoir pas participé aux avantages du syndicat, se soustraire à cette obligation, et le syndicat peut, en s'adressant aux tribunaux judiciaires, le contraindre à l'exécuter, même le faire condamner à des dommages-intérêts, pour réparation du préjudice causé par sa faute à l'association. Il en serait de même pour des amendes que les statuts édicteraient pour certaines violations déterminées des règlements du syndicat, et nous ne voyons pas pour quelle raison on refuserait au syndicat, comme l'ont proposé certains auteurs [1], une action en justice pour contraindre ses membres à en effectuer le paiement.

Ce droit a d'ailleurs été reconnu par un jugement du tribunal civil de Falaise, confirmé par un arrêt de la cour de

_____

[1] En ce sens, Boullaire. — *Op. cit.*, p. 118; Bry. — *Op. cit.*, p. 275; Pic. — *Op. cit.*, p. 125. *Contrà*, Glotin. — *Op. cit.*, p. 288.

Caen (1) : « Attendu, dit le tribunal, que la loi accorde aux syndicats le droit d'ester en justice, de posséder un patrimoine propre, qui se compose notamment, ainsi que cela résulte de l'exposé des motifs de la loi de 1884, de la cotisation, *du produit des amendes...* ». Il n'y a là, somme toute, qu'une application des principes généraux qui régissent les contrats. Le syndiqué pouvait rester en dehors du syndicat ; il a voulu en faire partie : le syndicat ne l'a admis qu'à la condition qu'il observerait toutes les prescriptions des statuts, par conséquent même le paiement d'une amende, prévue par les statuts, en cas d'inobservation de leurs prescriptions ; c'est là tout simplement une clause pénale, telle que la loi permet d'en introduire, pour assurer l'exécution d'une convention (art. 1220 C. civ.). Le syndiqué est lié par cet engagement et le syndicat peut le contraindre à l'exécution.

Toutefois, par dérogation formelle au principe que les conventions font la loi des parties, la loi a voulu faire la part d'un autre principe, qu'elle a considéré comme supérieur, celui de la liberté individuelle, en permettant à tout membre d'un syndicat de se retirer à tout instant de cette association, nonobstant toute clause contraire (art. 7), à la seule condition de payer la cotisation de l'année courante ; comme la loi ici ne fait pas mention du paiement des amendes, on décide généralement qu'un syndiqué qui a encouru une amende a un moyen bien simple de ne pas la payer, c'est d'invoquer l'art. 7 et de se retirer du syndicat.

Le paiement d'une cotisation et le paiement des amendes prévues par les statuts sont donc, en principe, les deux seules obligations dont soit tenu un syndiqué, tant qu'il fait partie de l'association. Encore convient-il d'ajouter qu'un syndicat agricole se comprend très bien sans l'existence de

---

(1) C. de Caen, 30 mai 1892, D. P. 93.2. 245.

l'obligation pour ses membres de payer une cotisation, même très réduite.

Les opérations, les actes quelconques accomplis par un syndicat dans les limites ou au-delà des limites de ses attributions, ne sauraient donc, en principe, faire naître des obligations sur la tête de ses membres, en dehors du fait personnel de ceux-ci; et il a été sagement jugé que les syndicats, n'étant pas les ayants-droit des membres qui les composent, sont, par la suite, sans qualité pour engager personnellement ceux-ci vis-à-vis des tiers, quand bien même l'engagement aurait été approuvé par l'assemblée générale du syndicat (1).

Mais une clause des statuts ou un acte modificatif de ceux-ci pourraient valablement en décider autrement, augmenter d'une façon plus ou moins considérable l'étendue des obligations des membres du syndicat, et même les rendre tous solidairement responsables de ses engagements; une disposition formelle des statuts pourrait établir que les syndiqués répondront, comme cautions, des obligations contractées par le syndicat envers les tiers, sauf le droit pour chaque associé de se soustraire, *pour l'avenir* seulement, à cette charge en se retirant de l'association. Enfin les syndiqués seraient responsables, comme toute autre personne, des conséquences des obligations assumées par eux en agissant spontanément pour le compte du syndicat, par le quasi-contrat de *gestion d'affaire*; et il faudrait alors faire application des articles 1372, 1373 et 1374 du Code civil, qui fixent l'étendue de ces obligations.

Ce sont naturellement les tribunaux civils qui sont compétents pour connaître des difficultés survenant entre le syndicat et ses membres, à propos de l'exécution des obli-

---

(1, Trib. civ. de la Seine, 23 juin 1896, (*Le Droit*, 16 juillet 1896).

gations contractées par les syndiqués envers le syndicat ou réciproquement (1).

En échange des obligations diverses dont sont tenus les membres d'un syndicat, tout syndiqué a droit aux avantages que l'association doit procurer à ses membres; et il puiserait dans le refus injustifié de le laisser participer à ces avantages, le droit d'intenter une action en justice contre le syndicat, les administrateurs ou les membres du syndicat auteurs de ce déni de justice.

Une personne peut cesser d'appartenir à un syndicat agricole pour trois causes, dont les effets sont bien différents : le décès, la démission volontaire et l'exclusion.

1° *Décès d'un syndiqué.* — La qualité de membre d'un syndicat étant de sa nature essentiellement attachée à la personne de celui qui la possède, il s'ensuit qu'en cas de décès d'un syndiqué, ses héritiers ou ayants-cause ne succèdent ni à ses droits ni à ses obligations de syndiqué. Ils peuvent, en effet, ne pas avoir l'aptitude professionnelle nécessaire pour faire partie d'un syndicat, et spécialement du syndicat auquel appartenait leur auteur ; ils peuvent aussi ne pas convenir personnellement aux autres associés.

Néanmoins, si le membre était mort sans avoir soldé la cotisation de l'année courante ou du mois courant, selon que cette cotisation était payable par année ou par mois, ses héritiers ou ayants-cause seraient tenus de la payer, une cotisation étant exigible dès le commencement de la période pour laquelle elle est due. Il en serait de même pour toutes autres obligations qui n'auraient pas un caractère absolument personnel. Inversement, les héritiers ou ayants-cause d'un syndicataire décédé peuvent réclamer les avantages

---

(1) Arrêt précité de la cour de Caen, du 30 mai 1892.

auxquels leur auteur avait un droit acquis et dont il aurait
pu bénéficier s'il avait vécu, jusqu'à l'expiration de la
période pour laquelle la cotisation est due.

2° *Démission volontaire d'un syndiqué.* — Cette hypothèse est prévue par le § 1 de l'art. 7 : « Tout membre d'un
syndicat professionnel, dit cet article, peut se retirer à tout
instant de l'association, *nonobstant toute clause contraire*,
mais sans préjudice du droit pour le syndicat de réclamer
la cotisation de l'année courante ».

La pensée qui a guidé le législateur dans la rédaction de
cet article a été d'assurer, par-dessus tout, la liberté individuelle des membres des syndicats, spécialement des syndicats ouvriers. Il a craint, avec raison, que les syndicats ou
leurs administrateurs n'arrivassent à dominer complètement leurs membres et à les entraîner malgré eux, à des
actes ou des violences pour lesquels ils ne ressentiraient que
de la répugnance ; il a voulu qu'on fût libre de sortir d'un
syndicat comme on est libre d'y entrer ou de n'y pas entrer,
et il a décidé qu'on pouvait se retirer du syndicat à tout
instant, et cela *nonobstant toute clause contraire*.

En règle générale, dans une société ordinaire on peut
s'engager à rester associé pendant un certain nombre d'années ; les art. 1865 et 1871 du Code civil prévoient la formation de sociétés à terme, et l'art. 52 de la loi de 1867 sur
les sociétés nous dit que « chaque associé pourra se retirer
de la société lorsqu'il le jugera convenable, *à moins de conventions contraires*... » L'art. 7 déroge donc au droit commun en matière de sociétés.

Tout engagement d'un syndiqué qui promettrait de ne
pas se retirer du syndicat pendant un temps déterminé ou
tant qu'il exercerait sa profession, par exemple ; toute clause
qui aurait pour effet de soumettre un membre du syndicat

au paiement d'une amende, d'une indemnité en cas de démission de sa part, seraient nuls et d'une nullité absolue, et le syndicat ne pourrait s'adresser aux tribunaux pour obtenir le paiement. Comment d'ailleurs pourrait-il exiger l'exécution de clauses pénales destinées à assurer elles-mêmes l'exécution d'obligations qui sont nulles ? La clause pénale se rattachant à une convention par le lien qui unit l'accessoire au principal, la nullité de l'obligation entraîne, en effet, celle de la clause pénale (art. 1227 du Code civil) (1).

On peut se demander si les syndicats n'ont pas un moyen indirect de forcer leurs membres à demeurer dans l'association, en insérant dans les statuts une clause aux termes de laquelle tout membre démissionnaire du syndicat serait mis en interdit et l'objet d'une sommation faite à ses patrons de le congédier. Certains tribunaux ont même décidé « qu'il appartenait aux syndicats d'influencer en ce sens la volonté » de leurs membres (2). Suivant nous, des syndiqués qui désirent se retirer d'un syndicat ne doivent pas être retenus par la crainte de semblables procédés de coercition.

De nombreux jugements et arrêts, que nous avons eu déjà l'occasion de citer, ont, en effet, décidé que certains actes accomplis par un syndicat, licites en eux-mêmes, comme la mise en interdit, ou la menace d'interdit, peuvent devenir délictueux par l'abus qui en serait fait à l'encontre de la liberté individuelle, et les entraves qu'ils apporteraient à l'exercice des droits des particuliers. Telle est bien notamment la faculté de ne pas entrer dans un syndicat ou d'en sortir à son gré, nonobstant toute clause contraire. Ces actes deviennent ainsi une cause légale de dommages-intérêts pour

---

(1) En ce sens, Marcel MONGIN. — *Loc. cit.*, p. 103.
(2) C. de Grenoble, 28 oct. 1890, D. P. 91. 2. 241.

celui auquel ils ont porté un préjudice matériel ou moral.

Le syndicat a le droit de réclamer à tout membre démissionnaire le paiement de la cotisation de l'année courante. Le législateur a prévu le cas le plus fréquent, celui où les membres du syndicat sont assujettis à une cotisation, et à une cotisation payable tous les ans. Mais, d'une part, si le paiement d'une cotisation n'était pas exigé par les statuts ou un acte modificatif des statuts, le syndiqué se retirerait sans rien payer; d'autre part, si la cotisation des syndicataires, au lieu de n'être exigible que tous les ans, l'était tous les mois ou toutes les semaines, le membre démissionnaire serait quitte envers le syndicat en ne versant que la somme correspondant au mois ou à la semaine qui court du jour de sa démission.

Dans tous les cas, la « cotisation de l'année courante » ne saurait raisonnablement s'entendre que de l'année ou du mois ou de la semaine au cours desquels le syndiqué donne sa démission et non d'une année, d'un mois ou d'une semaine entiers, calculés du jour où il s'est volontairement retiré du syndicat (1); l'opinion contraire conduirait à faire naître, au profit du syndicat et à la charge du démissionnaire, une véritable obligation sans cause, puisque la cotisation est due en compensation des services rendus par le syndicat, et qu'un syndiqué, du jour où il s'est retiré de l'association, ne peut plus bénéficier de ses avantages; ce serait, au fond, une véritable amende, conséquence de la démission : or, les clauses pénales de ce genre sont déclarées nulles par l'art. 7 (2).

Si, en principe, le paiement de la cotisation de l'année

---

(1) Trib. de paix du 5me canton de Marseille, 11 nov. 1885, cité par Boullaire. — *Op. cit.*, p. 114.

(2) En ce sens, Marcel Mongin. — *Loc. cit.*, p. 104.

courante est la seule chose à laquelle soit tenue toute personne qui se retire volontairement du syndicat, c'est qu'en
général les actes accomplis par le syndicat n'engagent pas
ses membres ; mais il en serait autrement si, par exemple,
les statuts du syndicat déclaraient tous les membres solidairement responsables des suites de ses opérations, ou si le
membre sortant avait géré, avec ou sans mandat, le patrimoine syndical : il est bien évident qu'un membre du syndicat ne saurait, en donnant sa démission, se soustraire aux
conséquences des obligations par lui contractées envers le
syndicat, envers d'autres membres ou envers les tiers, antérieurement à sa démission ; l'art. 7, en disposant que le syndicat peut réclamer la cotisation de l'année courante à ceux
de ses membres qui se retirent, se borne à faire une application particulière du principe général que nous venons de
rappeler.

Le syndiqué qui démissionne est lié dans la mesure où il
s'est lui-même engagé, pendant qu'il faisait partie du syndicat, soit envers le syndicat, soit envers ses membres, soit
envers les tiers ; les statuts ne pourraient, sous peine de
nullité, augmenter l'étendue de ses obligations pour le cas
de démission ; mais rien ne s'oppose, au contraire, à ce qu'ils
restent en deçà des exigences de la loi : c'est ainsi qu'ils
pourraient décider que les membres démissionnaires seront
affranchis de la cotisation de l'année courante.

Les syndicataires qui se retirent volontairement perdent
tout droit aux avantages, quels qu'ils soient, procurés par
le syndicat à ses membres. Nous voulons parler, ici, seulement des services que le syndicat leur rend directement,
comme seraient des secours en espèces, pris sur les fonds
généraux du syndicat ; il est naturel que l'ex-syndiqué ne
profite plus d'une société dont il ne fait plus partie ; mais
nous verrons qu'il en serait différemment des avantages

acquis indirectement à ses membres par l'intermédiaire d'institutions annexes possédant une caisse spéciale distincte de celle du syndicat.

Enfin, non seulement le syndiqué démissionnaire est exclu de toute participation aux avantages à venir du syndicat; mais il n'a pas le droit de réclamer une part de l'actif syndical actuel, pas plus qu'il n'a le droit de reprendre les sommes qu'il a versées au syndicat (1) : ces sommes, il les a aliénées définitivement, sans réserve, en échange des avantages qu'il retirait personnellement du syndicat, et la faculté de les recouvrer s'expliquerait d'autant moins qu'il est, en principe, tenu de payer la cotisation de l'année courante. Ajoutons que sa démission lui fait perdre le droit éventuel que peut avoir un membre de prendre sa part de l'actif du syndicat lors de la dissolution de l'association (2).

3° *Exclusion d'un syndiqué*. — Tout membre d'un syndicat agricole peut voir prononcer contre lui son exclusion de l'association. La loi de 1884 a négligé de s'expliquer sur l'expulsion des membres des syndicats, mais les statuts ont toute liberté pour fixer des causes d'exclusion, et il en peut même exister de tacites.

---

(1) Le projet de loi déposé le 14 nov. 1899 porte (art. 7) : « Sans préjudice du droit pour le syndicat de réclamer la cotisation de l'année courante, *les cotisations versées restant la propriété du syndicat* ».

(2) En ce sens, Marcel MONGIN. — *Op. cit.*, p. 104. Toutefois les statuts pourraient très bien reconnaître aux démissionnaires certains droits dans l'actif social : c'est ce qui semble avoir été admis implicitement par un arrêt de la cour de Rouen : « Attendu, dit l'arrêt, que l'exclusion a pour conséquence, *aux termes des statuts*, de priver celui qui en est l'objet du remboursement de sa mise sociale, de ses cotisations, etc... » (C. de Rouen, 24 mai 1891, D. P. 91. 2. 381; S. 92. 2. 20).

Première hypothèse. — *Les statuts énumèrent des causes précises d'exclusion*. — Ces causes peuvent être très variées; d'ordinaire, ce seront des condamnations pénales encourues, la privation de tout ou partie des droits civils ou politiques, des injures ou diffamations commises envers les membres du syndicat, le retard dans le paiement des cotisations, l'inexécution des engagements sociaux, l'introduction de la politique dans les discussions syndicales (1), etc. Mais il est une cause d'exclusion que l'on ne saurait admettre dans les statuts, c'est celle qui déclarerait que tout membre démissionnaire sera considéré comme exclu. Une telle clause pourrait, en effet, avoir pour conséquence la privation pratique du droit réservé à tout membre d'un syndicat de se retirer de l'association ; ce serait une véritable pénalité attribuée à la démission, et pour ce seul motif une telle clause devrait être considérée comme nulle (2).

Les statuts doivent préciser avec soin les cas dans lesquels l'exclusion pourra être prononcée ; et, comme l'exclusion est une peine, il faut décider que les clauses des statuts qui y sont relatives comportent l'interprétation la plus étroite : il s'ensuit que l'exclusion ne saurait être prononcée en dehors des cas prévus par les statuts, et que ces cas ne sauraient être étendus par voie d'assimilation.

Il a été jugé, en ce sens, par la cour de Dijon (3), que « lorsque les statuts d'un syndicat professionnel ne prévoient d'autres cas d'exclusion que les condamnations entraînant la privation des droits civils et politiques, la faillite ou la

---

(1) *Contrà*, Glotin. — *Op. cit.*, p. 295.
(2) En ce sens, Bry. — *Op. cit.*, p. 276.
(3) C. de Dijon, 4 juillet 1890, D. P. 91. 2. 2. ; *Rev. des Sociétés*, 1890, p. 520.

liquidation judiciaire, l'assemblée de ce syndicat ne peut frapper d'exclusion un de ses membres à raison d'expressions blessantes adressées par celui-ci à un autre membre du syndicat ».

La cour de Rouen a également décidé que, lorsque les statuts d'un syndicat prévoient l'exclusion pour « injure grave adressée en séance à un des membres de la chambre, on ne saurait étendre la peine en cas d'imputations diffamatoires dirigées hors séance contre un membre par voie de publication » (1).

DEUXIÈME HYPOTHÈSE. — *L'exclusion est prévue sans désignation de causes précises.* — Les statuts peuvent ne pas entrer dans les détails, permettre l'exclusion pour des motifs indiqués vaguement et laissés ainsi à l'appréciation du syndicat, par exemple, contre « tout sociétaire qui serait une cause de préjudice moral pour la chambre syndicale et qui porterait atteinte à ses intérêts » (2) ; les statuts peuvent même réserver au syndicat (chambre syndicale ou assemblée générale) le droit d'exclusion, sans autre explication.

Cette clause n'a rien d'illicite : toute association doit avoir sa police disciplinaire et il ne faut pas oublier que le syndiqué a, au moins tacitement, accepté les statuts. Toutefois, comme une exclusion ne doit jamais être arbitraire, les tribunaux, au besoin, apprécieront si elle est fondée ou non.

---

(1) C. de Rouen, 24 mai 1896, D. P. 91. 2. 381 ; S. 92. 2.20; *Rev. des Sociétés*, 1890, p. 587.
(2) C. de Nancy, 14 mai 1892, D. P. 92. 2. 434; S. 93. 2. 20 ; *Rev. des Sociétés*, 1892, p. 340.

Troisième hypothèse. — *Les statuts sont muets sur l'exclusion.* — En pareil cas l'exclusion paraît, au premier abord, impossible, comme interdite par la loi même du contrat. Mais un syndicat ne pourra-t-il donc, dans aucun cas, exclure un de ses membres ? Faudra-t-il conserver celui qui, par exemple, ne voudrait se soumettre à aucune des obligations qui lui sont imposées par les statuts et qu'il a acceptées pourtant par le fait de son affiliation ? Suffira-t-il pour cela que l'exclusion n'ait pas été prévue par les statuts ?

Il nous semble que le maintien forcé d'un membre dans une association dont il ne veut observer aucun des règlements, après s'être engagé, au moins tacitement, à les suivre, constituerait une flagrante injustice. Aussi reconnaîtrions-nous au syndicat le droit, non pas de prononcer directement l'exclusion de ce membre (l'exclusion étant une peine et le syndicat ne pouvant l'édicter en dehors des statuts) (1), mais de s'adresser aux tribunaux judiciaires pour obtenir d'eux, les faits dûment prouvés, une exclusion qui s'impose.

C'est aux statuts qu'il appartient de régler la forme et la procédure de l'exclusion prononcée par le syndicat. Dans tous les cas, l'individu menacé d'exclusion a le droit d'être entendu dans sa défense : « Attendu, dit l'arrêt de la cour de Rouen cité plus haut, qu'il est de principe en matière répressive que nul ne peut être frappé d'une peine, s'il n'a été préalablement averti de l'incrimination et mis en demeure de se défendre ». Les statuts indiqueront si c'est au bureau

---

(1) Un jugement du tribunal civil du Hâvre du 26 oct. 1894 (D. P. 95. 2. 202) a cependant décidé qu'un syndicat, fondé dans le but de soutenir les salaires par tous les moyens légaux et qui a fixé les salaires par un accord avec les patrons, peut exclure un ouvrier qui a accepté du travail à un taux inférieur, sans que ce cas d'exclusion ait été visé par les statuts. Voy., en sens contraire, la note sous ce jugement.

ou à l'assemblée générale ou à des membres désignés par le sort que sera confié le soin de prononcer sur le cas, après avoir entendu l'intéressé.

Le syndiqué exclu a le droit de déférer cette décision aux tribunaux judiciaires, quand bien même les statuts déclareraient que l'exclusion sera prononcée sans appel ; une telle clause, en effet, ne saurait être considérée comme une convention valable d'arbitrage, attendu qu'elle irait directement à l'encontre de l'article 1006 du Code de procédure civile, qui, en disposant que le compromis désignera les noms des arbitres et les objets en litige, à peine de nullité, défend par là même les clauses compromissoires. Le syndiqué exclu par le syndicat seul peut donc réclamer en justice, soit sa réintégration dans le syndicat, soit des dommages-intérêts pour le préjudice matériel ou moral qui lui a été causé.

Le membre légalement exclu reste tenu du paiement des cotisations échues et généralement de toutes les obligations qu'il a contractées, pendant la durée de son affiliation, envers le syndicat ou envers ses membres.

Par contre, il conserve tous les avantages dont le syndicat l'a fait bénéficier jusqu'au jour de son exclusion ; mais il perd tout droit aux sommes par lui versées au syndicat, toute part actuelle dans l'actif social, ainsi que tout droit éventuel de figurer au partage de l'actif lors de la dissolution du syndicat. Les statuts pourraient d'ailleurs en disposer autrement.

Droits et obligations des syndiqués vis-à-vis des institutions annexes.

Les droits et obligations des syndiqués, vis-à-vis des institutions fondées par les syndicats agricoles sont, en principe, réglés par les statuts de ces institutions comme le sont les droits et obligations des syndiqués vis-à-vis de l'association principale.

Les statuts ont pleine latitude, pour déterminer les conditions d'admission dans les institutions annexes, les droits dont jouissent leurs membres, les obligations auxquelles ils sont soumis, les causes d'exclusion possible, le sort des biens lors de la dissolution, etc.

Cependant la loi du 21 mars 1884, a posé des règles spéciales pour le cas où les membres des institutions annexes fondées par un syndicat, qui ne peuvent se recruter que parmi ses membres, cessent de faire partie de l'association principale. Le législateur parle des sociétés de secours mutuels et de retraite pour la vieillesse, et il n'a prévu textuellement que ces deux sortes d'institutions, parce qu'elles se sont présentées à son esprit comme les plus importantes ; mais il y a bien d'autres sociétés que les syndicats, agricoles ou autres, peuvent fonder, les caisses d'assurances, par exemple, de crédit mutuel, d'aide mutuelle par le travail, etc. ; et comme il n'y a pas de raison de distinguer entre les sociétés de secours mutuels ou de retraite pour la vieillesse, et toutes les autres institutions du même genre, suceptibles d'être annexées aux syndicats, nous appliquerons à l'ensemble de ces sociétés, les règles que la loi pose seulement pour les sociétés de secours mutuels et de pensions de retraite pour la vieillesse (1).

Envisageons, comme nous l'avons fait précédemment, les trois hypothèses du décès, de la démission et de l'exclusion d'un syndiqué.

1º *Décès d'un syndiqué.* — Pour être admis à faire partie d'une société annexe fondée par un syndicat, la condition essentielle est d'appartenir à ce dernier.

(1) En ce sens, Marcel Mongin. — *Loc cit.*, p. 104.

Comme la qualité de membre d'un syndicat est personnelle à celui qui la possède et intransmissible, en ce sens qu'elle s'éteint avec lui, il s'ensuit qu'en cas de décès d'un syndiqué, ses héritiers ou ayants-cause, qui ne peuvent succéder, pour l'avenir, ni à ses droits ni à ses obligations vis-à-vis du syndicat, ne peuvent davantage prendre la place du défunt, pour l'avenir, dans les sociétés annexes auxquelles il appartenait comme syndiqué. Mais ils pourront, bien entendu, recueillir le bénéfice des droits que le décès lui-même a eu pour effet d'ouvrir, comme un capital ou une pension assurés à la veuve ou aux enfants.

En résumé, la mort d'un syndiqué amène forcément la liquidation des droits qu'il pourrait avoir dans les institutions annexes (1).

2o *Démission d'un syndiqué.* — La loi ménage une situation spéciale et privilégiée aux syndiqués qui se retirent volontairement de l'association, à l'égard des institutions annexes fondées par le syndicat et dont ils faisaient également partie : « Toute personne qui se retire d'un syndicat, dit en effet l'art. 7, § 2, conserve le droit d'être membre des sociétés de secours mutuels et de pensions de retraite pour la vieillesse, à l'actif desquelles elle a contribué par des cotisations ou des versements de fonds ».

Le législateur a craint que certains membres des syndicats qui auraient voulu user du droit de se retirer d'un syndicat, n'en fussent empêchés par la menace d'être exclus, à

____

(1) Le projet déposé par le gouvernement, en vue de modifier la loi du 21 mars 1884, projet qui admet les syndicats à fonder des sociétés de commerce annexes, prévoit le cas ou un membre cesse de faire partie du syndicat. Ce cas est l'objet de la disposition suivante (ART. 7): « Les statuts règlent le mode de liquidation des droits appartenant, dans l'actif commercial, aux associés qui cessent de faire partie du syndicat, soit par décès, soit autrement ».

la suite de leur démission, des sociétés annexes de prévoyance ou d'assistance, fondées par le syndicat, et à l'actif
desquelles ils auraient contribué par des versements peut-
être importants. C'eût été là un moyen indirect de forcer des
membres à rester dans une association, malgré leurs répu-
gnances; or, la loi a voulu que ce droit de démission restât
entier et inviolable.

D'autre part, il eût été souverainement injuste que des
syndiqués pussent être privés, précisément à l'âge où ils en
auraient le plus besoin, des avantages sur lesquels ils
étaient d'autant plus en droit de compter qu'ils n'avaient
pas hésité à faire des sacrifices pécuniaires dans ce but.

De plus, si l'on comprend aisément qu'un syndiqué
qui démissionne ne puisse réclamer les cotisations par lui
versées au syndicat, attendu que ces sommes ont dû être
dépensées au fur et à mesure des paiements pour parer aux
frais généraux et aux dépenses de l'exercice, on comprendrait
moins que, par sa démission, le même syndiqué perdît tout
droit aux sommes qu'il a versées à certaines caisses spéciales,
pour y être conservées en vue d'éventualités déterminées.

Enfin, il n'y a pas grand inconvénient à ce qu'une personne fasse partie d'une société fondée, il est vrai, par un syndicat, mais distincte de celui-ci, sans faire partie du syndicat.

Les raisons qui ont inspiré cette disposition au législateur, et spécialement la raison tirée du droit absolu pour
tout syndiqué de se retirer à tout instant d'un syndicat,
étant d'ordre public, il en résulte que toute clause des statuts qui irait à l'encontre de ce droit, en forçant le démissionnaire à se retirer des sociétés annexes ou en lui faisant
perdre tout ou partie de ses avantages dans ces sociétés,
soit pour le passé, soit pour l'avenir, serait nulle comme
ayant une cause illicite (art. 1131 C. civ.). D'ailleurs, si
de telles clauses étaient admises, elles deviendraient vite de

style, et le but du législateur, qui a été, à n'en pas douter, de protéger efficacement la liberté du travail, ne serait plus atteint.

Mais l'art. 7, paragraphe 2, ne s'opposerait pas à ce que la démission d'un syndiqué entraînât son exclusion d'une société de prévoyance ou d'assistance, annexe du syndicat, à l'actif de laquelle il n'aurait encore contribué ni par des cotisations, ni par des versements de fonds. L'exclusion de la société n'entraînant pas, dans ce cas, les mêmes conséquences que précédemment, peut donc être considérée comme licite.

3º *Exclusion d'un syndiqué.* — L'exclusion du syndicat encourue par un membre, n'a pas pour conséquence nécessaire son exclusion de la société annexe fondée par le syndicat. Ce sont, en effet, deux groupements distincts ; et, de même que tous les membres d'un syndicat ne font pas obligatoirement partie des institutions qu'il organise, rien ne s'oppose logiquement à ce qu'un ancien membre d'un syndicat continue à faire partie d'une société annexe, tout en n'appartenant plus au syndicat.

Mais les statuts de la société annexe peuvent, par une disposition spéciale, exclure tout membre qui serait exclu du syndicat; l'art. 7 ne parle, en effet, du maintien dans les sociétés annexes qu'à propos de celui qui se « retire » du syndicat, mais il ne dit rien du membre qui en serait *exclu*. On peut, croyons-nous, s'autoriser du silence de la loi, pour décider qu'une telle clause est absolument licite (1).

---

(1) En ce sens, Bry.— *Op. cit.*, p. 227; Glotin. — *Op cit.*, p. 299; *Contrà*, Marcel Mongin. — *Loc. cit.*, p. 105. — D'après le nouveau projet de loi, déposé par le gouvernement, la disposition relative au maintien du syndiqué démissionnaire dans les sociétés annexes de secours mutuels ou de retraites serait conservée ; mais, en ce qui concerne les droits du ci-devant syndiqué dans une société de commerce syndicale, le projet veut, on l'a vu plus haut, qu'ils soient *liquidés,* et cela suivant le mode prévu par les statuts du syndicat, dans tous les cas où un associé cesse de faire partie du syndicat.

CHAPITRE V

FONCTIONNEMENT DES UNIONS DE SYNDICATS AGRICOLES

Si nous avons dû nous étendre longuement sur le fonctionnement des syndicats agricoles, nous serons plus bref pour les unions de syndicats agricoles, lesquelles n'ont pas la personnalité civile.

L'article 5, § 3, les suppose privées de l'existence comme personnes juridiques, quand il déclare qu' « elles ne peuvent posséder aucun immeuble ni ester en justice ». On pourrait, il est vrai, être tenté de soutenir, en se basant sur ce texte, que tout ce qui n'est pas défendu par lui est permis, et que l'incapacité civile des unions est une incapacité limitée au droit d'acquérir et de posséder des immeubles et à celui d'ester en justice. Mais une semblable interprétation est incompatible avec un examen approfondi des travaux préparatoires ; le Sénat ne consentit, en effet, à reconnaître comme licites les unions de syndicats, que sur l'assurance qui lui fut donnée, que ces unions ne jouiraient pas de la personnalité. « Puisque la personnalité civile, déclara M. Tolain, rapporteur (1), inquiète un grand nombre de

---

(1) Rapport TOLAIN, *J. Off.*, 1884, Sénat, Déb. parl., p. 456.

nos collègues et que nous ne croyons pas que ce soit pour les unions une·chose absolument nécessaire à leur développement, nous donnons satisfaction à ces appréhensions, à ces craintes, et nous supprimons la personnalité civile ».

L'incapacité juridique des unions de syndicats est donc absolue ; elles ne peuvent par suite posséder quoi que ce soit en leur nom, ni acquérir à titre onéreux, ou à titre gratuit, ni contracter personnellement dans l'intérêt de l'union ou dans l'intérêt des syndicats qui lui sont affiliés, ni ester en justice en leur qualité d'unions de syndicats. Le tribunal civil d'Albi, faisant une juste application de ce principe, a repoussé l'intervention en justice de la « Fédération des Travailleurs du Tarn, de l'Aveyron et de l'Hérault » pour deux motifs : la fédération était illégale, comme n'ayant pas fait, lors de sa fondation, les déclarations exigées, et de plus, eût-elle été régulièrement constituée, une réunion de plusieurs syndicats ou fédération, n'a pas, aux termes de l'article 5, le caractère de personne civile et ne peut, par suite, ester en justice (1).

Mais ce qu'une union de syndicats agricoles ne peut pas faire directement, n'ayant pas la personnalité civile, elle peut le faire indirectement en mettant à profit la capacité des syndicats qui lui sont affiliés et qui, eux, jouissent de la personnalité civile ; à une condition, toutefois, c'est de faire intervenir individuellement et personnellement, dans tous les actes de la vie civile, ceux de ses syndicats qui veulent en bénéficier.

C'est ainsi que les syndicats appartenant à une union peuvent se constituer, au moyen de cotisations ou de subventions, tout un patrimoine mobilier qui demeure *la propriété indivise* des syndicats unis ; ils peuvent acquérir les

_____

(1) Trib. civ. d'Albi, 12 mai 1897 (*Rev. des Sociétés*, 1897, p. 597).

biens tant mobiliers qu'immobiliers qui leur sont nécessaires pour les réunions, pour les bibliothèques ouvertes
par l'union, les cours d'enseignement professionnel donnés
par elle, et en général tous les immeubles qui leur sont
nécessaires pour le fonctionnement normal de l'union, et
ils possèdent ces biens *par indivis* ; ils peuvent contracter,
mais en tant que syndicats unis, pour le compte des syndicats
affiliés ou de leurs membres ; ils peuvent intenter une
action collective, mais à la condition de figurer comme *syndicats unis* et non comme *union*, dans l'instance et dans
tous les actes de la procédure ; le tribunal civil de Cholet l'a
décidé avec raison : la disposition de l'article 5 n'a et ne
peut avoir d'autre portée que la nécessité d'une *intervention
individuelle et directe*, dans les procès engagés par une
union, *de chacun des syndicats affiliés* (1).

Une union de syndicats agricoles, qui n'a pas la personnalité civile en tant qu'union, peut la trouver dans un *syndicat central* qui, s'adjoignant à elle, a le droit d'accomplir
tous les actes de la vie civile que peuvent accomplir les syndicats ordinaires. Ce syndicat central ne peut s'affilier des
syndicats, puisque les affiliations de syndicats en dehors des
unions sont interdites, mais il peut recruter comme
membres tous les directeurs, administrateurs et membres
des autres syndicats agricoles affiliés à l'union, et, au moyen de sa personnalité civile leur rendre toutes sortes de
services que ne peut rendre l'union qui n'a pas la personnalité civile, mais qui par contre, peut s'affilier des syndicats.

Ces deux groupements, l'union de syndicats et le
syndicat central, se complètent donc l'un l'autre, et c'est ce
qui explique le très grand succès auprès des syndicats agri-

---

(1) Trib. civ. de Cholet, 12 fév. 1897 (*Gaz. Pal.*, 97, t. I, p. 413).

coles du *Syndicat central des agriculteurs de France,* créé à côté de l'*Union des syndicats des agriculteurs de France.*

Certains auteurs (1) vont même jusqu'à prétendre qu'une réunion de syndicats pourrait se donner la personnalité civile en prenant la forme d'une société civile ou commerciale, régie par la loi de 1867. Ils s'appuient surtout sur un jugement du tribunal de commerce de la Seine, du 13 novembre 1885, confirmé par la cour de Paris, qui a décidé que l'union de syndicats, dite l'*Union nationale du commerce et de l'industrie,* étant une société commerciale qui a pour métier la création de chambres syndicales, de leur rechercher des adhérents et de leur fournir un local pour délibérer, un employé chargé de la transcription des procès-verbaux, et certaines autres commodités en échange des cotisations individuelles et d'engagements pris par ces syndicats vis-à-vis d'elle, a le droit de réclamer l'exécution de ces engagements et en conséquence de retenir les archives d'un syndicat qui abandonne l'union (2). Mais ce jugement paraît bien avoir été dicté, comme on l'a fait remarquer (3), par des considérations de fait : l'*Union nationale du commerce et de l'industrie* s'était en effet constituée bien avant la loi du 21 mars 1884, et avait déjà rendu de tels services qu'il aurait fallu des actes bien graves pour que l'on se décidât à la déclarer irrégulièrement constituée. D'ailleurs, c'était, au fond, une véritable société commerciale et non pas une union de syndicats, malgré sa qualification : une union de syndicats, en effet, se constitue lorsque plusieurs syndicats, déjà formés et qui se connaissent, décident de s'unir par un lien plus

---

(1) En ce sens, BRY.— *Op. cit.,*p. 280; GLOTIN. — *Op. cit.*, p. 320.
(2) C. de Paris, 1ᵉʳ mars 1888 (*Revue des Sociétés,* 1888,p. 297).
(3) V.PIC. — *Op. cit.,* p. 157.

étroit; l'*Union nationale*, au contraire, se proposait précisément pour industrie de provoquer la formation de syndicats, et cela dans un but intéressé, celui de recevoir, en échange de certains services rendus à des industriels ou commerçants syndiqués, des cotisations qui constituaient son bénéfice. Elle avait donc très légitimement la personnalité civile, puisqu'elle n'était, après tout, qu'une société commerciale; mais elle l'avait en tant que société commerciale et elle ne l'avait pas en tant qu'union de syndicats.

Nous pensons donc qu'une union de syndicats ne peut avoir une personnalité civile distincte de celle des syndicats qui lui sont affiliés; l'intention formelle du législateur a été de la priver de toute capacité juridique : elle ne pourrait se donner la personnalité civile, en empruntant la forme des sociétés civiles ou commerciales soumises à la loi de 1867, pas plus qu'elle ne saurait en jouir en se constituant conformément à la loi de 1884 (1).

Rapports de l'union avec ses membres. — Les directeurs ou administrateurs de l'union de syndicats agricoles obligent les syndicats qui lui sont affiliés dans les limites de

---

(1) Le projet nouveau du gouvernement est conçu dans un tout autre esprit. Non seulement il donne aux syndicats la pleine capacité, en supprimant la limitation actuelle imposée à leurs acquisitions immobilières; mais il accorde aux unions de syndicats la personnalité civile, avec une très large capacité, même en matière de possession d'immeubles. A la condition de se conformer aux dispositions de l'art. 4 (dépôt des statuts et des noms des administrateurs, etc), « ces unions pourront ester en justice. — Elles pourront posséder les immeubles qui sont nécessaires à leurs bureaux, à leurs réunions et à leurs bibliothèques, cours d'instruction professionnelle, collections, laboratoires, champs d'expérience, abris pour bestiaux, machines ou instruments, bourses de travail, ateliers d'apprentissage, hospices et hôpitaux. — Elles pourront recevoir des dons et legs avec affectation à ces institutions... » (art. 5).

leurs pouvoirs, déterminés par les statuts de l'union ; mais les syndicats seuls sont engagés, en principe, et non leurs membres.

Un syndicat peut cesser d'appartenir à une union de syndicats, par suite soit de sa dissolution, soit de sa démission volontaire, soit de son exclusion, prononcée, par exemple, pour non-paiement des cotisations.

On s'est demandé si un syndicat pouvait se retirer à tout instant d'une union, nonobstant toute clause contraire, ou si, au contraire, l'art. 7, § 1, était inapplicable aux unions de syndicats. On a prétendu que les syndicats n'étaient pas liés par l'engagement de rester un certain temps dans une union : on s'est basé sur ce que l'art. 5 ne se suffit pas à lui-même, et qu'il convient de le combiner avec les autres dispositions de la loi pour connaître la législation applicable aux unions de syndicats (1). Mais il nous semble que, si l'art. 5 est applicable aux syndiqués, on ne peut l'étendre aux syndicats eux-mêmes : la disposition de l'art. 5 déroge, en effet, considérablement au droit commun, qui permet de s'engager à demeurer pendant un certain temps dans toute association ou société ; elle s'explique par l'intention bien arrêtée du législateur, de protéger la liberté des individus en les défendant contre les conséquences d'un entraînement irréfléchi ; mais quand un syndicat s'engage à rester affilié à une union de syndicats, la liberté des syndiqués n'est plus en jeu, puisqu'ils ont toujours le droit de se retirer à tout instant des syndicats affiliés à l'union dont ils sont membres, et que ne faisant plus partie du syndicat, ils ne pourront plus faire partie de l'union auquel leur syndicat appartient. Nous croyons donc que l'article 7, § 1, applicable aux syndiqués, ne saurait être étendu aux syndicats affiliés à une union.

---

(1) *Sic*, Pic. — *Op. cit.*, p. 156, et Bry. — *Op. cit.*, p. 279.

TROISIÈME PARTIE

Extinction des Syndicats agricoles

CHAPITRE PREMIER

CAUSES DIVERSES D'EXTINCTION

Le syndicat professionnel agricole, en tant que personne morale distincte de celle de ses membres, a, en principe, une durée illimitée, car les personnes juriques ne meurent pas : son existence est indépendante de celle de ses membres, qui peuvent disparaître par la mort ou par la démission volontaire sans que ces évènements influent en quoi que ce soit sur la vie du syndicat ; celui-ci peut donc se renouveler indéfiniment dans la personne de ses membres.

Néanmoins, il est certains faits qui entraînent l'extinction du syndicat, et, si l'on essaye de les grouper, on peut ramener à trois principaux les modes de disparition d'une association professionnelle : l'extinction naturelle, la dissolution volontaire et la dissolution judiciaire.

1º Extinction naturelle

Le syndicat s'éteint naturellement par l'expiration du délai pour lequel il s'était constitué, par l'arrivée de la condition à laquelle était subordonnée sa dissolution, ou par la complète réalisation du but précis qu'il s'était proposé exclusivement d'atteindre.

Dans ces trois cas, la dissolution du syndicat a lieu de plein droit, sans qu'il soit besoin de la faire prononcer par qui que ce soit, et l'on ne peut plus, désormais, que fonder un syndicat nouveau, dont le patrimoine ne se confondra pas avec celui de l'ancien ; sinon, l'association de fait qui continuerait à subsister pourait être poursuivie comme association illégale.

Ce résultat fâcheux pourrait être cependant conjuré : il suffirait d'insérer une clause formelle d'après laquelle l'arrivée du terme ou de la condition, la réalisation du but proposé n'entraîneront pas de plein droit la dissolution du syndicat, qui continuera de subsister même après ces évènements, aussi longtemps que l'assemblée générale du syndicat n'en aura pas décidé autrement : en pareille hypothèse, le silence de l'assemblée à ce sujet s'interprèterait comme une sorte de reconduction tacite. On peut aussi, avant l'expiration, procéder à une modification des statuts, pour supprimer la cause d'extinction prévue.

En effet, les membres du syndicat, réunis en assemblée générale, ont toujours le droit de modifier leur constitution en modifiant leurs statuts ; et, par suite, il peuvent proroger un syndicat dont la durée était limitée soit par un terme, soit par l'accomplissement d'une condition ou la réalisation d'un but à atteindre. Mais les administrateurs ou directeurs devront, dans ce cas, en vertu du procès-verbal de l'assemblée qui a décidé la prorogation du syndicat, déposer la disposition nouvelle, comme ils doivent porter à la connaissance de l'administration et des tiers toute autre modification introduite dans les statuts.

Cette prorogation ne peut blesser aucun intérêt, tout membre conservant le droit de démissionner.

Aux trois cas d'extinction naturelle dont nous venons de parler, il convient d'assimiler l'extinction de fait, qui se produit lorsqu'un syndicat cesse, en fait, de se réunir et de fonctionner, sauf à se demander si, dans cette hypothèse, les administrateurs ou directeurs du syndicat ne seraient pas tenus par leurs fonctions de provoquer une réunion des anciens membres pour faire prononcer officiellement par l'assemblée générale la dissolution du syndicat. Il y a aussi le cas où un syndicat serait déclaré en faillite à la suite d'opérations commerciales, ce qui entraînerait forcément la dissolution du syndicat, sans préjudice des responsabilités encourues par les administrateurs qui auraient outrepassé ainsi leurs pouvoirs légaux.

2° DISSOLUTION VOLONTAIRE

Les statuts peuvent attacher la dissolution du syndicat à la volonté de l'unanimité ou même d'une certaine majorité des membres du syndicat. Mais, afin d'éviter que certains syndiqués ne profitent d'un moment où l'actif syndical est considérable pour se le partager en demandant la dissolution au détriment d'une minorité qui serait intéressée, au contraire, au maintien du syndicat, il serait utile d'exiger une très forte majorité pour que la dissolution volontaire pût être prononcée(1).

Si toutefois ni les statuts, ni un acte modificatif des statuts ne prévoient la dissolution volontaire par le vote d'une certaine majorité, la dissolution volontaire ne pourra être prononcée que par l'unanimité des syndiqués : tant qu'il se rencontre un membre d'un avis contraire, il ne saurait se voir imposer la dissolution, et il soutiendra à lui tout seul la personne morale que constitue le syndicat (2).

Dans le cas où la majorité s'arrogerait indûment le pouvoir de prononcer la dissolution du syndicat, la minorité aurait naturellement le droit de recourir aux tribunaux pour faire annuler cette décision, en tant que contraire aux statuts.

3° Dissolution forcée

Enfin la dissolution du syndicat peut être prononcée, malgré tous ses membres, non pas par l'autorité administrative, dont les syndicats ne dépendent nullement, mais par les tribunaux judiciaires, dans certains cas prévus par la loi.

Nous avons vu, en effet, qu'en cas d'infractions aux articles 2, 3, 4, 5 et 6, qui posent les conditions de légalité et de fonctionnement régulier des associations professionnelles, l'art. 9 donne aux tribunaux correctionnels la faculté de prononcer, sur réquisition formelle du procureur de la République, la dissolution du syndicat, comme peine accessoire de l'amende déjà prononcée contre ses administrateurs ou directeurs.

Les syndicats, objet de cette mesure, peuvent d'ailleurs user des voies de recours ordinaires : l'appel et le pourvoi en cassation.

---

(1) En ce sens, Boullaire. — *Op. cit.*, p. 120, et Bry. — *Op. cit.*, p. 277.
(2) Nous avons dit, à propos du nombre minimum des membres d'un syndicat que, s'il fallait deux personnes au moins pour le constituer, une seule à la rigueur suffisait pour en soutenir l'existence.

CHAPITRE II

CONSÉQUENCES DE L'EXTINCTION DU SYNDICAT
LIQUIDATION ET PARTAGE

Quelleque soit la cause pour laquelle elle survient, l'extinction du syndicat agricole entraîne certaines conséquences que nous allons étudier.

Et d'abord, la dissolution du syndicat influe-t-elle sur l'existence des caisses spéciales de secours mutuels ou de retraites, et en général de toutes les sociétés de prévoyance ou d'assistance fondées par le syndicat pour l'usage exclusif de ses membres ?

Il va sans dire que les caisses particulières qui se confondraient par leur organisation avec le patrimoine du syndicat lui-même et constitueraient de simples subdivisions de la comptabilité générale de celui-ci, comme il arrive, par exemple, pour certains comptes de prévoyance contre la mortalité du bétail, ne sauraient survivre à la personne morale dont ils sont partie intégrante. Ces caisses devraient être naturellement comprises dans la liquidation du syndicat.

Quant aux caisses ou sociétés *annexes*, fondées par le

syndicat, mais distinctes de cette association, la dissolution du syndicat entraînera sans doute celle de ces institutions, si leurs statuts particuliers disposent qu'elles ne survivront pas au syndicat. Mais si les statuts des sociétés annexes ne contiennent pas une clause de cette nature, elles continueront à subsister comme auparavant, la seule modification qui sera apportée à leur situation, c'est qu'elles ne toucheront plus la subvention que leur versait peut-être chaque année la caisse du syndicat, et que leurs sociétaires, qui devaient être des syndiqués, ne pourront plus porter ce titre. Ils seront assimilés aux anciens membres du syndicat qui, bien qu'exclus ou démissionnaires, continueraient à faire partie des institutions annexes fondées par le syndicat.

Il est vrai que, pour les caisses spéciales de secours mutuels et de retraites, la dissolution du syndicat avait naguère une autre conséquence : elles devaient se munir de l'autorisation gouvernementale sous peine d'une dissolution administrative ou judiciaire et de poursuites contre les administrateurs, basées sur l'art. 291 du Code pénal. Mais la loi du 1er avril 1898 a supprimé la nécessité de l'autorisation préalable.

Voilà pour les sociétés fondées par le syndicat ; mais quelles sont les suites de la dissolution pour le syndicat lui-même ?

La dissolution du syndicat nécessite deux opérations successives, la liquidation et le partage des biens.

La liquidation a pour but de faire apparaître clairement ce dont se compose le patrimoine syndical, par l'extinction des dettes et le recouvrement des créances du syndicat (1).

---

(1) Quand la dissolution est la conséquence d'acquisitions d'immeubles frappées de nullité, ces immeubles font retour aux donateurs

Une fois la liquidation terminée, on connaît exactement et l'actif et le passif du syndicat.

Deux situations peuvent alors se produire :

1° *Le passif l'emporte sur l'actif.*— Dans ce cas, comme le patrimoine du syndicat répondait seul, en principe, des obligations par lui contractées, les tiers qui restent ses créanciers ne peuvent poursuivre le paiement de leurs créances, ni contre les syndiqués pris individuellement ou solidairement, ni contre les administrateurs. Les créanciers subissent donc seuls la perte, si, d'ailleurs, la responsabilité des administrateurs ne se trouve pas engagée.

2° *L'actif l'emporte sur le passif.*— Que vont devenir les biens ? La loi a négligé de résoudre cette question ; le plus souvent les statuts du syndicat prévoient cette hypothèse et règlent d'avance l'affectation qui sera donnée aux biens possédés par le syndicat lors de sa dissolution ; ils décident, en général, que l'actif net du syndicat sera, ou partagé entre les membres de l'association, ou bien dévolu à des sociétés semblables ou poursuivant un but analogue.

Mais si les statuts du syndicat sont restés muets sur ce point, comment trancher la difficulté (1) ?

La réponse à cette question varie suivant que l'on assimile les syndicats aux établissements d'utilité publique ou qu'on les range, comme nous l'avons fait, dans la catégorie des personnes morales privées.

---

ou à leurs héritiers, s'ils ont été acquis à titre gratuit ; s'ils ont été acquis à titre onéreux, ils sont vendus et le produit de leur aliénation est versé dans la caisse du syndicat dont il augmente ainsi l'actif.

(1) Les donateurs pourraient se réserver de reprendre les biens par eux donnés au syndicat, en stipulant un droit de retour à leur profit pour le cas de dissolution du syndicat avant leur mort (Arg. art. 951 C. civ.).

Si l'on assimile les syndicats aux établissements d'utilité publique, il faut nécessairement les soumettre au régime de ces établissements et décider que les biens qui constituent l'actif net du patrimoine syndical deviennent vacants et sans maître quand la personne morale qui les possédait a cessé d'exister, et que, par suite, en vertu des art. 539 et 713 du Code civil, ils font retour à l'Etat.

C'est l'opinion que développe M. Ducrocq en ces termes (1) : « Les membres d'une société reconnue établissement d'utilité publique *et de tout établissement de cette nature*, n'ont pas plus que ceux des commissions d'établissements publics le droit de s'en approprier les biens en cas de dissolution.

« Leur succession *ab intestat*, si l'on peut ainsi parler d'une personne morale, est réglée par la loi ; en cas d'extinction, l'établissement public ou d'utilité publique a l'Etat pour héritier, en vertu de l'art. 713 du Code civil : « Les biens qui n'ont pas de maître appartiennent à l'Etat », et de l'art. 539 du même Code : « Tous les biens vacants et sans maître, et ceux des personnes qui décèdent sans héritiers et dont les successions sont abandonnées, appartiennent à l'Etat »...

« Les membres de ces établissements, associations ou sociétés investies de la reconnaissance légale n'ont pas plus le droit de copropriété sur les biens de l'établissement que les habitants d'une commune sur les établissements communaux. L'être moral est seul propriétaire exclusif; s'il vient à disparaître, les sociétaires n'ont aucun droit aux biens... »

On a fait remarquer que ce principe a été plusieurs fois appliqué par des lois de la période révolutionnaire et qu'on le retrouve notamment dans la loi du 24 mai 1825, relative aux congrégations religieuses de femmes, et dans la loi du

---

(1) Ducrocq. — *Cours de Droit administratif*, t. II, n° 1337.

12 juillet 1875, relative à la liberté d'enseignement supérieur ; en cas de dissolution des établissements d'utilité publique que régissent ces lois, ceux de leurs biens qui ne font pas retour aux donateurs ou aux héritiers des donateurs et testateurs, ou qu'une clause des statuts n'affecte pas à une autre destination, vont à l'Etat.

Les biens des syndicats agricoles seront donc, eux aussi, dévolus à l'Etat si l'on range les syndicats professionnels parmi les établissements d'utilité publique (1).

Mais si l'on décide, et c'est notre système, que les associations professionnelles sont dés personnes morales privées, il faut attribuer leurs biens, en cas de dissolution, non pas à l'Etat, mais aux membres de ces associations ; c'est à ces derniers, à ceux du moins qui appartiennent encore au syndicat au moment de sa dissolution, que revient le droit de se partager l'actif social. Ce sont, en effet, les règles des sociétés privées contenues dans les articles 1865 et suivants du Code civil, et non pas les règles propres aux établissements reconnus d'utilité publique, qui doivent être appliquées, par analogie, aux syndicats, personnes morales privées. Or, dans les sociétés privées, « tout accroissement de l'actif social profite aux associés dont les intérêts ou les actions ont immédiatement plus de valeur. La dissolution fait reparaître dans toute leur énergie les droits des particuliers qui ont fondé la société ou succédé aux fondateurs. La société, avec la force qu'elle puise dans la personnification, est un moyen d'enrichissement pour les personnes privées qui en sont membres » (2).

Sans doute, nous ne prétendons pas identifier complète-

---

(1) En ce sens, GLOTIN. — *Op. cit.*, p. 302 et s., et PIC. — *Op. cit.*, p. 149.

(2) LABBÉ. — Note sous jug. du trib. civil de la Seine du 30 mars 1881 (S. 81. 2. 251).

ment les syndicats professionnels et les sociétés privées :
tandis que certaines sociétés privées, comme les sociétés
commerciales, se proposent la réalisation de bénéfices,
nous avons vu que les syndicats professionnels devaient éviter avec soin tout acte de spéculation. Mais
il n'en demeure pas moins vrai que les syndicats, comme
les sociétés civiles, comme les sociétés commerciales,
sont des personnes morales privées, qui poursuivent la satisfaction d'intérêts privés, et qu'il faut les soumettre, quant
à la dévolution de leurs biens, au régime de ces personnes
et non pas à celui des établissements d'utilité publique.

Le système qui admet le partage de l'actif syndical entre
les membres du syndicat lors de sa dissolution, n'a rien,
d'ailleurs, que de très juridique. Tant que le syndicat, personne morale, subsiste, sa personnalité civile, qui n'est
qu'une fiction, écarte le droit de copropriété des membres
qui le composent sur le patrimoine syndical : voilà pourquoi
le membre qui donne sa démission ou est frappé d'exclusion,
perd son droit éventuel au partage des biens et la faculté de
réclamer ses apports ; les biens syndicaux ne sont pas alors
indivis entre les syndiqués, ils sont possédés par un seul
propriétaire, le syndicat, personne morale. Mais, du jour où
le syndicat est dissous, sa personnalité juridique, distincte
de celle de ses membres, cesse d'exister ; il n'y a plus que
les associés, les syndiqués : la fiction du syndicat propriétaire exclusif s'évanouit, le droit de copropriété des membres
affiliés au syndicat au moment de sa dissolution, droit qui
avait été momentanément écarté pendant la durée du syndicat, apparaît seul : nous sommes en présence de véritables
copropriétaires d'un patrimoine commun, que tous ont plus
ou moins contribué à créer, et dont le partage s'impose (1).

---

(1) En ce sens, Marcel MONGIN. — *Loc. cit.*, p. 106 ; GAIN. — *Op.
cit.*, p. 103 ; BRY. — *Op. cit.*, p. 278 ; BOULLAIRE. — *Op. cit.*, p. 121.

L'attribution à l'Etat des biens composant l'actif syndical au jour de la dissolution du syndicat, comme biens vacants et sans maître, serait une souveraine injustice, une véritable spoliation des syndiqués qui considèrent avec raison le syndicat comme leur chose. Cette expropriation s'expliquerait d'autant moins que lès lois qui attribuent à l'Etat les biens ayant appartenu à des établissements reconnus d'utilité publique, comme la loi du 24 mai 1825 et celle du 12 juillet 1875, ont pris soin de faire de l'affectation de ces biens à des œuvres ou à des établissements analogues une obligation absolue pour l'Etat : or, la loi du 21 mars 1884 n'impose à l'Etat aucune obligation de même nature. Les syndicats professionnels, que le législateur a toujours considérés d'un œil si bienveillant, pour qui il a créé un régime de faveur, un régime d'exception, seraient donc, en cette matière, plus mal traités que des établissements auxquels il n'a jamais témoigné un aussi grand intérêt ! Cela n'est pas possible ; et il faut conclure qu'à moins de clauses contraires des statuts, les biens qui composent le patrimoine du syndicat au jour de sa dissolution doivent être partagés entre les personnes appartenant au syndicat à cette date.

Si les statuts n'en disposent pas autrement, chaque membre du syndicat aura droit à une part égale, sans que l'on ait à tenir compte du plus ou moins de temps qu'il aura passé dans l'association, ni du montant des cotisations qu'il aura versées ou des donations qu'il aura faites au syndicat.

On appliquera les règles relatives aux partages contenues dans les articles 815 et suivants du code civil, et, si des difficultés viennent à se produire entre les syndiqués au sujet du partage, c'est le tribunal civil de l'arrondissement où se trouvait le siège social du syndicat, qui sera compétent.

CHAPITRE III

EXTINCTION DES UNIONS DE SYNDICATS AGRICOLES

Les principes que nous venons de poser au sujet des causes d'extinction des syndicats agricoles et les conséquences que leur dissolution entraîne doivent être étendus purement et simplement aux unions de syndicats agricoles.

Les unions peuvent s'éteindre naturellement, tout comme les syndicats, par l'expiration du temps pour lequel elles s'étaient constituées, l'arrivée de la condition à laquelle était subordonnée leur dissolution, ou la complète réalisation du but précis qu'elles avaient visé. Elles s'éteignent, en fait, lorsque les syndicats qui leur étaient affiliés se sont retirés successivement de l'union.

Les statuts des unions peuvent prévoir la dissolution volontaire par le vote d'une majorité des syndicats représentés.

Enfin les unions peuvent être dissoutes par les tribunaux correctionnels comme peine accessoire de l'amende prononcée contre leurs administrateurs pour violation de la loi.

Dans tous les cas, il pourra y avoir lieu au partage, entre les syndicats, des biens qui étaient possédés, non pas par l'union, dépourvue de la personnalité civile, mais d'une manière indivise par les syndicats unis (1).

---

(1) Le projet du 14 novembre 1899, qui donne la personnalité civile aux unions de syndicats, veut que les statuts, soit des syndicats, soit des unions, prévoient la destination de leurs biens en cas de dissolution (art. 7 et art. 5).

APPENDICE I

Rapports des Syndicats agricoles avec le fisc

Les syndicats agricoles sont, comme les personnes juridiques en général, soumis *à tous les impôts et à toutes les charges fiscales qui pèsent indistinctement sur tous les contribuables*; c'est ainsi que les immeubles qu'ils peuvent posséder sont grevés de l'impôt foncier et de l'impôt des portes et fenêtres, de l'impôt mobilier, etc.

En principe, les syndicats agricoles ne sont pas tenus de la *patente*, car leur but n'est pas la poursuite et la réalisation de bénéfices, et les actes auxquels ils se livrent ordinairement, comme l'achat pour le compte de leurs seuls membres, de matières et objets utiles ou nécessaires à l'agriculture, la vente et l'écoulement des produits agricoles de leurs membres, même accompagnés d'une légère majoration correspondant aux frais qu'entraînent ces opérations, rien de tout cela ne saurait justifier leur soumission à l'impôt des patentes.

Cette solution avait déjà été admise pour les sociétés coopératives : « Considérant, dit le Conseil d'Etat, que... la société coopérative... ne peut être considérée comme exerçant une industrie, une profession ou un commerce... et que c'est à tort qu'elle a été imposée et maintenue au rôle de la contribution des patentes » (1). La même décision s'impose pour les syndicats agricoles, et c'est celle qui a été adoptée par le ministre des finances dans ses circulaires à l'administration des contributions directes; sur son intervention, on a déchargé de la patente certains syndicats qui avaient été soumis illégalement à cet impôt.

Mais il en serait différemment si un syndicat agricole se livrait habituellement à de véritables opérations commerciales, s'il achetait, par exemple, pour revendre avec bénéfice ou pour revendre à des personnes étrangères au syndicat ; s'il prélevait dans ses diverses opérations, une véritable commission, etc. Dans ces cas et autres analogues, il devrait payer la patente. Bien entendu, les sociétés annexes qui ont été fondées par un syndicat, pour l'usage de ses membres, dans le but de se livrer à certaines opérations que le syndicat lui-même ne peut pas faire, ne sauraient se soustraire, elles non plus, à cet impôt, dès que leurs opérations ont en vue la réalisation de bénéfices, la poursuite d'un but commercial.

Les syndicats agricoles doivent-ils payer la *taxe des biens de mainmorte*? Nous ne le croyons pas. — On sait que cette taxe a été établie pour remplacer les droits de mutation immobiliers, qui ne sont presque jamais payés par les personnes morales, dont la durée est pour ainsi dire illimitée, ou, en d'autres termes, qui ne meurent jamais. On a voulu simplement ramener les personnes morales, en matière d'impôt, à la condition de la généralité des citoyens.

Or, la loi du 20 février 1849, qui a créé la taxe, énumère dans son article 1er toutes les personnes morales qui y sont sujettes, et l'on sait qu'on ne peut, par interprétation ou assimilation, étendre l'application d'une disposition fiscale.

---

(1) Conseil d'Etat, 8 et 29 juin 1877, D. 77. 3. 100.

Ces personnes morales, limitativement désignées, sont : les départements, communes, hospices, séminaires, fabriques, congrégations religieuses, consistoires, établissements de charité, les bureaux de bienfaisance, les *sociétés anonymes* et *tous établissements publics* légalement autorisés. Si les syndicats professionnels devaient rentrer dans cette énumération, ce ne pourrait être que parmi les sociétés anonymes ou les établissements publics. Mais, en ce qui concerne les premières, le Conseil d'Etat a, à maintes reprises, jugé que les seules sociétés anonymes visées par la loi étaient des sociétés commerciales du type prévu par les articles 19, 21 et suivants du Code de commerce, et que, par exemple, on ne pouvait soumettre à cet impôt des sociétés à responsabilité illimitée : « Considérant que les seules sociétés commerciales, soumises par la loi du 20 février 1849 (article 1er) à la taxe des biens de mainmorte, sont les sociétés anonymes... » (1). Quant aux « établissements publics légalement autorisés », on pourrait soutenir, et l'on a soutenu (2), que sous cette dénomination sont compris ici, même les simples établissements d'*utilité publique* et, par suite, dans un système, les syndicats professionnels. Nous croyons avoir démontré que les syndicats professionnels ne sont ni des établissements publics, ni même des établissements d'utilité publique, mais simplement des personnes morales privées; nous devons, par suite, décider que la taxe des biens de mainmorte ne leur est pas applicable, parce qu'on ne saurait les faire rentrer dans l'énumération donnée par la loi du 20 février 1849. On peut réclamer sur ce point une extension de la loi de 1849 à des personnes morales d'une durée indéfinie, comme certains syndicats,

---

(1) Conseil d'Etat, 9 mai 1873, D.P. 75. 3.15.
(2) En ce sens, GLOTIN. — *Op. cit.*, p. 325.

auxquels le législateur de cette époque n'aurait pu songer ;
mais il faudrait pour cela une nouvelle loi.

Les syndicats agricoles sont-ils soumis à l'impôt *sur les
valeurs mobilières*? Cet impôt a été établi pour la première
fois par la loi du 29 juin 1872 : « 1° Sur les intérêts, dividendes, revenus et tous autres produits des actions de toute
nature des sociétés, compagnies ou entreprises quelconques,
financières, industrielles, commerciales ou civiles, quelle
que soit l'époque de leur création ; — 2° Sur les arrérages et
intérêts annuels des emprunts et obligations des départements, communes et établissements publics, ainsi que des
sociétés, compagnies et entreprises ci-dessus désignées ; —
3° Sur les intérêts, produits et bénéfices annuels des parts
d'intérêts et commandite dans les sociétés, compagnies et
entreprises dont le capital n'est pas divisé en actions »
(art. 1er).

Ce texte, de l'avis de tous les auteurs, soit qu'ils
considèrent les syndicats comme les établissements d'utilité
publique, soit qu'ils les rangent parmi les simples personnes
morales privées, ne pouvait être invoqué contre les syndicats. En effet, l'expression « établissements publics »,
venant après les mots « départements » et « communes », a
évidemment un sens restreint qui n'embrasse pas les établissements d'*utilité publique*; et, d'autre part, si on range,
comme nous le demandons, les syndicats parmi les personnes morales privées, ils ne sont pas, pour autant, des sociétés
véritables, comportant des dividendes ou des bénéfices
annuels, ou des parts d'intérêt, ou encore des commandites.

Mais la loi du 28 décembre 1880 a élargi la portée de la
loi de 1872, en décidant que l'impôt « sera payé par toutes
les sociétés dans lesquelles les produits ne doivent pas être
distribués en tout ou en partie entre leurs membres. Les
mêmes dispositions s'appliquent aux associations reconnues

et aux associations même de fait existant entre tous ou
quelques-uns des membres des associations reconnues ou
non reconnues ». Est-ce qu'elle n'atteint pas ainsi les syndicats agricoles ? Nous ne le pensons pas (1) : cette loi a été
uniquement dirigée contre les congrégations religieuses reconnues et non reconnues ; mais elle ne peut frapper les syndicats qui, bien que personnes morales privées, se distinguent
essentiellement des *sociétés* privées, civiles ou commerciales, en ce qu'ils s'interdisent absolument la poursuite et
la distribution de tous bénéfices sous quelque forme que ce
soit ; or, si la loi du 28 décembre 1880 a cherché à étendre
l'impôt sur les valeurs mobilières à certaines sociétés ou
associations qui n'étaient pas visées par la loi de 1872, c'est
en créant pour ces associations une présomption de bénéfices ; elle n'a pas modifié, pour les autres, la base de perception de cet impôt qui reste celle de la loi de 1872, « les
produits et les bénéfices annuels » des sociétés, et par suite
elle ne peut s'appliquer aux syndicats professionnels.

Nous déciderons que les syndicats agricoles ne sont pas
davantage tenus au paiement du droit dit d'*accroissement*,
organisé par l'art. 4 de la loi du 28 décembre 1880, modifié
par la loi du 29 décembre 1884, et converti en taxe annuelle
ou d'*abonnement* par la loi des 16-17 avril 1895. Cet impôt
vise, en effet, très spécialement les congrégations religieuses
autorisées ou non autorisées à l'égard desquelles la loi a créé
un véritable régime d'exception en établissant une présomption légale d'une succession de l'association à ses membres,
présomption qu'on n'est pas admis à combattre. D'autre
part, il serait difficile de prétendre que les syndiqués succèdent les uns aux autres : la mort, l'exclusion ou la dé-

---

(1) *Sic*, BOULLAIRE. — *Op. cit.*, p. 248, et BRY. *Contrà*, GAIN. —
Op. cit., p. 292, et GLOTIN. — *Op. cit.*, p. 326.

mission d'un syndiqué, non seulement n'enrichissent pas
le syndicat, mais le privent du paiement de sa cotisation et peut-être aussi des dons qu'il avait coutume de
lui faire ; d'ailleurs, le patrimoine du syndicat est totalement distinct de celui des syndiqués, il n'y a pas de vie
commune, et l'enrichissement ou l'appauvrissement du syndicat est sans influence sur le patrimoine du syndiqué, et
réciproquement. Pourquoi frapperait-on le patrimoine syndical d'un impôt spécial, sous prétexte d'événements comme
la mort, la démission ou l'exclusion des membres du syndicat, événements qui amènent plutôt, en général, un amoin-
drissement de ce patrimoine ? Les travaux préparatoires de
la loi budgétaire du 16 avril 1895 (1) montrent que le législateur a entendu ne point assimiler les syndicats aux congrégations, à l'égard de la taxe d'abonnement, à la condition toutefois que les statuts syndicaux ne contiennent pas
une clause formelle de réversion au profit des membres
survivants. D'où résulte cette conséquence bizarre qu'un
syndicat a tout intérêt, au point de vue fiscal, à ne pas parler
dans ses statuts, du partage éventuel de ses biens, en cas de
dissolution, partage qui, du reste, suivant nous, est de droit
à défaut de toute clause contraire. Les syndicats agricoles
ne peuvent donc être soumis à la taxe d'abonnement en
dehors d'une clause expresse de réversion.

Rappelons, en terminant, que les pièces dont le dépôt est
obligatoire pour tous les syndicats sont exemptes de la formalité et de l'impôt du timbre, et que la loi du 5 novembre 1894
dispense expressément les sociétés de crédit agricole fondées
sous son égide par les membres des syndicats agricoles, « du
droit de patente, ainsi que de l'impôt sur les valeurs mobilières ».

---

(1) Séances de la Chambre des 16 et 19 mars 1895.

APPENDICE II

Les syndicats agricoles en Algérie et dans les colonies françaises

L'art. 10 de la loi du 21 mars 1884 est ainsi conçu : « La présente loi est applicable à l'Algérie.

« Elle est également applicable aux colonies de la Martinique, de la Guadeloupe et de la Réunion. Toutefois, les travailleurs étrangers et engagés sous le nom d'immigrants ne pourront faire partie des syndicats. »

Le paragraphe premier de l'art. 10 a eu pour but d'éviter toute controverse sur l'application ou la non-application de la loi à l'Algérie. La jurisprudence de la cour de Cassation admettait, en effet, que les lois ne sont applicables en Algérie que lorsqu'elles sont la continuation ou la modification de lois s'y appliquant déjà ; et que, dans le cas contraire, il faut une promulgation spéciale ; la cour d'Alger, d'autre part, déclarait que mêmes certaines lois nouvelles, applicables en France, le sont également en Algérie sans promulgation particulière. Le législateur de 1884 n'a pas voulu qu'il pût s'élever des difficultés sur ce point.

Des syndicats agricoles peuvent donc se former en Algérie, comme à la Guadeloupe, à la Martinique et à la Réunion (art. 10, paragraphe 2) ; mais une restriction importante a été posée en ce qui concerne ces trois dernières colonies : « Toutefois, les travailleurs étrangers et engagés sous le nom d'immigrants ne pourront faire partie des syndicats ».

Bien que la circulaire interprétative ait déclaré que l'art. 10 « n'a pas besoin de commentaire », quelques explications sont indispensables pour bien comprendre le but et la portée de cette règle générale.

Si la restriction a été votée sans grande discussion, elle n'a pas échappé à toute critique, puisque le rapport de la commission de la Chambre aurait voulu que les « travailleurs étrangers » coloniaux, au lieu d'être exclus des syndicats, fussent laissés sous l'empire du droit commun, c'est-à-dire écartés seulement, comme les étrangers ordinaires, des fonctions d'administration des syndicats. Malgré cette résistance, l'exclusion fut admise par le législateur.

Quand on cherche le motif de l'interdiction, on le trouve dans la condition particulière faite par notre législation coloniale aux étrangers appartenant à ce qu'on appelle l' « immigration réglementée »; et cette simple observation servira, non seulement à donner la raison de la restriction, mais à la renfermer dans ses véritables limites.

Elle s'adresse, en effet, seulement à une catégorie de travailleurs exotiques, et non point, comme semblent l'entendre certains commentateurs, à tous les étrangers résidant dans nos colonies.

Rappelons qu'à la suite de l'abolition de l'esclavage dans les colonies françaises de plantation, et afin de suppléer le travail des noirs émancipés ou de lui opposer une concurrence devenue nécessaire au point de vue du prix de la main-d'œuvre, il fallut recourir aux bras d'immigrants nombreux. Ceux-ci ne venant pas en nombre suffisant d'Europe, on s'adressa aux nègres d'Afrique, aux coolies indiens et chinois. Mais, comme les contrats passés avec les émigrants de cette provenance pouvaient dégénérer facilement en une traite et un esclavage déguisés, l'autorité dut prendre des précautions rigoureuses pour protéger la liberté de ces travailleurs étrangers, leur assurer des traitements humains de la part du colon, et faciliter plus tard leur rapatriement.

De là une minutieuse réglementation de la condition juridique des travailleurs étrangers, africains ou asiatiques, par des décrets rendus pour les diverses colonies où se produit cette immigration.

La surveillance de ces travailleurs est exercée par un « protecteur des immigrants » secondé par des auxiliaires qui portent précisément le nom de « syndics ». Ces agents de l'autorité contrôlent les conventions d'engagement, qui ne peuvent dépasser cinq ans, visitent les lieux où les immigrants sont employés, les assistent en justice, etc., mais, par contre, veillent aussi à ce qu'ils accomplissent les obligations qu'ils ont contractées, et ne troublent pas l'ordre public.

On comprend qu'en présence d'un système aussi particulier de protection et de contrôle, imposé par notre législation à des travailleurs africains ou asiatiques, incapables de se défendre eux-mêmes, la loi de 1884 leur ait interdit l'accès des syndicats libres qui s'adressent à des personnes d'une condition tout autre.

Mais on comprend aussi que cette dérogation ait été introduite seulement, comme dit le texte, pour « les *travailleurs* étrangers et *engagés* sous le nom d'*immigrants* » ; ce qui ne saurait s'appliquer, suivant nous, aux étrangers ordinaires, comme ceux d'origine européenne ou américaine, soit colons, soit même ouvriers, mais placés en dehors du régime de l'« immigration réglementée », exclusivement propre aux Africains et aux Asiatiques.

Pour les étrangers « ordinaires », rien, dans le texte ni l'esprit de la loi, ne les empêche de faire partie, comme simples membres, d'un syndicat agricole.

TABLE ANALYTIQUE DES MATIÈRES

PREMIÈRE PARTIE

La Constitution des Syndicats agricoles

DEUXIÈME PARTIE

Fonctionnement des Syndicats agricoles.

TABLE ALPHABÉTIQUE

76.170. — Imp. P, LEGENDRE et Cie, rue Bellecordière, 14, Lyon.

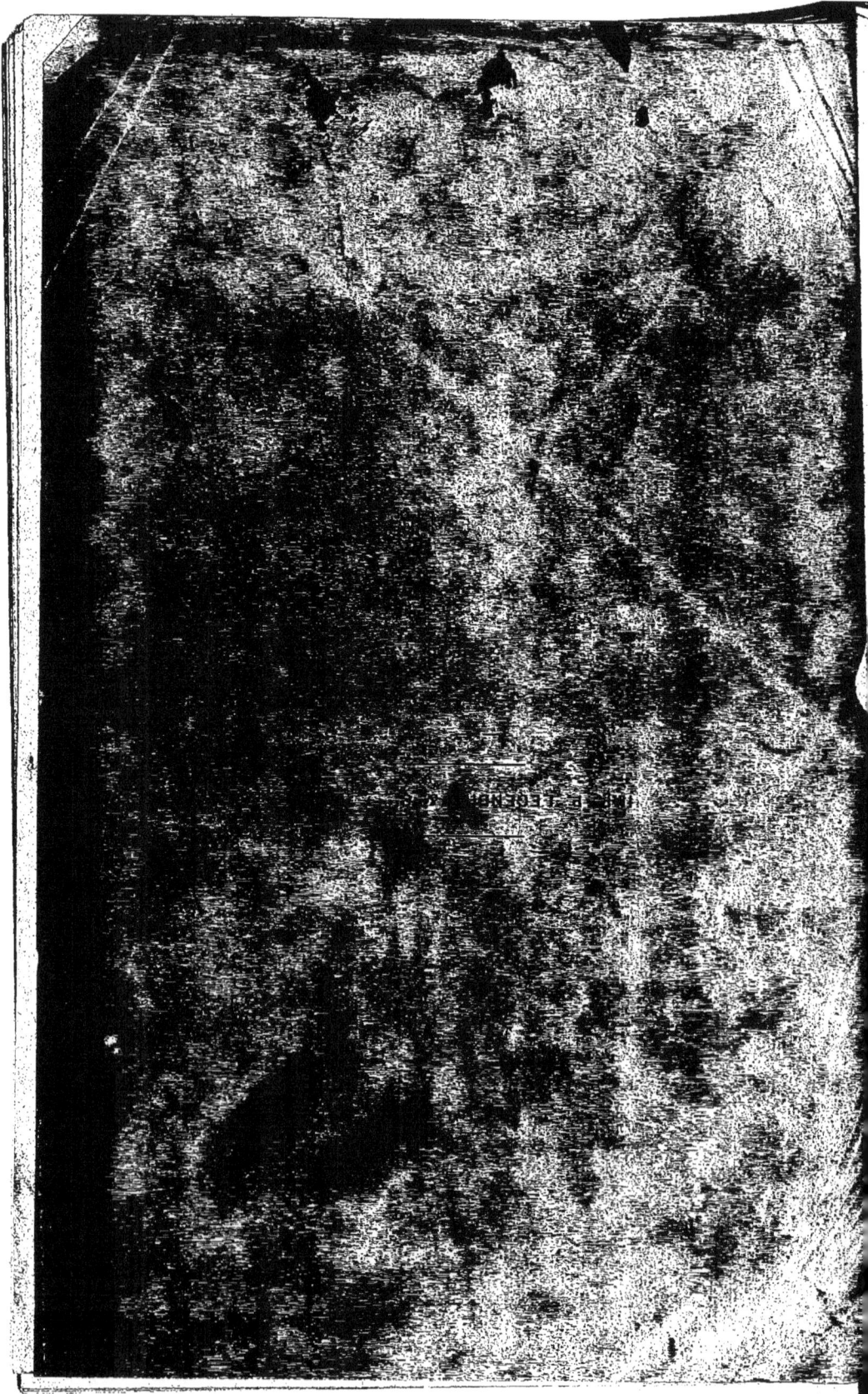

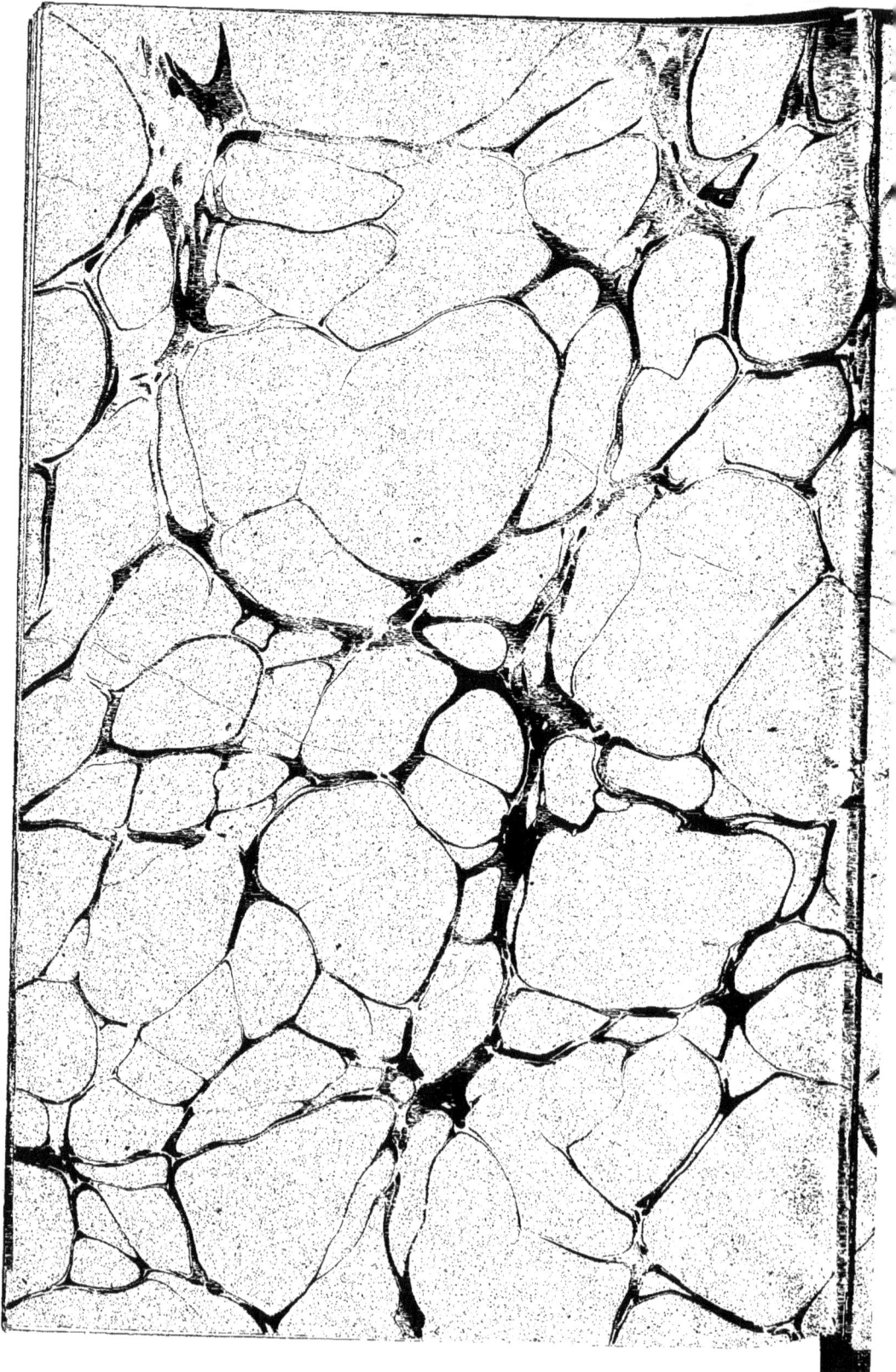

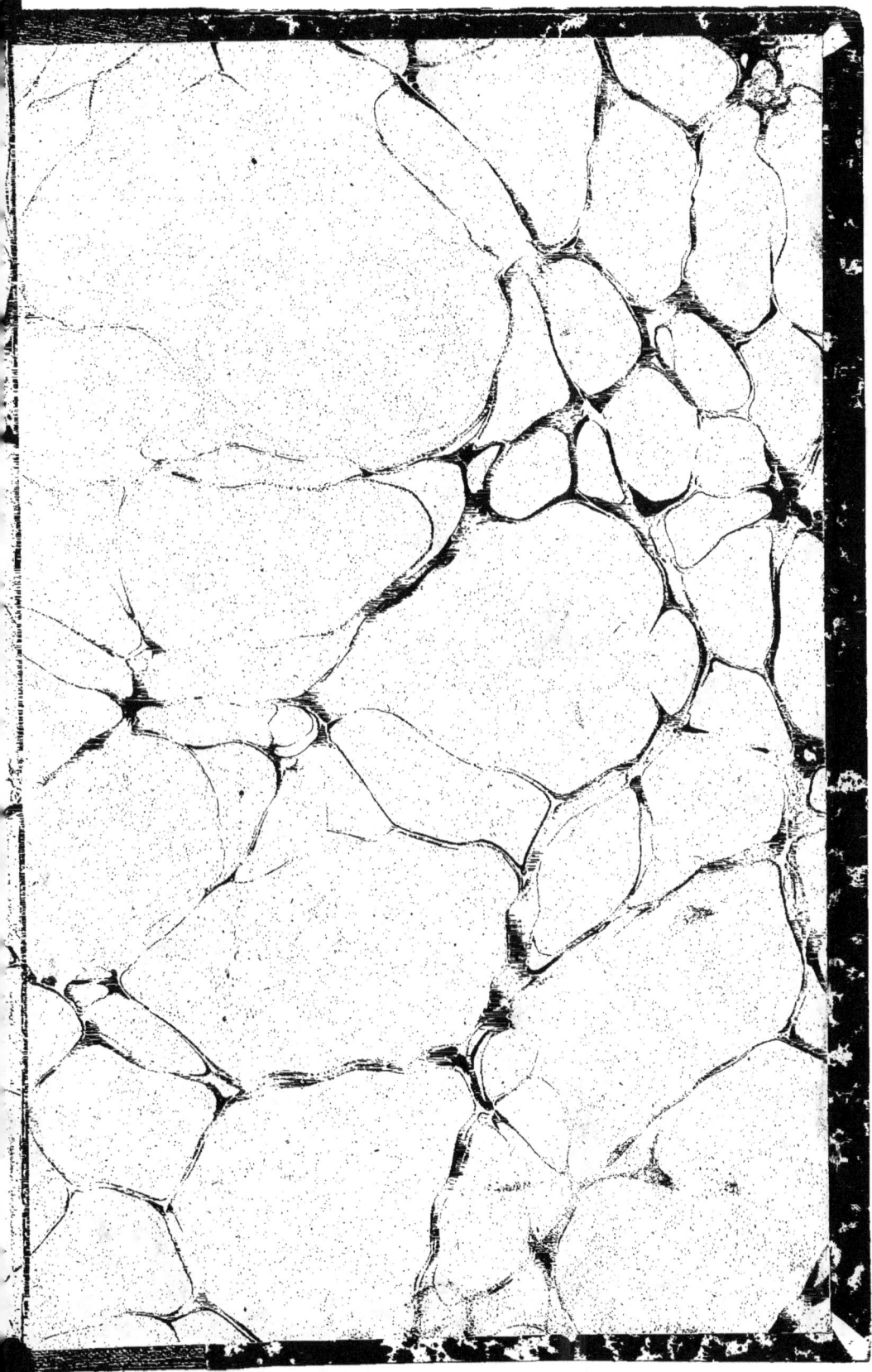

www.ingramcontent.com/pod-product-compliance
Lightning Source LLC
Chambersburg PA
CBHW060914220326
41599CB00020B/2965